Código do Governo das Sociedades
Anotado

Paulo Câmara · Paulo Bandeira · Francisco Mendes Correia
André Figueiredo · Diogo Costa Gonçalves
António Fernandes de Oliveira · Orlando Vogler Guiné
Duarte Schmidt Lino · José Ferreira Gomes
João Gomes da Silva · Sofia Leite Borges
Hugo Moredo Santos · Rui de Oliveira Neves
Ana Rita Almeida Campos · Helena R. Morais

2012

CÓDIGO DO GOVERNO DAS SOCIEDADES
ANOTADO
EDITOR
EDIÇÕES ALMEDINA, S.A.
Rua Fernandes Tomás, n.ºs 76, 78 e 80
3000-167 Coimbra
Tel.: 239 851 904 · Fax: 239 851 901
www.almedina.net · editora@almedina.net
DESIGN DE CAPA
FBA.
PRÉ-IMPRESSÃO
Jorge Sêco
IMPRESSÃO E ACABAMENTO
PENTAEDRO, LDA.
Abril, 2012
DEPÓSITO LEGAL
342645/12

Apesar do cuidado e rigor colocados na elaboração da presente obra, devem os diplomas legais dela constantes ser sempre objecto de confirmação com as publicações oficiais.
Toda a legislação contida na presente obra encontra-se actualizada de acordo com os diplomas publicados em Diário da República, independentemente de terem já iniciado a sua vigência ou não.
Toda a reprodução desta obra, por fotocópia ou outro qualquer processo, sem prévia autorização escrita do Editor, é ilícita e passível de procedimento judicial contra o infractor.

 GRUPOALMEDINA

BIBLIOTECA NACIONAL DE PORTUGAL – CATALOGAÇÃO NA PUBLICAÇÃO
CÓDIGO DO GOVERNO DAS SOCIEDADES

Código do Governo das Sociedades: Anotado
Paulo Câmara... [et al.]
ISBN 978-972-40-4621-1

I – CÂMARA, Paulo

CDU 347

ÍNDICE

Abreviaturas 7

Apresentação 9

Introdução – Os Códigos de Governo das Sociedades 11
Paulo Câmara

1. Assembleia Geral

1.1. Mesa da Assembleia Geral 47
Paulo Bandeira

1.2. Participação na Assembleia 67
Francisco Mendes Correia

1.3. Voto e Exercício do Direito de Voto 79
André Figueiredo

1.4. Quórum Deliberativo 93
Diogo Costa Gonçalves

1.5. Actas e Informação sobre Deliberações Adoptadas 99
António Fernandes Oliveira

1.6. Medidas Relativas ao Controlo das Sociedades 105
Orlando Vogler Guiné

2. Órgãos de Administração e Fiscalização

2.1. Temas Gerais 119

    2.1.1. Estrutura e Competência 119
    Duarte Schmidt Lino

    2.1.2. Incompatibilidades e Independência 125
    João Gomes da Silva/Rui de Oliveira Neves

    2.1.3. Elegibilidade e Nomeação 147
    Sofia Leite Borges

2.1.4. Política de Comunicação de Irregularidades 171
Paulo Bandeira

2.1.5. Remuneração 181
Paulo Câmara

2.2. Conselho de Administração 205
Francisco Mendes Correia/José Ferreira Gomes/Paulo Câmara

2.3. Administrador Delegado, Comissão Executiva e Conselho
de Administração Executivo 235
Hugo Moredo Santos

2.4. Conselho Geral e de Supervisão, Comissão para as Matérias Financeiras,
Comissão de Auditoria e Conselho Fiscal 245
Rui de Oliveira Neves

2.5. Comissões Especializadas 253
Ana Rita Almeida Campos

3. Informação e Auditoria

3.1. Deveres Gerais de Informação 271
Helena R. Morais

4. Conflitos de Interesses

4.1. Relações com Accionistas 309
José Ferreira Gomes

Apresentação dos autores 319

Bibliografia 323

Índice ideográfico 337

ABREVIATURAS

AG	Die Aktiengesellschaft
BBTC	Banca, Borsa e Titoli di Credito
BMJ	Boletim do Ministério da Justiça
BP	Banco de Portugal
Cad.MVM	Cadernos do Mercado de Valores Mobiliários
CC	Código Civil português, aprovado pelo DL n.º 47 344, de 25 de Novembro de 1966
CdVM	Código dos Valores Mobiliários
CEBC	Conselho Europeu de Bancos Centrais
CEBS	Comité das Autoridades Europeias de Supervisão Bancária
CMVM	Comissão do Mercado de Valores Mobiliários
CNSF	Conselho Nacional de Supervisores Financeiros
Cód.MVM	Código do Mercado dos Valores Mobiliários, aprovado pelo DL n.º 142-A/91, de 10 de Abril
Código de Governo das Sociedades	Código de Governo das Sociedades da CMVM 2010
CSC	Código das Sociedades Comerciais
CVM	Código dos Valores Mobiliários, aprovado pelo DL n.º 486/99, de 13 de Novembro
DDA	Directiva dos Direitos dos Accionistas
DRA	Directiva Revisão/Auditoria
ECGI	European Corporate Governance Institute
EOROC	Estatuto da Ordem dos Revisores Oficiais de Contas, aprovado pelo DL n.º 487/99, de 16 de Novembro
ESMA	European Securities Markets Authority
FEE	Fédération des Experts Comptables Européens
FSB	Financial Stability Board
ISP	Instituto de Seguros de Portugal
JO	Jornal Oficial das Comunidades Europeias
NYSSCPA	New York State Society of Certified Public Accountants
OCDE	Organização para a Cooperação e Desenvolvimento Económico
RB	Revista da Banca
RDS	Revista de Direito das Sociedades
UE	União Europeia

APRESENTAÇÃO

O presente *Código do Governo das Sociedades Anotado* é organizado pelo Governance Lab – grupo dedicado à investigação jurídica e à reflexão crítica sobre temas relacionados com o governo das organizações, sejam estas privadas ou públicas, procurando, desta forma, contribuir activamente para o progresso das práticas, das recomendações e das regras jurídicas aqui envolvidas.

Trata-se da quarta publicação do Governance Lab, antecedida por *Código das Sociedades Comerciais e o Governo das Sociedades,* (2008), *Conflito de Interesses no Direito Societário e Financeiro. Um balanço a partir da crise financeira,* (2010) e *O Governo das Organizações. A vocação expansiva do Corporate Governance* (2011), todos editados pela Almedina.

À semelhança do sucedido nas obras referidas, cada contributo para o presente *Código do Governo das Sociedades Anotado* é individual, e – embora tenha pressuposto, ao longo da sua preparação, diálogo e troca colectiva de ideias – não vincula os demais co-autores, nem as instituições a que uns e outros pertençam ou a que estejam associados.

Assume-se o Governance Lab como um projecto independente e sem finalidade lucrativa, revertendo as receitas das suas iniciativas para instituições de solidariedade social. Como beneficiária das receitas deste volume, foi seleccionada a Comunidade Vida e Paz, organização de inspiração cristã que apoia os sem-abrigo, com o objectivo da sua reinserção social.

As iniciativas e as reflexões dos autores do Governance Lab são divulgadas e sujeitam-se a comentários através do sítio da Internet disponível em www.governancelab.org.

Fevereiro de 2012

INTRODUÇÃO

OS CÓDIGOS DE GOVERNO DAS SOCIEDADES

Bibliografia: AMERICAN LAW INSTITUTE, *Principles of Corporate Governance: Analysis and Recommendations*, St. Paul, Minn. (1994); CARLOS ALVES/VITOR MENDES, *Corporate Governance Policy and Company Performance: The Portuguese Case*, Trabalhos em curso (*Working Papers*) n.º 112, Faculdade de Economia da Universidade do Porto (2001) também publicado sob o título *As Recomendações da CMVM Relativas ao Corporate Governance e a Performance das Sociedades*, Cadernos MVM, n.º 12 (Dezembro de 2001), 57-88; Id., *The Portuguese Corporate Governance Codes as a Factor of Changes in Rules and Practices*, em Felix J. Lopez Iturriaga (ed.), *Codes of Good Governance around the Word*, (2009), 317-351; THEODOR BAUMS, *Aktienrecht für globalisierte Kapitalmärkte – Generalbericht*, in HOMMELHOFF/LUTTER/SCHMIDT/SCHÖN/ULMER (organiz.), *Corporate Governance. Gemeinschaftssymposion der Zeitschriften*, ZHR/ZGR (2002), 17-25; ADRIAN CADBURY, *Report of the Committee on the Financial Aspects of Corporate Governance. Compliance with the Code of Best Practice*, London (1995); Id., *The Responses to the Report of the Committee on the Financial Aspects of Corporate Governance*, em FIONA MACMILLAN PATFIELD (ed.), *Perspectives on Company Law: 1*, London et al. (1995), 23-33; Id., *Corporate Governance and Chairmanship. A Personal View*, Oxford, (2002); PAULO CÂMARA et al., *O Código das Sociedades Comerciais e o Governo das Sociedades*, Coimbra (2008); Id., *Conflito de Interesses no Direito Societário e Financeiro. Um balanço a partir da crise financeira* (2010); Id., *O Governo das Organizações. A vocação expansiva do Corporate Governance*, (2011); PAULO CÂMARA, *O Governo das Sociedades em Portugal: Uma Introdução*, Cadernos MVM, n.º 12 (Dezembro de 2001), 45-55 (= *El Gobierno de Sociedades en Portugal: una introducción*, in Revista del Instituto Iberoamericano de Mercado de Valores, n.º 2 (2001), 42-50; *El Say on Pay Portugués*, Revista de Derecho de Mercado de Valores n.º 6 (2010), 83-96; Id, *Conflito de Interesses no Direito Societário e Financeiro: um retrato anatómico*, em *Conflito de Interesses no Direito Societário e Financeiro. Um Balanço a partir da Crise Financeira*, Coimbra (2010), 13-16, 42-55; Id., *Modelos de Governo das Sociedades Anónimas*, em *Jornadas em Homenagem ao Professor Doutor Raul Ventura. A Reforma do Código das Sociedades Comerciais* (2007), 197-258; Id., *Say on Pay: O dever de apreciação da política remuneratória pela assembleia geral*, Revista de Concorrência e Regulação n.º 2 (2010), 321-344; Id., *Crise Financeira e Regulação*, Revista da Ordem dos Advogados (2009), 720-721; Id., *A Comissão de Remunerações*, RDS n.º 1 (2011); PAULO CÂMARA/MIGUEL ATHAÍDE MARQUES/LEONOR MODESTO, *O Governo das Sociedades em Portugal: Relatório sobre o Grande Acolhimento de Recomendações, Índice e Rating de Governo Societário*, (2011); WILLIAM CARNEY, *The ALI's Corporate Governance Project: The Death of Property Rights?*, George Washington Law Review 61 (1993), 898-953; CELINA CARRIGY, *Denúncia de Irregularidades no seio das Empresas (Corporate Whistle Blowing)*, Cadernos MVM n.º 21 (2005), 38-47; CMVM, *Recomendações sobre Incentivo à Participação em Assembleia Geral e Exercício do Direito de Voto dos Organismos de Investimento Colectivo* (2010); Id., *Relatório de Avaliação do Cumprimento do Código de Governo das Sociedades da CMVM*, (2011); EUROPEAN COMMISSION, *Green Paper. Corporate governance in financial institutions and remuneration policies* (Jun.-2010); Id., *Green Paper. The EU corporate governance Framework* (Ab.-2011); Id., *Green Paper. Promoting a European framework for Corporate Social Responsibility*, COM (2001) 366 final (18.07.2001); MENEZES CORDEIRO (ORG.), *Código das Sociedades Comerciais Anotado* (2011); MELVIN EISENBERG, *An Overview of the Principles of Corporate Governance*, Business Lawyer 48 (1993), 1271-1296; Id., *Corporate Law and Social Norms*, Columbia Law Review Vol. 99 (Jun.-1999), 1255-1261; EUROPEAN COMPANY LAW EXPERTS, *Response to the European Commission's Green Paper* (Jul. 2011); EILÍS FERRAN, *Corporate Law, Codes and Social Norms – Finding the Right Regulatory Combination and Institutional Structure*, cit., 400; NEIL

Harvey, *Corporate Governance: The British Experience*, in *RDAI* n.º 8 (1995), 947-ss; Peter Hommelhoff, *Die OECD-Principles of Corporate Governance – ihre Chancen und Risiken aus dem Blickwinkel der deutschen corporate governance-Bewegung*, ZGR (2001), 244-247; Klaus Hopt, *Unternehmensführung, Unternehmenskontrolle, Modernisierung des Aktienrechts – Zum Bericht der Regierungskommission Corporate Governance*, in Hommelhoff/Lutter/Schmidt/Schön/Ulmer (organiz.), *Corporate Governance. Gemeinschaftssymposion der Zeitschriften*, ZHR/ZGR (2002), 27-67; Klaus Hopt/Eddy Wymeersch (ed.), *Comparative Corporate Governance. Essays and Materials*, Berlin/New York (1997); Roberta Karmel, *Self-regulation and the future of Securities Law*, em *Direito dos Valores Mobiliários*, Vol. X (2011), 567-592; Amir Licht, *Corporate Governance, Encyclopedia of Financial Globalization*, Oxford (2011); Thomas M. J. Moëllers, *Sources of Law in European Securities Regulation – Effective Regulation, Soft Law and Legal Taxonomy from Lamfalussy to Larosière*, European Business Organization Law Review, Vol. 11, p. 379 (2010); John E. Parkinson, *Corporate Power and Responsibility. Issues in the Theory of Company Law*, Oxford (1993);Ulrich Seibert, *OECD Principles of Corporate Governance – Grundsätze der Unternehmensführung und -kontrolle für die Welt*, AG 8/99 (1999), 337-339; Helen Short, *Corporate Governance: Cadbury, Greenbury and Hampel – A Review*, Journal of Financial Regulation and Compliance, Vol. 7 n.º 1 (1999), 57-58; Uwe Schneider/Christian Strenger, *Die "Corporate Governance-Grundsätze" der Grundsatzkommission Corporate Governance (German Panel on Corporate Governance)*, AG (2000) 106-87; Armando Triunfante, *Código das Sociedades Comerciais Anotado* (2007) 454-473; Weil, Gotshal & Manges, *Comparative Study of Corporate Codes Relevant to the European Union and Its Member States* (2002); Peter Ulmer, *Der Deutsche Corporate Governance Kodex – ein neues Regulierungsinstrument für börsennotierte Aktiengesellschaften*, ZHR 166 (2002), 150-181; John Wilcox, *Comply-and-Explain: Should Directors Have a Duty to Inform?*, Law and Contemporary Problems (Winter 2011); Eddy Wymeersch, *Enforcement of Corporate Governance Codes*, ECGI WP n.º 46/2005 (2005); Id., *Ongoing developments in European Corporate Governance*, Financial Law Institute, Gent (2010).

Índice

§ 1.º Contexto: a evolução dos códigos de governo as sociedades 1
1. Introdução 1
2. Percurso histórico: a prestação norte-americana 10
3. A internacionalização dos códigos de governo 17
4. O endurecimento normativo no início do século XXI 32

§ 2.º Conteúdo e funções 37
5. Os códigos como instrumento do governo das sociedades 37
6. Funções dos códigos 43

7. A técnica redaccional dos códigos 58
§ 3.º Acolhimento 65
8. O dever de prestar informação sobre o grau de observância do código (*comply or explain*) ... 65
9. Facultatividade do acolhimento 82

§ 4.º O Código do Governo das Sociedades português 92
10. A evolução e a situação presente 92
11. Âmbito de aplicação 98
12. O sistema de dupla fiscalização do acolhimento 105
13. Da unicidade à concorrência de códigos 113

§ 1.º Contexto: a evolução dos códigos de governo das sociedades

1. Introdução

1   **I** – Mostra-se conveniente que a análise e o comentário ao Código de Governo das Sociedades português sejam precedidos de uma apresentação sobre o contexto em que este surge, e sobre as características jurídicas essenciais dos códigos de governo em geral[1].

Na sua vertente normativa, o governo (ou governação) das sociedades assenta em fontes de diversa natureza.

---

[1] Os capítulos iniciais desta Introdução retomam, actualizam e desenvolvem uma parte substancial do meu artigo *Códigos de Governo das Sociedades*, Cadernos do Mercado de Valores Mobiliários, n.º 15, (2002), 65-90.

De um lado, repousa em leis em sentido formal e em regulamentos, atinentes às matérias de direito societário e de direito dos valores mobiliários.

Mas de outro lado releva igualmente da *soft law*, ao envolver normas sociais destituídas de sanção jurídica – normas deontológicas, recomendações e regras de boa conduta[2]. É neste âmbito que encontramos os códigos de governo das sociedades (*corporate governance codes, corporate governance Kodex*), que podem definir-se, em sentido amplo, como os conjuntos sistematizados de normas de natureza recomendatória respeitantes ao bom governo das sociedades[3].

O ordenamento jurídico português serve de ilustração ao exposto: ao lado de normas constantes das leis societárias e mobiliárias sobre administração de sociedades, direitos dos accionistas, deveres de informação e transacções sobre o controlo, encontra-se um conjunto de recomendações respeitantes ao governo das sociedades, aprovadas pela Comissão do Mercado de Valores Mobiliários (CMVM)[4].

II – À partida, porém, o lugar normativo destes códigos de bom governo deve ser devidamente contextualizado. Com efeito, não se pode pretender que a regulação do governo das sociedades se circunscreva ao que é tratado em códigos de boas práticas, sobretudo perante normas jurídicas de direito das sociedades e de direito dos valores mobiliários que se lhes sobrepõem na pirâmide das fontes.

Mas não deixa de ser importante e merecedor de consideração atentar neste fenómeno relativamente recente.

Apesar de se tratarem de normas sociais não jurídicas, as normas constantes de códigos de governo desempenham um papel influente na condução dos destinos das sociedades abertas e na motivação pessoal dos titulares de órgãos sociais e de accionistas na tomada de decisões ligadas à condução da actividade societária[5].

III – Antes de prosseguir, refira-se preliminarmente que a palavra código não é aplicada aqui no sentido que, em termos técnicos, lhe é usualmente associado.

Materialmente, como se sabe, os códigos são diplomas legais que, por recurso a critérios científicos, ordenam de modo sistemático, sintético e unitário fontes respeitantes a certa área do Direito.

Ora, em contraste com o que ficou dito, os códigos de governo societário não são leis; limitam-se a enunciar um catálogo de comportamentos desejáveis, sem exprimirem comandos

---

[2] Marcus Lutter, *Vergleichende Corporate Governance – Die deutsche Sicht*, ZGR (2001), 225; Amir Licht, *Corporate Governance, Encyclopedia of Financial Globalization*, Oxford (2011), 22.

[3] É próximo o conceito de código de governo que consta de um estudo encomendado pela Comissão Europeia sobre a matéria: *a non-binding set of principles, standards and best practices, issued by a collective body and relating to the internal governance of corporations* (Weil, Gotshal & Manges, *Comparative Study of Corporate Codes Relevant to the European Union and Its Member States*, (2002), 1, 11). A diferença reside em que esta formulação peca por excluir os códigos aprovados pela própria sociedade destinatária, confessadamente apenas por tal sobrecarregar em excesso o âmbito daquele estudo.

[4] Cfr. *infra*, § 4.º.

[5] Para Melvin Eisenberg, as normas sociais são as normas relativas à conduta humana que não têm natureza jurídica nem organizacional (reputando como organizacionais as normas adoptadas por organizações privadas). O autor inclui aqui não apenas normas de cumprimento inconsciente ou relativamente às quais não existe sentimento de obrigatoriedade, como também as normas a que os destinatários aderem de modo consciente, vergados por um sentimento de obrigatoriedade (denominadas pelo autor *obligational norms*) (*Corporate Law and Social Norms*, Columbia Law Review Vol. 99 (Jun.-1999), 1255--1261). A literatura económica neo-institucional também dedica atenção às instituições informais, como se pode comprovar através de Oliver Williamson, *The New Institutional Economics: Taking Stock, Looking Ahead*, Journal of Economic Literature, 38 (Set.-2000), 595-613.

imperativos para os seus destinatários nem sendo forçosamente aprovados por autoridade pública – são, por isso, desprovidos de coercibilidade.

6 Ademais, nem todos os códigos de governação contam com contributos académicos na sua elaboração. Mesmo quando a intervenção académica ocorre (como sucedeu nomeadamente com a preparação do código espanhol de 1997 e com a preparação dos códigos alemães)[6], o seu cunho científico é variável.

Outro traço distintivo baseia-se em que, do ponto de vista histórico-cultural, os códigos legislativos são o fruto de uma evolução plurisecular de raiz europeia – enquanto a origem dos códigos de governo societário é anglo-saxónica, e quase perfaz duas décadas, como adiante se comprovará[7].

7 Os códigos de bom governo não têm, tão-pouco, pretensões de unitariedade. Os princípios que os enformam não se localizam nos próprios códigos de governo, mas em fontes legislativas em sentido formal, a que aqueles estão subordinados e com os quais não procuram interferir. Daqui resulta um traço central destas fontes: a sua *complementariedade*.

8 Por fim, os códigos legislativos almejam a uma certa estabilidade na sua vigência, ao passo que os códigos de bom governo, na actualidade, são alterados com grande frequência, alguns deles até periodicamente[8].

9 Estas considerações não são suficientes, porém, para afastar a terminologia utilizada, dada a sua intensa divulgação na literatura[9]. Acrescente-se que no nosso sistema jurídico o termo "código" já aparece associado a códigos não legislativos, como sucede relativamente aos códigos de conduta. Estes, refira-se de passagem, distinguem-se dos códigos de governo pelo facto de serem aprovados por associações profissionais ou por autoridades de supervisão, postulando sanções (ainda que disciplinares) para o seu incumprimento.

2. Percurso histórico: a gestação norte-americana

10 I – Uma adequada compreensão dos códigos de governo societários é auxiliada com algumas indicações, ainda que sintéticas, sobre a origem histórica da figura. Neste contexto, deve começar-se por acentuar o papel pioneiro dos contributos norte-americanos. Uma vez que nos Estados Unidos a competência para a aprovação de legislação societária pertence aos Estados federados, o impulso decisivo no aparecimento de códigos relativos ao governo das sociedades deu-se em resultado de compilações com vocação harmonizadora, aprovadas sob a égide da *American Bar Association* e do *American Law Institute*.

11 Anote-se, assim, que o *Committee on Corporate Laws* da *American Bar Association* fez divulgar em 1954 o primeiro *Model Business Corporation Act*, para os Estados federados utilizarem como referência no momento de actualização das respectivas leis societárias. Este documento viria a conhecer alterações na década de oitenta do século passado[10], tendo adiantado propostas inovatórias em matéria de conflito de interesses dos administradores e da acção de responsabilidade proposta por sócios[11].

---

[6] Cfr. *infra* § 2.º, 3. Salvo indicação em contrário, os códigos de governo societário referidos no presente texto estão disponíveis em < http://www.ecgi.org/codes/all_codes.htm >.
[7] Cfr. *infra*, § 2.º, 7 e 8.
[8] É, a título de exemplo, o que se passa no Reino Unido e em Portugal: cfr. *infra*, § 2.º, 7 e § 4.º.
[9] Outras designações são utilizadas, embora com menor intensidade, designadamente princípios, orientações e recomendações. O termo *relatório* também ganha alguma adesão na prática, embora se reporte por vezes a estudos que não resultam em propostas concretas dirigidas às sociedades e titulares dos seus órgãos sociais.
[10] Estas modificações deram corpo ao *Revised Model Business Corporation Act*.
[11] LEWIS D. SOLOMON/DONALD E. SHWARTZ/JEFFREY D. BAUMAN/ELLIOT J. WEISS, *Corporations. Law and Policy. Materials and Problems*, St. Paul, (1998), 185-186.

Introdução

II – Mais comedidos no seu âmbito mas mais significativos na perspectiva da governação, viriam a revelar-se os *Principles of Corporate Governance* elaborados sob os auspícios do *American Law Institute*[12].

Tal como o *Model Business Corporation Act*, estes *Principles* não constituem uma lei. Trata-se antes de um documento que é movido por uma dupla ambição. De um lado, na esteira das compilações norte-americanas, por tradição com influente poder unificador, afiguram-se como um ensaio de sistematização de alguns aspectos do direito das sociedades, procurando clarificar uma parcela da legislação existente nos vários Estados federados. A sua opção por não cobrir todo o direito das sociedades, mas apenas os pontos relacionados com o governo societário, é bastante clara[13].

De outro lado, os *Principles of Corporate Governance* procuram introduzir aperfeiçoamentos no Direito em vigor, sendo enformados por preocupações de eficiência e de gestão equilibrada de situações de conflito de interesses intra-societários. Para o efeito, as suas propostas de regulação não se dirigem apenas aos Estados federados mas também às sociedades, sobretudo as que tenham o capital disperso pelo público. Em resultado desta dupla faceta, este trabalho, dirigido na sua fase final pelo Professor *Melvin Eisenberg*, deixa como legado final uma combinação de regras relativamente fechadas, decantadas por um processo de consolidação (*restatement rules*), com outras de cariz recomendatório cujo enunciado se apresenta substancialmente mais flexível[14].

Os *Princípios* desdobram-se em sete partes substantivas – não considerando o correspondente glossário normativo – dedicadas sucessivamente ao objectivo e conduta da sociedade, à estrutura da sociedade, às recomendações de práticas societárias respeitantes à administração e aos comités que funcionam no seu seio, aos deveres de cuidado e à *business judgement rule*, aos deveres de *fair dealing*, ao papel dos administradores e accionistas em operações de transacção de controlo e OPAs e a meios processuais adjacentes.

Neste documento destacam-se, na sua vertente recomendatória, as orientações deixadas quanto à organização interna da administração e aos comités. Aí já se aponta a recomendação, que viria a receber amplo acolhimento no mundo anglo-saxónico, de criação de três comissões especializadas dentro do órgão de administração – comissão de selecção de administradores, comissão de remunerações[15] e comissão de auditoria – apontando-se este último como meio de comunicação e de fiscalização entre a administração e o auditor externo, de uma banda, e os auditores internos, de outra banda[16].

Acrescente-se que o processo de preparação destes *Princípios* ocupou quase duas décadas, com sucessivas versões provisórias a serem publicadas e discutidas, tendo a versão final sido aprovada em 1994[17]. A sua influência na jurisprudência norte-americana, todavia,

---

[12] Os Princípios conhecem uma versão simples e em versão anotada, perfazendo esta cerca de oitocentas páginas: AMERICAN LAW INSTITUTE, *Principles of Corporate Governance: Analysis and Recommendations*, St. Paul, Minn., (1994). Entre nós, a versão simples deste documento pode ser igualmente consultada em apêndice ao trabalho de PEDRO CAETANO NUNES, *Responsabilidade Civil dos Administradores Perante os Accionistas*, Coimbra, (2001), 113-173.

[13] MELVIN EISENBERG, *An Overview of the Principles of Corporate Governance*, Business Lawyer 48 (1993), 1271-1272.

[14] MELVIN EISENBERG, *An Overview of the Principles of Corporate Governance*, cit., 1272, 1295-1296; ANDRÉ TUNC, *Principles of Corporate Governance*, in RDAI n.º 8, (1995), 957-ss.

[15] Sobre as comissões de remunerações, com maior desenvolvimento, veja-se PAULO CÂMARA, *A Comissão de Remunerações*, Revista de Direito das Sociedades, III (2011), 9-51.

[16] §§ 3.05 e 3A.03.

[17] Sobre os trabalhos preparatórios deste documento, pode consultar-se, entre muitos, MELVIN EISENBERG, *An Overview of the Principles of Corporate Governance*, cit., 1271-1296; Id., *Obblighi e responsabilità degli amministratori e dei funzionari delle società nel diritto americano*, in Giurisprudenza commerciale (1992), 617-ss; SOMMER JR., *A Guide to the American Law Institute Corporate Governance Project by Charles Hansen*, in Business Lawyer vol. 51 (1996), 1331-ss.

não esperou a conclusão dos trabalhos para ser sentida[18]. Assim, mercê da intensa discussão envolvida[19] e do crédito científico conquistado, os *Princípios* atraíram a atenção definitiva para os problemas de governação.

15   III – Após a aprovação dos *Princípios* do *American Law Institute*, diversas empresas cotadas norte-americanas tomaram a iniciativa de publicar códigos dirigidos aos seus próprios administradores. Um exemplo célebre é o da *General Motors*, que em 1995 tornou públicas as suas "Directrizes sobre Questões Significativas do Governo das Sociedades"[20]. Seja por mimetismo ou por convicção, várias sociedades norte-americanas seguiriam semelhante abordagem[21].

16   Além disso, o papel dos grandes investidores institucionais também se revelou marcante. Com efeito, alguns investidores institucionais (sobretudo fundos de pensões) adoptaram práticas próximas, elaborando e fazendo divulgar textos que condensavam o que consideravam ser boas práticas nas empresas dando um sinal que privilegiariam o investimento nas sociedades alinhadas por tais padrões[22]. O fenómeno descrito determinou, por seu turno, um aumento exponencial do número de códigos de governação aprovados por sociedades cotadas em bolsa.

3. A internacionalização dos códigos de governo

17   I – Os problemas de *corporate governance* foram importados, nesse formato, para a Europa por via do Reino Unido. O sentimento de cepticismo perante a confiabilidade nos documentos financeiros das sociedades cotadas na praça londrina, que se ligava à falência de alguma delas, levou a *London Stock Exchange*, o *Financial Reporting Council* (entidade privada responsável pelos padrões de contabilidade, que veio a assumir relevantes competências quanto aos padrões de governação) e o sector dos profissionais de contabilidade a promover, em inícios dos anos noventa, a constituição de uma comissão, liderada por SIR ADRIAN CADBURY, sobre aspectos financeiros do governo das sociedades[23]. Pedia-se a esta comissão que reunisse propostas de boas práticas em matéria de governação, dirigidas a resgatar a confiança na informação financeira das sociedades e, com isso, a preservar a reputação do mercado financeiro britânico.

18   O produto final desta análise resultante de iniciativa privada foi publicado em Dezembro de 1992 – isto é, ainda antes da conclusão dos *Princípios* do *American Law Institute* – e popularizado como "Relatório *Cadbury*"[24].

---

[18] LEWIS D. SOLOMON/DONALD E. SHWARTZ/JEFFREY D. BAUMAN/ELLIOT J. WEISS, *Corporations. Law and Policy. Materials and Problems*, cit., 186.

[19] O documento contou igualmente com adversários: WILLIAM CARNEY, por exemplo, designou-o "*o evento mais controverso na história do direito societário norte-americano*": The ALI's Corporate Governance Project: The Death of Property Rights?, George Washington Law Review 61 (1993), 898-953 (898).

[20] GENERAL MOTORS, *Guidelines on Significant Corporate Governance Issues*, Washington (1995), disponível em KLAUS HOPT/EDDY WYMEERSCH (ed.), *Comparative Corporate Governance. Essays and Materials*, Berlin/New York, (1997), M-49-M-55.

[21] Tenha-se em vista designadamente o caso da Atlantia Richfield Company (ARCO), cujos *Corporate Governance Principles* (1995) também se encontram em KLAUS HOPT/ EDDY WYMEERSCH (ed.), *Comparative Corporate Governance. Essays and Materials*, cit., M-57-M-61.

[22] Os textos aprovados pelo CalPERS e pelo Teachers Insurance and Annuity Association-College Retirement Equities Fund, nas suas versões originárias, podem consultar-se em Id., *ibidem*, M-63-M-79.

[23] O próprio Relatório Cadbury espelha estas preocupações, no ponto 2.1. A propósito, confronte-se igualmente J. H. FARRAR/B.M. HANNIGAN, *Farrar's Company Law*⁴, London, (1998), 332-334; NEIL HARVEY, *Corporate Governance: The British Experience*, in *RDAI* n.º 8 (1995), 947-ss; HELEN SHORT, *Corporate Governance: Cadbury, Greenbury and Hampel – A Review*, Journal of Financial Regulation and Compliance, Vol. 7 n.º 1 (1999), 57-58.

[24] *Report of the Committee on the Financial Aspects of Corporate Governance*, London, (1992). Uma interessante crónica, assinada pelo coordenador do projecto, sobre a génese e o conteúdo deste documento encontra-se em ADRIAN CADBURY, *Corporate Governance and Chairmanship. A Personal View*, Oxford, (2002), 10-32.

Este documento incluía um sintético Código de Boa Conduta (*Code of Best Practice*) destinado às sociedades cotadas no Reino Unido, que condensava o fundamental das boas práticas segundo o comité Cadbury. O Código de Boa Conduta dividia-se em quatro secções: deveres da administração; deveres dos administradores não-executivos; administradores executivos e sua remuneração; prestação de informação financeira e respectivo controlo.

Enquanto lista de exigências básicas de cómoda utilização e redigida em linguagem acessível, este Código mereceu ampla aceitação[25], mesmo fora do seu perímetro directo de aplicação, ao que não será estranho o impacto mediático dos episódios BCCI e Robert Maxwell/Mirror Group, entretanto verificados[26].

II – O Relatório Cadbury procurava, como objectivos principais, o reforço da sindicabilidade da administração e a defesa da essencialidade do rigor da informação financeira.

Na primeira vertente, o documento propôs uma clarificação das responsabilidades dos titulares de órgãos sociais dentro da sociedade, apelando a uma separação das funções de presidente do conselho de administração (*chairman*) e de presidente da comissão executiva (*chief executive officer*)[27]. Além disso, recomendou a inclusão de um mínimo de três administradores não-executivos (na sua maioria independentes), com responsabilidades na determinação da estratégia empresarial e no acompanhamento da actuação dos administradores executivos. E sugeriu a prestação de informação sobre a remuneração do presidente do conselho de administração e do administrador melhor pago[28].

A confiabilidade da informação financeira, por seu turno, foi sobretudo acautelada através da atenção conferida à independência dos auditores, ao controlo interno nas sociedades[29] e à recomendação respeitante aos comités de auditoria[30].

Neste quadro, é importante sublinhar que o "Relatório *Cadbury*" e o seu *Code of Best Practice* não são vinculativos. Porém, o Relatório recomendava que, no relatório anual, as sociedades cotadas indicassem numa declaração expressa (*compliance statement*) quais as áreas em que seguem o Relatório e quais aquelas em que dele se afastam – devendo, neste último caso, fundamentar os motivos de não obediência às directrizes[31]. O mercado encarregar-se-ia de formular um juízo sobre a política de governo empresarial seguida.

---

[25] O grau de observância era todavia menor em sociedades cotadas de pequena dimensão (26% de pequenas empresas plenamente cumpridoras contra 90% das 100 maiores empresas – fazendo fé, claro está, na declaração sobre cumprimento), como se comprova pelo relatório feito pelo próprio comité Cadbury: *Report of the Committee on the Financial Aspects of Corporate Governance. Compliance with the Code of Best Practice*, London (1995), *passim*. Um comentário às observações que o Relatório suscitou encontra-se em ADRIAN CADBURY, *The Responses to the Report of the Committee on the Financial Aspects of Corporate Governance*, em FIONA MACMILLAN PATFIELD (ed.), *Perspectives on Company Law: 1*, London et al., (1995), 23-33.

[26] Cfr. a propósito deste último DEPARTMENT OF TRADE AND INDUSTRY, *Mirror Group Newspapers plc. Investigations under Sections 432(2) and 442 of the Companies Act 1985. Report by The Honourable Sir Roger John Laugharne Thomas and Raymond Thomas Turner FCA*, (2001), 2 Vols.

[27] Para desenvolvimentos sobre este ponto, remete-se para PAULO CÂMARA/GABRIELA FIGUEIREDO DIAS, *O governo das sociedades anónimas*, em *O Governo das Organizações. A vocação expansiva do Corporate Governance*, (2010, no prelo).

[28] *Report of the Committee on the Financial Aspects of Corporate Governance*, cit., 4.9, 4.12 e 4.40, respectivamente. Sobre o legado dos códigos britânicos na estruturação da administração de sociedades cotadas, *vide* PAUL DAVIES, *Struktur der Unternehmensführung in Großbritannien und Deutschland: Konvergenz oder fortbestehende Divergenz?*, ZGR (2001), 270-282; BRIAN CHEFFINS, *Company Law – Theory, Structure and Operation*, Oxford, (1997), 602-652.

[29] Da mesma data, aliás, é o relatório do CHARTERED INSTITUTE OF MANAGEMENT ACCOUNTANTS, *A Framework on Internal Control* (1992).

[30] *Report of the Committee on the Financial Aspects of Corporate Governance*, cit., 5.7-5.11 , 4.31.-4.32 e 4.33-4.35. Veja-se ainda JOHN E. PARKINSON, *Corporate Power and Responsibility. Issues in the Theory of Company Law*, Oxford, (1993), 193-195.

[31] *Report of the Committee on the Financial Aspects of Corporate Governance*, cit., 3.7.

Mais tarde, o dever de publicação da declaração sobre observância do Código viria a ser imposta como regra de admissão na Bolsa de Londres[32].

21 III – O próprio *Relatório Cadbury* já previa a sua revisão[33] e tal veio efectivamente a suceder. Devem considerar-se três peças na evolução subsequente – o *Relatório Greenbury*, o *Relatório Hampel* e o *Combined Code* – até ao *Corporate Governance Code* actual.

22 Volvido pouco tempo após a aprovação do *Relatório Cadbury*, no Reino Unido constituir-se-ia o *Greenbury Commitee* (assim designado em homenagem a *Sir* RICHARD GREENBURY, seu Presidente) por iniciativa da Confederação Britânica de Indústria, centrado nas questões de remuneração dos administradores. O código Greenbury de boas práticas sobre remuneração foi publicado em 1995. Aí se determinou, nomeadamente, a recomendação de constituição de um comité de remunerações composto por membros não-executivos da administração que prestassem contas anualmente ao colégio de sócios, com uma descrição extensiva da remuneração fixada.

23 No mesmo ano, foi criada uma comissão presidida por RONNIE HAMPEL destinada a avaliar a observância do Código Cadbury e a sugerir eventuais alterações, incorporando aí os contributos provindos do *Relatório Greenbury* em matéria de remuneração. Em seu resultado, o *Relatório Hampel* foi divulgado em Janeiro de 1998[34].

O seu conteúdo revela algumas singularidades em relação aos Códigos anteriores. Com efeito, este documento apresenta uma tónica mais positiva e flexível e menos preocupada com aspectos patológicos, ao acentuar que o objectivo da sociedade é a criação de riqueza, relegando para segundo plano a motivação de prevenção de abusos. Além disso, embora usualmente seja referido como código de governo, o *Relatório Hampel* afastava-se do modelo de código de conduta, preferindo assentar em princípios gerais[35] e em apreciações e desenvolvimentos aos dados constantes dos *Relatórios Cadbury* e *Greenbury*. A sua facilidade de utilização pelo público era, neste sentido, mais reduzida. Tal conduz a encará-lo como um texto de transição.

24 Com esta sucessão de relatórios e de códigos de governo, deu-se, como seria de esperar, a necessidade de consolidar os contributos provenientes dos Relatórios. Essa função foi desempenhada pelo *Combined Code*. Produzido pelo Comité Hampel, este "código combinado" cumpriu dois fundamentais objectivos: de um lado, sistematizou o legado dos três relatórios anteriores; de outro lado, integrou, de modo mais harmonioso, os códigos de governo com as regras de admissão bolsista, em ordem a assegurar-lhes eficácia. Note-se que, quanto a este último aspecto, este código foi concebido para ser um apêndice às *Listing Rules*, embora não fazendo parte destas. O *Combined Code* continuou a ser objecto de revisões em 2003, 2006, 2008 e 2009[36], nomeadamente acolhendo pelo caminho indicações actualizadas sobre comissões de auditoria e sobre administradores independentes, na sequência dos Relatório específicos dedicados a essas matérias rubricados por ROBERT SMITH e por DEREK HIGGS,

---

[32] Listing Rules da London Stock Exchange, 12.43 (j).
[33] *Report of the Committee on the Financial Aspects of Corporate Governance*, cit., na Introdução feita pelo Presidente e no ponto 3.12.
[34] COMMITTEE ON CORPORATE GOVERNANCE, *Final Report*, GEE, London, (Janeiro 1998). O impulso e patrocínio desta iniciativa pertenceu de novo ao sector privado. Por detrás desta comissão estiveram não apenas os que estiveram na origem do Relatório Cadbury, mas também a *Confederation of British Industry*, que apoiara o Relatório Greenbury.
[35] COMMITTEE ON CORPORATE GOVERNANCE, *Final Report*, cit., 1.11. Confronte-se ainda, sobre este ponto, J. H. FARRAR/B.M. HANNIGAN, *Farrar's Company Law*[4], London, (1998), 466; HELEN SHORT, *Corporate Governance: Cadbury, Greenbury and Hampel – A Review*, cit., 63.
[36] A versão actual é datada de Julho de 2003.

respectivamente[37]. A partir de 2010, alterou a sua designação, passando a intitular-se *UK Corporate Governance Code* – título mantido à data presente.

A missão unificadora do texto britânico não interferiu com a existência de outros códigos de governo britânicos, além dos aí compulsados. Trata-se, aliás, de um património rico: a sucessão de códigos britânicos ultrapassa as três dezenas[38], compreendendo nomeadamente códigos especializados para investidores institucionais, sociedades de capital de risco, sociedades de auditoria e fundos de pensões.

IV – Na sequência da experiência britânica, que acabámos de descrever, os códigos foram colocados no centro das soluções respeitantes ao governo societário[39].

Com efeito, na década de noventa, os códigos de governo tiveram uma afirmação pujante na Europa, registando-se nomeadamente a aprovação de textos desta natureza em França (*Relatórios Viénot* I (1995) e II (1999) e *Relatório Bouton* (2002)), na Holanda (1997), na Bélgica (código unificador de 1998), em Espanha (1998), em Itália (1999)[40], em Portugal (1999)[41] e na Grécia (1999 e 2001). Fora do Velho Continente, mencione-se a aprovação de códigos importantes no Canadá, na África do Sul e na Austrália.

Esta ampliação internacional do debate foi, em larga medida, causada pelos *Princípios da OCDE sobre Corporate Governance*[42]. Aprovados em 1999, em pleno rescaldo da crise asiática de 1997 – que provara que as imperfeições do governo das sociedades podem ter um impacto negativo sobre a economia mundial –, estes *Princípios* assumiram uma vocação mundial. Apesar de não serem vinculativos para os respectivos Estados aderentes, os *Princípios* contêm, numa formulação flexível, indicações dirigidas aos Estados no sentido de introduzir ajustamentos legislativos no tocante aos mecanismos de tutela dos accionistas e dos demais sujeitos envolvidos nas empresas cotadas. Além disso, este código da OCDE destina-se também a ser aproveitado pelo sector privado, ao que não será estranho o facto de muitas associações da indústria e do sector laboral terem colaborado na elaboração do clausulado final[43].

Os *Princípios* da OCDE concentram-se em cinco pontos essenciais: os direitos dos accionistas; a igualdade de tratamento destes; o papel dos diferentes intervenientes na empresa, incluindo os investidores estrangeiros, os investidores institucionais e os trabalhadores; os deveres de informação; e o papel dos administradores. Tais *Princípios* exerceram alguma

---

[37] Cfr. ROBERT SMITH, *Guidance on Audit Committees*, (2003); DEREK HIGGS, *Review of the role and effectiveness of non-executive directors*, (2003).
[38] Considere-se a lista constante de http://www.ecgi.org/codes/search_code.php?country=United Kingdom.
[39] Reenvia-se de novo para < http://www.ecgi.org/codes/all_codes.htm >.
[40] COMITATO PER LA CORPORATE GOVERNANCE DELLE SOCIETÀ QUOTATE, *Codice di Autodisciplina*, (1999, revisto em 2002) (usualmente designado por Código Preda).
[41] Cfr. *infra*, § 4.º.
[42] Algumas indicações sobre a preparação dos Princípios podem colher-se em JOANNA R. SHELTON (que presidiu aos trabalhos), *Introduction*, in OCDE, *Corporate Governance in Asia – A Comparative Perspective*, Paris (2001), 11-15; ULRICH SEIBERT, *OECD Principles of Corporate Governance – Grundsätze der Unternehmensführung und -kontrolle für die Welt*, AG 8/99 (1999), 337-339. Uma versão dos Princípios em português encontra-se nos *Cadernos MVM* n.º 5, 285-316.

[43] Em leitura de pormenor, pode detectar-se uma subtil mas significativa diferença entre, de um lado, o Preâmbulo dos Princípios, que trata os contributos público e privado em pé de igualdade ("*(the Principles) can be used by policy makers (...) and by market participants as they develop their own practices*"), e, de outro lado, o Prefácio da edição promovida pela OCDE do mesmo texto, assinado pelo Secretário Geral da OCDE e pela Presidente do Grupo em que se assinala a responsabilidade de desenvolvimento do sistema de governação sobretudo ao sector privado ("*the main responsibility lies with the private sector*"). A prevalência hermenêutica do Preâmbulo não oferece dúvida, porquanto este prefácio não faz sequer parte do texto oficial aprovado pelos Estados-membros.

influência em Estados-membros[44] e tiveram uma importante repercussão em Estados-não membros (casos dos códigos da Índia, Indonésia, África do Sul, Roménia, entre outros). Tal influência tende a aumentar graças à realização de conferências regionais periódicas (*Regional Roundtables*) promovidas pela OCDE e pelo Banco Mundial em vários pontos do globo onde se reúnem especialistas locais e estrangeiros e das quais resulta a elaboração de relatórios regionais (*White Papers*) sobre a adopção dos *Princípios*[45]. O mesmo efeito ocorre em virtude de várias organizações internacionais influentes (*v.g. Financial Stability Board*, Banco Mundial e IOSCO) indicarem os *Princípios* de *Corporate Governance* da OCDE como modelo a seguir nos mercados emergentes.

27 V – Consideração especial merece a evolução dos códigos de governo na Alemanha, em virtude de se tratar de um ordenamento jurídico dotado de um modelo singular de governo societário, designadamente em função da contraposição aí existente entre o *Vorstand* (órgão equivalente à direcção no direito português) e o *Aufsichrat* (conselho geral) e das suas regras sobre co-gestão (*Mitbestimmung*). Soma-se o facto de o sistema jurídico germânico ter exercido, salvo neste último ponto, influências nítidas no Código das Sociedades Comerciais português[46].

Previna-se que, no sistema germânico, a atenção para os problemas de governação surge enquadrada por iniciativas legislativas, de que se destacam a "Lei do controlo e transparência no âmbito empresarial" de 1998 (*Gesetz zur Kontrolle und Transparenz im Unternehmensbereich*, ou *KonTraG*) e a "Lei da transparência e da publicidade" de 2002 (*Transparenz- und Publizitätgesetzes*, ou *TransPuG*). Estas leis surgiram motivadas pelo objectivo de conferir maior atractividade internacional ao mercado de capitais alemão e às sociedades cotadas germânicas, e são precedidas e acompanhadas de intensas discussões doutrinárias sobre o âmbito de flexibilidade e de autonomia estatutária que reconhecer-se às sociedades anónimas e sobre o aperfeiçoamento do funcionamento do *Aufsichrat*[47].

Na sequência destes diplomas, na Alemanha verificou-se a publicação de dois códigos de iniciativa privada, que disputavam entre si os favores do tecido empresarial e do mercado: um documento sobre boas práticas societárias que, em função do seu local de publicação, ficou conhecido como o "Código de Frankfurt"[48] e outro que se intitulou "Código do Círculo de iniciativa de Berlim"[49].

---

[44] Foi designadamente visível a sua influência no Código alemão de 2000 ("Código de Frankfurt") e no código da *European Association of Securities Dealers*.

[45] Há actualmente conferências regionais no Sudeste Europeu, na Ásia, na Eurásia (Ucrânia e Estados vizinhos), na Rússia e na América Latina.

[46] Em geral, sobre o actual regime do modelo dualista: Paulo Câmara, *Modelos de Governo das Sociedades Anónimas*, em *Jornadas em Homenagem ao Professor Doutor Raul Ventura.A Reforma do Código das Sociedades Comerciais* (2007), 197-258 (237-245); Menezes Cordeiro, *Código das Sociedades Comerciais Anotado* (2009), 1030-1052; Armando Triunfante, *Código das Sociedades Comerciais Anotado* (2007) 454-473.

[47] Karsten Schmidt, *Gesellschaftsrecht*[4], Köln et al., (2002), 766-768; Klaus Hopt, *Unternehmensführung, Unternehmenskontrolle, Modernisierung des Aktienrechts –*

Zum Bericht der Regierungskommission Corporate Governance, in Hommelhoff/Lutter/Schmidt/Schön/Ulmer (organiz.), *Corporate Governance. Gemeinschaftssymposion der Zeitschriften*, ZHR/ZGR (2002), 27-67; Marcus Lutter/Gerd Krieger, *Rechte und Pflichten des Aufsichtsrats*[4], (2002), 17-20; Maximilian Schiessl, *Deutsche Corporate Governance post Enron*, AG 11/2002, 593-594.

[48] Grundsatzkommission Corporate Governance, *Corporate Governance-Grundsätze für borsennotierte Gesellschaften*, (2000). Cfr. Uwe Schneider/Christian Strenger, *Die "Corporate Governance-Grundsätze" der Grundsatzkommission Corporate Governance (German Panel on Corporate Governance)*, AG (2000) 106-87.

[49] Berliner Initiativkreises, *German Code of Corporate Governance*, (2000). Sobre este, cfr. Martin Peltzer/Axel Von Werder, *Der "German Code of Corporate Governance (GCCG)" des Berliner Initiativkreises*, AG (2001), 1-6.

Em função da fragmentação do mercado que este dualismo de códigos originava, e em resposta também a alguns escândalos societários, em Maio de 2000 o Governo federal alemão formou uma comissão para aperfeiçoar a competitividade das sociedades alemãs e o seu sistema de governação, presidida por um destacado académico, o Professor THEODOR BAUMS. O Relatório da Comissão Baums foi apresentado em Julho de 2001, dele decorrendo quase uma centena e meia de propostas de alteração ao regime societário. Além disso, o Relatório sugeriu a criação de uma comissão permanente que fosse encarregada da elaboração de um código de governo dirigido a sociedades cotadas em bolsa. Apesar do carácter não injuntivo deste projectado código, era desde logo recomendado que o *Vorstand* e o *Aufsichrat* emitissem uma declaração, no seu relatório anual, sobre a observância ou inobservância do código. A declaração sobre o cumprimento deveria igualmente indicar razões sobre eventuais desvios ao código[50].

Por isso foi criada uma comissão encarregue de redigir um código, desta feita sob presidência de GERHARDT CROMME. O novo código, aprovado em 2002 e então designado na gíria por Código Cromme, em homenagem ao Presidente da comissão governamental[51], conseguiu cumprir o seu desiderato conciliador, combinando a descrição sintética de algumas regras legais com algumas indicações recomendatórias, e não procurando desta feita formular propostas de intervenção legislativa[52]. Além disso, denotou a preocupação de envolver os grupos de sociedades na temática da governação e, como novidade relevante, fez intervir um auditor na verificação da declaração de conformidade com o código[53]. Tem sido mantido, desde 2005, uma cadência anual de actualização deste documento. A revisão mais recente ao Código alemão foi efectuada em Maio de 2010[54].

Como se vê, a reflexão alemã apresenta-se muito dinâmica no debate sobre os códigos de governo, numa demonstração importante de que o fenómeno não se centra no mundo jurídico anglo-americano, antes significa actualmente um ponto de aproximação entre os quadros normativos continentais e anglo-saxónicos.

VI – Na Europa, o percurso de internacionalização dos códigos de governo societário tem como relevante marco a Directiva 2006/46/CE, do Parlamento Europeu e do Conselho, de 14 de Junho de 2006. Aprovado no rescaldo dos escândalos contabilísticos de início de milénio (designadamente os casos Enron, Worldcom e Parmalat), este diploma europeu alterou as Directivas vigentes em matérias de prestação de contas, entre as quais a 4.ª e 7.ª Directivas em matéria de Direito das sociedades[55].

---

[50] Cfr. *Bericht der Regierungskommission Corporate Governance*, (2001); e sobre este: THEODOR BAUMS, *Aktienrecht für globalisierte Kapitalmärkte – Generalbericht*, in HOMMELHOFF/LUTTER/SCHMIDT/SCHÖN/ULMER (organiz.), *Corporate Governance. Gemeinschaftssymposion der Zeitschriften*, ZHR/ZGR (2002), 17-25 (18-19, 22-23); KLAUS HOPT, *Unternehmensführung, Unternehmenskontrolle, Modernisierung des Aktienrechts – Zum Bericht der Regierungskommission Corporate Governance*, cit., 46-58.
[51] O título oficial do documento é *Deutscher Corporate Governance Kodex* (DCGK). Sobre este, veja-se nomeadamente PETER ULMER, *Der Deutsche Corporate Governance Kodex – ein neues Regulierungsinstrument für börsennotierte Aktiengesellschaften*, ZHR 166 (2002), 150-181.
[52] Sobre o Código, reenvia-se designadamente para OLAF ERHARD, *Die Duchsetzung von Corporate-Governance-Regeln*, AG n.º 2/2002, 336-345; HANS FRIEDERICH GELHAUSEN/HENNIG HÖNSCH, *Deutscher Corporate Governance Kodex und Abschlussprüfung*, AG 10/2002 (2002), 529-535.
[53] Cfr. DCGK 7.2.2. (2.º parágrafo), em articulação com a alteração ao § 161 AktG introduzida pela TransPuG.
[54] O texto encontra-se disponível em http://www.ecgi.org/codes/code.php?code_id=308.
[55] Para uma breve apresentação ao texto comunitário: JOÃO MACEDO VITORINO/HELENA MENDONÇA/PEDRO DIAS, *As Recentes Alterações à Quarta e Sétima Directivas e Respectivos Reflexos No Código Das Sociedades Comerciais*, Cadernos MVM n.º 25 (2006), 43-59.

Na alteração promovida à 4.ª Directiva de Direito das sociedades (Directiva 78/660/CEE do Conselho, relativa às contas anuais de certas sociedades), a Directiva 2006/46/CE inseriu um novo art. 46.º-A, o qual obriga as sociedades emitentes de valores mobiliários admitidos à negociação em mercado regulamentado a incluir nos relatórios anuais uma declaração sobre o governo societário. Sucede que, entre outras exigências, tal declaração deve nomeadamente fazer referência ao código de governo a que a sociedade se encontra sujeita ou que tenha decidido aplicar voluntariamente e, bem assim, caso haja divergências em relação a esse código, a sociedade deve explicitar quais as partes do código de que diverge e explicitar a sua divergência[56]. A importância desta Directiva não pode ser subestimada, ao elevar a cânone europeu a prestação anual de informação sobre governo societário, incluindo o dever de explicar os pontos de não observância com o código de governo aplicável[57].

31 Neste ponto, a Directiva 2006/46/CE foi transposta para Portugal através do art. 245.º-A do Código dos Valores Mobiliários[58], adiante retomado.

4. O endurecimento normativo no início do século XXI

32 I – Duas sucessões de factos vieram afectar o papel dos códigos de governo no início do presente século.

De um lado, a constelação de escândalos financeiros relacionados sobretudo com fraudes contabilísticas e deficiências de fiscalização (*Enron, Worldcom, Parmalat*, entre outros) esteve na base de um importante ímpeto legislativo na área do governo das sociedades, nomeadamente no que concerne aos órgãos de fiscalização e à salvaguarda da independência dos auditores[59].

33 De outro lado, a erupção da crise financeira, iniciada em 2007, veio revelar, num significativo número de instituições financeiras, plúrimos casos de deficiente funcionamento de sistemas de gestão de risco e de estruturação dos incentivos dos gestores baseados em indicadores de curto prazo, que encorajavam a assunção de risco excessivo[60]. Foram ainda detectadas prestações remuneratórias excessivas, ainda que em casos de claros insucessos de gestão (*rewards for failure*)[61].

34 II – Esta tendência de endurecimento normativo nas intervenções revela uma certa estabilidade – e está muito presente nomeadamente nos recentes Livros Verdes da Comissão Europeia – respectivamente sobre o governo de instituições financeiras (2010)[62] e sobre

---

[56] Artigo 46.º-A, n.º 1 a) e b) da Directiva 78/660/CEE do Conselho, na redacção dada pela Directiva 2006/46/CE.
[57] Sobre o *comply or explain*, cfr. *infra*, 10.º.
[58] O preceito foi incluído pelo DL n.º 219/2006, de 2 de Novembro, e modificado através do DL nº 185/2009, de 12 de Agosto.
[59] Reenvia-se para a anotação de Helena R. Morais às recomendações II.1.3 a III.1.5 e, em complemento, para Paulo Câmara et al., *O Código das Sociedades Comerciais e o Governo das Sociedades*, Coimbra (2008), *passim*.
[60] United States Senate Permanent Subcommittee On Investigations, *The Financial Crisis: Anatomy of a Financial Collapse*, (2011), 143-155.
[61] Paulo Câmara, *El Say on Pay Portugués*, Revista de Derecho de Mercado de Valores n.º 6 (2010), 83-96; Id., *Conflito de Interesses no Direito Societário e Financeiro: um retrato anatómico*, em *Conflito de Interesses no Direito Societário e Financeiro. Um Balanço a partir da Crise Financeira*, Coimbra, (2010), 13-16, 42-55; Id., *Say on Pay: O dever de apreciação da política remuneratória pela assembleia geral*, Revista de Concorrência e Regulação n.º 2 (2010), 321-344; Id., *Crise Financeira e Regulação*, Revista da Ordem dos Advogados (2009), 720-721; Id., *A Comissão de Remunerações*, RDS n.º 1 (2011), 9-51; João Sousa Gião, *Conflitos de Interesses entre Administradores e Accionistas na Sociedade Anónima: os Negócios com a Sociedade e a Remuneração dos Administradores*, em *Conflito de Interesses no Direito Societário e Financeiro. Um Balanço a partir da Crise Financeira*, Coimbra, (2010), 268-291; Rita Gomes Pinheiro, *A Política de Remuneração dos Administradores nas Sociedades Anónimas*, dissertação de mestrado, Lisboa, UCP, (2010).
[62] European Commission, *Green Paper. Corporate governance in financial institutions and remuneration policies*, (Jun.-2010), disponível em http://eur-lex.europa.eu/LexUriServ/LexUriServ.do?uri=COM:2010:0284:FIN:EN:PDF.

o governo de sociedades cotadas (2011)[63] –, a anunciar (ou, ao menos, a sujeitar a consulta pública) um novo ciclo de Directivas com influência na área do *governance*. Tudo leva a crer, assim, que os próximos anos serão ainda marcados por adicionais iniciativas legislativas neste domínio.

O quadro sumariamente descrito comprime naturalmente o espaço confiado por cada sistema jurídico aos códigos de governo[64] e à *soft law* em geral[65]. A fronteira que divide o âmbito normativo e o âmbito recomendatório exibe mobilidade[66]: e no momento presente a tendência é de um avanço do perímetro de influência normativa. Algumas matérias que eram tradicionalmente tratadas em códigos de governo passam a ser tratadas através de instrumentos legislativos – tal como sucede nos casos notórios da independência de titulares de órgãos de fiscalização e das remunerações de titulares de órgãos sociais.

Além disso, tendo como pano de fundo um maior cepticismo quanto à efectividade do papel dos códigos em contexto de crise, passa a revestir importância crítica o tema da fiscalização do cumprimento dos códigos, seja em termos intra-societários, seja em termos externos. É ponto a que adiante se regressa[67].

Todavia, a função da *soft law* não resulta anulada por esta fase de reformismo legislativo – mantendo-se em vigor a generalidade dos códigos de governo, enquanto instrumento complementar das prescrições normativas relacionadas com o governo societário.

§ 2.º Conteúdo e funções

5. Os códigos como instrumento do governo das sociedades

I – Os códigos de governo constituem um importante instrumento de conformação do governo das sociedades. Dito de outro modo, não se consegue compreender correctamente a constelação de problemas ligados ao governo das sociedades se não atendermos aos códigos de governação.

Como resulta do desenvolvimento anterior, estes códigos dirigem-se de ordinário a sociedades cotadas em bolsa, embora muitos facultem ou recomendem a sua observância por sociedades fechadas ao investimento do público. Assim acontece, respectivamente, no código nacional e no actual código alemão[68]. A evolução mais recente veio igualmente a revelar códigos de governo dirigidos a instituições financeiras e a investidores institucionais – de que constitui ilustração o *Stewardship Code* britânico[69]. A CMVM também preparou

---

[63] EUROPEAN COMMISSION, *Green Paper. The EU corporate governance Framework*, (Ab.-2011), disponível em http://ec.europa.eu/internal_market/company/docs/modern/com2011-164_en.pdf.
[64] EDDY WYMEERSCH, *Ongoing developments in European Corporate Governance*, Financial Law Institute, Gent (2010).
[65] THOMAS M. J. MOËLLERS, *Sources of Law in European Securities Regulation – Effective Regulation, Soft Law and Legal Taxonomy from Lamfalussy to Larosière*, European Business Organization Law Review, Vol. 11, p. 379, (2010); EILÍS FERRAN/KERN K. ALEXANDER, *Can Soft Law Bodies be Effective? Soft Systemic Risk Oversight Bodies and the Special Case of the European Systemic Risk Board* (Nov.-2010), disponível em http://ssrn.com/abstract=1676140; ROBERTA KARMEL, *Self-regulation and the future of Securities Law*, em *Direito dos Valores Mobiliários*, Vol. X (2011), 567-592.
[66] EDDY WYMEERSCH, *Enforcement of Corporate Governance Codes*, ECGI WP n.º 46/2005 (2005), disponível em http://ssrn.com/abstract=759364, 3.
[67] Cfr. *infra*, 14.
[68] Já o Código de Berlim optava por técnica diversa, dedicando uma secção particular às sociedades fechadas ao investimento do público (secção VII). Confira-se neste contexto a panorâmica comparativa de WEIL, GOTSHAL & MANGES, *Comparative Study of Corporate Codes Relevant to the European Union and Its Member States*, cit., 24-26.
[69] FINANCIAL REPORTING COUNCIL, *The UK Stewardship Code*, (2010), disponível em http://www.ecgi.org/codes/documents/frc_stewardship_code_2july2010.pdf.

recomendações sobre exercício de voto por organismos de investimento colectivo, embora sem as associar directamente à técnica de *comply or explain*[70].

38   Quanto ao seu conteúdo, estes códigos caracterizam-se por fornecerem modelos recomendatórios de comportamento para as sociedades, envolvendo no seu enunciado todos os actores ligados ao governo das sociedades – titulares de órgãos sociais, titulares de comissões societárias e auditores. Não obstante, pode dizer-se que a maioria das indicações são dirigidas aos titulares do órgão de administração e podem relevar para efeitos do cumprimento dos deveres de cuidado (art. 64.º, n.º 1 a) CSC).

39   II – Se as proposições anteriores retratam os códigos de governo nas suas características comuns, deve também anotar-se que, no que toca à iniciativa da sua aprovação e ao seu âmbito de aplicação, os códigos de governo assumem natureza claramente heterogénea.

Como se viu, contrapõem-se códigos de âmbito nacional e códigos de vocação internacional – constituindo exemplos destes os *Princípios* da OCDE de *Corporate Governance*, as orientações do *International Corporate Governance Network* ou ainda os *Princípios* da *European Association of Securities Dealers* (EASD)). A distinção principal é a que separa os códigos de iniciativa pública, em manifestação de uma hetero-regulação (designadamente, os códigos vigentes em Portugal e na Alemanha) dos códigos de iniciativa privada (por exemplo, os principais códigos britânicos), que concretizam uma forma de auto-regulação. Ainda ligados a estes, devem considerar-se igualmente os códigos aplicáveis apenas à sociedade que os aprova (casos dos códigos da General Motors ou do Deutsche Bank).

40   Assim, numa tentativa de sistematização, dir-se-á que os códigos de governo relativos a sociedades abertas podem fundamentalmente reconduzir-se a seis modalidades principais em função da respectiva iniciativa e do seu âmbito de aplicação:

A. Códigos de iniciativa pública:
A.1. Internacionais;
A.2. Nacionais.

B. Códigos de iniciativa privada:
B.1. Internacionais;
B.2. Nacionais;
B.3. Sectoriais;
B.4. Societários.

41   III – O grau recomendatório dos códigos de governo pode igualmente variar. Existem códigos que fixam normas recomendatórias directas e outros que se limitam a fixar metas desejáveis em termos mais difusos.

A título de exemplo, o actual código alemão combina as duas técnicas. O documento contrapõe as *recomendações* das *sugestões*: as recomendações distinguem-se pela fórmula verbal "*soll*" (equivalente à locução "deve"), ao passo que as sugestões se caracterizam pelo uso de

---

[70] Cfr. CMVM, *Recomendações sobre Incentivo à Participação em Assembleia Geral e Exercício do Direito de Voto dos Organismos de Investimento Colectivo* (2010), disponível em http://www.cmvm.pt/CMVM/Recomendacao/Recomendacoes/Pages/RecomendaçõesdaCMVMsobreIncentivoàParticipaçãoemAssembleiaGeraleExercíciodoDireitodeVotodosOrganismosdeInvestimentoColectiv.aspx. Recorde-se igualmente que as sociedades gestoras de organismos de investimento colectivo devem comunicar à CMVM e divulgar ao mercado, através do sistema de difusão de informação da CMVM, o sentido do exercício dos direitos de voto inerentes às acções detidas pelos OIC por si geridos (art. 74.º RJOIC e art. 81, n.º 1 do Reg. da CMVM 7/2007).

"kann" ou *"sollte"* (equivalente a "pode" ou "deveria"). Nestas sugestões, segundo o texto germânico, não é necessário dar conhecimento público sobre os desvios ao Código[71].

Embora em moldes diversos, panorama semelhante já ocorreu relativamente ao código português, que se socorre de fórmulas verbais que induzem um grau recomendatório variável. Até 2001, a par de recomendações em sentido corrente, caracterizadas pela fórmula "deve"[72] ou "recomenda-se"[73], sobravam outras que se socorrem de expressões mais matizadas, tais como "encoraja-se" ou "deve, na medida do possível". Actualmente, deixou de se vislumbrar tal graduação nas mensagens recomendatórias. No Relatório sobre avaliação do cumprimento da CMVM referente a 2009 (publicado em Maio de 2011[74]), é operada uma distinção entre recomendações "essenciais" e "não-essenciais"[75] – a qual, porém, não tem acolhimento algum no texto do Código de governo societário.

6. Funções dos códigos

I – Os códigos de governo filiam-se nas tendências gerais de governação, muito preocupadas com a eficiência organizativa das sociedades e com a optimização dos seus resultados. Nesta ordem de ideias, entende-se que o contributo para melhorar as práticas das sociedades e das pessoas que nelas intervêm não implica apenas um aperfeiçoamento das leis vigentes.

Assim, dado o seu cariz recomendatório, pode dizer-se que na base dos códigos de governo está a assunção de que nem toda a actividade das sociedades deve ser regulada por lei. Neste sentido, poderia encarar-se os códigos como uma via de desregulamentação. O termo aqui aplicado, porém, é claramente equívoco, porquanto os códigos de governo significam sobretudo um alargamento das opções de regulação[76], em benefício de uma visão plural das fontes.

Em si, este alargamento de ferramentas normativas apresenta notória importância. Aliás, já o Relatório apresentado pelo Grupo de Peritos de Alto Nível sobre Direito das Sociedades nomeado pela Comissão Europeia (Relatório Winter II) reconhecia um significativo movimento para meios legislativos alternativos para a regulação societária, oferecendo como exemplo os padrões fixados pelos participantes do mercado ou em colaboração com estes[77].

II – Enquanto criações sociais, nem todos os códigos gozam da mesma aptidão funcional. Detectam-se três principais factores, de efeito conjugado, a condicionar o seu relevo funcional. Em primeiro lugar, conta-se a *penetração social* dos códigos, dado o seu carácter recomendatório. Tal depende da representatividade ou da influência da entidade que aprova o código e do processo seguido para assegurar uma ampla aceitação pelos destinatários: para esse efeito, o recurso a processos de consulta pública antes da aprovação dos códigos e a prestação de informação sobre o grau de cumprimento constituem factores decisivos. Além disso, releva a *adequação do conteúdo material* dos códigos perante as exigências do tráfego. Por fim, importa atender à *estabilidade temporal* das soluções consagradas. Várias normas são

---

[71] *Deutscher Corporate Governance Kodex*, no seu preâmbulo, 1-2.
[72] Recomendações n.os 2, 3, 4, 7, 8, 14 e 15 (versão de 2001).
[73] Recomendações n.os 5, 6, 12 e 13 (versão de 2001).
[74] Sobre este desfazamento temporal, cfr. *infra*, 12.
[75] CMVM, *Relatório Anual sobre o Governo das Sociedades Cotadas – 2009*, (2011), disponível em http://www.cmvm.pt/CMVM/Estudos/Pages/20110519a.aspx#24. O documento em causa não apresenta justificação para a divisão entre recomendações "essenciais" e "não essenciais". Diferente abordagem foi, a este respeito, seguida por Paulo Câmara/Miguel Athaíde Marques/Leonor Modesto, *O Governo das Sociedades em Portugal: Relatório sobre o Grande Acolhimento de Recomendações, Índice e Rating de Governo Societário* (2011).
[76] Peter Hommelhoff, *Die OECD-Principles of Corporate Governance – ihre Chancen und Risiken aus dem Blickwinkel der deutschen corporate governance-Bewegung*, ZGR (2001), 244-247.
[77] High Level Group Of Company Law Experts, *Report on a Modern Regulatory Framework for Company Law in Europe*, (2002) 31

consagradas a título experimental, não sendo suficientemente cristalizadas – e algumas acabam por ser substituídas ao fim de algum tempo.

Se estes três factores não estão reunidos ou deixam de estar reunidos, não se verifica ou deixa de se verificar a sanção social para o não cumprimento e deixam de ser atendidas, por desuso, as normas constantes dos códigos de governo[78].

46 III – Feita esta importante ressalva, cuidaremos de seguida das funções que os códigos de governo, no seu grau máximo de penetração social, adequação material e estabilidade temporal, logram desempenhar. Distinguem-se as funções gerais das funções que, em especial, apenas estão assinaladas a certos códigos.

47 *a)* Em primeiro lugar, os códigos de governo apresentam-se como instrumentos que, de facto, conduzem a um *reforço informativo* em áreas não cobertas por deveres de informação de fonte legal ou regulamentar.

Tal sucede desde logo em códigos acompanhados do dever de prestar informação sobre o seu cumprimento, adiante examinado[79]. Nestes casos, o efeito informativo advém de uma norma jurídica por referência ao código de governo, iluminando diversos aspectos sobre o modo de direcção da sociedade ou do exercício do controlo sobre a sociedade.

O reforço da informação prestada também se atinge, de resto, em códigos de pura auto-regulação, aprovados pelas sociedades a quem se dirigem. Uma das aplicações mais relevantes a este propósito prende-se com a informação respeitante à responsabilidade social das empresas ou à sua responsabilidade ambiental. Esta é usualmente definida como a integração de preocupações sociais e ambientais no negócio das empresas e nas suas relações com os sujeitos relevantes nas empresas em base voluntária – e tem vindo a merecer significativo desenvolvimento em códigos societários[80].

48 *b)* Os códigos constituem forma de divulgar boas práticas e de, aproveitando a pressão social e do mercado, fazer germinar condutas "óptimas" ligadas ao governo das sociedades. Com isto, os cumprem igualmente uma *finalidade preventiva de irregularidades e ilícitos* na direcção e no controlo de sociedades, ao apresentar padrões claros de governação que os sujeitos com poder de decisão nas sociedades procurarão respeitar.

49 *c)* Além disso, deve considerar-se a função desempenhada pelos códigos na *disseminação de uma cultura de mercado*.

Em geral, os códigos estimulam a discussão de assuntos ligados à governação. No mais, não se esqueça que são os participantes do mercado que ajuízam a bondade das opções assumidas pelos destinatários dos códigos de bom governo. Por esse motivo, estes textos conduzem a uma tomada de consciência e a uma preocupação das empresas, sedimentando uma cultura empresarial moderna imbuída de uma lógica activa e eticamente informada sobre o papel de cada agente no mercado[81].

50 *d)* Os códigos em apreço desempenham também uma função não negligenciável de *teste de possíveis futuras normas injuntivas*.

---

[78] Sobre esta possibilidade, embora com formulação diversa: MELVIN EISENBERG, *Corporate Law and Social Norms*, cit., 1291-1292.
[79] Cfr. *infra* § 3.º.
[80] COMISSÃO EUROPEIA, *Green Paper. Promoting a European framework for Corporate Social Responsibility*, COM (2001) 366 final, (18.07.2001), 6.
[81] MAXIMILIAN SCHIESSL, *Deutsche Corporate Governance post Enron*, cit., 594; WEIL, GOTSHAL & MANGES, *Comparative Study of Corporate Codes Relevant to the European Union and Its Member States*, cit., 68.

Como se sabe, o governo das sociedades, mercê da sua expansividade, vai conquistando novas áreas de regulação, em que as soluções não estão suficientemente cristalizadas. Os códigos de governação servem neste sentido de laboratórios de futuras soluções normativas, testando opções de regulação.

A experiência portuguesa permite documentar este ponto, porque como mencionado algumas normas recomendatórias em matéria informativa foram posteriormente transformadas em normas regulamentares e legislativas[82].

e) Os códigos de governo podem igualmente servir de *elemento de interpretação de leis*, densificando conceitos indeterminados ou normas legais, designadamente sobre a conduta dos actores societários. 51

Entre nós, a questão mostra particular acuidade em relação aos deveres de cuidado dos administradores, no sentido da actuação de acordo com um gestor criterioso e ordenado, nos termos do art. 64.º, n.º 1 a) CSC.

f) Cabe ainda tomar posição sobre a susceptibilidade de os códigos funcionarem como instrumentos de *integração de lacunas*[83]. 52

Uma vez que não reputamos tecnicamente admissível a transposição analógica a partir de normas não jurídicas, no direito português a questão limita-se à possibilidade de utilizar as normas constantes de códigos de governo para, na falta de caso análogo, representarem a norma que o intérprete criaria se houvesse que legislar dentro do espírito do sistema, para efeitos do art. 10.º, n.º 3 do Código Civil. Impõe-se responder afirmativamente. A natureza complementar e nessa medida tendencialmente conforme ao sistema dos códigos de governo assinalam-lhe precisamente uma vocação de apoio importante para a busca sistemática desta norma criada *ad hoc* para a integração de lacunas.

Esta conclusão extrai-se, claro está, no duplo pressuposto de que o art. 10.º CC serve de arrimo normativo, directo ou subsidiário, em matéria de integração de lacunas em todo o direito privado, incluindo o direito societário, e por conseguinte que o recurso à criação de norma segundo espírito do sistema, não é impedida pelo facto de o art. 2.º CSC não lhe fazer directa alusão.

g) Outro efeito dos códigos é o de servirem de *fonte de usos* se, dotados de razoável penetração social, gerarem uma aplicação persistente e contínua. Tais usos manifestam-se nomeadamente na criações de padrões – usualmente de âmbito internacional – ligados à organização do órgão de administração, em aspectos tais como a separação entre presidente do conselho de administração e o presidente da comissão executiva e a criação de comités, entre outros. A inter-relação destas práticas com os comandos legais sobre o tema é, aliás, inevitável[84]. Não serão todavia fonte de direito, porquanto tal qualificação depende sempre de remissão feita pela lei (art. 3.º, n.º 1 CC). 53

IV – Além das descritas funções gerais, detectam-se ainda funções especiais dos códigos de bom governo, em atenção à sua natureza de fonte de auto-regulação ou de hetero-regulação. 54

---

[82] Cfr. *supra*, § 4.º e as anotações às recomendações II.1.5.1 a II.1.5.7.

[83] Pronunciando-se afirmativamente perante o direito alemão: Marcus Lutter, *Vergleichende Corporate Governance – Die deutsche Sicht*, cit., 227; Id., *Corporate Governance in Germania*, in *Governo dell'Impresa e Mercato delle Regole – Scritti Giuridici per Guido Rossi*, Milano (2002) I, 113.

[84] Klaus Hopt, *Unternehmensführung, Unternehmenskontrolle, Modernisierung des Aktienrechts – Zum Bericht der Regierungskommission Corporate Governance*, cit., 52; Marcus Lutter, *Corporate Governance in Germania*, cit., 113.

55 *i)* Os códigos elaborados por autoridade pública podem ser utilizados como *instrumento de uma intervenção normativa gradual*. Com efeito, em áreas onde se pretenda uma introdução gradual de soluções normativas, primeiro por via recomendatória, depois por via injuntiva, os códigos hetero-reguladores funcionam como alternativa vantajosa a um prazo de *vacatio legis* muito dilatado.

56 *ii)* Os códigos de governo hetero-reguladores servem ainda de elemento referenciador para códigos internos. De facto, é frequente que os códigos aprovados por sociedades busquem inspiração em códigos de âmbito nacional.

Há, pois, um duplo movimento de influência a partir dos códigos de governo: de um lado, inspirando o legislador em intervenções normativas futuras; de outro lado, servindo de referência para códigos empresariais.

57 *iii)* Os códigos internos podem também servir para adaptar as directrizes gerais de governação às especificidades de cada sociedade e do sector em que se insere. Caber-lhe-á, neste sentido, a incumbência de densificação de normas éticas ou de criação de padrões de comportamento mais exigentes que os decorrentes de fontes jurídicas imperativas. O código do *Deutsche Bank* fornece um exemplo importante a este propósito, ao conter indicações quanto ao seu governo adaptadas à sua área de actividade (bancária) e à estrutura do grupo societário em que se insere[85].

7. A técnica redaccional dos códigos

58 I – A natureza e a função dos códigos de governo societário determina implicações na conformação dos respectivos enunciados.

Reitere-se preliminarmente, a este respeito, que os códigos de governo configuram um elemento, entre outros, do sistema de governação societária[86]. Como tal, não pode dissociar-se da envolvente legislativa externa em matéria de governo societário. Importa notar, acima de tudo, que, *tratando-se de normas recomendatórias, estas devem respeitar a lei*. Eventuais propostas de alteração ao enquadramento legal vigente devem ser remetidos para documentos autónomos.

59 Atento o largo perímetro de destinatários típicos dos códigos de governo, pode admitir-se que a maior parte das pessoas visadas não tem formação jurídica. A importância da compreensibilidade directa do seu enunciado por não-juristas reforça, por seu turno, a necessidade que estes códigos sejam redigidos em termos sintéticos, acessíveis e – como em qualquer texto normativo – claros[87].

60 Soma-se que, mercê da sua natureza, um código de governo das sociedades não é de redacção livre; deve antes utilizar uma linguagem que o torne adequado para o fim a que se destina: o de servir de referência na elaboração do relatório anual de governação, para efeitos – no caso nacional – do art. 245.º-A e do Regulamento da CMVM n.º 1/2010[88].

Do código devem, assim, ser retiradas indicações que não são passíveis de uma decisão livre de acolhimento (ou não acolhimento) pelas sociedades, ou porque constam da lei, ou porque não se dirigem às sociedades *per se*.

---

[85] Deutsche Bank, *Verhaltens- und Ethikkodex*, (2010), acessível em http://www.deutsche-bank.de/ir/de/download/Verhaltens_Ethikkodex_DB_April_2010.pdf.
[86] Cfr. *supra*, 1.5.e 6.
[87] Klaus Hopt pronuncia-se em sentido próximo: *Unternehmensführung, Unternehmenskontrolle, Modernisierung des Aktienrechts – Zum Bericht der Regierungskommission Corporate Governance*, cit., 49-51.
[88] Cfr. desenvolvidamente *infra*, § 4.º.

Quanto à primeira vertente assinalada, os códigos devem coibir-se de transcrever indicações que resultem directamente da lei, e relativamente às quais não exista a possibilidade de, licitamente, ocorrer o seu não acolhimento pelas sociedades. Com efeito, a combinação de prescrições obrigatórias, por lei, com indicações facultativas é perversa a vários títulos. Em primeiro lugar, pode criar uma certa confusão entre normas vinculativas e recomendações, que não se apresenta como saudável. Além disso, na técnica do *comply or explain*, que funda a Directiva 2006/46/CE, do Parlamento Europeu e do Conselho, de 14 de Junho de 2006 e o art. 245.º-A CVM, é dado adquirido que o código de governo das sociedades apenas inclui recomendações – isto é, modelos de conformação societária cujo não acolhimento é lícito[89].

No segundo grupo incluem-se as recomendações dirigidas a terceiros – nomeadamente a accionistas ou a investidores institucionais. A extensão do mesmo código aos accionistas configura um modelo já testado pela CMVM (entre 1999-2001), e – por razões ponderosas – abandonado. Com efeito, aquelas são indicações sobre as quais as sociedades não podem pronunciar-se, sendo por isso deslocada a sua inserção num código desta natureza. Por esse motivo, os códigos dirigidos a accionistas têm revelado uma crescente autonomia – e as Recomendações nacionais relativas ao exercício do direito de voto incorporam um texto distinto, como já notado[90].

II – Além disso, e mais genericamente, as cláusulas de códigos de bom governo devem ser redigidas de modo a tornar simples o escrutínio sobre o respectivo cumprimento. Esta observação não é de cariz exclusivamente formal. Com efeito, entende-se que uma redacção desadequada das indicações do Código pode comprometer a sua eficácia, a sua acessibilidade (*i.e.*, a clara compreensão dos seus enunciados) e, no limite, a sua credibilidade. A título de exemplo, os códigos de governo não devem incluir recomendações múltiplas na sua previsão – pois de modo contrário fica dificultado o respectivo escrutínio e a operatividade o sistema de acolhimento e fundamentação (*comply or explain*).

Por último, importa que os códigos se possam aplicar a qualquer modelo de governo. Os enunciados dos códigos devem ser neutros a este respeito. Neste sentido, deveria antes o texto do Código dirigir-se, em termos genéricos, aos *órgãos de fiscalização*, explicitando-se no preâmbulo que abrange, com tal referência, todos os modelos de governo entre nós admissíveis.

III – Quanto ao processo de preparação de códigos de governo, é importante que este seja acompanhado de um período adequado de consulta pública, que revele um genuíno grau de abertura na recolha de sugestões e de comentários ao texto em preparação.

Cabe, por último, frisar que os processos de consulta pública devem ser levados até ao seu termo, em cumprimento de todos os deveres informativos correspondentes. Assim, importa conceder divulgação pública, não apenas ao projecto de consulta pública, mas também aos comentários das entidades consultadas – salvo quando os mesmos sejam objecto de pedidos de confidencialidade. Por fim, deve ser feita divulgação atempada e fundamentada aos resultados da consulta pública e ao acolhimento, total ou parcial, ou não acolhimento, por parte da entidade que adopta o código, das sugestões recebidas ao longo do processo.

---

[89] Por aqui se explica a opção da CMVM se condensar as fontes normativas e recomendatórias num texto autónomo: a Consolidação de Fontes de Governo das Sociedades.

[90] Cfr. *supra*, 5, e CMVM, *Recomendações sobre Incentivo à Participação em Assembleia Geral e Exercício do Direito de Voto dos Organismos de Investimento Colectivo* (2010).

§ 3.º Acolhimento

8. O dever de prestar informação sobre o grau de observância do código (*comply or explain*)

65   I – Na esteira da influência britânica, diversos códigos de governo são complementados por normas injuntivas que obrigam à prestação de informação sobre o seu cumprimento. Assim acontece, como veremos, no código português desde a sua versão de 2001[91].

66   O dever de informação assim configurado desdobra-se por duas vertentes: de um lado, obriga a dar notícia sobre o grau de cumprimento das normas recomendatórias constantes do código; além disso, em relação às normas que não são observadas, postula um dever de apresentação do fundamento dessa preterição da indicação recomendatória.

67   Percebe-se, assim, que a designação corrente de *comply or explain*[92], que se reporta a este duplo dever informativo, corresponda a uma simplificação. Com efeito, *a prestação de informação não corresponde a uma alternativa ao cumprimento do código*; mesmo as sociedades que cumprem as regras do código devem informar que o fazem. Por isso, numa formulação mais extensa, deveria dizer-se: *disclose if you comply with the code or explain why you don't*.

68   À margem desta caracterização sobre a essência do sistema, refira-se a existência de singularidades em alguns Estados. Usualmente, a declaração anual sobre o cumprimento é única e reporta-se exclusivamente ao momento temporal em que é produzida. Porém, na Alemanha obriga-se ainda a uma declaração sobre o cumprimento do código no futuro; e aí produzem-se anualmente duas declarações sobre o cumprimento, e não uma, em virtude de haver indicações dirigidas não apenas ao órgão executivo (*Vorstand*) mas também ao órgão de fiscalização (*Aufsichrat*)[93].

69   II – A técnica do *comply or explain* apresenta-se como uma forma de combinar um código voluntário com normas injuntivas sobre o respectivo cumprimento.

Deste ponto de vista, esta solução assegura uma dose relevante de flexibilidade nas escolhas da sociedade em relação a um número contado de temas ligados ao governo societário. Repousa, por isso, de um lado, na confiança depositada na administração e, de outro lado, no papel que (desejavelmente) será desempenhado pelo juízo rigoroso dos investidores – sobretudo os investidores institucionais – e dos credores na avaliação das escolhas feitas sobre a governação societária[94].

70   Frise-se, neste contexto, que a técnica de *comply or explain* dispensa uma aprovação do código por via legislativa ou regulamentar. O código, nesta formulação, configura-se antes como um quadro de referência relativamente ao qual os destinatários estão por lei ou regulamento obrigadas a informar se e em que grau procedem ao seu cumprimento.

71   O certo é que a informação sobre o cumprimento torna visíveis as opções tomadas por cada sociedade quanto à sua governação. Por sua banda, tal permite que se manifeste o efeito disciplinador do mercado de capitais: os investidores ficarão desencorajados de adquirir acções de sociedades com padrões pobres de governação – e consequentemente as cotações

---

[91] Cfr. *infra*, § 4.º.
[92] Um *slogan*, chamou-lhe Marcus Lutter (*Corporate Governance in Germania*, cit., 116). Cfr. também Eddy Wymeersch, *Corporate Governance Codes and their implementation*, Financial Law Institute, Gent (2006); Marcello Bianchi/Angela Ciavarella/Valerio Novembre/Rosella Signoretti, *Comply or Explain? Investor Protection Through Corporate Governance Codes*, ECGI WP n.º 278/2010 (2010), disponível em http://ssrn.com/abstract=1581350.
[93] Cfr. § 161 AktG.
[94] John Wilcox, *Comply-and-Explain: Should Directors Have a Duty to Inform?*, Law and Contemporary Problems (Winter 2011), 155; Eddy Wymeersch, *Enforcement of Corporate Governance Codes*, cit., 8.

destes valores mobiliários tenderão a diminuir. Assim, esta informação pressiona as decisões dos agentes societários e, com isso, redobra a eficácia no tocante ao acatamento na prática das recomendações contidas nos códigos.

Daqui resulta confirmado o papel decisivo que a informação pode desempenhar como instrumento de regulação. O Relatório Winter II justificava esta função pelo incentivo criado às boas práticas em termos mais eficientes, flexíveis e fáceis de fiscalizar[95]. De resto, este ponto não representa em rigor qualquer novidade quando confrontado com a estrutura da regulação mobiliária, que como se sabe assenta principalmente em prescrições informativas[96].

A informação prestada sobre o governo societário é, por outro lado, uma informação tornada pública através dos mecanismos típicos da área mobiliária – isto é, através de publicação. Tal é determinante para operar a pressão social do mercado tendente ao afinamento dos comportamentos seguidos. Neste sentido, em suma pode dizer-se que *os códigos partem do reconhecimento implícito ou explícito das imperfeições do mercado e dos seus agentes* – assimetria de informação, conflito de interesses, entre outros – *mas servem-se do mercado para melhorar as práticas das sociedades cotadas em bolsa e dos titulares dos seus órgãos.*

III – A declaração de cumprimento deve respeitar os princípios gerais em matéria informativa: deve designadamente ser completa, verdadeira e objectiva, como prescrito em geral pelo art. 7.º do Código dos Valores Mobiliários.

O ponto decisivo é o da prestação de informação sobre os motivos do não acolhimento de recomendações constantes de código de governo. É nesta vertente que o panorama europeu se tem mostrado mais preocupante, como o documenta um estudo recente sobre o tema[97].

Se a mensagem sobre governo societário desrespeitar alguma das exigências informativas, tal declaração é ilícita, sendo consequentemente geradora de responsabilidade civil para quem a produziu, se estiverem verificados os competentes pressupostos.

As consequências potenciais são de dupla natureza: de um lado contra-ordenacional, podendo resultar na aplicação de uma coima; e de outro lado de natureza civil, no respeitante à reparação dos danos causados pela declaração de cumprimento.

Quanto a este último aspecto, cumpre relembrar que o Regulamento comunitário sobre o conteúdo dos Prospectos – Regulamento n.º 809/2004 da Comissão, de 29 de Abril de 2004 – obriga à inclusão da declaração de cumprimento no prospecto de oferta pública e no prospecto de admissão[98]. Assim, é de frisar que, se inserida em prospecto, a declaração viciada provoca a aplicação das regras sobre responsabilidade civil pelo prospecto, constantes dos arts. 149.º e seguintes do Código dos Valores Mobiliários, que representam uma forma de tutela indemnizatória mais intensa dos investidores lesados, designadamente por assentarem numa presunção de culpa do lesante (art. 149.º, n.º 1 CVM).

IV – É neste quadro que ganha significado o problema de política legislativa respeitante ao órgão ou actor societário competente para a fiscalização da declaração de cumprimento.

---

[95] HIGH LEVEL GROUP OF COMPANY LAW EXPERTS, *Report on a Modern Regulatory Framework for Company Law in Europe*, cit., 33-34.
[96] PAULO CÂMARA, *Deveres de informação e formação de preços no Direito dos valores mobiliários*, Cadernos MVM n.º 2, (1998), 79-94.
[97] RISKMETRICS, *Study on Monitoring and Enforcement Practices in Corporate Governance in the Member States*, (2009),
168-173. Cfr. ainda EDDY WYMEERSCH, *Enforcement of Corporate Governance Codes*, cit., 13-14.
[98] Anexo I do Regulamento n.º 809/2004 da Comissão, de 29 de Abril de 2004, respeitante aos valores representativos do capital social, 16.4.

Numa abordagem preliminar, quatro principais caminhos podem ser equacionados neste contexto.

77 Uma abordagem envolveria a constituição de uma comissão de ética dentro da sociedade. Todavia, a composição destes comités de ética corresponde sempre a uma incógnita, designadamente quanto à independência dos seus membros, razão pela qual esta via é encarada com reservas.

78 Uma solução próxima aponta para os auditores internos a responsabilidade de proceder a tal vigilância sobre o cumprimento das indicações sobre governação e sobre a declaração emitida a esse respeito. Segundo a *International Institute of Internal Auditors*, referir-se-á que as Normas para a prática da auditoria interna confiam essa incumbência aos auditores internos[99].

79 O terceiro é a de delegar tal missão nos auditores externos. Neste sentido, a Directiva 2006/46/CE obriga à intervenção do auditor na verificação sobre se a declaração de cumprimento foi apresentada.

80 Por último, a solução portuguesa é a que envolve uma intervenção do órgão de fiscalização sobre a completude do relatório anual de governação (n.º 5 do art. 420.º, n.º 2 do art. 423.º-F e n.º 2 do art. 441.º CSC)[100]. Estes dispositivos determinam que nas sociedades que sejam emitentes de valores mobiliários admitidos à negociação em mercado regulamentado, o órgão de fiscalização deve atestar se o relatório sobre a estrutura e práticas de governo societário divulgado inclui os elementos referidos no artigo 245.º-A do Código dos Valores Mobiliários.

81 Em leitura transversal destes modelos, deve apontar-se o risco de a intervenção do órgão competente representar um exercício formal, de cumprimento mecânico[101]. Aliás, deve admitir-se que os modelo expostos não são modelos antagónicos, que melhor funcionariam interligados entre si. Em Portugal, a fiscalização interna é, por seu turno, complementada através da actuação da autoridade de supervisão, como veremos[102].

9. Facultatividade do acolhimento

82 **I** – Como vimos, os códigos de governo não contêm normas injuntivas nem supletivas, assumindo natureza recomendatória. Nesta medida, o que leva as sociedades abertas a cumprir os códigos de governo não é, por definição, o risco de sanção.

A contribuir para este fenómeno de adesão voluntária aos códigos de governação pode apontar-se, em primeiro lugar, o risco reputacional das sociedades, cuja cotação é afectada negativamente por notícias ligadas ao deficiente governo. Além disso, joga no mesmo sentido o risco reputacional dos profissionais que dirigem as sociedades, cuja valorização no mercado profissional desce abruptamente se associados a práticas irregulares ou menos sãs. Tal é potenciado por efeito da comunicação social, designada mas não exclusivamente da imprensa financeira, em virtude da exposição mediática a que se sujeitam as suspeitas de comportamentos ilícitos e a sua confirmação[103].

---

[99] Norma 2130. Cfr. José Nunes Pereira, *Introdução*, Cadernos de Auditoria Interna ano 4 n.º 1 (Nov.- 2001), 8-9.
[100] Estes preceitos resultaram das alterações ao Código das Sociedades Comerciais introduzidas através do DL n.º 185/2009, de 12 de Agosto.
[101] Klaus Hopt, *Unternehmensführung, Unternehmenskontrolle, Modernisierung des Aktienrechts – Zum Bericht der Regierungskommission Corporate Governance*, cit., 54-55.

[102] Cfr. *infra*, 12.
[103] O ponto, já aflorado por Melvin Eisenberg (*Corporate Law and Social Norms*, cit., 1268) pode ser documentado com o impacto mediático em torno da detenção de presumíveis responsáveis por escândalos societários nos Estados Unidos no início do milénio.

Acrescem factores de competição empresarial, que vêm nas boas práticas de governação formas de distinção em relação a concorrentes. A pressão dos investidores institucionais mais interventivos igualmente contribui para uma adopção das boas práticas pelas sociedades cotadas em bolsa.

Concorre também para uma adesão aos códigos uma maior consciência geral do relevo da ética dos negócios e dos comportamentos que a comunidade espera como mais correctos. No fundo, muitas normas de códigos de governo espelham padrões de cidadania económica.

A somar-se a estes factores, a *moral suasion* induzida por autoridades de supervisão ou por bolsas pode aumentar a sua eficácia[104]. É usual a divulgação de tabelas com índices de observância das recomendações por parte das sociedades destinatárias, o que representa um poderoso estímulo ao cumprimento. A experiência portuguesa fornece uma ilustração importante do exposto[105].

II – Tenha-se todavia presente que os factores descritos, mesmo nos sistemas jurídicos com maior tradição na análise dos problemas da governação, não logram uma adesão total dos códigos.

Por isso, levantam-se regularmente vozes críticas à influência e utilidade dos códigos de governo em virtude de não estar associado qualquer tipo de sanção jurídica à não adesão das condutas por eles recomendadas[106].

Deste ponto de vista, considera-se uma fraqueza dos *Princípios* da OCDE o terem desconsiderado a componente da fiscalização. De igual modo, na Alemanha, um sector da doutrina criticou precisamente a abordagem do Código de governo proposto pelo Código Cromme, por negligenciar a vertente do *enforcement*[107]. Em Espanha ocorreu discussão semelhante na sequência da aprovação do Código Olivencia – tendo grande parte da literatura tomado posição em sentido contrário a uma intervenção não-legislativa[108].

III – A estas objecções, juntam-se outros reparos críticos à utilização dos códigos de governação em virtude do seu carácter recomendatório.

Com efeito, a proliferação de Códigos de governo, por outro lado, em alguns domínios tem sofrido críticas por não criar um nível de expectativas simétrico para todos os investidores[109].

Observa-se também que o código de governo pode ser objecto de um cumprimento formal, de natureza meramente mecânica, havendo nessa medida o perigo de aproveitamento dos códigos como mero instrumento de marketing, sem correspondência com realidade subjacente (*box-ticking exercise*).

---

[104] Paolo Montalenti, *Corporate governance: spunti per una riflessione*, in Le Nuove Funzioni degli Organi Societari: verso la Corporate Governance?, Milano, (2002), 204.
[105] Cfr. infra, § 4.º.
[106] Confronte-se a propósito, em leitura muito negativa, Guido Rossi, *Il mito della corporate governance*, in Le Nuove Funzioni degli Organi Societari: verso la Corporate Governance?, cit., 16-18; e numa perspectiva optimista sobre o assunto, Paolo Montalenti, *Corporate governance: spunti per una riflessione*, igualmente na última na obra citada, 203-204.
[107] Olag Erhardt/Eric Nowak, *Die Durchsetzung von Corporate-Governance Regeln*, cit., 336-345 (342-345).
[108] Alberto Alonso Ureba, *El Gobierno de las Grandes Empresas (Reforma legal versus Códigos de Conducta)*, in Gaudencio Esteban Velasco (coord.), *El Gobierno de las Sociedades Cotizadas*, Madrid (1999), 95-133; Luis Fernández de la Gándara, *El Debate Actual sobre el Gobierno Corporativo: Aspectos Metodológicos y de Contenido*, in ob. ult. cit., 71-75, 78-82.
[109] Deborah Doane, *Mandatory Reporting, Governance*, n.104 (June 2002), 12-13.

E há, finalmente, quem lembre que as soluções legais tradicionais encerram maior certeza jurídica[110].

88   IV – Estas apreciações devem ser devidamente enquadradas no tocante às funções dos códigos. De facto, estes códigos de governo procuram um equilíbrio entre a defesa da eficiência do mercado e da flexibilidade a este associada e a protecção dos investidores – e quando esta última está desguarnecida os códigos de governo são insuficientes.

No entanto, não há como não confessar as limitações deste instrumento de regulação – o que não anula a sua importância.

89   Nomeadamente, não pode esquecer-se o carácter complementar dos códigos de governo; não se pode pretender, por isso, que os códigos resolvam todas as matérias carecidas de regulação.

A célebre Enron Corporation, por exemplo, tinha um exigente código de conduta versando sobre o comité de auditoria, direitos humanos, responsabilidade social da empresa e empenho em causas públicas[111] – mas acabou revelar claras falhas de governação, mercê de repetidas suspensões de vigência do seu código societário decididas pela administração.

90   Importa igualmente confessar que há áreas jurídicas ligadas à governação que reclamam normas injuntivas. A título de breve ilustração, mencione-se que na Alemanha o Código voluntário das OPAs de 1995 foi substituído por legislação estadual imperativa (*Wertpapiererwerbs- und Übernahmegesetz*, abreviadamente designada por WpÜG). No Reino Unido os trabalhos ligados à revisão de fundo do direito das sociedades concluíram pela proposta de codificação dos deveres associados à prestação de informação financeira no *Companies Act*[112]. Em Portugal, a revisão de 2006 do Código das Sociedades Comerciais implicou uma densificação sensível dos deveres dos administradores fixados no art. 64.º. E nos Estados Unidos as Leis usualmente designadas como Sarbanes-Oxley de 2002[113] e Dodd-Frank Act de 2010[114] também apontam no mesmo sentido, ao prever um amplo número de normas injuntivas sobre sociedades cotadas em bolsa – apesar de, em diferente posicionamento, obrigar paralelamente as sociedades cotadas a divulgar informação sobre a existência (ou não existência, e sua justificação) de um código de ética aplicável aos dirigentes financeiros[115].

91   Colocamo-nos aqui perante o problema central da escolha do nível de regulação adequado em termos de política legislativa. A este propósito, não há fórmulas rígidas quanto à combinação certa entre fontes normativas clássicas e códigos de governo: é necessário efectuar uma ponderação cuidada entre os objectivos propostos e os resultados que um código de governação pode trazer, para decidir da sua suficiência. Um acompanhamento periódico do grau de cumprimento dos códigos revela-se, por esse motivo, de extrema importância.

---

[110] Eilís Ferran, *Corporate Law, Codes and Social Norms – Finding the Right Regulatory Combination and Institutional Structure*, cit., 400.

[111] Leo Strine Jr, *Derivative Impact? Some Early Reflections on the Corporation Law Implications of the Enron Debacle*, Business Lawyer vol. 57 n. 4, 1386-1393.

[112] *Modernizing Company Law*, (2001) (conhecido como White Paper), nas propostas de secções 71-126.

[113] Esta lei intitula-se "*Public Company Accounting Reform and Investor Protection Act of 2002*". Pub. L. 107-204, 116 Stat. 745 (2002).

[114] Oficialmente intitulada "*Wall Street Reform and Consumer Protection Act*"de 2010. Pub. L-111-203, HR4173.

[115] Cfr. *Section* 406 do Sarbanes-Oxley Act de 2002, que aponta como destinatários deste código os quadros superiores da área financeira e contabilística (ou de controlo).

§ 4.º O Código de Governo das Sociedades português

10. A evolução e a situação presente

I – Em Portugal, a primeira iniciativa de elaboração de um código de governo pertenceu à CMVM. Com efeito, após um período de consulta pública, em 1999 a autoridade de supervisão – então sob presidência do Dr *José Nunes Pereira* – aprovou um conjunto sistematizado de 17 recomendações, intituladas *Recomendações da CMVM sobre o Governo das Sociedades Cotadas*[116].

O documento começava por confessar a sua complementaridade, lembrando introdutoriamente que muitos dos problemas associados ao governo das sociedades têm soluções legislativas no sistema jurídico nacional – sobretudo no Código das Sociedades Comerciais e no Código dos Valores Mobiliários. As Recomendações assumiram igualmente uma abordagem gradualista, dada a componente cultural do tema, indicando que estariam sujeitas a revisões e aditamentos.

II – As Recomendações constantes do corpo do código encontravam-se repartidas por cinco capítulos, estruturados do seguinte modo:

– Capítulo I – Divulgação de Informação;
– Capítulo II – Exercício do Direito de Voto[117] e Representação de Accionistas;
– Capítulo III – Investidores Institucionais;
– Capítulo IV – Regras Societárias;
– Capítulo V – Estrutura e Funcionamento do Órgão de Administração.

Além disso, este código nacional de governo societário caracterizava-se por recomendar que as sociedades cotadas prestassem informação acerca do respectivo cumprimento. Esta abordagem "suave" – postulando uma recomendação para divulgar informação sobre o acatamento de um código já de si recomendatório – era, contudo, complementada por um levantamento anual sobre o cumprimento da recomendação de divulgação do grau de observância do código por parte de sociedades. Por outro lado, a CMVM institui a prática da divulgação pública, no seu sítio da Internet, de uma lista discriminando as sociedades cumpridoras e as sociedades não-cumpridoras. Tal conduziu a uma pressão social para o aumento do grau de acolhimento das recomendações. O reflexo desta divulgação foi nítido, tendo a adesão subido de cerca de 33% de sociedades em 2000 para cerca de 70% em 2001.

III – O código recomendatório sofreu uma importante evolução em 2001. Tal deveu-se, em primeiro lugar, ao facto de o Regulamento da CMVM n.º 7/2001 ter imposto, de modo injuntivo, a divulgação pública e anual do grau de cumprimento das Recomendações. Para o

---

[116] Cfr. sobre estas PAULO CÂMARA, *O Governo das Sociedades em Portugal: Uma Introdução*, Cadernos MVM, n.º 12 (Dezembro de 2001), 45-55 (= *El Gobierno de Sociedades en Portugal: una introduccíon*, in *Revista del Instituto Iberoamericano de Mercado de Valores*, n.º 2 (2001), 42-50). As Recomendações foram ainda precedidas da realização de um inquérito sobre a prática de administração de sociedades cotadas, que pode encontrar-se nos *Cadernos MVM*, n.º 5, 319-342. Refira-se ainda um estudo económico realizado sobre a relação entre o grau de adopção do código e o desempenho das sociedades: CARLOS ALVES/VITOR MENDES, *Corporate Governance Policy and Company Performance: The Portuguese Case*, Trabalhos em curso (*Working Papers*) n.º 112, Faculdade de Economia da Universidade do Porto (2001) também publicado sob o título *As Recomendações da CMVM Relativas ao Corporate Governance e a Performance das Sociedades*, Cadernos MVM, n.º 12 (Dezembro de 2001), 57-88.

[117] Quanto a este tema, o código foi complementado com uma nova série de Recomendações sobre o exercício do voto por correspondência em sociedades abertas, datado de 2001. Uma parte importante destas recomendações encontra-se desactualizada face às alterações ao art. 384.º provocadas pelo DL n.º 76-A/2006, de 29 de Março.

efeito, foi fornecido um modelo de Relatório anual sobre o governo da sociedade, que deve ser preenchido em anexo aos relatório anual de gestão ou em capítulo separado deste[118].

Através desse modelo, o mesmo regulamento elevou a deveres de informação algumas normas que anteriormente revestiam a forma de recomendações – a saber as relativas ao processo de decisão empresarial, aos cargos exercidos pelos administradores em outras sociedades, à descrição da evolução de cotações e à indicação da política de dividendos[119]. O anexo assume, assim, uma natureza mista, não só obrigando a divulgar alguns aspectos ligados à governação que não têm reflexo directo nas Recomendações, mas também forçando à prestação de esclarecimentos sobre o grau de cumprimento das normas recomendatórias.

Por outro lado, o próprio Código dos Valores Mobiliários, no seu art. 19.º, tornou redundante a recomendação sobre divulgação de acordos parassociais[120].

Procedeu-se, por conseguinte, a uma reformulação da estrutura das Recomendações, passando o capítulo dedicado aos investidores institucionais (anterior III) para o final, e apresentando-se o texto do seguinte modo:

– Capítulo I – Divulgação de Informação;
– Capítulo II – Exercício do Direito de Voto e Representação de Accionistas;
– Capítulo III – Regras Societárias;
– Capítulo IV – Estrutura e Funcionamento do Órgão de Administração;
– Capítulo V – Investidores Institucionais.

Frise-se ainda que houve novos temas a merecer menções recomendatórias, como é caso da criação de sistema interno de controlo de riscos, da remuneração dos administradores e da legitimação da aprovação de planos de atribuição de acções ou de opção de aquisição de acções[121].

95 O mais importante nesta versão de 2001 era, todavia, a modificação do modelo de fiscalização de práticas do governo societário das sociedades cotadas, já não apoiado exclusivamente em recomendações, mas assente (igualmente) na estatuição de um conjunto significativo de deveres de informação, por forma a que os investidores possam avaliar adequadamente as opções tomadas por cada sociedade cotada em relação ao seu governo. As versões de 2003 e de 2005 preservaram as mesmas características do catálogo recomendatório de 2001, introduzindo-lhes apenas ligeiros aditamentos, nomeadamente quanto à declaração da política de remunerações e quanto à politica de comunicação de irregularidades (*whistleblowing*)[122].

96 IV – Um relevante marco na evolução das recomendações nacionais ocorre na versão de 2007. A alteração surge desde logo na designação, dado que o conjunto de recomendações passa a auto-intitular-se, com propriedade, *Código de Governo das Sociedades*. A extensão do Código é, além disso, substancialmente ampliada: de 13 recomendações, o Código passa a albergar 43 indicações. Para acomodar este alargamento de matérias e de recomendações, o documento passou a estruturar-se em torno dos seguintes três capítulos:

I. Assembleia Geral
II. Órgãos de Administração e Fiscalização
III. Informação e Auditoria

---

[118] O Regulamento da CMVM n.º 7/2001 e o novo texto das Recomendações podem consultar-se em < www.cmvm.pt >.
[119] Recomendações n.ºs 1 a 4 na versão de 1999.
[120] Recomendação n.º 5 na versão de 1999.
[121] Recomendações n.ºs 6, 12 e 13 (versão de 2001).
[122] CELINA CARRIGY, *Denúncia de Irregularidades no seio das Empresas (Corporate Whistle Blowing)*, Cadernos MVM n.º 21 (2005), 38-47.

O texto passou ainda a ser complementado através de uma consolidação de fontes – 97
normativas e recomendatórias – sobre governo de sociedades cotadas, que procura tornar
mais acessível a reconstituição das indicações de cunho injuntivo e recomendatório que sejam
aplicáveis às sociedades cotadas[123].

A partir do Decreto-Lei nº 219/2006, de 2 de Novembro, o relatório anual de governação conquistou acolhimento através de fonte legislativa, através do novo art. 245.º-A do Código dos Valores Mobiliários. O conteúdo deste relatório foi entretanto modificado com o DL n.º 185/2009, em transposição da Directiva 2006/46/CE do Parlamento Europeu e do Conselho, de 14 de Junho de 2006[124]. Estes dados legislativos abriram caminho à versão de 2010 do Código de Governo das Sociedades, a mais desenvolvida e extensa até à data produzida, que o presente volume toma como objecto de comentário.

11. Âmbito de aplicação

I – A versão originária das recomendações da CMVM destinava-se a sociedades emitentes 98
de acções cotadas – podendo embora ser seguidas por sociedades não cotadas. Porém, na sua redacção actual, o Código do Governo das Sociedades não explicita directamente o seu âmbito de aplicação.

A clarificação sobre o âmbito de aplicação surge através do art. 245.º -A CVM, que manda que o relatório anual de governação seja divulgado por todas as sociedades emitentes de valores mobiliários admitidos à negociação em mercado regulamentado.

Nota-se, todavia, que, quanto à extensão da informação a divulgar, esta é menor no caso 99
das sociedades emitentes de valores mobiliários não accionistas admitidos à negociação em mercado regulamentado (v.g. obrigações e *warrants*). Estas sociedades devem divulgar anualmente apenas a informação referida nas alíneas c), d), f), h), i) e m) do n.º 1 do art. 245.º-A. Excepciona-se se as respectivas acções forem negociadas num sistema de negociação multilateral, caso em que devem divulgar todas as informações impostas às sociedades emitentes de acções cotadas.

II – Cabe ainda salientar que o âmbito de aplicação do Regulamento n.º 1/2010 é dissonante 100
do previsto no Código dos Valores Mobiliários. Este texto regulamentar cinge a sua aplicação às sociedades emitentes de *acções* admitidas à negociação em mercado regulamentado situado ou a funcionar em Portugal: estas devem adoptar o código de governo das sociedades divulgado pela CMVM ou equivalente.

Daqui se infere que o Regulamento não oferece modelo para emitentes de obriga- 101
ções e de outros valores mobiliários não-accionistas. Estes emitentes mantêm-se sujeitos ao dever de prestação de informação anual sobre governo societário, tendo como referência o art. 245.º-A, n.º 4 CVM – não estando porém sujeitos a uma padronização pré-determinada da informação a divulgar.

III – Importa referir que, no plano das remunerações, vigoram recomendações dirigidas às 102
instituições de crédito e às sociedades financeiras habilitadas a realizar gestão discricionária de carteiras, sob aprovação do Banco de Portugal (constante da Carta-Circular ref.ª 2/10 DSBDR e complementada através do Aviso n.º 1/2010 do Banco de Portugal) e dirigidas às seguradoras

---

[123] Este documento encontra-se disponível em http://www.cmvm.pt/CMVM/Recomendacao/Recomendacoes/Documents/ConsFontesGS022010.pdf.

[124] Cfr. *infra*, 14. e 15.

e sociedades gestoras de fundos de pensões, nos termos da Circular n.º 6/2010 e da Norma Regulamentar n.º 2/2010, aprovadas pelo Instituto de Seguros de Portugal. Em ambos os casos, o catálogo de recomendações intitula-se directamente *Recomendações sobre políticas de remuneração* – e não reflecte, por isso, injuntividade, sendo lícita a opção, da banda das instituições visadas, de não acolhimento das recomendações. Não podem qualificar-se como códigos de *corporate governance*, dado o seu limitado âmbito material – confinado aos temas remuneratórios – e por não terem a pretensão de unificar as indicações recomendatórias referentes ao governo das instituições financeiras e seguradoras visadas.

103   Estes textos combinam, porém, o tema da política de remunerações com o tema do *compliance*, ao dispor que as declarações de conformidade com a política devem, em relação às insuficiências existentes, indicar as acções em curso ou a adoptar para as corrigir e os prazos estabelecidos para o efeito ou, quando aplicável, justificação para as insuficiências existentes à luz do princípio da proporcionalidade. Bem se vê, a partir daqui, que o não acolhimento é encarado de modo patológico, levando a que as opções de não adesão às Recomendações mereçam a qualificação de *insuficiência*[125]. O que na verdade equivale a desvirtuar o funcionamento típico do mecanismo *comply or explain*, que na sua essência convive bem com a evidência (no limite, perpétua, ou pelo menos até sujeita a regra imperativa) daquelas insuficiências face ao quadro recomendatório, desde que, naturalmente, devidamente explicitadas. De outro modo dito, ainda, cria-se na verdade um quadro normativo cuja vinculatividade se encontra na verdade entre a recomendação e a norma injuntiva: isto porque, não sendo injuntiva, o seu "incumprimento" não é gerador de ilicitude, também não configura uma mera recomendação, uma vez que, verificada uma inexistência, ela deverá ser colmatada.

104   IV – Somam-se, ainda, propostas de futura aplicação do modelo *comply or explain* às empresas públicas, apresentadas pela Recomendação da Assembleia da República n.º 53/2011, de 22 de Março de 2011. São sinais adicionais da vocação expansiva dos códigos de governo para fora da tradicional órbita das sociedades cotadas[126].

12. O sistema de dupla fiscalização do acolhimento

105   I – Como notado, em Portugal, desde 2001, as sociedades cotadas são obrigadas a prestar informação anual sobre grau de cumprimento das Recomendações, de acordo com a lógica de *comply or explain*[127].

Desde então que a prestação de informação sobre o governo societário segue o modelo fixado regulamentarmente pela autoridade de supervisão do mercado de capitais. O formato informativo a ser seguido pelas sociedades cotadas tem vindo a ser actualizado à medida das sucessivas revisões do código de governo nacional e consta hoje do Regulamento da CMVM n.º 1/2010.

106   A fonte do dever de prestação anual de informação sobre o governo das sociedades cotadas, por seu turno, foi elevada, por força da transposição da Directiva 2006/46/CE: antes tendo base regulamentar, exibe agora fonte legislativa (art. 245.º-A do Código dos Valores Mobiliários)[128].

---

[125] Art. 4.º, n.º 3 do Aviso do Banco de Portugal n.º 1/2010.
[126] Em geral, quanto à vocação expansiva do governo das sociedades cotadas, remete-se para PAULO CÂMARA *et al.*, *O Governo das Organizações. A vocação expansiva do Corporate Governance*, (2011).
[127] Cfr. *supra*, 10.
[128] Cfr. *supra*, 3.

II – Recorde-se que, pese embora a fonte normativa do dever de prestação de informação sobre o governo societário, não é imposto um modelo rígido de governação: as Recomendações configuram-se antes como um quadro de referência relativamente ao qual as sociedades cotadas estão obrigadas a informar se e em que grau procedem ao seu cumprimento. O mercado é que ajuizará da bondade das opções tomadas quanto à governação das sociedades abrangidas por este regime.

Ainda de acordo com a lógica de *comply or explain*, subsiste uma vertente que reveste um cunho injuntivo nesta solução. O relatório anual sobre observância do Código de Governo deve respeitar os princípios gerais em matéria informativa (art. 7.º CVM).

Particularmente importante é interpretar este relatório de modo a que seja um meio apto a fornecer informação de qualidade, clara e útil para os investidores e *stakeholders*, que não seja objecto de um mero preenchimento mecânico (*box-ticking*).

No regime português, a fiscalização do respeito pelas regras informativas gerais quanto à prestação é assegurada a dois níveis: no plano intra-societário, pelo órgão de fiscalização (art. 420.º, n.º 5, art. 423.º-F, n.º 2 e art. 441.º, n.º 2 CSC)[129]; no plano da supervisão, pela CMVM.

III – A função de supervisão quanto à prestação de informação sobre governo das sociedades cotadas, assumida pela CMVM, confere traços inéditos ao regime nacional em termos comparatísticos[130].

A um tempo, no âmbito das suas funções de supervisão da informação prestada por sociedades cotadas, a CMVM muitas vezes pede esclarecimentos e aditamentos à informação prestada nos relatórios de governação. Além disso, toma a seu cargo a preparação de um relatório analítico anual sobre o grau de observância das recomendações, com tabelas a hierarquizar os índices de observância por parte das sociedades – documentos que merecem divulgação pública[131], como modo de estímulo directo aos mais cumpridores e indirecta censura social dos incumpridores (*naming and shaming*). É certo, porém, que a eficácia do referido estímulo fica claramente diminuída com o atraso reiterado que se tem verificado na preparação dos relatórios anuais por parte da autoridade de supervisão – tema a que se regressa adiante.

Esta solução quanto à fiscalização pública do código de governo português tem uma explicação histórica que resulta precisamente da natureza pioneira da iniciativa da autoridade de supervisão mobiliária no tratamento das matérias de governo societário nas sociedades cotadas.

Trata-se, em termos centrais, de um modelo que toma como directo objectivo uma vigilância mais atenta sobre a completude da informação sobre governo societário, apoiando-se nas atribuições e competências informativas da CMVM.

Merece, por isso, reter as indicações mais recentes do Livro Verde de Governo das Sociedades (2011), preparado pela Comissão Europeia. Muito impressionado com o estudo preparado pela *Riskmetrics* já mencionado[132], este Livro Verde espelha um cepticismo em torno do modelo de *comply or explain* e coloca como hipótese de evolução a adopção de uma fiscalização assumida pelas autoridades de supervisão, como praticada em Portugal desde há uma década[133]. Independentemente do desfecho desta consulta pública, revela-se interessante a

---

[129] Cfr. *supra*, 12.
[130] O modelo nacional escapava, aliás, a muitos comparatistas atentos, como é caso de EDDY WYMEERSCH, *Enforcement of Corporate Governance Codes*, cit.
[131] Disponíveis em www.cmvm.pt.
[132] RISKMETRICS, *Study on Monitoring and Enforcement Practices in Corporate Governance in the Member States*, cit., 168-173.
[133] EUROPEAN COMMISSION, *Green Paper. The EU corporate governance Framework* (Ab.-2011), 18-20.

hipótese de, pela primeira vez, o sistema jurídico português passa de importador a exportador de soluções de *governance*. A oportunidade para uma avaliação do modelo nacional de enforcement privado não poderia, assim, ser mais vincada.

111 Ora, a este propósito, convém reter que o sistema nacional postula uma duplicação de controlos, dado ser exigida uma intervenção do órgão de fiscalização de cada sociedade sobre a completude do relatório anual de governação, a adicionar-se ao escrutínio realizado pela CMVM[134]. Por outro lado, as funções centrais desempenhadas pela autoridade de supervisão conduzem a uma indesejável aproximação – e, no limite, indistinção entre o tema do *corporate governance* e os temas de *compliance*, com uma predomínio de abordagens de cumprimento mecanicista (*box-ticking*) para ir de encontro às indicações do regulador[135]. Por fim, o espaço conquistado pela CMVM no âmbito do corporate governance deveu-se à ausência, durante mais de uma década, de iniciativas privadas nesta área. Entretanto, o cenário actual alterou-se sensivelmente: a somar-se às iniciativas do Instituto Português de Corporate Governance[136], há que contar também com a dinâmica da AEM – Associação de Empresas do Mercado[137].

112 Além disso, e porventura mais decisivamente, a avaliação da CMVM às declarações anuais de governação tem revelado um atraso sistemático. A medir pelos anos mais recentes, este atraso em regra excede um ano sobre a divulgação dos relatórios examinados. Assim: em 27 de Abril de 2010 foram divulgados os resultados referentes ao ano de 2008[138]; em 19 de Maio de 2011 foi apresentado o Relatório Anual da CMVM sobre o Governo das Sociedades Cotadas referente às declarações anuais de governação de 2009[139].

Tal atraso reiterado constitui uma falha séria do nosso sistema português de enforcement, ao criar uma descontinuidade temporal entre a divulgação dos documentos das empresas e a sua concatenação no universo geral do tecido empresarial cotado nacional. Não se trata apenas um atraso estatístico – na medida em que acima de tudo fica afectada a susceptibilidade de o juízo da autoridade de supervisão influir, em tempo útil, na conformação das práticas de governação das sociedades cotadas.

O referido atraso é ainda gerador de alguma iniquidade, dado que, no momento em que o relatório é divulgado, algumas empresas já corrigiram os desvios às recomendações que surgem publicamente apontados. Também por este motivo, ao ser historicamente datado, resulta diminuída a utilização do relatório por parte dos investidores.

Tal cenário é agravado com a cadência bienal de alteração das recomendações de governação: aos anos ímpares, é habitual haver reformulação das recomendações – o que sucedeu em 2001, 2003, 2005, 2007 e 2010. Em resultado desta mobilidade – e constante desenvolvimento da extensão – do acervo recomendatório, é total o desencontro entre o momento da divulgação da avaliação por parte da autoridade supervisora e o quadro de recomendações em vigor.

---

[134] Artigos 420.º, n.º 5, art. 423.º-F, n.º 2 e 441.º, n.º 2 do Código das Sociedades Comerciais.

[135] EUROPEAN COMPANY LAW EXPERTS, *Response to the European Commission's Green Paper* (Jul. 2011), 23-24 [preconizado em apoio a um sistema de escrutínio privado]; AEM, *Resposta ao Green Paper da Comissão Europeia*, (2011).

[136] A título de ilustração recente – além do projecto de elaboração de um Código de governo, adiante mencionado –, refira-se a colecção de Cadernos do IPCG inaugurada com JOÃO MELLO FRANCO/MAGDA VIÇOSO, *Boas Práticas dos Órgãos de Administração das Sociedades Cotadas*, Cadernos do IPCG sobre Corporate Governance, n.º 1 (2011).

[137] AEM, *Resposta ao Green Paper da Comissão Europeia*, (2011). Cfr. ainda o estudo encomendado pela AEM: PAULO CÂMARA/MIGUEL ATHAÍDE MARQUES/LEONOR MODESTO, *O Governo das Sociedades em Portugal: Relatório sobre o Grande Acolhimento de Recomendações, Índice e Rating de Governo Societário* (2011).

[138] CMVM, *Relatório de Avaliação do Cumprimento do Código de Governo das Sociedades da CMVM*, disponível em http://www.cmvm.pt/CMVM/Estudos/Pages/20100427_inq8_indice.aspx, (2010).

[139] CMVM, *Relatório de Avaliação do Cumprimento do Código de Governo das Sociedades da CMVM*, disponível em http://www.cmvm.pt/CMVM/Estudos/Pages/20110519a.aspx#237 (2011).

A falta de pontualidade no cumprimento das tarefas de supervisão sobre a observância do código de governo constitui, assim, outro dos elementos a denegar a pretensa infalibilidade do sistema de enforcement nacional do código de governo. Conclui-se, pois, que apesar da atenção europeia de que foi objecto, através do Livro Verde, o sistema actual não logrou demonstrar exibir vantagem em relação a um sistema de escrutínio privado, que poderia, em comparação, ser dotado de maior agilidade.

13. Da unicidade à concorrência de códigos

I – A experiência dos códigos de governo societário tem sido, em geral, uma experiência de sucesso, na qual a CMVM demonstrou liderar o debate recomendatório interno sobre *corporate governance*. Deve, em particular, creditar-se este resultado ao esforço contínuo dos três últimos Presidentes desta instituição[140], que sempre mantiveram o *corporate governance* no topo das prioridades da Comissão.

Porém, a extensão do espaço ocupado pela CMVM nesta matéria também apresenta óbices. De um lado, da voz exclusiva da Comissão decorre – deliberadamente ou não – uma visão centralizada sobre o tema, condicionando o espaço para reflexões autónomas das empresas privadas a este propósito[141]. De outro lado, este monopólio na preparação de recomendações sobre governo das sociedades contrasta com as indicações da Directiva n.º 2006/46/CE, que pressupõe a possibilidade de uma adesão voluntária aos códigos de governo, baseada numa efectiva escolha das sociedades. Em 2006, aliás, já foi publicado o *Livro Branco sobre o Corporate Governance em Portugal*[142] – preparado sob a égide de uma associação privada (o IPCG) –, contendo múltiplas indicações recomendatórias dirigidas às sociedades cotadas e ao legislador[143].

Este último ponto conduziu a que o art. 245.º-A CVM tivesse sofrido uma reformulação por via do DL n.º 185/2009, passando a reflectir mais directamente uma opção confiada às sociedades cotadas quanto à escolha do código de governo. Assim se explica a distinção entre as alíneas n) e o) do n.º 1 do art. 245.º-A – decalcadas do texto comunitário –, a primeira obrigando à divulgação de uma *declaração sobre o acolhimento do código de governo das sociedades ao qual o emitente se encontre sujeito por força de disposição legal ou regulamentar, especificando as eventuais partes desse código de que diverge e as razões da divergência* e a segunda compelindo a divulgação de uma *declaração sobre o acolhimento do código de governo das sociedades ao qual o emitente voluntariamente se sujeite, especificando as eventuais partes desse código de que diverge e as razões da divergência*.

Tal abriu caminho para que o *Instituto Português de Corporate Governance* (IPCG) tivesse iniciado a preparação de um Projecto de Código de Corporate Governance, sujeito a consulta pública pela primeira vez em 2009 e que permanece ainda sob discussão[144].

---

[140] São eles: JOSÉ NUNES PEREIRA (1996-2000) FERNANDO TEIXEIRA DOS SANTOS (2000-2006) e CARLOS TAVARES (2006 até à data).

[141] A excepção que confirma a regra provém do interessante *Manual de Governo Societário* da EDP (2010), que compulsa as regras e recomendações em matéria de governo societário, e faculta a orientação da EDP em relação a cada uma das recomendações da CMVM.

[142] INSTITUTO PORTUGUÊS DE CORPORATE GOVERNANCE, *Livro Branco sobre Corporate Governance em Portugal* (2006).

[143] Esta natureza híbrida do Livro Branco leva a que não se qualifique como um código de governo – contrariamente ao sustentado por CARLOS ALVES/VICTOR MENDES, em *The Portuguese Corporate Governance Codes as a Factor of Changes in Rules and Practices*, em FELIX J. LOPEZ ITURRIAGA (ed.), *Codes of Good Governance around the Word*, (2009), 317-351.

[144] O primeiro projecto, entretanto abandonado, foi liderado pelo Eng. JOÃO TALONE; o projecto mais recente é coordenado pelos Professores JOÃO CALVÃO DA SILVA e PEDRO MAIA.

115   II - Entretanto, em 2010, a CMVM aprovou uma nova alteração do código de governo das sociedades e adoptou o Regulamento n.º 1/2010.

O texto regulamentar consagrou um direito à escolha de código de governo, na medida em que às sociedades emitentes de acções admitidas à negociação em mercado regulamentado situado ou a funcionar em Portugal foi reconhecida a faculdade de escolha entre a adopção de um código de governo das sociedades divulgado pela CMVM ou de código *equivalente*[145].

Porém, esta alternativa não é plena, porquanto apenas se admite como equivalente o código que:

– obedeça a princípios e consagre práticas de governo societário que, globalmente, assegurem um nível de protecção dos interesses dos accionistas e de transparência do governo societário não inferiores aos assegurados pelo código de governo das sociedades divulgado pela CMVM;
– abranja, pelo menos, as matérias constantes do código divulgado pela CMVM; e
– seja emitido por instituição que reconhecidamente congregue especialistas em assuntos de governo das sociedades, e que funcione com independência relativamente a quaisquer interesses particulares.

116   Esta tripla exigência originou uma quebra de expectativas do sector privado – que contava com um efectivo afastamento gradual da CMVM desta área. As exigências de equivalência formuladas no texto regulamentar em apreço são comummente tidas como excessivas, seja quanto ao facto de admissível ser apenas um código que abranja as mesmas matérias, seja quanto aos requisitos de independência da instituição que o adopte. A agravar o exposto, o anexo do Regulamento n.º 1/2010 não prevê uma matriz diferente de relatório de governação quando seja outro código (de proveniência privada) a ser observado. É igualmente perturbadora e de delicada interpretação a exigência regulamentar, quanto à instituição que adopte o código, de uma independência relativamente a quaisquer interesses particulares: crê-se estar em causa apenas a necessidade de evitar uma confusão entre a estrutura representativa e as sociedades representadas – mas manifestamente a formulação verbal encontrada não foi a mais feliz.

117   III - Na presente data, o Código de Governo da CMVM mantém a sua natureza exclusiva: pese embora o Regulamento n.º 1/2010, *et pour cause*, vigora ainda uma unicidade de facto.

A permissão de multiplicidade de códigos resulta, assim, inaproveitada até à data. Todavia, importa reconhecer que o dualismo de códigos aplicáveis às mesmas entidades não representa uma solução satisfatória. Tal cria indesejáveis fenómenos de arbitragem entre códigos (*code shopping* ou, em termos selectivos, *cherry picking*), o que se mostra pernicioso.

A sobreposição de processos de consulta na elaboração ou revisão de vários códigos, por seu turno, acentua a fadiga dos consulentes e pode gerar confusão ou desmobilização nas discussões regulatórias mais relevantes. Atente-se na experiência alemã, atrás sumariamente retratada, para corroborar esta asserção[146].

---

[145] É certo que o Anexo ao Regulamento n.º 1/2007 já contemplava o dever de prestar informação sobre divergências com *outros códigos – além do Código da CMVM – a que a sociedade se sujeite ou tenha voluntariamente aderido* (0.3). Porém, o dever de vinculação ao texto aprovado pela autoridade de supervisão era directamente imposto, através do art. 1.º do Regulamento n.º 1/2007.

[146] Cfr. *supra*, 3.

A concorrência de códigos, em suma, afigura-se importante se for tida como fórmula 118 a preceder um modelo de transição – que implique uma maior privatização do governo das sociedades cotadas em Portugal.

Assim encarado, o futuro dualismo de códigos de governo admite-se como saída transitória, a anteceder o que se espera ser uma viragem histórica na autoria e iniciativa dos códigos de governação societária, de um modelo público para um modelo privado. A prioridade que se apresenta para os próximos anos é a da preparação da migração do sistema jurídico nacional para o modelo mais comum de código de governação das sociedades nos mercados de referência.

1.
ASSEMBLEIA GERAL

1.1. MESA DA ASSEMBLEIA GERAL

I.1.1. O presidente da mesa da assembleia geral deve dispor de recursos humanos e logísticos de apoio que sejam adequados às suas necessidades, considerada a situação económica da sociedade.

Bibliografia: CMVM – *Relatório Anual sobre o Governo das Sociedades Cotadas em Portugal – 2009*, disponível em http://www.cmvm.pt; António Menezes Cordeiro – *Manual de Direito das Sociedades – II – Das Sociedades em Especial*, Coimbra, 2006; António Menezes Cordeiro, anotação aos artigos 374.º a 382.º CSC, in António Menezes Cordeiro (ed.) – *Código das Sociedades Comerciais Anotado*, Almedina, 2.ª Edição, 2011; António Menezes Cordeiro, *SA: Assembleia Geral e Deliberações Sociais*, Almedina, 2007; António Menezes Cordeiro – *O presidente da mesa da assembleia geral e as grandes assembleias mediáticas de 2007 (PT e BCP)*, in O Direito, ano 139.º (2007) IV, págs. 697-735[1]; Pedro Maia, *O presidente das assembleias de sócios*, IDET/Problemas do Direito das Sociedades, 2002.

Índice

I – **Antecedentes próximos**.................................... 1
II – **Fontes legais e comunitárias relacionadas** 18
III – **Análise**... 19
IV – **Recomendações e práticas internacionais** 65
V – **Proposta de redacção alternativa**................ 68

I – Antecedentes próximos   1
A actual recomendação mantém a redacção e a numeração da recomendação homóloga do Código do Governo das Sociedades da CMVM de Setembro de 2007 (doravante "CGS – 2007")[2].

O GCS – 2007 foi objecto de consulta pública entre Maio e Julho desse ano e neste bloco   2
recomendatório foi pedido ao mercado que se pronunciasse sobre as seguintes propostas (todas elas inovadoras face às recomendações de 2005)[3]:
"*A.1 O secretário da sociedade deve ser secretário da mesa da assembleia geral.*
A.2 A remuneração global dos membros da mesa da assembleia geral deve ser divulgada no relatório anual sobre o governo da sociedade.

---

[1] Este artigo reproduz, com pouquíssimas adaptações, o texto do mesmo autor sobre o tema em "*SA: Assembleia Geral e Deliberações Sociais*", razão pela qual as remissões e as notas de rodapé neste artigo se farão para este último em detrimento daquele.
[2] Consultável em http://www.cmvm.pt/CMVM/Recomendacao/Recomendacoes/Soccot/Soccot_Set2007/Documents/f6bac7142a7447fa89b0e8f3d91bea0bCodigoGS15022008_2_.pdf
[3] Proposta consultável em http://www.cmvm.pt/CMVM/Consultas%20Publicas/Cmvm/Documents/b056bd794f534e80866595eda3fc03b5CodigoGS03042007.pdf

A.3 O presidente da mesa da assembleia geral deve dispor de recursos humanos e logísticos de apoio que sejam adequados às suas necessidades, considerada a situação económica da sociedade."

3   A proposta A.3 foi adoptada *ipsis verbis* como recomendação I.1.1 (conforme ainda se mantém). A proposta A.2 foi alterada na sequência da consulta pública e adoptada como recomendação I.1.2. Por seu turno, a proposta A.1 foi abandonada na sequência das respostas à consulta pública.

4   No que tange à proposta A.1, relativa à composição da mesa da assembleia geral e porque nos parece que os problemas pela mesma colocados em relevância não tiveram ainda tratamento doutrinário, propomo-nos a fazer essa análise neste foro.

5   Neste âmbito, tivemos em 2007 a oportunidade de em resposta à consulta pública expressar a opinião de que se nos afigurava *"duvidoso se a recomendação realizada (inovadora face ao texto das recomendações de 2005) não será já uma imposição legal por força do disposto no artigo 446.º-B, n.º 1, alíneas a) e b), do Código das Sociedades Comerciais (doravante "CSC"). Ou seja, estando cometido ao secretário da sociedade o dever de lavrar as actas da assembleia geral e, com o presidente da mesa, assinar as mesmas, ainda que não formalmente, deve entender-se que materialmente é já o secretário da sociedade o secretário da mesa da assembleia geral".* Acrescentámos também que: *"[...], em face do disposto no CSC, não cremos que a presente recomendação deva existir, porquanto aparenta tornar recomendatório o que, nos termos da lei, deveria ser interpretado como obrigatório."*[4]

6   Acresce que a proposta de recomendação acabava por colocar a descoberto uma relevante questão interpretativa de compatibilização da figura do secretário da sociedade (que é, por inerência, na posição que perfilhamos, secretário da mesa da assembleia geral, nos termos do artigo referido supra[5]), nomeado pelo conselho de administração, com a exigência de independência dos membros da mesa da assembleia geral das sociedades emitentes de valores mobiliários admitidos à negociação em mercado regulamentado e das ditas "grandes sociedades anónimas"[6].

7   Na verdade, o legislador ao impor em 2006 aos membros da mesa da assembleia geral o cumprimento dos critérios de independência e a observação dos requisitos de incompatibilidade já definidos legalmente para membros dos órgãos de fiscalização não teve em consideração que o secretário da sociedade é por inerência o secretário da mesa e que é nomeado pelo conselho de administração, sendo também, por regra, funcionário da sociedade, o que, desde logo, inviabiliza o cumprimento do critério geral de aferição da independência que é o não estar associado a qualquer grupo de interesses específicos na sociedade[7] e o requisito de incompatibilidade de não prestar serviços à mesma[8].

8   Confrontada com estas apreciações, a CMVM no Relatório Final da Consulta Pública n.º 3/2007[9] decidiu pela não consagração da proposta de recomendação visada, tendo elaborado as seguintes conclusões:

"Os comentários recebidos a este respeito dividem-se em três blocos. De um lado, um grupo de respondentes, entende que o cumprimento da recomendação implicaria o incumprimento das regras de

---

[4] Resposta em sede de consulta pública em co-autoria com PEDRO REBELO DE SOUSA.
[5] Saliente-se que a redacção da alínea a) do n.º 1 do artigo 446.º-B referia explicitamente até à reforma do CSC de 2006 (operada pelo Decreto-Lei n.º 76-A/2006, de 29 de Março) que compete ao secretário da sociedade *"secretariar as reuniões da assembleia geral, da administração, da direcção e do conselho geral"*, referindo genericamente desde a alteração de 2006 que lhe compete *"secretariar as reuniões dos órgãos sociais".*
[6] Artigo 374.º-A do CSC.
[7] Artigo 414.º, n.º 5, do CSC.
[8] Artigo 414.º-A, n.º 1, e), do CSC.
[9] Relatório final consultável em http://www.cmvm.pt/CMVM/Consultas%20Publicas/Cmvm/Documents/c92f3b804410446ea9166dd28b35d977RELATORIO-CONSULTAPUBLICA.pdf.

independência e incompatibilidade previstas no Código das Sociedades Comerciais (CSC) para os membros da mesa da assembleia geral (MAG), sugerindo, pura e simplesmente, a sua eliminação.

Outro grupo de respondentes, reconhecendo o mérito intrínseco da recomendação, questiona, igualmente, o efeito dela resultante, em virtude da conjugação dos regimes societários previstos para o secretário da sociedade e para os membros da MAG, sugerindo a clarificação do enquadramento legal em sede do CSC. Com efeito, é sublinhada a circunstância de que a recomendação apenas poderia ser seguida pelas sociedades que escolhessem para seu secretário quem respeitasse os requisitos de independência e incompatibilidades previstos no CSC para outros órgãos, mas não para o cargo de Secretário da Sociedade. É referido que se aceitaria de bom grado uma revisão ao Código das Sociedades Comerciais que reconhecesse o carácter eminentemente técnico da figura do Secretário da Mesa, sujeito à coordenação do seu Presidente, e que por essa razão prescindisse da exigência da sua independência. Estes respondentes salientam o facto de o secretário da AG exercer funções episódicas, ao passo que o secretário da sociedade tem competências variadas, que pressupõem o acompanhamento reiterado da sociedade e um vínculo de natureza distinta, donde resulta muito difícil que o secretário da sociedade cumpra os requisitos a que o secretário da mesa está adstrito.

Refira-se, por fim, um terceiro grupo de respondentes para quem se afigura duvidoso se a recomendação não será já uma imposição legal por força do disposto no artigo 446.º-B, n.º 1, alíneas a) e b) do CSC. De facto, estando cometido ao secretário da sociedade o dever de lavrar as actas da AG e, com o presidente da mesa, assinar as mesmas, ainda que não formalmente, entendem os respondentes que materialmente é já o secretário da sociedade secretário da mesa da AG. Assim, estes respondentes discordam da recomendação porquanto torna recomendatório o que nos termos da lei deveria ser interpretado como imperativo. Consequentemente, sugerem que, ao invés, a CMVM proponha uma alteração ao CSC, de forma a contemplar as seguintes situações: 1) o secretário da sociedade deve ser eleito também pela AG (assim se dissipando eventuais dúvidas sobre a aplicação do regime das incompatibilidades e independência, no que às sociedades cotadas e grandes sociedades anónimas respeita); 2) o secretário da sociedade é, por inerência e directa decorrência da lei, o secretário da MAG; e 3) nas sociedades cotadas e grandes sociedades anónimas, o secretário da sociedade deve ser uma pessoa, jurídica ou física, com conhecimentos jurídicos sem qualquer outro vínculo laboral ou de prestação de serviços com a sociedade, percebendo por tais funções uma quantia determinável (eventualmente ajustável à dimensão da sociedade e ao menor ou maior grau de trabalho que, por consequência da mesma, a função imponha), a qual deverá ser objecto no relatório de governo da sociedade.

A CMVM reconhece que matéria em apreço não pode ser resolvida fora do contexto de uma clarificação do enquadramento jus-societário dos membros da MAG, designadamente quanto aos requisitos de independência e incompatibilidades. Em conformidade, a proposta de recomendação é eliminada."

Termos em que a CMVM acolheu a argumentação por nós expendida (bem como por outros respondentes, certamente) e se decidiu pela não consagração da proposta como recomendação.

Na verdade, parece-nos que a proposta de recomendação visava a correcção de uma realidade que se foi instituindo nas sociedades cotadas de nomeação para secretário da mesa da assembleia geral de pessoa diferente do secretário da sociedade[10].

---

[10] Na verdade, o artigo 374.º, n.º 2, do CSC, permite que a assembleia geral eleja também "*os secretários da mesa*". A compatibilização da redacção deste artigo com o artigo 446.º-B, n.º 1, a) e b), do CSC, impõe que a assembleia geral possa eleger outros secretários da mesa para além do secretário da sociedade (que o é por inerência). Opinião diversa tem o Prof. MENEZES CORDEIRO que no comentário ao artigo 374.º defende que quer a eleição do secretário da mesa pela assembleia geral, quer o exercício da função pelo secretário da sociedade são soluções legítimas, cabendo aos estatutos decidir – ANTÓNIO MENEZES CORDEIRO, anotação ao artigo 374.º CSC – *Código das Sociedades Comerciais Anotado*, Almedina, 2.ª Edição, 2011.

11   Sucede, porém, que aquando da preparação da alteração legislativa de 2006, claramente o legislador tresleu ou ignorou o regime jurídico aplicável ao secretário da sociedade e, por força da citada alteração, acabou por instituir no CSC ao nível dos requisitos dos membros da mesa um delicado problema jurídico que urge esclarecer por nova intervenção legislativa.

12   Em todo o caso, cremos que apenas uma interpretação jurídica permite no actual contexto compatibilizar o disposto nos artigos 446.º-B, n.º 1, a) e b), e 374.º-A, n.º 1, do CSC.

13   É nosso entendimento que o artigo 374.º-A, n.º 1, do CSC, deve ser interpretado restritivamente como apenas se aplicando aos membros da mesa eleitos em reunião de assembleia geral. A imposição dos requisitos de independência e do regime de incompatibilidade não pode ter cabimento para os membros da mesa que o sejam por inerência (ditada pela lei, *in casu*, o CSC). Acresce ao argumentário que ao secretário da sociedade não cabem outras funções que não de natureza acessória ou adjectiva na condução dos trabalhos, não lhe sendo cometida qualquer função de presidir aos mesmos (nem mesmo nos casos de ausência do presidente da mesa[11]), não lhe cabendo, por isso, tomar qualquer decisão capaz de afectar a validade da constituição da reunião, de qualquer deliberação tomada nesta ou de favor ou desfavor de qualquer accionista. Não lhe devem, consequentemente, ser exigidos ou aplicados os requisitos de independência ou o regime de incompatibilidades.

14   A CMVM propôs a clarificação deste regime em torno do secretário da mesa em 2008 no âmbito da Consulta Pública[12] às normas de transposição da Directiva dos Direitos dos Accionistas[13], propondo um novo n.º 5 ao artigo 374.º do CSC com a seguinte redacção: *"As funções de secretário da mesa são desempenhadas pelo secretário da sociedade, caso exista".* Com a transposição da Directiva dos Direitos dos Accionistas, porém, a proposta de redacção não foi acolhida.

15   No que se refere à proposta A.2 e à evolução que sofreu até ao texto final, a mesma será objecto de comentário à recomendação I.1.2.

16   Com respeito à proposta A.3 (hoje recomendação I.1.1), a CMVM, no Relatório Final da Consulta Pública n.º 3/2007, teceu os seguintes comentários:

"Por diversos respondentes, foi sugerido que a recomendação se focalizasse mais na disponibilização de recursos aquando da realização das reuniões de assembleia geral e que se tenha também em conta o nível de dispersão do capital social de cada sociedade.

Não obstante os comentários recebidos, a CMVM entende que a referência à situação económica da sociedade deve permanecer no texto da recomendação, porque a mesma permite distinguir, dentro do universo das sociedades cotadas em Portugal, as diferenças reais existentes que determinam que, em certos casos, os responsáveis da mesa da assembleia geral devam adequar os recursos humanos e logísticos solicitados às circunstâncias económicas da sociedade, sem nunca por em causa as regras sobre o bom funcionamento da assembleia."

17   Sobre as considerações que conduziram à manutenção como recomendação da proposta inicial da CMVM nos pronunciaremos aquando da análise ao texto da recomendação.

---

[11] Determina o artigo 374.º, n.º 3 e 4, do CSC, que por falta de comparência do presidente da mesa da assembleia geral sirva de presidente o presidente do órgão de fiscalização da sociedade e de secretário um accionista presente escolhido por aquele e que em caso de não comparência do presidente do órgão de fiscalização presida à assembleia geral um accionista, por ordem do número de acções de que sejam titulares, atendendo-se em caso de igualdade de número de acções à maior antiguidade como accionista e subsequentemente à idade.

[12] Processo de Consulta Pública n.º10/2008, consultável em http://www.cmvm.pt/CMVM/Consultas%20Publicas/Cmvm/Documents/bcc4d43c9b754ff0af9a1ec84b3d50fc19082008CPTranspDirectivaDtosAltCSC.pdf.

[13] Directiva 2007/36, transposta pelo Decreto-Lei n.º 49/2010, de 19 de Maio.

II – Fontes legais e comunitárias relacionadas
Artigos 374.º a 388.º do CSC.
Artigos 21.º-B e 21.º-C e 23.º-A a 23.º-D do Cód.VM.
Directiva 2007/36/C, transposta pelo Decreto-Lei n.º 49/2010, de 19 de Maio.

III – Análise
Embora desnecessário, parece-nos pertinente sublinhar que a recomendação é de grande importância e alcance.

As funções do presidente da mesa da assembleia geral são de uma relevância fundamental no quadro do correcto exercício do mais crucial direito no âmbito de uma sociedade comercial, que é o exercício do direito ao voto por parte dos seus accionistas[14].

Neste âmbito, o presidente da mesa é um garante da legalidade e do tratamento igualitário de todos os accionistas, não se lhe permitindo fazer distinção de accionistas, senão nos termos determinados legalmente[15].

A recomendação constitui-se, antes de mais, como uma chamada de atenção para o conselho de administração das sociedades com valores mobiliários admitidos à negociação em mercado regulamentado.

As reuniões de assembleia geral de sociedades cotadas reúnem milhares de accionistas sendo eventos de elevada complexidade organizativa e jus-societária, havendo que destrinçar adequadamente as tarefas que cabem ao presidente da mesa e ao conselho de administração.

Ora, é ao órgão executivo que compete gerir a sociedade, sendo também a este que compete garantir a preparação logística e que nada falta ao adequado funcionamento da reunião de accionistas. É neste contexto que se entende a própria necessidade de enunciar a recomendação, ou seja, na perspectiva de que o presidente da mesa não é competente, mas mesmo que fosse, não conseguiria por si só promover e controlar todos os aspectos operacionais que condicionam a organização e realização de uma reunião de assembleia geral. Nessa medida, a disponibilidade de recursos a promover pelo conselho de administração é essencial à própria realização da reunião, afigurando-se a mesma impossível de realizar sem essa disponibilidade.

Mas mais do que o exposto supra, é também o reconhecimento de que mesmo as tarefas que nos termos da lei impendem sobre o presidente da mesa não são cabalmente realizáveis sem que ao mesmo estejam alocados os necessários recursos humanos e logísticos, os quais claramente extravasam as capacidades (logísticas e temporais) dos membros da mesa.

Não sendo este o tema central deste comentário, interessa, não obstante, ter presente quais as principais tarefas que estão cometidas ao presidente da mesa da assembleia geral.

A primeira é, desde logo, a convocação da própria reunião.

Nos termos da lei, a convocatória de uma reunião de assembleia geral ocorre, em regra, por acção do presidente da mesa[16], quando a lei o determine[17], a pedido do órgão de

---

[14] Sobre as respectivas funções ver artigos 375.º, 377.º, 378.º, 379.º, 382.º, 384.º, 387.º e 388.º do CSC.
[15] *v.g.*, na convocação de reunião a pedido de accionistas, exigindo a lei o requerimento por accionistas que possuam acções correspondentes a, pelo menos, 5% (artigo 375.º, n.º 2, do CSC); o artigo em causa estabelece um dever para o presidente da mesa, podendo interpretar-se que mesmo que não esteja reunida aquela percentagem o presidente da mesa poderá, de moto próprio, convocar a reunião de assembleia geral – no mesmo sentido, ANTÓNIO MENEZES CORDEIRO – *SA: Assembleia Geral e Deliberações Sociais*, págs. 61 e 62, Almedina, 2007; PEDRO MAIA – *O presidente das assembleias de sócios*, IDET/Problemas do Direito das Sociedades, pág. 435, 2002.
[16] Artigo 377.º do CSC; em casos especiais pode ser convocada pelos órgãos de fiscalização ou pelo tribunal.
[17] *v.g.*, a assembleia geral anual de aprovação de contas.

administração ou do órgão de fiscalização da sociedade ou ainda a requerimento de um ou mais accionistas titulares de acções correspondentes a, pelo menos, 5% do capital social[18-19].

29 O acto reveste-se de grande importância e comete ao presidente da mesa alguma discricionariedade na fixação da respectiva ordem de trabalhos. Na verdade, o presidente da mesa tem poderes para convocar ou não a reunião e também aceitar ou não a inclusão de temas na ordem de trabalhos da reunião de assembleia geral[20]. Neste âmbito, pode justificadamente recusar a convocação ou inclusão na ordem de trabalhos de assuntos que não se encontrem sujeitos a deliberação dos accionistas ou de temas que não tenham "dimensão" suficiente para ser objecto de uma reunião de assembleia geral ou que, tendo-a, não se afigurem de carácter urgente e possam ser agendados aquando da próxima assembleia geral anual[21].

30 A recusa por parte do presidente da mesa de convocação da assembleia geral a pedido de accionistas não é, à partida, superável no ambiente societário, determinando a lei que os accionistas que não vejam os seus requerimentos deferidos poderão requerer a convocação judicial da assembleia[22]. Não obstante, não nos parece que exista óbice legal a que os accionistas que vejam os seus pedidos recusados sensibilizem outros órgãos sociais para a necessidade de ser convocada a assembleia, podendo esses órgãos sociais (de moto próprio e nunca em representação de alguém) requerer a convocação ao presidente da mesa. Caso o presidente da mesa recuse a convocação, então, terão estes órgãos sociais a faculdade legal de convocarem a assembleia directamente[23].

31 A segunda tarefa de especial responsabilidade que cumpre destacar é a de validação e aceitação dos accionistas e das representações dos ausentes e ainda dos votos por correspondência.

32 Neste acto pode jogar-se muito da sorte de algumas deliberações societárias quanto ao poderem ou não ser adoptadas[24]. Na verdade, a admissibilidade ou não admissibilidade de um ou vários accionistas à reunião de assembleia geral pode condicionar de forma definitiva a discussão e votação dos diversos pontos da ordem de trabalhos e o sucesso ou insucesso de uma proposta.

---

[18] Pode colocar-se a questão de saber se, ao abrigo do artigo 375.º, n.º 2, do CSC, um ou mais accionistas possuidores de acções representativas de 5% ou mais do capital social mas sem qualquer direito de voto têm capacidade para requerer a convocação da reunião. A resposta deve ser positiva, porquanto, embora sem direito de voto, estes accionistas têm direito a estar presentes nas reuniões de assembleia geral e aí participar na discussão dos assuntos da ordem de trabalhos (artigo 379.º, n.º 2, do CSC), se o contrato de sociedade não determinar o contrário. Na realidade, não obstante não deterem direito de voto, estes accionistas podem querer suscitar junto dos demais (com direito de voto) discussões relevantes sobre a sociedade, induzindo-os à deliberação sobre os mesmos. Por maioria de razão, terão também os accionistas sem direito de voto capacidade para requerer a inclusão de assuntos a discutir na ordem de trabalhos (artigo 378.º, n.º 1, do CSC).

[19] No caso das sociedades com valores mobiliários admitidos à negociação em mercado regulamentado, a percentagem de capital social necessário para requerer a convocação da reunião de assembleia geral decresce para 2% (artigo 23.º-A do Código dos Valores Mobiliários).

[20] Nas sociedades abertas, o pedido por accionistas de inclusão de pontos na ordem de trabalhos deve ser acompanhada de proposta de deliberação para cada assunto cuja inclusão se requeira – artigo 23.º-A do CVM.

[21] A este respeito, bem faz notar o Prof. Menezes Cordeiro que o presidente da mesa deve ponderar também *"os custos que sempre tem, para a sociedade, uma reunião da assembleia geral; esta poderá, designadamente, paralisar ou coarctar a administração"* – ANTÓNIO MENEZES CORDEIRO – *SA: Assembleia Geral* cit., pág. 61.

[22] Artigo 375.º, n.º 6, do CSC. Igual solução é preconizada em caso de recusa de inclusão de assuntos na ordem de trabalhos, prevendo-se a possibilidade de ser requerida a convocação judicial de nova assembleia – artigo 378.º, n.º 4, do CSC.

[23] Artigo 377.º, n.º 7, do CSC.

[24] Tenha-se presente, por exemplo, a reunião de assembleia geral da Portugal Telecom SGPS de 30 de Junho de 2010 na qual se deliberaria a venda da participação (indirecta) na subsidiária brasileira Vivo, tendo à data o presidente da mesa (Prof. Menezes Cordeiro) que decidir sobre a imputação à Telefónica de determinados direitos

Note-se que a admissão ou não admissão (i) de um accionista à reunião de assembleia 33 geral, (ii) de uma representação ou ainda (iii) de votos por correspondência, não se constituem como vícios autónomos à deliberação ou deliberações que vierem a ser adoptadas. Quer isto dizer que em caso de ilegalidade na prática de qualquer um destes actos, não é apenas este acto do presidente da mesa que deve ser atacado judicialmente, mas antes a própria deliberação social adoptada, com fundamento na anulabilidade da mesma[25]. É que a lei societária portuguesa não trata de forma diferente um vício de procedimento das deliberações de um vício da própria deliberação[26].

A tarefa de admissão ou não dos accionistas traduzir-se-á na estabilização da lista de 34 presenças na reunião, ou seja, na determinação do conjunto de accionistas que poderá estar presente e, em princípio, votar.

É também tarefa do presidente, e possivelmente a mais nobre entre todas, a de condu- 35 ção dos trabalhos da assembleia.

É a ele que lhe compete assegurar que a ordem de trabalhos é cabal, regular e eficiente- 36 mente cumprida. Nas sociedades cotadas em que podem participar nas assembleias centenas ou mesmo milhares de accionistas, a condução dos trabalhos assegurando aqueles princípios pode ser um exercício de elevada dificuldade.

Na condução das reuniões o presidente da mesa deve observar de forma estrita princípios de imparcialidade (não tomando posições em questões entre accionistas), de tratamento igualitário dos accionistas, de proporcionalidade no exercício dos seus poderes e de prossecução empenhada da legalidade[27].

Um dos momentos que gera mais dificuldades é o de limitação do uso da palavra. Nas 37 reuniões de accionistas das sociedades cotadas é boa prática e quase inevitável que tenha de se limitar a duração das intervenções e, nalguns casos mesmo, o número de intervenções (mesmo correndo o risco de deixar accionistas sem se expressarem)[28]. Neste ponto em particular o princípio da igualdade de tratamento é absoluto, não sendo o direito ao uso da palavra subordinado à percentagem de capital que cada accionista detém na sociedade, ou seja, deverão dispor do mesmo tempo de intervenção o accionista que tenha uma acção como o accionista maioritário (se existente).

---

de voto inerentes a acções que esta havia alienado a terceiros, mas que com aquela accionista manteriam vigentes acordos relativos a tais participações.

À data pronunciou-se a CMVM, por comunicado de 28 de Junho de 2010, informando que era seu entendimento que os direitos de voto inerentes àquelas acções se deveriam continuar a imputar à Telefónica, por diversos motivos (comunicado consultável em http://www.cmvm.pt/cmvm/comunicados/comunicados/pages/20100628m.aspx).

O presidente da mesa da Portugal Telecom SGPS decidiu-se então pela imputação de parte daqueles direitos de voto à Telefónica, o que, na prática, se traduziria no impedimento de exercício do voto quanto àquelas acções por conflito de interesses.

Este situação concreta coloca também interessantes questões de *empty voting* que, porém, aqui não importa abordar.

[25] Artigo 58.º, n.º 1, a), do CSC. A acção de anulação deve ser proposta nos 30 dias seguintes contados da data de encerramento da reunião de assembleia geral – artigo 59.º, n.º 2, a), do CSC.
[26] No mesmo sentido, Pedro Maia, afirmando que a tutela dos accionistas contra as decisões do presidente que violem direitos individuais *"existe e reside no direito de impugnar judicialmente as deliberações tomadas na respectiva assembleia"* – Pedro Maia, ob. cit., pág. 443.
[27] Subscreve-se integralmente a apreciação do Prof. MENEZES CORDEIRO – *SA: Assembleia Geral* cit., pág. 70.
[28] Chamam a atenção o Prof. MENEZES CORDEIRO e o Prof. PEDRO MAIA que as limitações ao uso da palavra não podem atingir o direito dos accionistas à informação junto da administração da sociedade, porquanto a falta das mesmas pode pôr em causa a validade das deliberações que vierem a ser tomadas – ANTÓNIO MENEZES CORDEIRO - *SA: Assembleia Geral* cit., pág. 74; Pedro Maia, ob. cit., pág. 457.

38   Com relevância quase equiparável à de admissão de accionistas ou de adição de pontos à ordem de trabalhos, está a admissão de propostas[29] que possam surgir na reunião relativamente a pontos da ordem de trabalhos.

39   Desde logo, o presidente deve analisar juridicamente a proposta, assegurando-se de que não viola normas legais imperativas, que possam suscitar a nulidade da deliberação. No caso de propostas que possam ser reconduzidas a vícios que gerem a anulabilidade, deverá o presidente advertir a assembleia de tal facto, devendo colocá-la a votação se a assembleia assim o entender[30].

40   O tema é delicado também porquanto condiciona de imediato os votos expressos por correspondência e as representações "vinculadas", nas quais não são conferidos poderes ao representante para votar em sentido diverso do indicado na "carta-mandadeira". Deverá entender-se nestes casos que tais votos devem ser contabilizados como em sentido contrário à ou às novas propostas apresentadas[31].

41   Momento de crucial importância é o da votação e da contabilização dos votos expressos.
Neste acto, o presidente deve determinar à partida quais os accionistas que se encontram, por razões legais ou estatutárias, inibidos de votar[32]. Definido o universo votante (que poderá variar de deliberação para deliberação), compete contabilizar os votos expressos em assembleia, a que se deverão somar os votos por correspondência.

42   O acto da contagem dos votos é um dos exemplos paradigmáticos da fundamentalidade em serem suscitados ao presidente da mesa os recursos humanos ou tecnológicos necessários ao apuramento fiel dos resultados da deliberação. É um acto que se pretende de absoluto rigor e, em simultâneo, o mais célere possível. Nesse sentido, é cada vez mais importante que em assembleias gerais de sociedades cotadas possam ser disponibilizados meios tecnológicos que permitam apuramentos imediatos dos resultados, em detrimento de votação por meio

---

[29] Por analogia com os requisitos definidos para a adição de pontos à ordem de trabalhos, deveria também exigir-se nestes casos uma fundamentação mínima da proposta de alteração, a qual deveria ser expressa em acta.

[30] Nesse sentido, MENEZES CORDEIRO e PEDRO MAIA - António Menezes Cordeiro - *SA: Assembleia Geral* cit., pág. 77; Pedro Maia, ob. cit., pág. 460.

[31] Sobre o tema e em sentido contrário, indica o Prof. MENEZES CORDEIRO que nas grandes sociedades anónimas não há margem para aceitação de novas propostas, por não estarem as mais das vezes previstas nos instrumentos de representação conferidos e nos votos por correspondência, não sendo justo converter estes últimos em votos "contra". Acrescenta ainda que a prática seguida nas grandes sociedades anónimas "*consiste em convolar as propostas dos accionistas para "novos assuntos", aplicando-se-lhes o 378.º. Nunca poderiam surgir em assembleia.*" - ANTÓNIO MENEZES CORDEIRO, anotação ao artigo 379.º CSC, *Código das Sociedades Comerciais Anotado*, Almedina, 2.ª Edição, 2011.
Não logramos subscrever na totalidade esta posição. Ínsito na faculdade de discutir as deliberações objecto da ordem de trabalhos está a possibilidade de contrapor alternativas dentro do objecto do que está a ser deliberado. Ao presidente da mesa cabe aquilatar da amplitude das mesmas e decidir se a nova proposta se afasta de forma determinante do que está a ser discutido, caso em que deverá ser tratado como um novo assunto, ou se, pelo contrário, é uma decorrência directa do ponto em discussão e deve ser admitido a votação (refira-se a título de exemplo as redacções alternativas em caso de discussão de alteração de estatutos). Caso deva ser admitida como proposta alternativa ao que está a ser discutido, deverá ser votada em conjunto com a proposta inicial, devendo, inevitavelmente, os votos expressos por correspondência e as representações vinculadas ser contabilizados como votos contra a estas propostas alternativas por inexistência de solução legal diferente.

[32] A título de exemplo pode referir-se que o CSC identifica como situações de inibição de direito de voto as situações de conflito de interesses de accionistas relativamente às deliberações a adoptar (artigo 384.º, n.º 6) ou de participação por sociedade participante na fusão na reunião de assembleia geral que deliberará a fusão da outra (neste caso a inibição é parcial, suprimindo-se o exercício de parte dos direitos de voto detidos – artigo 104.º, n.º 1).

de contagem física de votos (v.g., por contagem de "braços no ar"), muito mais morosa e, em assembleias desta dimensão, menos fiável[33].

Definidas as suas funções na organização da reunião de assembleia geral, torna-se importante perceber que poderes tem o presidente da mesa nessa mesma organização.

A questão fundamental que neste âmbito se suscita é se terá o presidente da mesa a competência e capacidade para prover à contratação dos meios de que necessite ou exigir a mesma ao conselho de administração.

O Prof. MENEZES CORDEIRO sustenta sobre o tema que haverá que distinguir entre a contratação de meios que exijam ou não especial isenção por parte do presidente da mesa. Assim, a prática de actos que tenham que ver com a operacionalização da reunião[34] não implicam um especial dever de isenção e não poderão ser praticados pelo presidente da mesa, cabendo aí os poderes de representação em exclusivo ao conselho de administração e cabendo ao presidente da mesa o papel de solicitar ao conselho de administração a contratação dos mesmos e a assunção das inerentes despesas.

Ao invés, em todos os actos que imponham um especial dever de isenção, sustenta o Prof. MENEZES CORDEIRO que nestes casos será aplicável, por analogia, o artigo 421.º, n.ºs 4 e 5, do CSC, relativo aos poderes de informação que cabem aos membros do conselho fiscal, podendo o presidente da mesa contratar directamente "*a prestação de serviços de peritos que o coadjuvem, solicitando, por exemplo, pareceres de direito ou de natureza económica ou contabilística*"[35] e tendo para o efeito limitados poderes de contratação. Esta posição é suportada também pela necessidade de o presidente da mesa "*acompanhar a vida da sociedade, conhecendo os problemas com que ela se debata e as grandes linhas do desenvolvimento da sua actividade*", o que permite sustentar que "*tais deveres de acompanhamento, para serem acatados, pressupõem que o presidente da mesa tenha acesso à necessária informação*"[36], assim se concluindo que os poderes de informação que cabem aos membros do conselho fiscal (artigo 421.º do CSC)[37] devem também ser aplicados por analogia ao presidente da mesa.

Com o respeito devido à posição assumida pelo Prof. Menezes Cordeiro, discordamos da mesma.

É verdade que o cabal desempenho das funções que a lei comete ao presidente da mesa impõe que o mesmo se encontre minimamente informado sobre a vida da sociedade, apenas dessa forma se lhe permitindo tomar posição sobre requerimentos de convocação de reunião de assembleia geral ou de adição de pontos à ordem de trabalhos que lhe sejam dirigidos pelos órgãos sociais ou accionistas. Nestes termos, tem o poder-dever de questionar o conselho de administração sobre todos os temas que devam ser sujeitos a deliberação em reunião de assembleia geral. Não é menos verdade, também, que a isenção e equidistância

---

[33] Sobre o tema da votação electrónica importa recordar aqui a reunião de assembleia geral do BCP de 6 de Agosto de 2007, a qual teve de ser suspensa exactamente por avaria do sistema informático de suporte às votações das deliberações. O comunicado emitido pelo BCP sobre o tema pode ser consultado em http://web3.cmvm.pt/sdi2004/emitentes/docs/FR14580.pdf.

[34] O Prof. Menezes Cordeiro dá como exemplos o arrendamento do espaço, a contratação de empresas de som e catering, o apoio de secretariado, tradução e segurança - ANTÓNIO MENEZES CORDEIRO – *SA: Assembleia Geral* cit., pág. 69.

[35] ANTÓNIO MENEZES CORDEIRO – *SA: Assembleia Geral* cit., pág. 60.

[36] Idem.

[37] Sobre estes poderes do conselho fiscal disserta, porém, o Prof. MENEZES CORDEIRO: "*De facto, os poderes de representação da sociedade anónima cabem exclusivamente ao conselho de administração (405.º/2). <u>Apenas a título excepcional a lei, após a reforma de 2006, atribui tais poderes aos membros do conselho fiscal e para o limitado efeito de contratação de peritos (421.º/5)</u>.*" - ANTÓNIO MENEZES CORDEIRO – *SA: Assembleia Geral* cit., pág. 69 – sublinhado nosso.

com que o presidente da mesa deve exercer as suas funções conjugada com o direito à informação referido supra o aproximam mais de um órgão do tipo fiscalizador do que de um órgão de cariz executivo[38].

49 Não obstante, parece-nos que esta coligação de factores é insuficiente para sustentar que ao presidente da mesa devem ser cometidos poderes que, materialmente, são de gestão (portanto, da esfera do órgão de administração) e que o CSC consagra expressa e excepcionalmente (e de forma muito limitada) aos membros dos órgãos de fiscalização.

De facto, não se vislumbra qualquer lacuna na lei que careça de integração, tanto mais que a norma com que o Prof. MENEZES CORDEIRO propõe se integre tal lacuna é no nosso (e, aparentemente, também seu[39]) entendimento uma norma de carácter excepcional e que, como tal, não admite aplicação analógica[40].

50 Deve-se concluir, portanto, que o presidente da mesa não dispõe desses poderes de contratação directa de meios de que necessite, devendo antes instar o conselho de administração a que proceda à contratação do que repute necessário e cabendo a este último órgão o juízo de razoabilidade dos pedidos efectuados.

51 A recomendação ora objecto de análise parece pressupor esse mesmo entendimento, sendo dirigida ao conselho de administração, conforme se referiu supra.

Para determinação dos meios a facultar ao presidente da mesa recomenda a CMVM que se atenda às necessidades do presidente da mesa. A redacção carece de esforço interpretativo, devendo considerar-se que a recomendação não quis, naturalmente, atender a nenhuma situação pessoal do presidente da mesa, mas antes às necessidades de funcionamento da própria reunião.

52 A recomendação define-se muito por apelo ao critério indeterminado da adequabilidade dos recursos.

53 Sobre o tema é importante que se tenha presente que as sociedades cotadas são estruturas complexas que dispõem, na maior parte dos casos, de meios humanos em permanência que têm já uma grande experiência na preparação das assembleias gerais por força de anos de conhecimento da sociedade e de acompanhamento destas reuniões. Normalmente, são equipas que trabalham nos gabinetes de apoio aos investidores ou nas chamadas "Secretarias Gerais" destas sociedades. Muito do trabalho administrativo de preparação da reunião é já realizado de forma automática por estas equipas, estando estes experientes recursos à disposição do presidente da mesa.

54 Não obstante, é importante realçar que na preparação das reuniões estas equipas respondem hierarquicamente, em primeira linha, perante o presidente da mesa e não perante o conselho de administração, porquanto é aquele o responsável pelo correcto funcionamento da reunião.

---

[38] A propósito da sustentação de que destituição do presidente da mesa apenas pode ocorrer verificando-se justa causa (em argumentação ainda anterior à adição ao CSC do artigo 374.º-A, que veio clarificar definitivamente a questão), PEDRO MAIA argumenta que: *"parece claro que o estatuto do presidente permanente da mesa da assembleia geral da sociedade anónima se aproxima muito mais do estatuto dos membros do órgão de fiscalização do que dos membros de um órgão de administração. A figura do presidente da mesa da assembleia geral constitui um centro imparcial de poder, que zela por que o procedimento das assembleias gerais cumpra o disposto na lei e nos estatutos, designadamente, por que o exercício dos direitos individuais dos sócios de participação nas assembleias sejam respeitados."* - PEDRO MAIA – *O presidente das assembleias* cit., pág. 431.

[39] Vide nota 37.

[40] Artigo 11.º do Código Civil; embora as normas excepcionais não comportem aplicação analógica, admitem interpretação extensiva; todavia, não se vislumbra forma de interpretando extensivamente as normas constantes do artigo 421.º, n.ºs 3 a 5, do CSC, estender a respectiva aplicação ao presidente da mesa da assembleia geral.

Esta questão entrelaça-se com a definição do que são os meios "adequados" às necessidades do presidente da mesa.

A questão que se impõem, então, colocar é a quem é cometida a capacidade de julgar da adequabilidade ou falta dela dos meios disponibilizados para preparação da reunião. É ao presidente da mesa que compete definir quais os recursos adequados? É ao conselho de administração?

Deve entender-se que o juízo de adequabilidade é duplo. Num primeiro patamar, compete ao presidente da mesa avaliar dos recursos que lhe foram disponibilizados e ponderar se deverá solicitar mais meios humanos e logísticos. Num segundo patamar, compete ao conselho de administração avaliar se um eventual pedido de mais meios apresentado pelo presidente da mesa é justificado, razoável e exequível, porquanto a disponibilização de mais meios implica muitas vezes a contratação externa dos mesmos.

Para ponderação desse juízo, a recomendação indica como critério de enquadramento da adequabilidade dos meios a fornecer ao presidente da mesa a "*situação económica da sociedade*". Parece-nos que é um critério importante, mas claramente insuficiente e não será sequer o principal critério a ter em conta.

O primeiro critério a que se deve atender deverá ser necessariamente o do grau de dispersão do capital social em mercado. É este factor que condiciona todos os demais critérios e aspectos organizativos da reunião.

É por aferição do grau de dispersão do capital social que se deverá determinar o tamanho das instalações a ocupar para realização da reunião de assembleia geral, o número aproximado de pedidos de representação para aferir, o número expectável de pedidos de intervenção, os meios tecnológicos ao dispor dos accionistas para as intervenções e votações, etc.

A realização de uma assembleia geral de uma sociedade com valores mobiliários admitidos à cotação que tenha um elevado grau de dispersão (como sucede com a generalidade das grandes cotadas nacionais) requer incomparavelmente mais meios que a realização de uma reunião de uma assembleia geral de uma sociedade com uma elevada concentração de capital em 2 ou 3 accionistas de referência. Entre as duas pode não existir diferença relevante ao nível da situação económica, não obstante, a realização da assembleia geral da primeira sociedade, assegurando iguais condições de funcionamento, consumirá recursos humanos e logísticos substancialmente maiores que os necessários à segunda sociedade.

Sem prejuízo do acima referido, entendemos que a situação económica da sociedade é também um critério de grande relevância nesta equação, constituindo-se como um factor determinante para definição do espaço a locar para a reunião, dos meios de votação, dos pareceres jurídicos ou outros a solicitar, etc.

As reuniões de assembleias gerais são também momentos de *marketing* por parte do conselho de administração relativamente aos accionistas e ao mercado, pelo que tendem a ser manifestações de alguma opulência (no espaço) e modernidade (nos meios tecnológicos). Ora, tudo isso tem um custo financeiro que suplanta de forma fria o custo ou benefício de imagem que pode gerar para o conselho de administração ou para a sociedade. É a esse custo financeiro que o conselho de administração deverá atender, fazendo uma ponderação sobre a razoabilidade e exequibilidade do mesmo. Naturalmente que terá de existir um cuidado extremo na avaliação dos pedidos de pareceres externos solicitados pelo presidente da mesa. Estes pareceres (embora com custos relevantes para a sociedade) auxiliam o presidente da mesa a decidir bem e com adequado suporte técnico, pelo que são um acréscimo de sustentação às próprias deliberações que vierem a ser adoptadas.

63 Caso em juízo ponderado e justificado do conselho de administração os meios solicitados pelo presidente da mesa não sejam razoáveis ou, sendo-o, não sejam exequíveis, deverá disso dar nota fundamentada a este último.

64 Subsequentemente e igualmente no exercício das suas funções, deve também o presidente da mesa ponderar se deve ou não comunicar aos accionistas, no período antes da ordem de trabalhos, de eventuais pedidos de meios não satisfeitos. É nosso entendimento que o deverá fazer em todas as matérias que se mostrem susceptíveis de afectar o regular funcionamento da reunião ou que possam ter consequências ao nível da validade das próprias deliberações que vierem a ser adoptadas. Em última análise, é aos accionistas que caberá julgar a actuação quer do presidente da mesa quer do conselho de administração e sancionar um ou outro se o entenderem adequado.

65 **IV – Recomendações e práticas internacionais**
A figura do presidente da mesa da assembleia geral não merece destaque em grande parte dos mais relevantes de códigos de *corporate governance*. Isto deve-se a múltiplas razões, mas prende-se, sobretudo, com o facto de em vários regimes jurídicos o presidente da mesa ser um dos membros de outro órgão societário (regra geral, o Presidente do Conselho de Administração) ou de não ser um órgão social ou estatutário (como no caso alemão, em que o presidente da mesa é nomeado *ad-hoc*) ou ainda de, cremos, ser pacífico o facto de o presidente da mesa ter de ter disponíveis todos os recursos necessários para o correcto funcionamento da assembleia geral.

66 Uma das raras excepções é o Código de Corporate Governance dos Países Baixos que estabelece, apenas, que o *"presidente da mesa é responsável por assegurar uma adequada condução dos trabalhos das reuniões, em ordem a promover discussões frutíferas nas mesmas"*[41].

67 Convenhamos que a redacção desta recomendação do código dos Países Baixos não acrescenta particularmente valor à actuação do presidente da mesa. Parece-nos que é um pressuposto (óbvio) da condução da reunião. Além do mais, não se compreende como é sindicável em face da regra de *"comply or explain"* que deve nortear o desiderato destes códigos.

68 **V – Proposta de redacção alternativa**
Em face do exposto *supra*, entendemos que a recomendação em análise é susceptível de melhoramento na sua redacção por forma a clarificar alguns dos aspectos acima referidos. Nessa medida, sugere-se que a recomendação adopte a seguinte redacção:

69 *"O conselho de administração deve prover a que o presidente da mesa da assembleia geral disponha dos recursos humanos e logísticos de apoio que sejam adequados às necessidades de funcionamento das reuniões, considerando-se, designadamente, o grau de dispersão do capital social em mercado e a situação económica da sociedade."*

---

[41] Recomendação IV.1.8 (tradução nossa), documento consultável em http://commissiecorporategovernance. nl/page/downloads/DEC_2008_UK_Code_DEF__uk_.pdf; o código entrou em vigor em 1 de Janeiro de 2009.

I.1.2. A remuneração do presidente da mesa da assembleia geral deve ser divulgada no relatório anual sobre Governo da Sociedade

Bibliografia: CMVM - *Relatório Anual sobre o Governo das Sociedades Cotadas em Portugal – 2009*, disponível em http://www.cmvm.pt/CMVM/Estudos/Em%20Arquivo/Pages/20091516a.aspx#ii.3; CORDEIRO, ANTÓNIO MENEZES – *Manual de Direito das Sociedades – II – Das Sociedades em Especial*, Almedina, 2006; CORDEIRO, ANTÓNIO MENEZES – anotação aos artigos 374.º-A, 414.º e 414.º-A CSC, in CORDEIRO, ANTÓNIO MENEZES (ed.) – *Código das Sociedades Comerciais Anotado*, Almedina, 2.ª Edição, 2011; CORDEIRO, ANTÓNIO MENEZES – *SA: Assembleia Geral e Deliberações Sociais*, Almedina, 2007; CORDEIRO, ANTÓNIO MENEZES – *O presidente da mesa da assembleia geral e as grandes assembleias mediáticas de 2007 (PT e BCP)*, in O Direito, ano 139.º (2007) IV, págs. 697-735[1]; MAIA, PEDRO – *O presidente das assembleias de sócios*, IDET/Problemas do Direito das Sociedades, 2002.

Índice

I – Antecedentes próximos................................. 1
II – Fontes legais e comunitárias relacionadas   7
III – Análise... 8
IV – Recomendações e práticas internacionais 29

I – Antecedentes próximos

A actual recomendação mantém a redacção e a numeração da recomendação homóloga do Código do Governo das Sociedades da CMVM de Setembro de 2007 (doravante "CGS – 2007")[2].

O GCS – 2007 foi objecto de consulta pública entre Maio e Julho desse ano e neste bloco recomendatório foi pedido ao mercado que se pronunciasse sobre as seguintes propostas (todas elas inovadoras face às recomendações de 2005)[3]:

"*A.1 O secretário da sociedade deve ser secretário da mesa da assembleia geral.*

A.2 A remuneração global dos membros da mesa da assembleia geral deve ser divulgada no relatório anual sobre o governo da sociedade.

A.3 O presidente da mesa da assembleia geral deve dispor de recursos humanos e logísticos de apoio que sejam adequados às suas necessidades, considerada a situação económica da sociedade."

A proposta A.2 foi alterada na sequência da consulta pública e adoptada como recomendação I.1.2.

---

[1] Este artigo reproduz, com pouquíssimas adaptações, o texto do mesmo autor sobre o tema em "*SA: Assembleia Geral e Deliberações Sociais*", razão pela qual as remissões e as notas de rodapé neste artigo se farão para este último em detrimento daquele.
[2] Consultável em http://www.cmvm.pt/CMVM/Recomendacao/Recomendacoes/Soccot/Soccot_Set2007 Documents/f6bac7142a7447fa89b0e8f3d91bea0b CodigoGS15022008_2_.pdf
[3] Proposta consultável em http://www.cmvm.pt/CMVM/Consultas%20Publicas/Cmvm/Documents/b056bd794 f534e80866595eda3fc03b5CodigoGS03042007.pdf

4   Neste âmbito, tivemos em 2007 a oportunidade de em resposta[4] à consulta pública expressar a opinião de que:
"*A recomendação parece-nos relevante, porquanto entendemos importante que não possa a independência dos membros da mesa ser posta em causa por dúvidas sobre a respectiva remuneração pelo desempenho daquelas funções.*
Entendemos, todavia, que não subsistem razões para que não possam ser divulgadas as remunerações individuais dos membros da mesa da assembleia geral (incluindo as recebidas de outras empresas relacionadas).
Caso não se entenda recomendável a divulgação da remuneração individual, então, sugere-se que a percentagem da remuneração global afecta à remuneração do Presidente seja divulgada, por ser na pessoa deste que a mesa está personificada e por ter este poder decisivo na condução dos trabalhos e determinação do conteúdo da acta da reunião."

5   A posição que expressámos apontava no sentido de que a divulgação de remunerações poderia ter vantagens claras de percepção de independência por parte dos accionistas relativamente aos membros da mesa e que, nessa medida, inexistiam razões para que a divulgação não pudesse ser totalmente transparente, ou seja, individualizada. Não obstante, referiu-se que caso assim a CMVM não o entendesse, então, sempre se sugeria que fosse identificada a percentagem da remuneração total dos membros da mesa que era paga ao presidente da mesma, por ser este quem tem, efectivamente, o poder de direcção da assembleia, de admissão dos accionistas, de condução dos trabalhos, de conformação da acta, etc., tendo os demais elementos um papel meramente auxiliar e instrumental. Apontávamos, assim, já para uma identificação da remuneração paga ao presidente da mesa.

6   A este respeito, a CMVM no relatório final[5] sobre a consulta pública concluiu o seguinte:
"*De entre os comentários recebidos à presente proposta de recomendação distinguem-se dois blocos antagónicos. Alguns respondentes são partidários da sua supressão. Argumentam ser um excesso a divulgação da remuneração dos membros da MAG, na medida em que o objectivo é já suficientemente servido pela independência dos membros da comissão de remunerações, não se pondo o problema com a mesma configuração que a remuneração da administração. Ademais, o membro da MAG tem de ser por natureza independente, ao passo que o administrador pode não o ser. De outra banda, um outro grupo de respondentes considera não subsistirem razões para que não possam ser divulgadas as remunerações individuais dos membros da MAG, incluindo as recebidas de outras empresas relacionadas, designadamente para a confirmação da sua independência.*
Em face do exposto, e procurando traçar uma linha equilibrada em relação à questão da remuneração, entende a CMVM que a divulgação da remuneração do presidente da mesa da assembleia geral se impõe, dado o seu importante papel fiscalizador. Prescinde-se, todavia, de incluir na recomendação os demais membros da mesa da assembleia geral, dado o seu papel auxiliar."

7   **II – Fontes legais e comunitárias relacionadas**
Artigos 374.º-A, 414.º, 414.º-A e 422.º-A do CSC.
Regulamento da CMVM n.º 1/2010 (Diário da República - II Série – 01/02/2010)

---

[4] Resposta em sede de consulta pública em co-autoria com PEDRO REBELO DE SOUSA.
[5] Relatório final da consulta pública da CMVM n.º 3/2007 relativa ao Código do Governo das Sociedades Cotadas/novas propostas de regras e recomendações, consultável em http://www.cmvm.pt/CMVM/Consultas%20Publicas/Cmvm/Documents/c92f3b804410446ea9166dd28b35d977RELATORIOCONSULTAPUBLICA.pdf

III – Análise
A questão da divulgação da remuneração do presidente da mesa da assembleia geral liga-se umbilicalmente com o tema da independência dos membros da mesa.

Conforme mais detalhadamente se abordou no comentário à recomendação I.1.1., o presidente da mesa da assembleia geral tem de ser independente de facto (mais até do que de direito), porquanto deve ser o garante da legalidade e do tratamento igualitário de todos os accionistas nas reuniões de assembleia geral. Não poderá, por isso, estar associado a quaisquer grupos de interesses na sociedade, nem encontrar-se em qualquer circunstância susceptível de afectar a sua isenção de análise ou de decisão[6].

Adicionalmente, as suas funções supra-partes apresentam maior similitude com as próprias de um órgão fiscalizador e menos com as de um órgão com capacidades executivas.

Ora, está há muito assente na doutrina nacional e internacional que os membros dos órgãos de fiscalização não deverão perceber remuneração variável, não sendo susceptíveis de ser destinatários de bónus ou de a respectiva remuneração acompanhar, por indexação, a evolução económico-financeira e resultados da sociedade. De tal sorte, que o legislador entendeu mesmo, em 2006[7], plasmar no CSC a imposição de que a *"remuneração dos membros do conselho fiscal deve consistir numa quantia fixa"*[8].

Idêntica regra foi consagrada para os membros da mesa da assembleia geral[9], aplicando-se por remissão a regra estabelecida para os membros do conselho fiscal.

Os interesses que o normativo legal pretende proteger são de fácil percepção. Nas sociedades emitentes de valores mobiliários admitidos à negociação em mercado regulamentado e nas sociedades que cumpram os critérios referidos na alínea a) do n.º 2 do artigo 413.º do CSC (as ditas "grandes sociedades anónimas"[10]), a tutela dos interesses cuja protecção o presidente da mesa deve salvaguardar é potencialmente (e em regra) muito mais amplo que nas sociedades não cotadas ou nas pequenas e médias sociedades anónimas, porquanto o número de accionistas tende a ser substancialmente superior nas primeiras em comparação com as segundas. Nessa medida, a sujeição dos membros da mesa daquelas sociedades ao regime de incompatibilidades e requisitos de independência dos membros dos órgãos de fiscalização justificar-se-ia plenamente.

Sucede, porém, que depressa se compreendeu que o artigo 374.º-A, n.º 1, do CSC, impõe um encargo desajustado para as grandes sociedades anónimas. Embora possa ser expectável

---

[6] Artigo 414.º, n.º 5, do CSC.
[7] Decreto-Lei n.º 76-A/2006, de 29 de Março.
[8] Artigo 422.º-A do CSC; igual regra é aplicável à comissão de auditoria por força do artigo 423.º-D e ao conselho geral e de supervisão por força do artigo 440.º, n.º 3, ambos do CSC; o artigo 422.º-A é aplicável aos membros da mesa por remissão do artigo 374.º-A, n.º 3, do CSC.
[9] Artigo 374.º-A, n.º 3, do CSC.
[10] Embora não deva aqui ter tratamento detalhado, importa dizer que o n.º 2 do artigo 413.º do CSC é um dos exemplos de como se legisla mal no nosso país. A norma impõe a adopção do modelo latino reforçado às ditas grandes sociedades anónimas, excepto àquelas que sejam dominadas por outra sociedade que adopte o modelo latino reforçado. Ora, impõe-se a questão: E se forem dominadas por uma sociedade que siga o modelo dualista ou o modelo anglo-saxónico (que determina também a segregação entre fiscalização e revisão de contas)? A resposta deve a de que também neste caso a sociedade dominada se encontra dispensada de adoptar o modelo monista reforçado.
Dever-se-ia, aliás, ir mais longe e considerar que a excepção não colhe apenas para as relações de domínio total, mas nas relações de consolidação contabilística.
Assim, sugere-se como redacção alternativa para esta alínea a) do n.º 2 do artigo 413.º a seguinte:
"a) *É obrigatória em relação a sociedades que, tendo escolhido o modelo previsto na alínea a) do n.º 1 do art. 278.º, sejam emitentes de valores mobiliários admitidos à negociação em mercado regulamentado e a sociedades que, tendo escolhido este modelo, e não estando incluídas nas demonstrações financeiras consolidadas de outra sociedade que adopte o modelo referido na alínea b) do número anterior ou qualquer um dos modelos referidos nas alíneas b) e c) do n.º 1 do artigo 278.º, durante dois anos consecutivos, ultrapassem dois dos seguintes limites: ...".*

que uma sociedade que ultrapasse dois dos três critérios definidos nas sub-alíneas (i) a (iii) da alínea a) do n.º 2 do artigo 413.º do CSC possa ter um elevado número de accionistas, sucede em várias grandes sociedades anónimas que as mesmas são, na verdade, detidas por um número diminuto de accionistas ou, até mesmo, por um único accionista. Ora, compreende-se sem dificuldade que uma grande sociedade anónima seja sujeita à obrigação de segregar a fiscalização da sociedade da revisão de contas, porquanto assim se protege de forma directa e mais eficaz os interesses dos accionistas, mas também dos credores, trabalhadores e demais terceiros com interesses difusos na sociedade. Acontece que o presidente da mesa apenas de forma indirecta poderá proteger interesses de outros que não os accionistas da sociedade e nessa medida não se compreende já com tanta facilidade que nas grandes sociedades anónimas os accionistas (que podem ser muito poucos ou até apenas um, como acima se referiu) possam ser coarctados na sua liberdade de nomeação dos membros da mesa, impondo-se-lhes, designadamente, requisitos de independência cujos pressupostos dificilmente não seriam alcançados[11].

15   Em face das críticas do mercado, a CMVM em Agosto de 2008 colocou em consulta pública a proposta de redacção das normas de transposição da Directiva dos Direitos dos Accionistas[12], aproveitando também para propor várias alterações ao CSC[13], entre as quais a eliminação da exigência de aplicabilidade do artigo 374.º-A aos membros da mesa das grandes sociedades anónimas. Em resposta à referida consulta pública tivemos à data a oportunidade de expressar a nossa concordância com a alteração proposta[14]. Em sentido contrário, o Prof. Menezes Cordeiro entende que a proposta de tornar o artigo 374.º-A aplicável apenas às sociedades cotadas e não já às grandes anónimas "*é uma inversão relativamente a 2006, ainda muito em cima da reforma*", pelo que o melhor "*seria deixar vigorar o sistema mais algum tempo e, depois, trabalhar já com elementos de campo disponíveis*"[15].

16   No que à determinação da remuneração respeita e como já enunciado supra, aplica-se, por remissão legal, o regime previsto para a fixação da remuneração dos membros do conselho fiscal.

17   Resulta assim que a remuneração deve consistir numa quantia fixa, competindo à assembleia geral de accionistas ou a uma comissão de vencimentos por aquela nomeada fixar as remunerações de cada um dos membros da mesa, tendo em conta as funções desempenhadas e a situação económica da sociedade[16].

18   Apesar da sua aparente simplicidade, a norma legal coloca questões interessantes.

19   Antes de mais, importa atentar nos critérios subjacentes à fixação da remuneração, apontando a lei as funções desempenhadas e a situação económica da sociedade. A primeira constatação é que estes critérios são meramente enunciativos, não estando a assembleia

---

[11] Recorde-se que um dos requisitos é não estar associado a grupos de interesses específicos na sociedade, nomeadamente por não ser titular ou actuar em nome e por conta de accionistas com mais de 2% do capital social. Ora, a regra não se ajusta de forma adequada às grandes sociedades anónimas nas quais o normal será que haja uma percentagem elevada de accionistas nessa situação (ao contrário das sociedades cotadas onde isso não será a regra).

[12] Directiva n.º 2007/36, transposta pelo Decreto-Lei n.º 49/2010, de 19 de Maio.

[13] Processo de consulta pública n.º 10/2008, consultável em http://www.cmvm.pt/CMVM/Consultas%20Publicas/Cmvm/Documents/bcc4d43c9b754ff0 af9a1ec84b-3d50fc19082008CPTranspDirectiva DtosAltCSC.pdf.

[14] Resposta à consulta pública elaborada em co-autoria com Pedro Rebelo de Sousa.

[15] ANTÓNIO MENEZES CORDEIRO, anotação ao artigo 374.º-A CSC - *Código das Sociedades Comerciais Anotado*, Almedina, 2.ª Edição, 2011.

[16] Artigo 399.º, n.º 1, aplicado por remissão do artigo 422.º-A, n.º 2, do CSC.

geral ou comissão de vencimentos cingidas aos mesmos, devendo, por isso, ponderar outros. A segunda constatação é a de que deverão os membros da mesa da assembleia geral ter remunerações diferenciadas tendo em conta as funções formais e materiais que desempenhem. Na verdade, conforme enunciado no comentário à recomendação I.1.1., o presidente da mesa é a face visível da mesma, sendo o primeiro e principal responsável pela condução da reunião. É ele que toma as decisões que podem condicionar os trabalhos e que poderão motivar, inclusive, a impugnação judicial das deliberações adoptadas, não sucedendo o mesmo com o vice-presidente (excepto se actuando em substituição do presidente) ou com o secretário da mesa (que tem um papel meramente instrumental na reunião). Naturalmente que o presidente poderá consultar ou aconselhar-se com os demais membros da mesa, mas a responsabilidade das decisões recai unicamente sobre si[17]. É justo, por isso, que a remuneração do presidente seja destacadamente superior em face da remuneração a atribuir ao vice-presidente ou ao secretário.

A assembleia geral ou a comissão de vencimentos deverão também atender à experiência dos nomeados e às dificuldades expectáveis impostas ao desempenho dos cargos (não sendo irrelevante para esta apreciação o grau de dispersão do capital social e o nível de litigiosidade entre accionistas ou entre estes e a administração). O Prof. Menezes Cordeiro sugere ainda que se atenda à responsabilidade do cargo, ao papel dos escolhidos, ao prejuízo marginal que os escolhidos sofram mercê das incompatibilidades e à mais-valia representada pela independência[18]. De todos os critérios enunciados pelo Prof. Menezes Cordeiro merece uma referência especial o relativo ao *"prejuízo marginal que os escolhidos sofram mercê das incompatibilidades"*, porquanto poderão relevar aqui os serviços que o presidente da mesa possa prestar à sociedade. Designadamente, se tivermos em conta que amiúde nas sociedades cotadas e nas grandes sociedades anónimas os presidentes da mesa são professores de Direito, o tema ganha maior acuidade. Sobre a forma como a alínea e) do n.º 1 do artigo 414.º-A do CSC deve ser interpretada, escreve o Prof. Menezes Cordeiro que a prestação de serviços *"pressupõe uma relação duradoura"*, não ficando abrangido *"o serviço esporádico (vg., elaboração de um parecer, por definição independente e que até pode concluir em sentido desfavorável à sociedade), mas antes o que se prolongue no tempo, criando dependências"*[19]. Tendemos a concordar com a interpretação do artigo feita pelo Prof. Menezes Cordeiro, mas a bem da transparência deveria uma referência a tais serviços esporádicos e ao montante em que os mesmos importaram ser também realizada no relatório anual sobre Governo da Sociedade. É preciso não esquecer que a falta de independência dos membros da mesa é justa causa de destituição dos mesmos e que esse juízo deve poder ser livremente efectuado pelos accionistas da sociedade na posse de todas as informações úteis para tal efeito.

Questão importante é também a da natureza fixa da retribuição dos membros da mesa.

A remuneração dos membros dos órgãos sociais era tratada no CSC até 2006 apenas na dimensão relativa ao conselho de administração, admitindo-se quanto a estes a possibilidade de ser determinada pela assembleia geral ou comissão de vencimentos uma remuneração certa (ou fixa) ou variável (podendo consistir parcialmente numa percentagem dos lucros do exercício, embora a prática consagre outras formas de remuneração não determinada como

---

[17] Como bem faz notar o Prof. Menezes Cordeiro, a mesa não é um órgão colectivo, não tendo um funcionamento plural – António Menezes Cordeiro, "*SA: Assembleia Geral e Deliberações Sociais*", pág.81, Almedina, 2007.
[18] ANTÓNIO MENEZES CORDEIRO, anotação ao artigo 374.º-A - *Código das Sociedades*, cit., pág. 1012, Almedina, 2.ª Edição, 2011.
[19] ANTÓNIO MENEZES CORDEIRO, anotação ao artigo 414.º-A - *Código das Sociedades*, cit., pág. 1095.

a atribuição de acções ou opções sobre acções ou de prémios de desempenho)[20]. A referência à determinação da remuneração dos membros do órgão de fiscalização e, por remissão, dos membros da mesa ocorre apenas com a reforma do CSC de 2006, momento em que a lei consagra a obrigatoriedade de ser uma remuneração fixa.

23   A prática na maior parte das sociedades comerciais, cotadas e não cotadas, consagrava uma solução de remuneração certa dos membros do órgão de fiscalização e da mesa da assembleia geral por cada reunião em que participassem, as ditas "senhas de presença". Ora, tendo a remuneração dos membros destes órgãos de ser fixa é relevante saber se as senhas de presença (com valor fixo) cumprem ou não o critério legal.

24   A resposta imediata a esta questão parece ser negativa pela simples razão de que não temos ciência antecipadamente do número de reuniões de assembleia geral ou do conselho fiscal que se realizarão num dado ano. Quer num caso quer noutro, embora até seja possível determinar o número de reuniões (ditas) ordinárias a ocorrer anualmente (no caso da assembleia geral, a reunião anual de aprovação de contas[21], e no caso do conselho fiscal, as que forem definidas estatutariamente ou, supletivamente, uma por trimestre[22]), o número de reuniões (ditas) extraordinárias é incerto, o que significa que recorrendo-se ao método das senhas de presença a remuneração será fixa por reunião mas incerta no que se refere ao seu quantum anual.

25   Acresce que quer no caso do conselho fiscal quer quanto à assembleia geral, ambos os órgãos têm competência de auto-convocação[23], o que significa que num sistema de remuneração por senhas de presença o conselho fiscal e o presidente da mesa da assembleia geral têm o efectivo controlo sobre o quantum da remuneração que poderão perceber. A verdade é que nos parece ser este um perigo meramente abstracto, não nos parecendo crível que, por exemplo, o presidente da mesa convocasse uma reunião da assembleia geral por um qualquer motivo fútil para multiplicar a remuneração a que tivesse direito ou escolhesse dividir vários temas a discutir em reunião de accionistas por várias reuniões para maximizar os seus ganhos (se o fizesse incorreria em justa causa para destituição). O mesmo se argumente relativamente ao conselho fiscal. Em qualquer caso, sempre seria um abuso facilmente corrigível pela assembleia geral ou pela comissão de vencimentos, fixando-se uma remuneração fixa anual.

26   Não obstante, não cremos que o espírito da norma seja contrário à retribuição das funções dos membros do conselho fiscal e da mesa da assembleia geral por senhas de presença. O que a norma proíbe activamente é que os membros do conselho fiscal e da mesa da assembleia geral vejam as suas remunerações estar dependentes do desempenho da sociedade ou de quaisquer bónus e, dessa forma, vejam a sua isenção e capacidade de análise e decisão afectadas ou prejudicadas face ao conselho de administração ou a qualquer accionista, ou seja, fiquem dependentes de um qualquer grupo de interesses na sociedade.

27   Ora, num sistema de senhas de presença a remuneração não é variável (no sentido em que se entende a mesma para o conselho de administração e que revela dependência do desempenho da sociedade), podendo, todavia, ser incerta por não se saber com antecedência

---

[20] Para mais informações sobre a remuneração dos administradores, ver comentários às recomendações II.1.5.1. a II.1.5.7. por Paulo Câmara.
[21] Artigo 376.º do CSC.
[22] Artigo 423.º, n.º 1, do CSC.
[23] No caso da assembleia geral, embora não definido legalmente, a doutrina tem entendido que o presidente da mesa tem competência para convocar uma reunião da assembleia por iniciativa própria – António Menezes Cordeiro, *SA: Assembleia Geral*, cit., pág. 61, Almedina, 2007; Pedro Maia, "*O presidente das assembleias de sócios*", pág. 435, IDET/Problemas do Direito das Sociedades, 2002.

quantas reuniões se irão realizar. Não deixará, em todo o caso, de ser uma quantia fixa por reunião, sendo a expectativa de remuneração dos membros daqueles órgãos sociais devidamente balizável (e cognoscível pelos accionistas) e não contribuindo, a priori, um diferente número de reuniões para a diminuição da independência destes.

Parece-nos ser este o espírito subjacente à norma do artigo 422.º-A, n.º 1, do CSC, porquanto de outro modo teria o legislador tido o cuidado de identificar que deveria consistir numa quantia fixa anual[24].

28

IV – Recomendações e práticas internacionais   29
A figura do presidente da mesa da assembleia geral não merece destaque em grande parte dos mais relevantes de códigos de *corporate governance*. As razões para tal facto foram já identificadas no comentário à recomendação I.1.1.

---

[24] Fazendo o juízo contrário, o Prof. MENEZES CORDEIRO conclui que o legislador pretendeu a determinação de uma remuneração fixa mensal ou anual, como forma de dignificação das funções e como incremento da independência – ANTÓNIO MENEZES CORDEIRO, *SA: Assembleia Geral*, cit., págs. 55 e 56, Almedina, 2007, e ANTÓNIO MENEZES CORDEIRO, anotação ao artigo 374.º-A e 422.º-A - *Código das Sociedades*, cit., págs. 1014 e 1110.
No sentido que advogamos, embora sem posição escrita escrutinável, a CMVM tem admitido às sociedades cotadas a remuneração dos membros da mesa por senhas de presença.

1.2. PARTICIPAÇÃO NA ASSEMBLEIA

I.2.1. A antecedência imposta para a recepção, pela mesa, das declarações de depósito ou bloqueio das acções para a participação em assembleia geral não deve ser superior a cinco dias úteis.

I.2.2. Em caso de suspensão da reunião da assembleia geral, a sociedade não deve obrigar ao bloqueio durante todo o período que medeia até que a sessão seja retomada, devendo bastar-se com a antecedência exigida na primeira sessão.

Bibliografia: António Pereira de Almeida, *Sociedades Comerciais, Valores Mobiliários e Mercados*, 2011; Adolf A. Berle, *Modern Functions of the Corporate System*, Columbia Law Review, 1962; Paulo Câmara, *O Governo das Sociedades em Portugal: uma Introdução*, CadMVM, 12, 2001; *Códigos de Governo das Sociedades*, CadMVM, 15, 2002; António Menezes Cordeiro, *A directriz 2007/36, de 11 de Julho (accionistas de sociedades cotadas): comentários à proposta de transposição*, ROA, 2008; *Novas regras sobre assembleias gerais: a reforma de 2010*, RDS, II, 2010; Myron Curzan/Mark Pelesh, *Revitalizing Corporate Democracy: Control of Investment Managers' Voting on Social Responsibility Proxy Issues*, Harvard Law Review, 1980; Harold Demsetz/Belén Villalonga, *Ownership structure and corporate performance*, Journal of Corporate Finance, 2001; Frank Easterbrook/Daniel Fischel, *The Economic Structure of Corporate Law*, 1991; Daniel Fischel, *The Corporate Governance Movement*, Vanderbilt Law Review, 1982; João Sousa Gião, *Notas sobre o Anunciado Fim do Bloqueio de Acções como Requisito do Exercício do Direito de Voto em Sociedades Cotadas*, CadMVM, 21, 2005; José Ferreira Gomes, *Conflitos de Interesses entre Accionistas nos negócios celebrados entre a sociedade anónima e o seu accionista controlador*, em Paulo Câmara (org.), *Conflito de interesses no direitos societário e financeiro*, 2009; Henry T. Hu/Bernard S. Black, *The New Vote Buying: Empty Voting and Hidden (Morphable) Ownership*, Southern California Law Review, 79, 2006; Jonathan Katz, *Barbarians at the ballot box: the use of hedging to acquire low cost corporate influence and its effect on shareholder apathy*, Cardozo Law Review, 38; Thomas Kirchmaier/Jeremy Grant, *Corporate Ownership structure and performance in Europe*, CEP Discussion Paper, 631, 2006; Paula Costa e Silva, *O Conceito de Accionista e o Sistema de Record Date*, Direito dos Valores Mobiliários, VIII, 2008; Dirk Zetzsche, *Shareholder Passivity, Cross-Border Voting and the Shareholder Rights Directive*, Journal of Corporate Law Studies, 8, 2, 2008.

Índice

I – **Enquadramento geral**
1. Introdução 1
2. Evolução da Recomendação 7
3. Fontes Comunitárias 11
4. Fontes Nacionais 18

II – **Participação na assembleia e prova da qualidade de accionista**
5. Necessidade de determinação da qualidade de accionista 22

6. Bloqueio de acções e bom governo societário.. 25
7. Fundamentação das alterações introduzidas... 29
8. Sistema da data de registo 41

I – Enquadramento geral

1. **Introdução.** A Recomendação em apreço estabelece dois limites temporais ao bloqueio de acções como forma de prova da qualidade de accionista, para efeitos de participação em assembleia geral.

A Recomendação tinha plena justificação no período que antecedeu a entrada em vigor do Decreto-Lei n.º 49/2010, de 19 de Maio (que transpôs para o ordenamento jurídico português a Directriz n.º 2007/36/CE, de agora em diante "Directriz dos direitos dos accionistas" ou "DDA"): a integração obrigatória dos valores mobiliários admitidos à negociação em sistema centralizado (artigos 62.º e 99.º/2, alínea a), CVM) implicava que o exercício dos direitos inerentes fosse feito através da apresentação de certificado emitido pela entidade registadora, quando os direitos não fossem exercidos através desta última entidade (artigo 83.º, CVM); e o CVM em conformidade, sujeitava obrigatoriamente a bloqueio os valores mobiliários *em relação aos quais tenham sido passados certificados para exercício de direitos a eles inerentes (...) quando o exercício daqueles direitos dependa da manutenção da titularidade até à data desse exercício* (artigo 72.º/1, alínea a), CVM)[1].

Neste contexto, a Recomendação tentava introduzir proporcionalidade no bloqueio – preservando, na maior medida possível, a transmissibilidade das acções –, e evitar o absentismo dos sócios que poderia decorrer de uma intransmissibilidade prolongada.

Esta tentativa de limitar o absentismo dos sócios era enquadrada então, como agora, pela ideia fundamental de que um aumento da *democracia accionista* levaria, necessariamente, a um aumento de eficiência na gestão da sociedade: os accionistas, como titulares residuais (em condições normais) do direito aos resultados económicos gerados pela sociedade, teriam os incentivos mais adequados para, através do exercício do direito de voto, fiscalizar e, em casos extremos, destituir a administração, mau grado os problemas de acção colectiva que se lhes colocavam, pelo que do aumento da sua participação nas deliberações resultaria maior eficiência[2].

Com a entrada em vigor das alterações ao CVM introduzidas pelo Decreto-Lei n.º 49/2010, o sistema de bloqueio foi suprimido, e substituído pelo sistema da data do registo: *o exercício dos direitos referidos no número anterior* [i.e. direito a participar na assembleia geral] *não é prejudicado pela transmissão das acções em momento posterior à data de registo, nem depende do bloqueio das mesmas entre aquela data e a data da assembleia geral* (artigo 23.º-C/2, CVM).

A recomendação em apreço deverá, por isso e na mesma medida, ser suprimida na próxima revisão. Sugere-se a aprovação de uma nova recomendação relativa à participação na assembleia que aborde os problemas suscitados com o novo sistema (*infra*, 8. Sistema da data de registo).

2. **Evolução da Recomendação.** Nas *Recomendações da CMVM sobre o Governo das Sociedades Cotadas* de 1999 a matéria da participação na assembleia era tratada no plano dos princípios: *Deve ser estimulado o exercício activo do direito de voto, quer directamente, nomeadamente por correspondência, quer por representação*. Não eram feitas, porém, quaisquer recomendações a propósito do depósito ou bloqueio das acções, como forma de determinar a titularidade das mesmas para efeitos de participação na assembleia. Nesta matéria as Recomendações de 1999 apenas

---

[1] Todas estas normas eram aplicáveis aos valores mobiliários titulados, por força do artigo 105.º, CVM.

[2] Exemplo desta posição (que como *infra* se verá é contestada) em relação aos temas de *responsabilidade social da sociedade*, Myron P. Curzan e Mark L. Pelesh, *Revitalizing Corporate Democracy: Control of Investment Managers' Voting on Social Responsibility Proxy Issues*, Harvard Law Review, 93, 1980: *The common characteristic of these proposals, though, is that they all seek to improve corporate democracy by either allowing beneficial owners to participate more fully in voting decisions, or by permitting small shareholders to voice more effectively their objections to certain corporate policies. Once granted a larger role in proxy voting, beneficial owners, of course, may decide to vote against social responsibility resolutions. Increased participation in the voting process, however, will raise the level of corporate democracy.*

se ocupavam do exercício do direito de voto por correspondência e do regime de representação dos accionistas[3].

A versão de 2001 trouxe algumas alterações, mas apenas quanto à representação de accionistas e ao voto por correspondência.

Em 2003, no entanto, verificou-se uma concretização das recomendações. Onde antes se estimulava, no plano dos princípios, o exercício do direito de voto, passou a proibir-se qualquer restrição: *Não deve ser restringido o exercício activo do direito de voto, quer directamente, nomeadamente por correspondência, quer por representação.* No que à matéria específica do bloqueio se refere, a versão de 2003 das Recomendações (mantida em 2005) era bastante clara: considerava-se uma restrição inadmissível do direito de voto *a imposição de uma antecedência de depósito ou bloqueio das acções para a participação em assembleia geral superior a 5 dias úteis.*

Na versão de 2007 e quanto ao bloqueio manteve-se a antecedência máxima de 5 dias, acrescentando-se uma recomendação aplicável aos casos de suspensão da reunião da assembleia geral: a sociedade não deveria obrigar ao bloqueio durante todo o período da suspensão, bastando a antecedência mínima de 5 dias em relação à data do reatamento.

3. Fontes Comunitárias. A Directriz dos direitos dos accionistas – Directriz 2007/36/CE do Parlamento Europeu e do Conselho de 11 de Julho de 2007 relativa ao exercício de certos direitos dos accionistas de sociedades cotadas[4] – anunciava, logo no terceiro considerando, que um dos objectivos em matéria de exercício do direito de voto se referia ao bloqueio de acções: *deverão ser eliminados os obstáculos ao exercício do direito de voto pelos accionistas, como a subordinação do exercício desse direito ao bloqueio das acções durante um determinado período antes das assembleias-gerais.*

Esta eliminação foi depois levada a cabo através de duas regras principais: uma proibição geral de condicionamento da participação na assembleia geral a depósito, transferência ou registo a favor de terceiro das acções[5] e a sujeição da participação na assembleia à prova da qualidade de accionista, realizada numa data específica anterior à respectiva realização[6].

Foi tomada assim uma opção pelo legislador comunitário, quanto aos mecanismos para determinar a qualidade de accionista, com vista à participação na assembleia geral: proíbe-se o bloqueio de acções ou métodos análogos de determinação da referida qualidade e adopta-se o sistema da data do registo (*record date*) para o mesmo efeito. Poderá participar na assembleia geral quem, em data específica anterior, tiver feito prova da sua qualidade.

---

[3] Sobre estas Recomendações, por todos, PAULO CÂMARA, *Códigos de Governo das Sociedades*, Cadernos do Mercado de Valores Mobiliários, 15, 2002, 74 e ss.. Do mesmo autor, *O Governo das Sociedades em Portugal: uma Introdução*, Cadernos do Mercado de Valores Mobiliários, 12, 2001, 50-51.

[4] JOCE N.º L-184, 14-Jul.-2007, 17-24. Recorde-se o âmbito de aplicação da Directriz, delimitado no artigo 1.º/1: *A presente directiva estabelece os requisitos do exercício de certos direitos dos accionistas associados a acções com direito de voto nas assembleias-gerais das sociedades que têm sede social num Estado-Membro e cujas acções estão admitidas à negociação num mercado regulamentado situado ou em funcionamento num Estado-Membro.*

[5] Artigo 7.º/1, alínea a): *Os Estados-Membros devem garantir que os direitos dos accionistas de participarem nas assembleias-gerais e votarem em relação a quaisquer das acções de que sejam titulares não sejam sujeitos a qualquer condição de depósito, transferência ou registo das acções a favor de outra pessoa singular ou colectiva antes da assembleia-geral.*

[6] Artigo 7.º/2, 1.º parágrafo: *Os Estados-Membros devem prever que os direitos dos accionistas de participarem e votarem em assembleias-gerais em relação às suas acções sejam determinados em relação às acções de que são titulares numa data específica anterior à assembleia-geral («data de registo»).* Os Estados-Membros estavam dispensados de aplicar esta regra às sociedades que pudessem identificar os nomes e endereços dos accionistas a partir de um registo actualizado (artigo 7.º/2, 2.º parágrafo).

14   A regra geral constante do artigo 7.º/1, alínea a), DDA – proibição de bloqueio – é depois complementada por uma norma acessória, destinava a evitar que se chegue a resultados semelhantes através de restrições à alienação: ficam proibidas as restrições à transmissão de acções que se apliquem apenas ao período compreendido entre a prova da qualidade de accionista e a realização da assembleia geral (artigo 7.º/1, alínea b, DDA)[7].

15   Por seu lado, o artigo 7.º/3, DDA baliza temporalmente a prova da qualidade de accionista (a "data de registo"): (a) a data de registo deve ser igual para todas as sociedades, podendo no entanto ser estabelecidas regras diferentes para sociedades com acções nominativas e sociedades com acções ao portador; (b) a antecedência máxima da data de registo em relação à assembleia geral é de 30 dias; (c) devem decorrer 8 dias entre a última data da convocação e a data do registo; (d) em segunda convocatória, podem decorrer apenas 6 dias entre a última data da convocação e a data do registo.

16   Deve sublinhar-se, depois desta breve descrição, o carácter instrumental do sistema da data de registo. Pretende-se através dele conciliar, na maior medida do possível, os seguintes objectivos: (a) determinar com segurança a qualidade de accionista em sociedades com capital disperso por um conjunto indeterminado de investidores; (b) através de regras harmonizadas a nível europeu, que confiram segurança jurídica nos investimentos transfronteiriços; (c) preservando a transmissibilidade das participações.

17   Não é demais sublinhar este carácter *instrumental*, já que o sistema da data de registo não é uma inevitabilidade, nem um fim em si: a data de registo como forma de determinar a qualidade de accionista para fins de participação na assembleia geral não é obrigatória para as *sociedades que possam identificar os nomes e endereços dos seus accionistas a partir do registo actualizado de accionistas no dia da assembleia geral* (artigo 7.º/2, 2.º parágrafo).

18   **4. Fontes Nacionais.** A transposição da DDA para o ordenamento nacional foi feita através do Decreto-Lei n.º 49/2010, de 19 de Maio[8]. No que à Recomendação em apreço se refere, releva sobretudo o artigo 23.º-C, CVM, aditado pelo artigo 4.º do Decreto-Lei de transposição.

19   O artigo 23.º-C, CVM enuncia, no n.º 1, a regra da data de registo: o direito de participar na assembleia geral é reconhecido a quem *na data de registo, correspondente às 0 horas (GMT) do 5.º dia de negociação anterior ao da realização da assembleia, for titular de acções que lhe confiram, segundo a lei e o contrato de sociedade, pelo menos um voto*. O n.º 2 do mesmo artigo esclarece que a participação não depende do bloqueio das acções e que não é prejudicada pela transmissão das mesmas após o registo.

20   Os n.ºs 3 e 4 regulam o processo de registo: o accionista declara, por escrito, ao presidente da mesa e ao intermediário financeiro da conta de registo a sua intenção de participar na assembleia, até ao 6.º dia anterior à respectiva realização; o intermediário financeiro envia ao presidente da mesa informação *sobre o número de acções registadas em nome do seu cliente, com referência*

---

[7] Artigo 7.º/1, alínea b): *Os Estados-Membros devem garantir que os direitos dos accionistas de venderem ou transferirem as respectivas acções durante o período compreendido entre a data do registo, na acepção do n.º 2, e a assembleia-geral a que aquela se aplica não sejam sujeitos a nenhuma restrição a que não estejam sujeitos noutra altura.*

[8] Precedido pelo Processo de Consulta Pública n.º 10/2008, através do qual foi divulgado um ante-projecto de transposição da directiva dos direitos dos accionistas e de alterações ao Código das Sociedades Comerciais pela CMVM, em articulação com o Ministério das Finanças e da Administração Pública e com o Ministério da Justiça (disponível no sítio da CMVM: www.cmvm.pt). Uma apreciação crítica desta proposta de transposição pode ser consultada em ANTÓNIO MENEZES CORDEIRO, *A directriz 2007/36, de 11 de Julho (accionistas de sociedades cotadas): comentários à proposta de transposição*, ROA, 2008, 503-554.

à *data de registo*, até ao fim do 5.º dia anterior à assembleia. Ambos podem utilizar, para o efeito, o correio electrónico. Sobre possíveis discrepâncias entre estas duas declarações incide já uma Recomendação da CMVM de Fevereiro de 2011[9].

A compatibilidade entre os n.ºs 3 e 4 do artigo 23.º-C, CVM e o artigo 7.º/4, DDA não é clara, uma vez que este último estabelece que *a prova da qualidade de accionista só pode ser sujeita aos requisitos necessários para assegurar a identificação dos accionistas e apenas na medida em que esses requisitos sejam proporcionais para atingir esse objectivo*.

II – Participação na assembleia e prova da qualidade de accionista.

5. **Necessidade de determinação da qualidade de accionista**. Nos termos do artigo 21.º/1, alínea b), CSC, todos os sócios têm direito *a participar nas deliberações de sócios, sem prejuízo das restrições previstas na lei*. Este direito a participar implica, obviamente, o direito de votar. Configuram *restrições previstas na lei*, para este efeito, entre outras, os casos de impedimento de voto (artigo 251.º, CSC, para as sociedades por quotas, artigo 384.º/6, CSC, para as anónimas) ou das acções preferenciais sem voto (artigos 341.º e ss. e 379.º/2, CSC). Noutros casos, o direito de voto vai ser exercido, mas por outrem que não o sócio: a título de exemplo, os casos previstos quanto ao usufruto de participações sociais (artigo 1467.º/1, alínea b), CC, por força do artigo 23.º/2, CSC).

Ressalvadas estas excepções, porém, a regra é clara: o direito de participar nas deliberações sociais e, mais concretamente, o direito de votar é inerente ao estado de sócio, e deve ser exercido, regra geral, pelo sócio.

Torna-se assim necessária a determinação da qualidade de sócio para aferir a legitimidade na participação em deliberações sociais. Nas sociedades abertas, estando as participações dispersas, esta determinação levanta problemas adicionais, sobretudo no plano da exequibilidade das soluções. Como acima foi referido, a discussão sobre os métodos a empregar para a prova da qualidade de accionista têm tido como pano de fundo o combate ao absentismo e à passividade dos sócios nas sociedades emitentes de acções admitidas à negociação em mercado regulamentado. Pelos textos normativos já citados, subjacente às soluções dos legisladores comunitário e nacional estava a seguinte questão, que se apresenta em termos simplificados: como conseguir, na maior medida possível, determinar a qualidade de accionista para efeitos de participação na assembleia geral, sem limitar a transmissibilidade das participações, e sem contribuir para o absentismo dos accionistas, visto como prejudicial ao governo das sociedades.

6. **Bloqueio de acções e bom governo societário**. Durante algum tempo, o bloqueio de acções foi visto como um método aceitável para a determinação da qualidade de accionista nas sociedades abertas. Durante o período do bloqueio, o accionista não podia transaccionar as participações, pelo que não haveria, em princípio, dúvidas quanto à manutenção da qualidade de accionista na data em que participasse na assembleia geral[10].

---

[9] Disponível em http://www.cmvm.pt/CMVM/Recomendacao/Recomendacoes/Pages/default.aspx: *Sempre que existam as duas declarações, deve ter-se presente a função jurídica específica de cada uma delas: a declaração do accionista serve para exteriorizar a sua intenção de exercer o direito de participação na assembleia geral, a declaração do intermediário financeiro informa o Presidente da Mesa da assembleia geral da exacta extensão da participação social do accionista. Assim sendo, e como princípio genérico, em caso de divergência entre as duas declarações no que respeita ao número de acções detidas pelo accionista, deve este ser admitido a participar e votar, mas com o número de acções indicado na declaração do intermediário financeiro. Esta declaração deve abranger a totalidade das acções detidas pelo cliente, ainda que repartidas por diversas contas.*

[10] Assinalando a possibilidade de, ainda assim, num sistema de bloqueio se verificarem discrepâncias entre a titularidade substantiva e a titularidade registada, PAULA COSTA E SILVA, "O Conceito de Accionista e o Sistema de Record Date" – Direito dos Valores Mobiliários, Vol. VIII, Coimbra: Coimbra Editora, 2008, 450-453.

26   Porém, gradualmente, o bloqueio de acções com vista à participação na assembleia geral começou a ser assinalado como um motivo, entre outros, para o absentismo nas assembleias das sociedades abertas, em especial por parte de sócios estrangeiros e, mais genericamente, como um obstáculo ao exercício dos direitos dos accionistas[11]. Com efeito, perante a impossibilidade de transaccionar as acções, que decorria do bloqueio, os investidores institucionais, em especial os estrangeiros, prefeririam salvaguardar a alienabilidade dos títulos a todo o tempo (e em especial no período que antecedia a assembleia geral), em detrimento da participação nas deliberações[12].

27   Assim, num quadro de crescente pressão a nível comunitário, para o favorecimento da participação dos sócios nas deliberações sociais, o bloqueio de acções começou a ser desaconselhado como forma de determinação da qualidade de accionista: num primeiro momento, no relatório *Cross-Border Voting in Europe*, de 2002, encomendado pelo Ministério da Justiça holandês e depois nas consultas públicas prévias à Directriz dos direitos dos accionistas[13]. Como resultado natural, na exposição de motivos que acompanhava a proposta de Directriz[14], *o requisito de manter cativas as acções antes de uma assembleia geral* era identificado como o principal obstáculo *à votação transfronteiras dos accionistas*.

28   Nesta linha, a DDA, como acima referido, veio proibir o bloqueio como forma de determinação da qualidade dos accionistas, e estabelecer o sistema da data de registo.

29   **7. Fundamentação das alterações introduzidas.** Como resulta dos textos citados, o sistema agora imposto pelo legislador comunitário vem tentar resolver um problema: o da existência de obstáculos, de natureza jurídica, à participação dos accionistas nas decisões das sociedades cotadas. Não parece possível contestar este objectivo, pelos motivos invocados na DDA[15]: *os accionistas com direitos de voto deverão poder exercer esses direitos, dado que são reflectivos no preço pago*

---

[11] Expressiva, a este propósito, a inclusão das regras sobre bloqueio de acções no índice de direitos *anti-director* utilizado por RAFAEL LA PORTA/FLORENCIO LOPEZ-DE-SILANES/ANDREI SHLEIFER/ROBERT VISHNY, *Law and Finance*, Journal of Political Economy, 6, 2008, 1113-1155. Neste índice, e quanto a este aspecto, eram valorizados os ordenamentos jurídicos que proibiam o bloqueio das acções como forma de determinação da qualidade de accionistas para efeitos de participação na assembleia geral.

[12] *Cross-Border Voting in Europe*, 2002, 42 (http://www.jura.uni-duesseldorf.de/dozenten/noack/texte/normen/amsterdam/final.pdf): *Generally speaking, investors – especially institutional investors – consider blocking requirements to be burdensome and constraining, because they lose the possibility to sell their shares during the period the shares are blocked. Blocking requirements of this kind have been identified by respondents to our Consultative Document as a major impediment to effective cross-border voting by investors.* Nessa medida, o relatório desaconselhava o sistema do bloqueio: *The Group does feel however that the requirement of share blocking as a condition to participation in the vote is an overly restrictive and disproportionate condition for investors that seriously reduces their ability to participate in the vote effectively. Share blocking requirements constitute a major impediment to effective cross-border voting by investors.* Este relatório, elaborado sob a presidência do Prof. Jaap Winter a pedido do Ministério da Justiça Holandês, é assinalado entre nós como *o primeiro grande impulso ao abandono do sistema de bloqueio*, JOÃO SOUSA GIÃO, *Notas sobre o Anunciado Fim do Bloqueio de Acções como Requisito do Exercício do Direito de Voto em Sociedades Cotadas*, Cadernos do Mercado de Valores Mobiliários, 21, 2005, aliás essencial em toda esta matéria.

[13] MARKT/16.09.2004, *Fostering an appropriate regime for shareholders' rights*, 3: *It is increasingly recognized that share blocking as a condition to participate in a vote at the GM are considered overly restrictive and reduces the ability of shareholders to participate in the vote effectively. The Commission's services are considering whether the forthcoming proposal should prevent such requirements and whether an alternative system such as a record date system should be set at EU level.*

[14] COM (2005) 685 final, 5-Mai.-2006.

[15] Indícios consideráveis da existência de obstáculos foram identificados por DIRK ZETZSCHE, *Shareholder Passivity, Cross-Border Voting and the Shareholder Rights Directive*, Journal of Corporate Law Studies, 8 (2), 2008, 290-295, quando demonstrou que a participação accionista nas deliberações diminuía em proporção do aumento de accionistas estrangeiros. Em síntese, ob. cit., 295: *While there is no empirical evidence, the data presented above suggests that the bulk of the passive shareholders constitute foreign investors and, if so, their passivity can be attributed to problems with cross-border voting in Europe.*

pela aquisição das acções (Considerando 3). Assim, perante dois sistemas de determinação da qualidade de accionista, deve preferir-se aquele que não retira ao titular das participações a possibilidade de as alienar.

Em paralelo a esta fundamentação, tem vindo a invocar-se no discurso académico e nos trabalhos preparatórios da legislação comunitária uma pretensa *insuficiência* da participação dos accionistas nas deliberações sociais. Como exemplo mais recente desta linha, cita-se o *Green Paper: The EU Corporate Governance Framework*[16]: *The June 2010 Green Paper found that a lack of appropriate shareholder interest in holding financial institutions' management accountable contributed to poor management accountability and may have facilitated excessive risk taking in financial institutions*. A fundamentação deste enunciado, relativo à *insuficiência* da participação dos accionistas, é no entanto mais problemática e deve ser discutida, ainda que brevemente e de forma simplificada[17].

A atribuição do direito de voto aos accionistas, em detrimento de outros interessados na sociedade (credores, trabalhadores, etc.)[18], reúne modernamente um consenso alargado. Identifica-se na esfera dos accionistas a pretensão residual aos activos da sociedade e, nessa medida, apesar dos problemas de acção colectiva, reconhece-se-lhes, numa situação de solvência da sociedade, os melhores incentivos para deliberar sobre o seu destino[19].

O consenso parece ir mais longe, reconhecendo-se que, em geral, a disponibilidade do direito de voto traz eficiência do ponto de vista económico, entre outros motivos, porque facilita as tomadas de controlo e o consequente aumento do preço das acções[20]. E também pelo argumento empírico: se o voto, como sugeria BERLE[21] fosse praticamente inútil ter-se-ia assistido a uma vantagem relativa de empresas que o eliminassem, o que não aconteceu.

A partir deste ponto, no entanto, o consenso académico parece desaparecer: afirmar que devem ser os accionistas a votar (e não, por exemplo, os credores) e sustentar, de um modo geral, que a disponibilidade de direitos de voto numa sociedade é benéfica em termos de eficiência económica não determina, necessariamente, que qualquer nível de absentismo accionista, historicamente identificado, corresponda a uma situação ineficiente[22].

Assinale-se, a este propósito que, nas últimas décadas, vozes importantes do outro lado do Atlântico têm vindo a assinalar as lacunas nos argumentos em favor de uma maior *democracia*

---

[16] COM (2011) 164, 10.

[17] Basta citar de novo o *Green Paper* para verificar que, por um lado, o envolvimento dos accionistas é tido como insuficiente, e por outro, segundo os Autores do mesmo documento, os accionistas, quando se envolveram, aproveitaram a limitação da responsabilidade para apoiarem uma tomada de risco excessiva, alavancada com financiamento de terceiros. Parece que, ao mesmo tempo, os accionistas se envolvem *de mais* e *de menos*.

[18] Não se afaste a discussão como ridícula, pois basta pensar num cenário de insolvência, durante o qual ainda existe sociedade, para confirmar que o direito de deliberar sobre o respectivo destino é atribuído aos credores, em detrimento dos accionistas

[19] Por todos, como exemplo de uma fundamentação de base económica para a atribuição dos direitos de voto aos accionistas, FRANK H. EASTERBROOK e DANIEL R. FISCHEL, *Voting in Corporate Law*, Journal of Law & Economics, 26, 1983, 403: *The reason, we believe, is that shareholders are the residual claimants to the firm's income. Bondholders have fixed claims, and employees generally negotiate compensation schedules in advance of performance. The gains and losses from abnormally good or bad performance are the lot of the shareholders, whose claims stand last in time. As the residual claimants, the shareholders are the group with the appropriate incentives (collective choice problems to one side) to make discretionary decisions*. Na genealogia da DDA, este argumento é quase integralmente reproduzido: *In a proper system of corporate governance, shareholders should have effective means to actively exercise influence over the company. (...) shareholders are the residual claimholders (...) and they are entitled to reap the benefits if the company prospers and are the first to suffer if it does not* [Relatório Winter, 48].

[20] Ibidem, 406-408.

[21] ADOLF A. BERLE, *Modern Functions of the Corporate System*, Columbia Law Review, 1962, 444-445.

[22] Esta parece ser, no entanto, a linha de raciocínio subjacente a alguns estudos utilizados pelo legislador comunitário: *From the viewpoint of a single shareholder, it may frequently seem appropriate to sell his shares if he is dissatisfied with – or lacks confidence in – incumbent management, rather than try to change things within the company. However, this "rational apathy" may prove very disadvantageous if adopted as a general attitude among shareholders* [Relatório Winter, 48]

accionista. Por um lado, sublinha-se a falta de demonstração de que o fraco envolvimento dos accionistas configure um problema; por outro, contesta-se que as desvantagens decorrentes desse problema, a existir, fossem eliminadas pelas vantagens da satisfação da pretensa procura pelos accionistas de participação nas decisões das sociedades cujas acções detêm

35   Quanto à existência de um problema na fraca participação dos accionistas, tem vindo a ser assinalado que estes últimos não se envolvem nas decisões da sociedade voluntária e racionalmente, porque enfrentam problemas de acção colectiva[23]: como os benefícios de uma decisão adequada são divididos por todos os accionistas na proporção da participação no capital, só os accionistas com participações relevantes têm incentivos para investir tempo e dinheiro na análise das questões sujeitas a deliberação. Por outro lado, uma vez tomada uma decisão adequada, os benefícios são percebidos por todos os accionistas, independentemente de terem votado: um accionista que preveja como provável um investimento dos restantes accionistas na análise dos assuntos submetidos a discussão não tem incentivos a, individualmente, desenvolver esforços análogos.

36   Além disso, pode dar-se o caso de os accionistas confiarem numa maior eficiência da gestão profissional da sociedade, quando comparada com aquela que poderiam directamente aportar[24], sendo-lhes possível, em paralelo, diversificar os investimentos[25]. Acresce que estes accionistas (pretensamente carentes de mais protecção) podem perfeitamente ver na alienação das participações uma forma mais eficaz de reagir a problemas que detectem[26].

37   Por outro, sempre teriam de ser consideradas as desvantagens da introdução das soluções pretensamente promotoras do envolvimento dos accionistas.

38   Estes argumentos – que têm como pano de fundo um mercado de capitais caracterizado pela dispersão accionista – não podem ser transpostos, acriticamente, para o plano europeu, onde (ainda) prevalece a concentração. Tendo em conta esta concentração, têm sido assinaladas, entre nós, as perdas de eficiência correspondentes aos casos de *extracção de benefícios privados pelo*

---

[23] EASTERBROOK e FISCHEL, *Voting in Corporate Law*, 401-403; JONATHAN J. KATZ, *Barbarians at the ballot box: the use of hedging to acquire low cost corporate influence and its effect on shareholder apathy*, Cardozo Law Review, 38 (3), 1490-1492. Em sentido parcialmente oposto, assinalando que alguns accionistas, em especial os investidores institucionais, já suportam os custos de informação *enquanto investidores profissionais*, e por isso não enfrentam custos adicionais para recolher a informação necessária a determinar o sentido de voto, devendo a explicação para a sua passividade ser procurada nos custos do próprio processo de decisão (ex. bloqueio, diferenças nos regimes societários aplicáveis, diferentes idiomas, etc.), DIRK ZETZSCHE, *Shareholder Passivity, Cross-Border Voting and the Shareholder Rights Directive*, 296. Segundo este autor, os esforços do legislador deveriam incidir na diminuição dos custos associados à participação (custos de informação, decisão e voto), para que se chegasse a uma situação em que os benefícios de votar excedessem claramente os respectivos custos, ob. cit., 308-315.

[24] DANIEL R. FISCHEL, *The Corporate Governance Movement*, Vanderbilt Law Review, 35, 1982, 1276: *The fundamental error of the proponents of shareholder democracy is their failure to recognize that no reason exists why investors, who provide the firm with capital in anticipation of receiving a certain rate of return generated by the firm's assets, should have any input into the firm's decisionmaking processes. On the contrary, investors are willing to supply capital, as opposed to starting and operating the enterprise themselves, precisely because they trust the expertise of professional managers.*

[25] Ibidem, 1276: *Moreover, the rational (risk-averse) shareholder may attempt to diversify in many firms or in a mutual fund. The investors who holds securities in multiple forms is unlikely to have the interest or expertise to participate in running any particular firm.*

[26] Ibidem, 1277: *Other reasons also explain why one may not realistically expect shareholders to participate willingly in corporate governance. Even if a shareholder discovers something "wrong" with the way the corporation is managed, he has little incentive to resort to the corporate voting machinery for redress. To have any chance of success, such an attempt would entail the expenditure of time, effort, and money to educate other shareholders of the discovery (...). But the shareholder-monitor would have great difficulty in recouping these costs because the benefits from improved performance inure to each investor according to the size of his investment, not according to whether he was responsible for the improvement. (...) If a shareholder is dissatisfied the more logical course in most cases is simply to sell one's shares.*

sócio controlador, i.e., na obtenção de vantagens que não são partilhadas com os demais sócios na proporção das suas participações sociais[27]. Perante este clássico problema de agência, não seria difícil retirar conclusões em matéria de participação dos accionistas: se a concentração accionista gera o risco de extracção de benefícios privados, o absentismo accionista facilita essa mesma extracção, já que os sócios minoritários abdicam de exercer qualquer função fiscalizadora.

Mas mesmo que se aceitasse, em tese, este argumento, a verdade é que, no plano empírico, a divergência de resultados não pode ser desconsiderada, ainda que se tome em conta a diferença de contextos (americano e europeu). Com efeito, não parece ser ainda possível afirmar peremptoriamente que esteja demonstrado no plano empírico uma correlação positiva entre performance das sociedades e dispersão accionista[28].

Em conclusão: pode afirmar-se actualmente a existência de um consenso sobre a utilidade, no plano geral, da atribuição do direito de voto aos accionistas, pelo que se aceita que obstáculos ao exercício desse direito devam ser eliminados. De outro modo o accionista teria pago por um direito que não pode, ou lhe é difícil exercer. Porém, não está cabalmente demonstrada a existência de uma insuficiência da participação dos accionistas na Europa dos dias de hoje, nem a eficiência de soluções que visem promover a sua participação.

8. Sistema da data de registo. A apreciação dos fundamentos da DDA visou um melhor enquadramento para a análise que se segue, relativa às soluções adoptadas pelo legislador português.

A este propósito, deve ter-se em conta que a directriz suprimiu o sistema do bloqueio porque, na perspectiva do legislador comunitário, existia um outro – o da data de registo –, que possibilitava a determinação da qualidade de accionista sem os custos da intransmissibilidade das participações. Parece então poder afirmar-se que a supressão foi feita em homenagem ao accionista que realizou um esforço económico – correspondente ao preço das participações – para adquirir, entre outros, o direito ao voto. E que tem um carácter instrumental: o sistema pode deixar de ser aplicado, quando seja viável a determinação directa da qualidade de accionista (cfr. artigo 7.º/2, 2.º parágrafo, DDA).

É a esta luz que deve ser colocada a questão central, decorrente da transposição da directriz: quem pode participar na assembleia e votar, quando as acções tenham sido transmitidas entre a data de registo e a data da assembleia geral? Sublinhe-se que a DDA não fornece uma resposta (o que, por si só, é relevante para a análise).

Três soluções são, em tese geral, possíveis: (a) o accionista alienante pode participar na assembleia, mas deve comunicar ao presidente da mesa a transmissão, e fica eventualmente obrigado a deveres de lealdade, protecção e informação perante o adquirente; (b) o accionista alienante não pode participar na assembleia, já que esse direito pertence ao accionista adquirente; (c) o accionista alienante não pode participar na assembleia, porque já não é accionista,

---

[27] JOSÉ FERREIRA GOMES, "Conflitos de interesses entre accionistas nos negócios celebrados entre a sociedade anónima e o seu accionista controlador", in CÂMARA (ed) – *Conflito de Interesses no Direito Societário e Financeiro*, Coimbra: Almedina, 2009, 81.

[28] Por todos, como exemplo de um estudo empírico europeu, onde é demonstrada a existência de uma correlação negativa entre concentração accionista e performance das sociedades em dois dos cinco países em análise (Espanha e Alemanha), THOMAS KIRCHMAIER e JEREMY GRANT, *Corporate Ownership Structure and Performance in Europe*, CEP Discussion Paper, 631, 2006 (http://papers.ssrn.com/sol3/papers.cfm?abstract_id=616201). No pólo oposto, serve de exemplo para um estudo empírico que demonstra a inexistência de qualquer relação, HAROLD DEMSETZ e BELÉN VILLALONGA, *Ownership structure and corporate performance*, Journal of Corporate Finance, 7 (3), 2001.

e tampouco o pode o adquirente, porque não era accionista na data de registo e porque razões de praticabilidade o impedem.

45   No primeiro sentido – é o accionista alienante que pode votar -, depõe, no plano normativo nacional, o artigo 23.º-C/2, CVM, quando estabelece que *o exercício dos direitos referidos no número anterior* [direito de participar na assembleia geral] *não é prejudicado pela transmissão das acções em momento posterior à data do registo*. Da letra da lei pareceria possível concluir que alguém que fosse accionista nessa data poderia participar na assembleia, *ainda que alienasse depois as participações*, uma vez que o referido direito não era *prejudicado* pela transmissão. Na doutrina portuguesa que se pronunciou após a entrada em vigor do Decreto-Lei n.º 47/2010, António Pereira de Almeida defende esta posição[29].

46   Porém, admitir a participação do accionista alienante não é uma decorrência necessária do sistema da *record date*[30]. No plano dos princípios, recorde-se, o sistema é *instrumental*, e visa determinar, com os menores custos possíveis, a qualidade de *accionista*, que o alienante perdeu. Assim sendo, segundo a lógica interna deste sistema, só faria sentido admitir o alienante, que já não é accionista, se não fosse possível determinar a sua exclusão da assembleia, por motivos de ordem prática[31]. Ora no plano prático será possível recusar a participação do accionista alienante, desde que seja possível determinar, com segurança, quais os accionistas que, sendo titulares de participações na data de registo, tenham entretanto alienado as suas acções.

47   É que, sublinhe-se, não existe no plano dos princípios qualquer argumento jurídico ou económico para admitir o accionista alienante a participar na assembleia geral. Como acima se explicou, é discutida a fundamentação de uma pretensa insuficiência do nível actual de participação *dos accionistas*. Seria necessária uma *euforia democrática* para sustentar que essa pretensa insuficiência deve ser colmatada... *com ex-accionistas*!

48   Ainda no plano económico, poderia dizer-se que a possibilidade de alienar *e* participar mesmo assim na assembleia era representada pelo accionista alienante como acrescentando valor à acção. Mas, cruzando com o plano dogmático, este argumento carece de valor, porque não parece justificada a pretensão de alguém que deixou de ser sócio e quer, ainda, exercer os direitos inerentes àquele estado. Além do mais, e regressando ao plano económico, esta possibilidade – a de alguém que não é accionista votar –, é mesmo desaconselhada, se atendermos à desconfiança gerada actualmente pelos vários fenómenos de *empty voting*, e em especial a alguns

---

[29] António Pereira de Almeida, *Sociedades Comerciais, Valores Mobiliários e Mercados*, 6.ª ed., Coimbra, Coimbra Editora (2011), 576-577. Antes da DDA e, consequentemente, do Decreto-Lei n.º 49/2010, era admitido na doutrina portuguesa que o sistema da data de registo pudesse ter como efeito a participação na assembleia por alguém que já não era titular substancial da participação. Por todos, Paula Costa e Silva, "*O Conceito de Accionista e o Sistema de Record Date*", 455: *A esta interrogação responde o sistema de record date no sentido de ser admitido a exercer o direito de voto aquele que era accionista no momento considerado relevante, não sendo tomadas em conta alterações subsequentes, apesar de reflectidas no registo. Quer isto dizer que o sistema admite expressamente que quem exerce o direito de voto não seja o detentor da participação social, na qual se integra a situação jurídica em exercício, mas aquele que foi dela titular*.

[30] João Sousa Gião, *Notas sobre o Anunciado Fim do Bloqueio de Acções*, 53, dava como exemplo um sistema em que a dilação temporal entre o negócio transmissivo e a respectiva eficácia coincidisse com a dilação temporal correspondente à data de registo.

[31] Com efeito, só um motivo de ordem prática poderia fundamentar a participação de alguém que não é accionista. Na Alemanha, onde o alienante não está obrigado a comunicar a perda da qualidade de accionista, prevalece a presunção decorrente do registo nas relações accionista/sociedade. Mas nas relações alienante/adquirente, tem-se entendido que o primeiro não deve participar, a menos que tenha sido expressamente autorizado pelo adquirente (o que se afigura difícil, nas acções transaccionadas em mercados regulamentados). Por todos, Hildegard Ziemons, § 123, 1683-1684, em Karsten Schmidt e Marcus Lutter, *Aktiengesetz Kommentar*, Vol. I, 2.ª ed., Köln, Otto Schmidt (2010), Se existisse uma outra razão, que não prática, para admitir a participação do alienante, seguramente não se afirmaria a obrigação de conteúdo negativo (não participar), de que é credor o adquirente.

casos de *captura de voto* (venda após a data de registo seguida de participação na assembleia) descritos na doutrina, que indiciam que esta possibilidade é facilmente utilizada contra os interesses da sociedade e dos restantes accionistas[32-33]. Por último, a DDA serve precisamente o interesse inverso: o do exercício do direito de voto pelo accionista que fez um esforço económico para adquirir a participação (e, *ça va sans dire*, que ainda não desinvestiu).

O único argumento favorável à participação do accionista alienante na assembleia é o da própria letra do artigo 23.º-C/2, de difícil harmonização com o n.º 7 do mesmo artigo, quando manda o alienante informar o presidente da mesa e a CMVM da alienação.

Em conclusão, a participação do accionista alienante na assembleia não é imposta pela DDA, antes pelo contrário, parece ser afastada pelo carácter instrumental do sistema da data de registo. No plano dos princípios, jurídicos e económicos, esta participação não só carece de fundamento, como é desaconselhada.

Contudo, nas sociedades com capital disperso em mercados regulamentados, poderia ainda assim insistir-se numa solução deste tipo, por questões de *praticabilidade*. O legislador português não terá considerado relevante esta pretensa dificuldade, já que obriga os accionistas que tenham declarado a intenção de participar em determinada assembleia a informar o presidente da mesa, caso hajam transmitido entretanto as respectivas acções, nos termos do artigo 23.º-C/7, CVM. Por tudo o que acima ficou dito, subscreve-se a questão colocada por MENEZES CORDEIRO, quanto a esta última norma: *quem, tendo declarado a intenção de participar, transmita a titularidade das acções entre a data de registo e o fim da assembleia, deve comunicá-lo imediatamente ao presidente da mesa e à CMVM (...); para quê? Obviamente: para que não mais possa participar, uma vez que já não é titular das acções*[34]. Com efeito, seria duvidosa a utilidade de uma comunicação de alienação, quando da mesma não fossem retirados quaisquer efeitos jurídicos.

Pelo que fica dito, não devem ser admitidos a participar nas assembleias gerais das sociedades emitentes de acções admitidas à negociação em mercado regulamentado os accionistas que, detendo acções na data de registo, tenham entretanto alienado as suas participações. Perante a impossibilidade de harmonizar o conteúdo dos n.os 2 e 7 do artigo 23.º-C, CVM, deve dar-se preferência à interpretação conforme à directriz, aos princípios do direito societário português, e aos fundamentos económicos subjacentes.

Não obstante, atendendo às dúvidas colocadas, e ao custo decorrente da insegurança jurídica neste campo, o novo texto que substitua a Recomendação em apreço deve clarificar a questão.

Mesmo que se conclua que o accionista alienante não pode participar, fica ainda por responder a segunda parte da questão, acima colocada: pode o accionista adquirente participar? Perante os textos comunitário e nacional, a resposta parece ser negativa, decorrendo dos termos combinados do artigo 7.º/2, DDA e artigo 23.º-C/1, CVM.

---

[32] Por todos, para uma descrição de casos de utilização abusiva do sistema da data de registo (*Empty voting through record date capture*), HENRY T. HU e BERNARD S. BLACK, *The New Vote Buying: Empty Voting and Hidden (Morphable) Ownership*, Southern California Law Review, 79, 2006, 832 e ss..

[33] Com interesse para esta discussão, também a análise da utilização de mecanismos de *hedging* para adquirir influência numa sociedade, desligada da assunção de qualquer risco económico: JONATHAN KATZ, *Barbarians at the ballot box* em especial 1497-1505.

[34] ANTÓNIO MENEZES CORDEIRO, *Novas regras sobre assembleias gerais: a reforma de 2010*, RDS, II (1/2), 2010, 30.

1.3. VOTO E EXERCÍCIO DO DIREITO DE VOTO

I.3.1. As sociedades não devem prever qualquer restrição estatutária ao voto por correspondência e, quando adoptado e admissível, ao voto por correspondência electrónico.

I.3.2. O prazo estatutário de antecedência para a recepção da declaração de voto emitida por correspondência não deve ser superior a três dias úteis.

I.3.3. As sociedades devem assegurar a proporcionalidade entre os direitos de voto e a participação accionista, preferencialmente através de previsão estatutária que faça corresponder um voto a cada acção. Não cumprem a proporcionalidade as sociedades que, designadamente:

i) tenham acções que não confiram o direito de voto;
ii) estabeleçam que não sejam contados direitos de voto acima de certo número, quando emitidos por um só accionista ou por accionistas com ele relacionados.

Bibliografia: ADAMS, Renée/FERREIRA, Daniel, "One Share, One Vote: The Empirical Evidence", Review of Finance, 12, 2008, p. 51 ss.; ALMEIDA, Carlos Ferreira de, "Registo de Valores Mobiliários", *Direito dos Valores Mobiliários*, vol. VI, Coimbra Editora, Coimbra, 2006, p. 51 ss.; ALVES, Carlos Francisco/CUNHA, Jorge Arriaga da/MONTEIRO, Manual Alves/SILVA, Artur Santos, *Livro Branco sobre Corporate Governance em Portugal*, Instituto Português de Corporate Governance, 2006; CÂMARA, Paulo, "The end of the "Golden" Age of Privatisations" – The recente ECJ decisions on Golden-shares", *European Business Organization Law Review*, n.º 3, 2002, p. 503 ss.; COELHO, Eduardo Lucas, *Direito ao voto dos accionistas nas assembleias gerais das sociedades anónimas*, Lisboa, Rei dos Livros, 1987; CORDEIRO, António Menezes, Anotação ao artigo 384.º CSC, *Código das Sociedades Comerciais Anotado*, CORDEIRO (ed.), 2.ª ed., Coimbra, Almedina, 2011; Novas regras sobre assembleias gerais: a reforma de 2010, Revista de Direito das Sociedades, 2010, 1/2, p. 11 ss. *SA: Assembleia Geral e Deliberações Sociais*, Coimbra, Almedina, 2006; CUNHA, Paulo Olavo, *Direito das Sociedades Comerciais*, 4.ª ed., Coimbra, Almedina, 2010; DAVIES, Paul L., *Gower & Davies' Principles of Modern Company Law*, London, Sweet & Maxwell, 2003; EASTERBROOK, Frank H./FISCHEL, Daniel R., *The Economic Structure Corporate Law*, Cambridge, Harvard University Press, 1991; Voting in Corporate Law, J.L. & ECON., n.º 26, 1983, p. 395 ss.; ENRIQUES, Luca/HANSMANN, Henry /KRAAKMAN, Reinier, "The Basic Governance Structure: The Interests of Shareholders as a Class", The Anatomy of Corporate Law. A comparative and Functional Approach, 2.ª ed., Oxford, Oxford University Press, p. 55 ss.; EUROPEAN CORPORATE GOVERNANCE FORUM, *Statement of the European Corporate Governance Forum on Proportionality*, Agosto 2007, disponível em http://ec.europa.eu/internal_market/company/docs/ecgforum/statement_proportionality_en.pdf; *Paper of the European Corporate Governance Forum – Working Group on Proportionality*, Junho 2007, disponível em http://ec.europa.eu/internal_market/

company/docs/ecgforum/workinggroup_proportionality_en.pdf; Ferrarini, Guido, *One Share – One Vote – A European Rule?*, ECGI, working paper n.º 58/2006; Furtado, Jorge Pinto, *Deliberações dos Sócios*, Coimbra, Almedina, 1993; Guiné, Orlando Vogler, *Da Conduta (Defensiva) da Administração "Opada"*, Coimbra, Almedina, 2009; High Level Group oc Company Law Experts 2002, A Modern Regulatory Framework for Company Law in Europe, disponível em http://ec.europa.eu/internal_market/company/docs/modern/report_en.pdf; ISS/Shearman&Sterling/ECGI, *Report on the Proportionality Principle in the European Union*, 2007, disponível em http://ec.europa.eu/internal_market/company/docs/shareholders/study/final_report_en.pdf; Katz, Jonathan J., Barbarians at the ballot box: the use of hedging to acquire low cost corporate influence and its effect on shareholder apathy, Cardozo Law Review, n.º 28, 2006, p. 1483 ss.; Leitão, Luis Menezes, Voto por correspondência e realização telemática de reuniões de órgãos sociais, CadMVM, n.º 24, 2006, p. 256 ss.; Marcelo, Paulo Lopes, *A blindagem da empresa plurisocietária*, Coimbra, Almedina, 2002; Noack, Ulrich, Shareholders' Meeting and the Internet: Information, Communication and Decision, Working Papers on German and International Civil and Business Law, AZW, 2004; Rodrigues, Nuno Cunha, "As *'golden shares'* no direito português", *Direito dos Valores Mobiliários*, VII, Coimbra, Almedina, 2007, p. 191 ss.; Romano, Roberta, Less is More: Making Shareholder Activism a Valuable Mechanism of Corporate Governance, Yale Law School and National Bureau of Economic Research, Yale International Center for Finance, Working Paper no. 241; Santos, Gonçalo Castilho dos, O voto por Correspondência nas Sociedades Abertas, CadMVM, n.º 7, 2000, p. 131 ss.; Siems, Mathias M., *Convergence in Shareholder Law*, Cambridge, Cambridge University Press, 2008; Ventura, Raúl, *Sociedades por Quotas (Comentário ao Código das Sociedades Comerciais)*, Coimbra, Almedina, 1991; Zetzsche, Dirk, Shareholder Interaction Preceding Shareholder Meetings of Public Corporations – A Six Country Comparison, European Corporate & Finance Law Review, 2005, Vol. 2, p. 1 ss.

Índice

I – Antecedentes próximos 1	2. O voto por correspondência na Recomendação I.3.1 e I.3.2 23
II – Fontes legais e comunitárias relacionadas 6	3. O exercício de direito de voto nas Recomendações: a extensão a outras matérias 34
III – Análise 13	4. A proporcionalidade entre capital e controlo na Recomendação I.3.3 38
1. Enquadramento: governo societário, exercício de direito de voto e abstencionismo accionista; o voto por correspondência 13	

1 I – Antecedentes próximos

O exercício do direito de voto pelos accionistas de sociedades cotadas foi tratado logo nas Recomendações de 1999, o que bem se compreende atenta a centralidade do tema no domínio do governo societário; a evolução deste enquadramento recomendatório até ao regime actual foi porém manifesta. Naquele primeiro texto, o exercício do direito de voto era abordado de forma genérica e, pode mesmo dizer-se, com um tom marcadamente programático: estabelecia-se dever ser *estimulado o exercício activo do direito de voto, quer directamente, nomeadamente por correspondência, quer por representação* (cf. Recomendação II.8)[1]. O teor do

---

[1] Pressuposto desta Recomendação, lia-se ainda na exposição de motivos, era a circunstância de a *disciplina genérica constante do Código das Sociedades Comerciais relativa ao exercício do direito de voto deixa[r] margem a que as sociedades, nos respectivos estatutos, consagrem medidas para estimular o exercício desse direito tendentes a combater o frequente absentismo dos accionistas nas reuniões da Assembleia Geral. A verdade é que, já nessa altura, e apesar de tal não transparecer directamente do texto da recomendação, era patente a preocupação da CMVM em incentivar o recurso ao voto por correspondência, procurando para esse fim traçar um quadro recomendatório mais completo e detalhado.

texto de 1999 foi reproduzido nas Recomendações de 2001, sendo que, nessa altura, o exercício do direito de voto por correspondência passou a ser objecto de um enquadramento recomendatório autónomo e bastante detalhado[2].

O quadro recomendatório sofre uma inflexão, mais formal do que propriamente de conteúdo, nas Recomendações de 2003 (cf. II.2) e 2005 (cf. II.2); nessas, numa formulação mais assertiva, estabelecia-se não *deve[r] ser restringido o exercício activo do direito de voto, quer directamente, nomeadamente por correspondência, quer por representação*. O exercício do direito de voto por correspondência passa a ser objecto de um enquadramento mais detalhado, incorporando parte do texto autónomo de 2001[3].

É com as Recomendações de 2007 que fica traçado o enquadramento recomendatório que serve de base ao texto hoje vigente.

A determinação de um prazo de antecedência máximo para a recepção da declaração de voto emitida por correspondência constou pela primeira vez das Recomendações de 2003, num regime que se manteve nas de 2005; aí, aquele prazo era de 5 dias. A Recomendação actual replica a opção tomada nas Recomendações de 2007, que reduziu para 3 dias aquele prazo.

---

[2] Trata-se das *Recomendações da CMVM relativas ao exercício do voto por correspondência nas sociedades abertas, de Fevereiro de 2001*. Este documento, que em grande medida antecipa os subsequentes desenvolvimentos quer do plano recomendatório, quer do plano legal, vinha dividido em quatro partes: na primeira (*Preparação do voto por correspondência*), previa-se que a convocatória deveria expressamente incluir a indicação de que o direito de voto pode ser exercido por correspondência e descrever, com clareza, o modo desse exercício. Para aumentar a acessibilidade da votação por correspondência, recomendava-se a existência de boletins de voto à disposição dos accionistas. Depois, a sociedade não deveria impor um prazo de antecedência excessivamente alargado para a recepção da declaração de voto emitida por correspondência. Recomendava-se também a utilização de meios electrónicos para facultar aos accionistas os elementos preparatórios da assembleia geral, incluindo o próprio aviso convocatório. Recomendava-se, ainda, que o secretário da sociedade ou o presidente da mesa da assembleia geral deveriam verificar a autenticidade do voto e assegurar, até ao momento da votação, a sua confidencialidade. Na segunda parte (*Exercício da declaração de voto por correspondência: aspectos gerais*), estabelecia-se que a declaração de voto emitida por correspondência deveria indicar os pontos da ordem de trabalhos a que respeita, bem como, quando for o caso, a proposta concreta de deliberação a que se destina. Por outro lado, recomendava-se que o modo como se deveria processar o escrutínio dos votos por correspondência em assembleia geral fosse fixado no contrato de sociedade ou na respectiva convocatória. O texto recomendação incluía ainda as seguintes duas disposições: a presença na assembleia geral do accionista que votou por correspondência, bem como a do seu representante, deveria ser entendida como revogação do respectivo voto por correspondência; o voto por correspondência não deveria ser considerado incompatível com a representação do accionista na assembleia geral. Na terceira parte, (*Exercício do direito de voto por correspondência electrónica*), previa-se o seguinte: *(i)* que competia à sociedade fixar os termos em que era admitido o exercício do voto por correspondência electrónica nas respectivas assembleias gerais; (ii) que, no caso de se admitir o voto por correspondência electrónica na deliberação dos accionistas em assembleia geral, era importante que a sociedade possuísse os meios técnicos necessários para verificar a autenticidade das declarações de voto, bem como para garantir a integridade e a confidencialidade do respectivo conteúdo; e *(iii)* que a sociedade deveria assegurar um elevado nível de segurança e fiabilidade operacional na recepção das declarações de voto emitidas por correspondência electrónica. Por fim, na quarta parte do texto recomendatório, respeitante à valoração do voto emitido por correspondência, *(i)* determinava-se que o voto exercido por correspondência deveria relevar para a formação do *quorum* constitutivo da assembleia geral, devendo valer, igualmente, para a segunda convocação da assembleia geral para o qual foi emitido; e *(ii)* recomendava-se que a declaração de voto emitida por correspondência fosse interpretada à luz dos assuntos constantes da convocatória, não expressando qualquer sentido quanto a novos assuntos.

[3] Dispunha então o texto recomendatório, para o que aqui interessa, não dever *ser restringido o exercício activo do direito de voto, quer directamente, nomeadamente por correspondência, quer por representação. Considera-se, para este efeito, como restrição do exercício activo do direito de voto: (...)b) qualquer restrição estatutária do voto por correspondência; c) a imposição de um prazo de antecedência superior a 5 dias úteis para a recepção da declaração de voto emitida por correspondência; d) a não existência de boletins de voto à disposição dos accionistas para o exercício do voto por correspondência.*

5   Pelo menos directamente[4], o tema da *proporcionalidade* entre titularidade do capital social e exercício de influência foi abordado pela primeira vez nas Recomendações de 2007 (cf. I.3.3). Na versão actual, aquele quadro foi detalhado, passando a – depois de afirmar o princípio de que a cada acção deverá corresponder um voto (*one share, one vote*) – elencar um conjunto (não exaustivo) de instrumentos que se devem considerar contrários àquele postulado de proporcionalidade, referindo especificamente o caso das acções sem voto, bem como os mecanismos conhecidos na literatura por *voting caps*[5].

II – Fontes legais e comunitárias relacionadas

6   No plano comunitário, a admissibilidade do voto por correspondência é genericamente consagrada no art. 12.º da Directiva 2007/36/CE, do Parlamento Europeu e do Conselho, de 11 de Julho de 2007, relativa ao exercício de certos direitos dos accionistas de sociedades cotadas (doravante "Directiva 2007/36/CE"). A importância do voto por correspondência, de resto em paralelo com o que sucede com outros modos de *participação à distância* nas decisões sociais, é expressamente reconhecida nos considerandos daquele diploma[6], sendo depois objecto do enquadramento normativo previsto, em particular, no art. 12.º; em traços sumários, este preceito vem estabelecer uma exigência de *proporcionalidade* relativamente às condições a que fique sujeita esta modalidade de exercício do direito de voto[7].

7   No nosso ordenamento, e no quadro de um debate doutrinal que, em face do silêncio do CSC, versava a admissibilidade do voto por correspondência nas sociedades anónimas – debate de que se dará breve conta um pouco mais adiante –, o tema foi pela primeira vez consagrado especificamente para as sociedades abertas, no art. 22.º CVM; prevê-se neste preceito, como regra geral, a possibilidade de o direito de voto ser exercido por correspondência, sendo admitida a exclusão estatutária desta modalidade de voto, excepto quanto à alteração dos estatutos e à eleição de titulares dos órgãos sociais[8].

8   Na sequência da reforma societária de 2006, a emissão do direito de voto por correspondência passou a ser expressamente regulada também para as sociedades anónimas

---

[4] Como se viu atrás, em textos recomendatórios anteriores valia uma recomendação genérica contrária a qualquer tipo de restrição ao exercício de direito de voto, da qual poderia, ainda que apenas implicitamente, ser extraída uma preferência também genérica por uma regra de proporcionalidade entre a titularidade e exercício de direitos de voto.

[5] Refira-se que era já neste sentido o teor da recomendação n.º 81 do *Livro Branco sobre Corporate Governance em Portugal*. Refira-se ainda que a proposta inicial do texto Recomedatório de 2007 incluía uma outra disposição sobre a proporcionalidade entre detenção de capital e direitos de voto, nos termos da qual "*A sociedade deve prever que fique cabendo pelo menos um voto a cada 100 euros de capital*", que foi porém abandonada.

[6] Releva, em particular, o teor do considerando n.º 9 da Directiva, nos termos do qual *as sociedades não deverão enfrentar obstáculos jurídicos ao proporcionarem aos seus accionistas meios de participação electrónica na assembleia-geral. A possibilidade de votar sem comparecer pessoalmente à assembleia--geral, seja por correspondência, seja por via electrónica, não deverá ser sujeita a outros condicionalismos além dos necessários para a verificação da identidade e a segurança das comunicações.*

[7] Nos termos do citado art. 12.º da Directiva, dispõe-se que *os Estados-Membros devem permitir que as sociedades dêem aos seus accionistas a possibilidade de votar por correspondência antes da assembleia-geral. A votação por correspondência só pode ser sujeita aos requisitos e aos condicionalismos necessários para assegurar a identificação dos accionistas e apenas na medida em que esses requisitos e condicionalismos sejam proporcionais a esse objectivo.* Para além desta disposição, o voto por correspondência é objecto de referências noutros quadrantes, designadamente no art. 5.º/3-b) ou 6.º/4.

[8] Este art. 22.º CVM foi alterado pelo recente Decreto--Lei n.º 49/2010, de 19 de Maio, que suprimiu o seu n.º 3 original, uma vez que a matéria aí abordada, relacionada com a informação a ser prestada aos accionistas a respeito do exercício do direito de voto por correspondência, passou a ser regulada de forma genérica nos novos arts. 21.º-B e 21.º-C CVM.

comuns, em particular no art. 384.º/9 CSC[9]; em traços sumários, deste preceito resulta uma remissão genérica para os estatutos, onde deve ser determinado o quadro normativo e procedimental aplicável à emissão do voto por correspondência, designadamente no que diz respeito à verificação da autenticidade[10] do voto e à garantia, até ao momento da votação, da sua confidencialidade[11].

Ressalvadas as devidas adaptações, justificadas com preocupações de autenticidade e confidencialidade da declaração de voto, é aceite na literatura que o quadro legal atrás descrito sumariamente é também aplicável ao voto emitido por correspondência electrónica[12].

Certo parece ser que a circunstância de o voto por correspondência não ser regulado nos estatutos da sociedade[13], mesmo que por eles não expressamente vedado, não deve prejudicar esta modalidade de participação no processo de deliberação; valerá, nesta hipótese, a

---

[9] O que não significa que, antes desta intervenção legislativa, o voto por correspondência se encontrasse vedado para as sociedades anónimas comuns; a sua admissibilidade dependia então ou de previsão estatutária, ou de decisão do presidente da mesa; neste sentido, MENEZES CORDEIRO, *SA: Assembleia Geral*, p. 117; CASTILHO DOS SANTOS, *O Voto por Correspondência*, p. 139. Antes da entrada em vigor do actual regime, pronunciaram-se contra a admissibilidade do voto por correspondência nas sociedades anónimas comuns, invocando para o efeito razões de segurança e certeza inerentes ao processo de formação da vontade social, mas retirando também da omissão legislativa uma opção pela rejeição desta modalidade de exercício do direito de voto, designadamente, R. VENTURA, *Sociedades por Quotas*, p. 176 e PINTO FURTADO, *Deliberações dos Sócios*, p. 110 ss. Por terem em comum o exercício não presencial do direito de voto, o voto por correspondência e a deliberação por voto escrito foram por vezes aproximadas na literatura; para uma distinção entre as duas realidades, que em rigor se não confundem, cf., para além das obras já citadas nesta nota, LUCAS COELHO, *Direito ao voto dos accionistas nas assembleias gerais das sociedades anónimas*, p. 121.

[10] Quanto à autenticidade do voto emitido por correspondência, deve entender-se não ser exigível o reconhecimento notarial da assinatura do accionista, valendo aqui o paralelo com as exigências aplicáveis aos instrumentos de representação voluntária, que se bastam com uma assinatura (cf. art. 380.º/2 CSC); a confirmação da autenticidade da declaração de voto pode por isso assentar na apresentação de cópia de documento de identificação. Neste sentido, CASTILHO DOS SANTOS, *O Voto por Correspondência*, p. 147. Sobre a autenticidade do direito de voto electrónico, cf. §9 infra.

[11] Acrescenta também aquele preceito, acolhendo uma formulação pouco clara (criticada, por exemplo, por P. OLAVO CUNHA, *Direito das Sociedades Comerciais*, p. 665-666), que os estatutos da sociedade devem ainda *escolher entre uma das seguintes opções para o seu tratamento: a)* determinar que os votos assim emitidos valham como votos negativos em relação a propostas de deliberação apresentadas ulteriormente à emissão do voto; *b)* autorizar a emissão de votos até ao máximo de cinco dias seguintes ao da realização da assembleia, casos em que o computo definitivo dos votos é feito até ao 8.º dia posterior ao da realização da assembleia e se assegura a divulgação imediata do resultado da votação. Também o Decreto-Lei n.º 49/2010, de 19 de Maio, tocou no regime do voto por correspondência, vindo esclarecer que, no silêncio dos estatutos, é aplicável aos votos assim emitidos o disposto na al. a) do art. 384.º/9 CSC. O que resulta desta disposição é que naquelas sociedades anónimas em que não seja expressamente rejeitado o voto por correspondência, mas em que ele não seja também regulado, os votos emitidos por esta forma contam-se como desfavoráveis relativamente a propostas apresentadas que até ao momento da votação sejam objecto de alteração. Neste quadro, releva ainda o disposto no art. 377.º/5/f) CSC, que determina que *se o voto por correspondência não for proibido pelos estatutos, descrição do modo como o mesmo se processa, incluindo o endereço, físico ou electrónico, as condições de segurança, o prazo para a recepção das declarações e a data do cômputo das mesmas*.

[12] Neste sentido, MENEZES LEITÃO, *Voto por correspondência e realização telemática de reuniões de órgãos sociais*, p. 259; CASTILHO DOS SANTOS, *O Voto por Correspondência*, p. 149 ss. É a este respeito assinalada a relevância das regras de certificação da autenticidade de documentos emitidos em suporte informático, previstas no Decreto-Lei n.º 290-D/99, de 3 de Abril (tal como alterado), em particular a que faz depender o reconhecimento da autenticidade de um documento electrónico quando dele conste assinatura electrónica certificada por uma entidade certificadora credenciada. Segundo MENEZES LEITÃO, *idem*, uma tal exigência valerá para a admissibilidade do voto por correspondência electrónica, nada impedindo porém que a sociedade tenha estabelecido outras formas de certificação da identidade dos votantes e da integridade do voto.

[13] Ou, como sugere P. OLAVO CUNHA, *Direito das Sociedades Comerciais*, p. 664, num regulamento criado pela sociedade para o efeito.

regra vertida no art. 384.º/8 CSC, nos termos da qual *a forma de exercício do direito de voto pode ser determinada pelo contrato, por deliberação dos sócios ou por decisão do presidente da mesa*[14]. Isto é, tanto para as sociedades abertas, como – seguramente desde a reforma de 2006 – para as sociedades anónimas comuns, a admissibilidade do voto por correspondência representa o regime supletivo, que pode apenas ser afastado em resultado de disposição estatutária expressa e, mesmo nessa hipótese, só se ressalvada a aludida regra de intangibilidade de algumas matérias que vigora para as sociedades abertas.

11 Por fim, o tema da proporcionalidade entre a titularidade de acções e o exercício de direitos de voto encontra a sua base normativa fundamental no art.º 384.º. Este preceito, estabelecendo no seu n.º 1 o princípio geral segundo o qual, na falta de diferente cláusula contratual, a cada acção deverá corresponder um voto, acolhe no n.º 2 a possibilidade de desvios a este postulado. Permite-se, designadamente, que o contrato de sociedade *(i)* faça corresponder um só voto a um certo número de acções, contanto que sejam abrangidas todas as acções emitidas pela sociedade e fique cabendo um voto, pelo menos, a cada €1000 de capital; e *(ii)* estabeleça que não sejam contados votos acima de certo número, quando emitidos por um só accionista, em nome próprio ou também como representante de outro[15].

12 No direito europeu, interessa notar que, na sequência de um debate aceso na literatura jurídica e económica – de que se dará conta mais adiante –, a Directiva 2007/36/CE optou por não tomar posição nesta matéria, abstendo-se de vedar ou regular os instrumentos jurídicos tipicamente utilizados nas estruturas de governo de uma sociedade cotada para possibilitar desvios àquela regra de proporcionalidade.

III – Análise

1. Enquadramento: governo societário, exercício de direito de voto e abstencionismo accionista; o voto por correspondência

13 O reforço do envolvimento accionista nos assuntos societários, designadamente através do combate à *apatia* dos pequenos accionistas e da eliminação das barreiras à participação transfronteiriça em assembleias sociais, constituiu sempre um vector central da temática do governo societário; isso mesmo é, de resto, bem comprovado pela centralidade que o exercício efectivo do direito de voto pelos accionistas desde sempre assumiu no quadro das intervenções de cariz legal, regulamentar ou recomendatório registadas neste domínio, seja a nível internacional, seja no plano interno[16]. De forma coerente com as abordagens da análise económica do direito, componente incontornável das teorias de *corporate governance*, subjacente a este objectivo de aumento do envolvimento dos accionistas esteve sempre a

---

[14] Neste sentido, Menezes Cordeiro, *SA: Assembleia Geral*, p. 118; P. Olavo Cunha, *Direito das Sociedades Comerciais*, p. 664; Menezes Leitão, *Voto por Correspondência e Realização Telemática de Reuniões de Órgãos Sociais*, p. 259.

[15] Cf. Menezes Cordeiro, *SA: Assembleia Geral*, p. 113 ss.; P. Olavo Cunha, *Direito das Sociedades Comerciais*, p. 317 ss.; especificamente sobre os mecanismos tendentes à criação de desproporção entre o capital e controlo, relevantes no quadro das opa, cf., por exemplo, Vogler Guiné, *Da Conduta (Defensiva) da Administração "Opada"*, p. 51 ss.; Lopes Marcelo, *A blindagem da empresa plurissocietária*, p. 39 ss.

[16] No plano do direito europeu, merece natural destaque, pela abrangência do seu escopo, a já aludida Directiva 2007/36/CE. Vejam-se em http://ec.europa.eu/internal_market/company/shareholders/index_en.htm, os documentos respeitantes especificamente aos direitos dos accionistas, adoptados no quadro do plano de acção da Comissão Europeia em matérias de governo societário. Como é sabido, aquela Directiva foi objecto de transposição recente para o ordenamento nacional, operada pelo Decreto-Lei n.º 49/2010, de 19 de Maio.

ideia de que, sendo eles a receber os benefícios e a suportar os risco económicos associados à empresa, ninguém estaria melhor *incentivado* para deliberar no sentido favorável ao interesse da sociedade e à criação de valor para os seus *proprietários*[17].

A relevância desta problemática sai reforçada no actual contexto de acentuada globalização dos investimentos e consequente dispersão dos accionistas, realidade que, se não tornou inviável uma participação efectiva e directa dos accionistas nos processos de tomada de decisões sociais, lhe veio colocar significativos obstáculos, em particular contribuindo para um aumento dos custos associados ao exercício (consciente e informado) do direito de voto.

Daí que o combate ao abstencionismo accionista, em busca de um grau mínimo de proporcionalidade entre titularidade do capital e exercício do controlo societário[18], tenha sempre constituído, e permaneça, o fundamento teleológico de um conjunto significativo de medidas destinadas justamente a incentivar ou, pelo menos, a facilitar a participação dos accionistas (grandes, médios e pequenos) nas deliberações sobre assuntos sociais; como também a assegurar que essa participação se traduza num efectivo exercício de influência ou, pelo menos, de controlo e monitorização da vida da sociedade e da actuação da administração.

É justamente neste quadro, aqui retratado em traços compreensivelmente simplificados, que surgem os movimentos apologistas da proporcionalidade entre participação social e direito de voto (*one share, one vote*), ou da limitação dos chamados *controll enhancing mechanisms*[19]; é também com este fim que surgem as propostas normativas relacionadas com a participação à distância nas reuniões societárias, seja por intermédio do *proxy voting*, seja promovendo a participação telemática nas assembleias, seja ainda através do reconhecimento e regulação do voto por correspondência[20].

Pano de fundo sobre o qual se procuraram estes mecanismos e instrumentos incentivantes do envolvimento accionista, uma vez marcadamente tributário das análises da *law and economics*, foi porém o reconhecimento de que a opção pelo abstencionismo pode, na verdade, ter subjacente da parte do accionista um comportamento racional, num fenómeno conhecido na literatura por *apatia racional (rational apathy)*[21].

Com efeito, tudo ponderado, os custos associados ao exercício do direito de voto nas sociedades abertas ou, mais genericamente, à participação no processo de tomada de decisões sociais[22] podem exceder (e, na generalidade dos casos, excedem efectivamente) os benefícios retirados por cada accionista; para isso contribui a conjugação de factores como

---

[17] Genericamente sobre o tema, por todos, EASTERBROOK/FISCHEL, *The Economic Structure Corporate Law*, p. 66 ss. Na fórmula empregue no HIGH LEVEL GROUP OC COMPANY LAW EXPERTS 2002, "*the holders of the rights to residual profits and assets of the company are best equiped to decide on the affairs of the company as the ultimate effects of their decisions will be borne by them*".

[18] O HIGH LEVEL GROUP OC COMPANY LAW EXPERTS 2002 definia esta ideia de proporcionalidade nos seguintes termos: "*proportionality between ultimate economic risk and control means that share capital which has an unlimited right to participate in the profits of the company or in the residue on liquidation, and only such share capital, should normally carry control rights, in proportion to the risk carried*".

[19] Sobre este tema, veja-se o que de forma mais detalhada se diz no comentário à Recomendação 1.3.3 *infra*.

[20] ENRIQUES/HANSMANN/KRAAKMAN, "The Basic Governance Structure: The Interests of Shareholders as a Class", p. 62, identificam o voto por correspondência como um meio adequado para facilitar a actuação conjunta (*collective action*) dos accionistas.

[21] Sobre a noção de apatia racional, é vastíssima a bibliografia merecedora de referência; veja-se, a título meramente exemplificativo, EASTERBROOK/FISCHEL, *Voting in Corporate Law*, p. 395 ss.; na literatura mais recente, veja-se a abordagem do tema em M. SIEMS, *Convergence in Shareholder Law*, p. 89 ss. e *passim*. e J. KATZ, *Barbarians at the ballot box: the use of hedging to acquire low cost corporate influence and its effect on shareholder apathy*, p. 1483 ss.

[22] Custos estes relacionados, por exemplo, com a deslocação, a obtenção e tratamento de informação sobre modo as matérias a deliberar ou sobre o próprio funcionamento da assembleia, entre outros factores.

(i) a acentuada pulverização accionista que caracteriza a estrutura societária hodierna, a que vem associada a natural redução da capacidade para influenciar o processo de tomada de decisão social[23], *(ii)* a progressiva *patrimonialização* da participação social, cada vez mais vista como um comum investimento e menos como um meio de exercício de influência na sociedade[24], ou *(iii)* o progressivo distanciamento físico entre accionista e sociedade. O *desligamento* do accionista do processo de formação da vontade social surgirá, neste casos, justamente como o comportamento racional a adoptar.

19 Não constituindo uma realidade inultrapassável, esta constatação de que o abstencionismo accionista não está necessariamente associado a uma pura e simples indiferença relativamente aos assuntos sociais tornou evidente a necessidade de identificar medidas concretas relacionadas com o processo de tomada de decisões societárias que se mostrassem adequadas a tornar o exercício do direito de voto não apenas mais efectivo, mas também mais simples e atractivo[25]. Em particular, o combate ao abstencionismo accionista teria sempre de passar pela redução dos custos associados ao envolvimento e participação nas reuniões sociais.

20 É justamente neste quadro que, ao lado de outras matérias, surge o exercício do direito de voto por correspondência. Em paralelo, por exemplo, com a aceitação da realização de assembleias através de meios telemáticos, a consagração e progressiva regulação do voto por correspondência serviu o propósito de *associar mais accionistas às decisões sociais*[26], reduzindo para o efeito os custos relacionados com a presença física na assembleia.

21 Em particular, o voto por correspondência surge como instrumento adequado para fomentar o exercício transfronteiriço de direitos sociais; ao lado de outros mecanismos, designadamente o recurso ao *proxy voting*, é tipicamente reconhecido que o voto por correspondência pode servir para envolver investidores internacionais que não se pretendem desligar totalmente da gestão e discussão dos assuntos sociais, em particular em momentos decisivos da vida da empresa[27] ou para a tomada de decisões em matérias sensíveis[28].

22 Merece que se diga não ser absolutamente pacífico o entendimento segundo o qual este movimento apologista do voto por correspondência traz apenas vantagens; é notado na literatura, designadamente, que esta modalidade de participação nos assuntos societários pressupõe uma tomada de decisão necessariamente precária, porquanto desligada da informação prestada na assembleia e do debate potencialmente esclarecedor que nela é (ou deve ser) tido[29]. A verdade é que este cepticismo não impediu a difusão do voto por correspondência, reconhecido na generalidade das jurisdições de referência, para além de, como se já assinalou, acolhido também no plano do direito europeu.

---

[23] Cf., por exemplo, J. KATZ, *Barbarians at the ballot box: the use of hedging to acquire low cost corporate influence and its effect on shareholder apathy*, p. 1491.

[24] Veja-se, a este respeito, por exemplo, M. SIEMS, *Convergence in Shareholder Law*, p. 89-90.

[25] Em sentido próximo, P. DAVIES, *Gower & Davies' Principles of Modern Company Law*, p. 327.

[26] MENEZES CORDEIRO, *Anotação ao artigo 384.º CSC*, p. 1035. Entre nós, MENEZES LEITÃO, *Voto por correspondência e realização telemática de reuniões de órgãos sociais*, p. 256, considera o voto por correspondência (como a realização telemática de reuniões dos órgãos sociais) um importante meio para assegurar a participação efectiva nos órgãos sociais. Já CASTILHO DOS SANTOS, *O Voto por Correspondência*, p. 135, por seu turno, salienta que o voto por correspondência surge como uma *"medida paliativa"* o problema do absentismo acionista, *"procurando incrementar o exercício de um dos principais direitos sociais e, dessa forma, robustecer os mecanismos de controlo intra-societário"*.

[27] Por exemplo, facilitando a participação em assembleia geral convocada no quadro de um processo de tomada hostil do controlo da sociedade.

[28] Pense-se, uma vez mais a título meramente exemplificativo, nas matérias relacionadas com a remuneração de membros de órgãos sociais, tema que, como se sabe, tem vindo a ser objecto em tempos recentes de um acentuado movimento de intervencionismo accionista.

[29] Cf. MENEZES CORDEIRO, *SA: Assembleia Geral*, p. 67 e p. 116.

2. O voto por correspondência na Recomendação I.3.1 e I.3.2

É no quadro que se acabou de traçar que deve ser entendida a Recomendação I.3.1. Tendo como pano de fundo um regime legal que, como demonstrado, mantém facultativa – ainda que correspondendo ao regime supletivo – a admissibilidade do exercício de voto por correspondência, excepto para algumas matérias estruturais em que não pode ser afastada (cf. art. 22.º/1 e 2 CVM), a Recomendação aponta sem hesitação no sentido da rejeição de quaisquer restrições a este modo de participação accionista. São desvalorizados os argumentos contrários à promoção do voto por correspondência – relacionados, como atrás se notou, com o desligamento do accionista, no seu processo de tomada de decisão, da discussão supostamente esclarecedora tido na assembleia –, prevalecendo a consideração dos benefícios trazidos por um potencial aumento da participação dos accionistas tornado possível pelo *voto à distância*.

É uma opção que nos parece genericamente adequada. Em linha com o teor da intervenção comunitária, não resulta apenas do texto recomendatório a rejeição de restrições estatutárias à emissão do voto por correspondência; além disso, do teor da Recomendação resulta a rejeição de procedimentos e condicionantes de outra natureza que, porque desproporcionais, constituam na realidade obstáculos ao efectivo exercício daquele direito. A Recomendação só será cumprida pela sociedade, por isso mesmo, se o exercício em concreto do voto por correspondência não se encontrar sujeito a requisitos e formalidades (prazos, preenchimento de documentos, prestação de informação, etc.) excessivos que, na prática, o tornem inviável. Neste quadro, uma cláusula estatutária que exija o reconhecimento notarial da assinatura do voto emitido por correspondência deverá ser considerada contrária a esta Recomendação, até por confronto com o regime legal que vale para a emissão de documentos de representação[30].

Isto dito, o confronto com os padrões vigentes noutras jurisdições permite constatar que o teor da Recomendação em análise poderia talvez ir um pouco mais longe; veja-se o teor do §2.3.3 do *Kodex* germânico que, não se bastando com a rejeição de restrições ao exercício do voto por correspondência, dispõe, adoptando uma perspectiva mais proactiva, que a sociedade *deve promover* o recurso àquele modo de participação na tomada de decisão societária.

Outro dado a destacar é a tendencial equiparação, assumida pela Recomendação em análise, entre o voto por correspondência e o voto por correspondência electrónica. Como se viu, o quadro legal que, no CVM como no CSC, veio regular o exercício do direito de voto por correspondência não distingue entre correio em papel e correio electrónico, nem tão pouco limita à primeira esta particular modalidade de participação accionista. Refira-se, de resto, que vai também neste sentido a opção tomada pelo legislador europeu, que optou pela equiparação entre aquelas duas formas de emissão do voto à distância[31].

Uma vez mais, vale aqui também a consideração atrás feita a respeito do teor da Recomendação, que talvez pudesse ser reformulada no sentido de reforçar o recurso ao voto por correspondência electrónica. Seguindo as tendências hodiernas de facilitar a participação

---

[30] O problema relevante do prazo de antecedência mínimo para a recepção do voto emitido por correspondência, que pode, quando excessivo, funcionar como um entrave de ordem prática ao funcionamento deste modo de participação nas deliberações sociais, será tratado a respeito da Recomendação seguinte – cf. §§28 ss.

[31] Veja-se, a este respeito, por exemplo o teor do considerando n.º 9 da Directiva, que dispõe o seguinte: *As sociedades não deverão enfrentar obstáculos jurídicos ao proporcionarem aos seus accionistas meios de participação electrónica na assembleia-geral. A possibilidade de votar sem comparecer pessoalmente à assembleia-geral, seja por correspondência, seja por via electrónica, não deverá ser sujeita a outros condicionalismos além dos necessários para a verificação da identidade e a segurança das comunicações.*

por meios de comunicação telemáticos, deveria ser simplesmente assumida de forma plena a equiparação entre o voto por correspondência e o voto por correspondência electrónico. Por seu turno, as preocupações com a autenticidade dos votos assim emitidos justificam a exigência de certificação da assinatura digital do accionista, nos termos atrás referidos, excepto naquela hipóteses – pouco comuns – em que a sociedade disponha de um mecanismo próprio de registo dos accionistas e certificação da autenticidade do voto emitido por correio electrónico.

28 A determinação de um prazo de antecedência para a recepção da declaração de voto emitida por correspondência constitui um requisito necessário para levar a cabo os procedimentos relacionados com a confirmação da validade e subsequente apuramento do sentido dos votos e, por essa forma, para o próprio regular funcionamento da assembleia de accionistas. É essa, então, a preocupação que vem salvaguardar a Recomendação I.3.2.

29 Trata-se porém de uma matéria que coloca em tensão dois interesses não necessariamente coincidentes: de um lado, o interesse da sociedade, e em particular do presidente da mesa da assembleia geral, de receber os votos emitidos por correspondência com a antecedência necessária para confirmar a sua autenticidade e proceder ao respectivo apuramento em face da ordem do dia e das propostas de deliberação efectivamente apresentadas; de outro, o interesse do accionista em dispor do maior tempo possível para obter e tratar a informação necessária para a sua tomada de decisão. Se, da perspectiva do primeiro, um prazo alargado será sempre mais benéfico, já na segunda perspectiva o interesse do accionista será o de poder emitir a declaração de voto tão próximo da data da assembleia quanto possível, de modo a beneficiar de mais tempo para obter e tratar a informação relevante.

30 Neste quadro, o prazo de 3 dias – reduzido de 5 desde as Recomendações de 2007 – parece adequado, não constituindo uma limitação excessiva ou desproporcional ao exercício do direito de voto por correspondência. Do prisma da sociedade, que tipicamente disporá de uma *máquina* bem apetrechada para a organização e preparação da assembleia geral, uma antecedência mínima de três dias permitirá seguramente proceder (com segurança e rigor) ao apuramento dos votos emitidos por correspondência; até porque, mostra a prática, não é significativo o número de votos emitidos por correspondência nas sociedades cotadas portuguesas.

31 Do lado do accionista, por seu turno, aquela antecedência máxima de 3 dias permite também dispor de um período significativo entre a publicação da convocatória e a divulgação das propostas de deliberação e a emissão em concreto da sua declaração de voto. A este respeito, merece referência a circunstância de as recentes inovações legislativas introduzidas para transposição da Directiva 2007/36/CE terem acentuado uma tendência de cristalização prévia do *thema decidendum* da assembleia geral; isso mesmo é patente, significativamente, com o tema da apresentação de propostas de deliberação, genericamente regulado no art. 23.º-B CVM e que, pelo menos numa interpretação literal, parece limitar a possibilidade de formular tais propostas de deliberação, entre outras condições, aos cinco dias seguintes à publicação da convocatória[32].

32 Mesmo constituindo este um debate ainda em aberto, e não sendo de afastar peremptoriamente algum grau de flexibilização desta limitação imposta a respeito da apresentação de propostas de deliberação – designadamente, mas não só, num cenário de suspensão da assembleia geral –, é inequívoca esta tendência para, como se disse, cristalizar relativamente

---

[32] Pronunciou-se já neste sentido restritivo, MENEZES CORDEIRO, *Novas Regras sobre Assembleias Gerais: A Reforma de 2010*, p. 27.

cedo, e portanto com antecedência face à data da assembleia, o conteúdo das propostas sobre as quais os accionistas são chamados a pronunciar-se. Assim sendo, aquele prazo de três dias de antecedência parece adequado para permitir ao accionista que pretenda emitir o seu voto por correspondência a devida ponderação do teor e sentido das propostas de deliberação apresentadas e relativamente às quais deverá tomar posição.

Uma nota final, a respeito do âmbito de aplicação da Recomendação, para assinalar que, atenta a natureza modelar do regime válido para as assembleias gerais de accionistas, talvez fosse de ponderar, em sede de revisão do texto recomendatório, a inclusão de uma referência expressa à admissibilidade do voto por correspondência também para as assembleias de obrigacionistas, pelo menos quando os valores mobiliários tenham sido admitidos à negociação em mercado regulamentado[33].

3. O exercício de direito de voto nas Recomendações: a extensão a outras matérias

Mais do que pelo que diz, é pelo que omite que a Recomendação agora em análise parece ficar aquém do objectivo que lhe está subjacente, que é o de, como se começou por demonstrar, facilitar o envolvimento à distância dos accionistas, combatendo os prejuízos tipicamente associados ao abstencionismo accionista. Certo que estes textos de índole recomendatória não necessitam cobrir todas as matérias de interesse, nem a sua eficácia é sempre aumentada quando se recorre a uma malha normativa excessivamente detalhada. No entanto, alguns desenvolvimentos do quadro legal aplicável ao funcionamento das assembleias gerais, que de resto se encontram alinhados com as melhores práticas internacionais, são pelo menos suficientes para que seja colocada a questão de saber se esta Recomendação – que, recorde-se, nas suas versões originárias tinha um teor mais abrangente – não deveria hoje tratar conjuntamente outras matérias relacionadas com o *voto remoto* e que, ao lado do voto por correspondência, podem igualmente contribuir para o aumento do envolvimento dos accionistas na tomada de decisões sociais.

Central a esse respeito é o tema das chamadas assembleias gerais virtuais, aquelas que decorrem sem que os participantes se encontrem fisicamente num mesmo local e em que o contacto entre eles é assegurado por meios de comunicação[34]; como se sabe, desde a reforma da lei societária de 2006, o art. 377.º/6/b) CSC passou a dispor que: *As assembleias são efectuadas, salvo disposição em contrário no contrato de sociedade, através de meios telemáticos, devendo a sociedade assegurar a autenticidade das declarações e a segurança das comunicações, procedendo ao registo do seu conteúdo e dos respectivos intervenientes*[35]. Esta configuração das assembleias de accionistas é um traço comum na generalidade das jurisdições de referência[36]. Neste quadro, poderá ser

---

[33] Refira-se que, interpretando o quadro normativo resultante do art. 22.º CVM, Castilho dos Santos, O Voto por Correspondência, p. 141-142 entende ser aquele preceito aplicável também às assembleias de obrigacionistas de sociedades abertas, *"atenta a inexistência de interesses em contrário dos credores ou do emitente e a comumente aceite paradigmaticidade da disciplina das assembleias gerais de accionistas face a outros tipos de assembleias previstas na lei societária"*. Veja-se, a este propósito, o regime previsto no art. 355.º CSC.

[34] Cf. Menezes Cordeiro, *SA: Assembleia Geral*, p. 66 ss., que distingue a este respeito a chamada assembleia paralela ou satélite, que decorre, simultaneamente, em locais distintos; a ciber-assembleia, que abdica de qualquer contacto físico entre accionistas, bastando-se com a comunicação via Internet; e a assembleia on-line, que combina uma reunião física de accionistas com presenças telemáticas, servida por um representante presente no local.

[35] O tema é objecto de tratamento detalhado na Directiva 2007/36/CE, especificamente no seu art. 8.º.

[36] Veja-se, a este respeito, por exemplo, R. Romano, *Less is More: Making Shareholder Activism a Valuable Mechanism of Corporate Governance*; U. Noack, *Shareholders' Meeting and the Internet: Information, Communication and Decision*; e D. Zetzsche, *Shareholder Interaction Preceding Shareholder Meetings of Public Corporations – A Six Country Comparison*, p. 1 ss.

considerada a inclusão de uma recomendação de teor paralelo ao da que se refere ao voto por correspondência, no sentido de serem rejeitadas restrições estatutárias à realização de assembleias sociais[37].

36 Outro tema relevante e em que talvez se justifique uma intervenção de cariz recomendatório, até para contribuir para a dissipação de eventuais dúvidas suscitadas pelo quadro legal, é o referente ao exercício do direito de voto inerente a acções de que um intermediário financeiro seja titular por conta de clientes[38]. A este respeito, a transposição da Directiva 2007/36/CE introduziu no nosso ordenamento um regime especial que, em desvio ao postulado da unidade do direito de voto previsto no art. 385.º CSC, vem permitir que *os accionistas de sociedades emitentes de acções admitidas à negociação em mercado regulamentado que, a título profissional, detenham as acções em nome próprio mas por conta de clientes, podem votar em sentido diverso com as suas acções, desde que apresentem ao presidente da mesa da assembleia geral, com recurso a meios de prova suficientes e proporcionais: (a) a identificação de cada cliente e o número de acções a votar por sua conta; (b) as instruções de voto, específicas para cada ponto da ordem de trabalhos, dadas por cada cliente* (cf. art. 23.º-C/6). Por remissão para os n.º 1 e n.º 3 deste preceito, resulta ainda que aquela informação deve ser entregue ao presidente da mesa da assembleia geral até ao sexto dia anterior ao da realização da assembleia.

37 O problema prático que aqui se pode colocar é o de saber como tratar aquelas situações em que o cliente, até à data da assembleia ou no próprio dia, pretenda alterar a instrução previamente dada ao intermediário financeiro e já entretanto transmitida à sociedade. Seguramente não fará aqui sentido impedir que o intermediário financeiro altere o sentido de voto, conquanto esteja em condições de demonstrar ao presidente da mesa a alteração do sentido de voto do *benefical owner* das acções em causa. Neste quadro, talvez fosse útil que o texto recomendatório tratasse a matéria, designadamente recomendando à sociedade que, mediante a sujeição a procedimentos proporcionais, seja permitida a modificação do sentido de sentido de voto previamente indicado pelo intermediário financeiro que seja titular de acções por conta de clientes.

4. A proporcionalidade entre capital e controlo na Recomendação I.3.3

38 O tema da proporcionalidade entre titularidade de acções e exercício de influência na vida societária, cunhado impressivamente na literatura pela expressão *one share one vote*, esteve no centro do debate jurídico e económico nos tempos recentes[39]; especificamente no espaço jurídico europeu, ele motivou inúmeras iniciativas patrocinadas pela Comissão Europeia destinadas justamente a aferir da necessidade de uma intervenção normativa, num processo incontornável no quadro de uma avaliação crítica do teor da

---

[37] Veja-se o teor do §2.3.4 do Kodex, nos termos do qual (na sua versão em inglês) se dispõe o seguinte: *The company should make it possible for shareholders to follow the General Meeting using modern communication media (e.g. Internet)*. No mesmo sentido vão as *Recommandations sur le gouvernement d'entreprise*, aprovadas pela *Association française de la gestion financière*, recentemente alteradas, nas quais se pode ler: *L'AFG est favorable en toute hypothèse à l'utilisation de moyens de télétransmission et de visioconférence qui facilitent la tenue des assemblées en évitant notamment aux actionnaires de province ou de l'étranger d'avoir à se déplacer. De même, s'agissant de sociétés cotées à Paris dont les assemblées générales se tiennent à l'étranger, il est souhaitable disposer de la possibilité d'assister en direct à ces assemblées par le biais du site web de la société*.

[38] Veja-se Menezes Cordeiro, *Novas Regras sobre Assembleias Gerais: A Reforma de 2010*, p. 32-33. Sobre o fenómeno da titularidade indirecta de valores mobiliários, cf., entre nós, Ferreira de Almeida, *Registo de Valores Mobiliários*, p. 51 ss.

[39] A literatura sobre este tema é abundante; a título meramente exemplificativo, veja-se: Ferrarini, *One Share – One Vote*, p. 1 ss. Entre nós, sobre o tema, veja-se por exemplo Guiné, *Da Conduta (Defensiva) da Administração "Opada"*, p. 51 ss.

Recomendação I.3.3[40]. Não é este o lugar para abordar com profundidade esta matéria da proporcionalidade entre capital e controlo. Para o propósito que aqui nos conduz, que é o de simplesmente proceder a um enquadramento crítico da Recomendação I.3.3, basta chamar a atenção para duas das conclusões fundamentais que, neste domínio, entretanto se consolidaram na comunidade jurídica.

Em primeiro lugar, constitui um dado empírico absolutamente inequívoco a profusão de instrumentos, tipicamente de fonte estatutária, cujo efeito é o de desvirtuar ou, pelo menos, mitigar, a relação proporcional que por regra existirá entre a titularidade de acções e a consequente titularidade de direitos de voto[41]. Isso mesmo ficou demonstrado de forma eloquente e exaustiva no já citado *Report on the Proportionality Principle in the European Union*, que procedeu a um levantamento completo dos chamados *control enhancing mechanisms* admitidos e efectivamente utilizados nas diversas jurisdições europeias (e não só)[42]. Dada a diversidade estrutural e funcional destes mecanismos, uma asserção que parece adequada é a de que não valerá uma abordagem *one size fits all* e que, por isso, nenhum enquadramento desta matéria – mesmo que num plano puramente recomendatório – deverá adoptar uma posição simplista, tratando da mesma forma instrumentos que servem, na realidade, propósitos bem distintos[43].

O direito português acolhe ou pelo menos permite a implementação da generalidade dos *control enhancing mechanisms* conhecidos nas jurisdições de referência[44]; na prática, porém, merece especial referência, pela sua projecção, a consagração de limites ao número de votos a emitir por um accionista[45]. Trata-se de um instrumento que a lei societária acolhe expressamente – no já atrás citado art. 384.º/2-b) CSC – e que vem previsto estatutariamente

---

[40] Foi o já citado relatório de 2002 do *High Level Group of Company Law Experts* que, avançando com uma fórmula que, neste domínio do governo societário, ficou conhecida por princípio da proporcionalidade: *proportionality between ultimate economic risk and control means that share capital which has an unlimited right to participate in the profits of the company or in the residue on liquidation, and only such share capital, should normally carry control rights, in proportion to the risk carried*. Nesta esteira, a Comissão Europeia ordenou a realização de um estudo aprofundado justamente sobre a aplicação deste postulado da proporcionalidade, incluindo fora do espaço europeu; esse estudo fundamental – o *Report on the Proportionality Principle in the European Union* – permitiu reunir um conjunto significatvo de dados, tanto empíricos como normativos, que apontaram, de forma clara, para duas conclusões centrais: a um tempo, a circunstância de serem absolutamente comuns no tráfego os desvios à regra de proporcionalidade; a outro, que os resultados empíricos são inconclusivos, não sendo inequívocas as vantagens decorrentes de uma eliminação dos chamados *control enhancement mechanisms*. As conclusões daquele estudo foram, depois, genericamente sufragadas pelo *European Corporate Governance Forum*, em dois documentos produzidos ainda em 2007: *Paper of the European Corporate Governance Forum – Working Group on Proportionality* e *Statement of the European Corporate Governance Forum on Proportionality*. A Directiva 2007/36/CE, tendo seguramente presente este quadro, não tomou posição nesta material abstendo-se de predispor regras limitativas dos desvios ao princípio da proporcionalidade.

[41] Veja-se o enquadramento de direito comparado oferecido, especificamente a respeito dos *voting caps*, por M. Siems, *Convergence in Shareholder Law*, p. 113 ss.

[42] O referido relatório identifica, entre outros, os seguintes mecanismos: *multiple voting rights shares; non-voting shares (without preference); non-voting preference shares; pyramid structures; depository certificates; voting right ceilings; ownership ceilings; Golden shares; cross shareholdings; shareholders agreements*.

[43] Isso mesmo parecem sugerir, por exemplo, Enriques/Hansmann/Kraakman, "The Basic Governance Structure: The Interests of Shareholders as a Class", p. 60.

[44] Permite-se a consagração estatutária das chamadas supermaiorias (cf. art. 385.º/1 CSC, de restrições à transmissibilidade de acções (cf. art. 328.º CSC), a celebração de acordos parassociais relativos à transmissibilidade das acções ou ao exercício do direito de voto, a emissão de instrumentos representativos de capital que não permitam exercer direito de voto (cf. art. 341.º ss. CSC), entre outros; neste sentido, Guiné, *Da Conduta (Defensiva) da Administração "Opada"*, p. 51 ss.

[45] Tema que não poderá aqui ser tratado, mas que também se refere a esta problemática da desproporção entre capital e controlo, é o das chamadas acções douradas (*golden shares*); de qualquer maneira, merece que se diga que a formulação genérica da Recomendação em análise seguramente abarca o recurso a este mecanismo. Sobre acções douradas, entre nós, veja-se por todos Câmara, The end of the "Golden" Age of Privatisations" – The recente ECJ decisions on Golden-shares, p. 503 ss.

num número significativo de sociedades cotadas portuguesas[46]. Tipicamente, a consagração destes *voting caps* é feita por referência ao enquadramento normativo da imputação de direitos de voto (cf. art. 20.º CVM), o que por seu turno alarga a sua aplicabilidade. Impede-se, por esta via, o exercício de uma posição de controlo por um só accionista ou bloco accionista relacionado ou concertado, ao mesmo tempo que é desincentivada aquisição de uma participação que exceda a limitação imposta para o exercício do direito de voto, dessa forma favorecendo a dispersão accionista.

41   Acresce, em segundo lugar, que os elementos empíricos reunidos a respeito destes desvios à regra de proporcionalidade são absolutamente inconclusivos quanto aos seus supostos efeitos nefastos; é bem claro da literatura económica não existir uma associação inequívoca entre a consagração destes *control enhancing mechanisms* e o impacto negativo na valorização de uma sociedade ou na liquidez das suas acções[47]. É em particular notado que a introdução daqueles mecanismos pode servir a promoção de outros interesses e objectivos, como seja tornar mais atractiva a abertura do capital ao mercado ou facilitar a protecção a médio/longo prazo de uma determinada composição accionista[48]. No que em particular diz respeito aos *voting caps*, é reconhecida a sua aptidão para facilitar a dispersão do capital social e evitar, por essa via, o exercício de um controlo dominante da parte de um só bloco accionista[49].

42   Num resultado que não pode deixar de estar directamente associado a estas conclusões, a Directiva 2007/36/CE não consagra qualquer preceito relacionado com o tema da proporcionalidade.

43   Ora, o teor da Recomendação I.3.3 não pode ser indiferente a estas conclusões e ao consenso que, nos anos mais recentes, se consolidou a respeito do tema da proporcionalidade entre titularidade do capital e exercício de controlo. Não se pretende sugerir simplesmente a supressão da Recomendação agora em análise, ou que o tema da proporcionalidade não devesse ser abordado nesta sede. O que antes se sugere é que, ao invés de tomar uma posição por princípio contrária aos desvios à máxima *one share one vote* – ao arrepio, reitera-se, por exemplo do que sucede na Directiva 2007/36/CE – o texto recomendatório deveria assumir como objectivo o aumento da transparência a respeito dos mecanismos que sejam em concreto implementados pelas sociedades[50]. Em particular, poderá ser ponderada, em sede de revisão da Recomendação, a possibilidade de ser recomendar às sociedades que incluam no seu relatório anual sobre governo societário uma exposição completa e esclarecedora dos motivos em que assenta a consagração, no seu modelo de governo, de desvios à regra de proporcionalidade. Uma recomendação com este teor permitiria uma melhor avaliação, pelos accionistas como por potenciais investidores, do real impacto dos mecanismos que sejam em concreto implementados pela sociedade.

---

[46] Ainda que a necessitar de algumas (poucas) actualizações, veja-se a indicação exemplificativa oferecida por Guiné, *Da Conduta (Defensiva) da Administração "Opada"*, p. 54.

[47] Nestes termos, Enriques/Hansmann/Kraakman, "The Basic Governance Structure: The Interests of Shareholders as a Class", p. 60. Veja-se, também, Ferrarini, *One Share – One Vote*, p. 6 ss., com abundantes indicações bibliográficas de estudos económicos sobre o tema. Adams/Ferreira, "One Share, One Vote: The Empirical Evidence", p. 51 ss.

[48] Cf. neste sentido por exemplo, o já citado *Paper of the European Corporate Governance Forum – Working Group on Proportionality*.

[49] Nota isso mesmo, por exemplo, M. Siems, *Convergence in Shareholder Law*, p. 114.

[50] Parece ir também neste sentido a posição de Ferrarini, *One Share – One Vote*, p. 23.

1.4. QUÓRUM DELIBERATIVO

As sociedades não devem fixar um quórum deliberativo superior ao previsto por lei.

Bibliografia: AAVV, *CSC Anotado* (coord. ANTÓNIO MENEZES CORDEIRO), Coimbra, 2011; ANTÓNIO MENEZES CORDEIRO, *Manual de Direito das Sociedades*, I – Das sociedades em geral, 3.ª ed., Coimbra, 2011 e II – Sociedades em especial, 2.ª ed., Coimbra, 2007; CMVM, *Relatório Anual sobre o Governo das Sociedades Cotadas em Portugal* – 2009, disponível em http://www.cmvm.pt/CMVM/Estudos; JORGE PINTO FURTADO, *Código das Sociedades Comerciais Anotado*, 5.ª ed., Lisboa, 2007; JOSÉ FERREIRA GOMES, "Conflitos de interesses entre accionistas nos negócios celebrados entre a sociedade anónima e o seu accionista controlador", *in Conflito de Interesses no Direito Societário e Financeiro: Um Balanço a partir da Crise* (org. PAULO CÂMARA), Coimbra, 2010; LUCIAN A. BEBCUK/ALMA COHEN/ALLEN FERRELL, "What Matters in Corporate Governance?" (February 2009). The Review of Financial Studies, Vol. 22, Issue 2, pp. 783-827, 2009, disponível em SSRN: http://ssrn.com/abstract=1331874 or doi:hhn099; ORLANDO GUINÉ, *Da conduta (defensiva) da Administração "Opada"*, Coimbra, 2009; PAULO CÂMARA, *Manual de Direito dos Valores Mobiliários*, Coimbra, 2009; PEDRO PAIS VASCONCELOS, *A participação social nas sociedades comerciais*, 2.ª ed., Coimbra, 2006; RICHARD HOLDEN, "Supermajority Voting Rules" (June 2004), disponível em SSRN: http://ssrn.com/abstract=625122 or doi:10.2139/ssrn.625122; RINGLEB/KREMER/LUTTER/V. WERDER, *Deustscher Corporate Governance Kodex – Kommentar*, 4. Auflage, 2010.

Índice

I – Enquadramento geral
1. Evolução da Recomendação.............................. 1
2. Âmbito de aplicação 5
3. Fontes normativas 7

II – Quórum e *corporate governance*
4. Noção de quórum deliberativo 8
5. *Supermajority requirements* e bom governo societário... 10
6. *Supermajority requirements* e cláusulas anti-controlo 15

III – Sentido material da Recomendação
7. Os quorums deliberativos legais..................... 17
8. *Ratio*.. 19
9. Limitações da Recomendação 20
10. Remissão *formal* para o quórum previsto na lei 23

I – Enquadramento geral

1. **Evolução da Recomendação.** A Recomendação da CMVM de 1999, em sede de *exercício do direito de voto e representação dos accionistas*, não continha qualquer referência ao quórum deliberativo das assembleias gerais. O mesmo acontecia, aliás, nos *OECD Principles of Corporate Governance* (1999).

As Recomendações de 2001, 2003 e 2005 não vieram alterar a situação. A preocupação do Regulador até então prendeu-se, sobretudo, com exercício activo do direito de voto e com a informação dos accionistas.

3   O Código de Governo das Sociedades da CMVM de 2007, para além das alterações sistemáticas introduzidas no texto das recomendações criou um novo *item* I.4. com a seguinte redacção: *"As sociedades não devem fixar um quórum constitutivo ou deliberativo superior ao previsto por lei".*

4   O Código de Governo das Sociedades da CMVM de 2010 alterou a redacção de I.4., limitando a recomendação ao quórum deliberativo.

5   **2. Âmbito de aplicação.** A presente Recomendação conhece uma *formulação negativa*: o Regulador aconselha a não adoptar uma concreta conduta, neste caso, a não estipular em contrato de sociedade um quórum superior ao que resulta das disposições legais aplicáveis. A recomendação pode ser observada em dois momentos distintos: *(i)* no acto constitutivo da sociedade; e *(ii)* nas modificações que nele venham a ser introduzidas em sede de revisão de estatutos e alteração do contrato.

6   Pressuposto de aplicação da Recomendação é ainda a *supletividade* do regime legal: o quórum deliberativo só não deverá ser superior ao previsto na lei quando a própria lei admita a sua derrogação pelo contrato de sociedade.

7   **3. Fontes normativas.** A matéria referente ao quórum deliberativo das assembleias gerais das sociedades anónimas encontra-se regulada no art. 386.º do CSC. Vejam-se ainda os arts. 294.º/1, 492.º/2, 496.º/1, 505.º e 506.º. Algumas disposições da Parte Geral do CSC são ainda de reter, em especial, os arts. 3.º/5 e 86.º/1. Tenha-se ainda em conta o art. 182.º-A do CVM.

II – Quórum e *Corporate Governance*

8   **4. Noção de quórum deliberativo.** O termo quórum deriva da igual palavra latina (*quorum*[1]) cuja tradução literal corresponde a *"dos quais"*. A sua utilização no âmbito das assembleias gerais expressa o número de accionistas, ou percentagem do capital social, necessário para que a assembleia se constitua enquanto tal (quórum *constitutivo*) ou forme uma deliberação social (quórum *deliberativo*). No CSC, a expressão *quórum* surge apenas na epígrafe do art. 383.º, sendo que aí prevalece o sentido constitutivo. Para quórum deliberativo, o CSC utiliza tão só a expressão *maioria* (art. 386.º).

9   *Quorum deliberativo* corresponde, assim, à percentagem de votos expressos (referente ou não a certa percentagem do capital) necessária para que se forme uma deliberação social. A sua inobservância determina a não aprovação da proposta deliberativa[2].

10   **5. *Supermajority requirements* e bom governo societário.** As regras respeitantes ao quórum das assembleias gerais são um elemento estruturante do bom governo das sociedades. Um quórum constitutivo ou deliberativo demasiado elevado pode condenar a assembleia geral à inoperância, ou porque dificilmente se consegue constituir enquanto tal, ou porque dificilmente consegue obter uma deliberação válida e eficaz. Ao contrário, um quórum pouco

---

[1] *Quorum* corresponde à declinação no genitivo plural dos pronomes latinos *qui* e *quod*.
[2] Neste sentido, MENEZES CORDEIRO, *CSC Anotado* (2011), 383.º, 9-10. No sentido da anulabilidade (art. 58.º/1), cfr. PINTO FURTADO, *CSC Anotado* (2007), 309.

exigente pode, facilmente, permitir que a assembleia geral seja controlada por uma minoria *proactiva*, ficando as decisões estruturantes para a vida e devir da sociedade à mercê de uma expressão mínima da propriedade da empresa.

Este quadro problemático geral conhece concretizações próprias de acordo com as características do mercado em que a sociedade se insira. Nos mercados europeus, onde é grande a concentração do capital em um número reduzido de investidores, colocam-se com especial incidência os problemas associados à majoração do quórum deliberativo (*supermajority requirements*). Ela permite, com frequência, quer situações de *expropriação de minorias*, mediante a apropriação económica pela maioria do valor da empresa e pelo esvaziamento material do direito de voto dos accionistas minoritários; quer situações de *abusos de minoria*, potenciando comportamentos oportunistas de accionistas de participação reduzida que, deste modo, adquirem uma importância societária e uma relevância no mercado absolutamente desporporcional face à sua real participação social[3].

A experiência dos últimos anos demonstra que os *supermajority requirements* estão na origem de efeitos negativos na avaliação das sociedades: conduzem a um desincentivo ao investimento e produzem ineficiências económicas, reduzindo a competitividade da empresa[4]. Paralelamente, têm-se procurado modelos matemáticos de *optimização de maiorias* que permitam, por um lado, reduzir as situações de expropriação e, simultaneamente, evitar os abusos de minoria conhecidos[5].

Não obstante a importância do tema, o Regulador apenas se ocupou dele em 2007 e em 2010. O panorama europeu não é muito diferente[6]. Nas *Recommendations sur le gouvernement d'enterprise* (2011) pode ler-se em I/A.2: *"La présence d'un maximum d'actionnaires à l'assemblée générale contribue à la richesse du bébat, il convient de la favoriser"*[7]. Tal não consubstancia, todavia, qualquer recomendação concreta sobre um quórum constitutivo ou deliberativo. O *Codice de Autodisciplina* italiano (2006) não contempla a matéria. Tão pouco o faz o *Deutscher Corporate Governance Kodex* (2010), não obstante em 2.2.1. dispor sobre competências materiais da assembleia geral[8].

---

[3] Alguns destes comportamentos poderão redundar, aliás, em violação de deveres jurídicos associados à qualidade de accionista. Cfr., por exemplo, Pais Vasconcelos, *A participação social nas sociedades comerciais*, 2.ª ed., Coimbra, 2006, *passim* e José Ferreira Gomes, "Conflitos de interesses entre accionistas nos negócios celebrados entre a sociedade anónima e o seu accionista controlador", in *Conflito de Interesses no Direito Societário e Financeiro: Um Balanço a partir da Crise* (org. Paulo Câmara), Coimbra, 2010, *passim*.

[4] Cfr., por exemplo, Bebchuk, Lucian A./Cohen, Alma/Ferrell, Allen, "What Matters in Corporate Governance?" (February 2009). The Review of Financial Studies, Vol. 22, Issue 2, pp. 783-827, 2009, disponível em SSRN: http://ssrn.com/abstract=1331874 or doi:hhn099.

[5] Cfr., com desenvolvimento e aplicações para além do *corporate governance* societário, Holden, Richard, "Supermajority Voting Rules" (June 2004), disponível em SSRN: http://ssrn.com/abstract=625122 or doi:10.2139/ssrn.625122.

[6] Atendemos apenas às recomendações presentes nas ordens jurídicas que tradicionalmente gozam de maior influência no sistema jurídico português.

[7] Cfr. texto de referência de Janeiro de 2011, in www.afg.asso.fr.

[8] *"2.2.1. (...) Para além disso, a assembleia geral delibera acerca dos estatutos e o objecto da sociedade, das alterações estatutárias e acerca dos assuntos essenciais da empresa, em especial sobre contratos entre empresas e transformações, sobre a emissão de novas acções e obrigações e sobre a autorização para a aquisição de acções próprias. Ela pode ainda deliberar sobre a aprovação do sistema de remuneração dos membros do Conselho de Administração."* – *"(...) Darüber hinaus entscheidet die Hauptversammlung über die Satzung und den Gegenstand der Gesellschaft, über Satzungsänderungen und über wesentliche unternehmerische Maßnahmen wie insbesondere Unternehmensverträge und Umwandlungen, über die Ausgabe von neuen Aktien und von Wandel- und Optionsschuldverschreibungen sowie über die Ermächtigung zum Erwerb eigener Aktien. Sie kann über die Billigung des Systems der Vergütung der Vorstandsmitglieder beschließen."*. De salientar que quanto às deliberações aí previstas não se recomenda qualquer maioria. Com desenvolvimento, cfr. Ringleb/Kremer/Lutter/V. Werder, *Deustscher Corporate Governance Kodex – Kommentar*, 4. Auflage, 2010, 2.2.1., 238.

14 Excepção se faça ao *Código Unificado de Buen Gobierno* (2006) no qual o Regulador espanhol, no intróito à Recomendação 1. (*Estatutos y Junta General*) afirma: *"(...) resulta coveniente que éstas* (leia-se: as empresas) *renuncien a estabelecer barreras estatutarias o «blindajes» – tales como la limitación del poder de voto, la exigencia de cierto grado de antigüedad para el acceso a determinados cargos o el reforzamiento de los quorums de votacion por encima de los estándares legales (...)."*[9]. De anotar, contudo, que esta preocupação não foi formalizada em uma concreta recomendação.

15 6. **Supermajority requirements e cláusulas anti-controlo.** A fixação de quorum deliberativo elevado para matérias como a alteração dos estatutos ou para operações de concentração, por exemplo, é normalmente identificada como um meio de defesa anti-OPA ou, mais genericamente, como um modo destinado a evitar a tomada de controlo da sociedade (*anti-takeover provision*). A exigibilidade de uma *supermajority* neste casos constitui os *insiders shareholders* no poder de bloquear a sociedade, mesmo quando tenham perdido já o domínio sobre a administração[10].

16 Este facto, por si, introduz um obstáculo à própria dinâmica e eficiência do mercado. Não será por isso de estranhar que, num estudo realizado junto dos investidores do *Georgeson Group*, publicado em 2004, os *supermajority requirements* surjam como uma das cláusulas que mais objecções recolhe por parte dos investidores[11].

III – Sentido material da Recomendação

17 7. **Os quorums deliberativos legais**. A regra geral, quanto ao quórum deliberativo das assembleias gerais das sociedades anónimas, é a maioria simples (art. 386.º/1 do CSC). Nas deliberações referentes à alteração do contrato de sociedade, fusão, cisão, transformação e dissolução, o CSC exige uma maioria qualificada de de 2/3 dos votos (art. 386.º/3), salvo se em segunda convocatória convocatória estiver representado, pelo menos, 50% do capital social, situação em que a deliberação pode ser tomada por maioria simples.

18 À parte destas disposições e sem pretensões de exaustão: *(i)* a deliberação de tranferência da sede efectiva da sociedade para fora de Portugal está sujeita a um quórum deliberativo mínimo 75% do capital social (art. 3.º/5); *(ii)* só por unanimidade se pode atribuir eficácia retroactiva à alteração dos estatutos (art. 86.º/1); *(iii)* a não distribuição de pelo menos metade do lucro do exercício está sujeita a uma maioria de três quartos; e *(iv)* as alterações dos estatutos no que diz respeito à eliminação de limitações referentes à transmissão ou exercício do direito de voto, não podem estra sujeitas a uma maioria qualificada superior a 75% dos votos emitidos (art. 182.º-A/2 CVM). A estas disposições somem-se ainda as referentes às situações de coligação societária *supra* assinaladas.

19 8. **Ratio**. O sentido da não adopção de um quórum superior ao previsto na lei foi já sumariamente enunciado a propósito dos *supermajority requirements* (*supra* 16). Portugal partilha, com os outros mercados europeus, uma forte concentração de capitais. Basta atender à estrutura

---

[9] Cfr. o texto disponível em www.ecgi.org.
[10] Neste sentido, cfr. BEBCHUK, LUCIAN A./COHEN, ALMA/FERRELL, ALLEN, "What Matters in Corporate Governance?", *cit.*, 11. Cfr. ainda ORLANDO GUINÉ, *Da conduta (defensiva) da Administração "Opada"*, Coimbra, 2009, *passim* e a anotação I.6.

[11] Cfr. BEBCHUK, LUCIAN A./COHEN, ALMA/FERRELL, ALLEN, "What Matters in Corporate Governance?", *cit.*, 7-9.

accionistas das principais empresas do PSI-20[12]. Neste contexto, a existência de quorums especialmente agravados reduz o valor económico da sociedade, compromete a maximização da participação accionista na vida societária (escopo que se encontra presente em todas as recomendações referentes à assembleia geral) e configura um meio de defesa anti-controlo (*anti-takeover provision*). Tudo escopos que a Recomendação visa evitar.

9. **Limitações da Recomendação**. A presente Recomedação limita-se à não adopção, no contrato de sociedade, de quorums deliberativos superiores ao fixado na lei. Nada é dito quanto a um *quórum inferior*. Tal hipótese não parece inquietar o Regulador.

Ao contrário do que sucedia no Código de 2007, o Código de 2010 não se ocupa do quórum constitutivo. Isto, não obstante a supletividade do regime (art. 383.º/1). Há, contudo, uma orientação valorativa expressa na Recomendação que deve entender-se aplicável também a estes casos: é indesejável a majoração do quórum constitutivo sempre que através dele, se obtenham os mesmos resultados associados à majoração do quorum deliberativo. De todo o modo, parece evidente que em um mercado com elevada concentração de capitais, os problemas associados à majoração do quorum constitutivo colocam-se com uma intensidade absolutamente distinta daquela que surge com um elevada dispersão em bolsa.

De salientar ainda que, ao contrário do *Kodex* germânico, o Regulador português não recomenda nenhuma reserva de competência material (*praeter legem*) para a assembleia geral nem distingue quorums em razão da matéria. O *Kodex*, ao contrário, reflecte a doutrina dos acórdãos *Holzmüller* e *Gelatine*[13]. Afigura-se-nos muito oportuno que, nesta sede, haja uma clarificação sobre esta matéria.

10. **Remissão *formal* para o quórum previsto na lei.** Ao recomendar que o contrato de sociedade não fixe um quorum deliberativo superior ao previsto na lei, cumpre saber se a remissão legal do Regulador é *formal* ou *material*. Isto é: *(i)* a Recomendação é aplicável seja qual for o quórum legal previsto no CSC e na legislação aplicável; ou, ao contrário, *(ii)* a Recomendação é aplicável em atenção ao quorum que se encontra actualmente previsto na lei.

A última hipótese (*remissão material*) é de rejeitar. O Regulador não emitiu um juízo de bom governo quanto às concretas maiorias previstas na lei (2/3, 3/4, etc.). Não se trata, portanto, de uma optimização de maiorias, segundo um modelo económico já estudado. O sentido é outro: seja qual for o quorum legal (cuja bondade se discute em outra sede) não deve a liberdade jurígena dos accionistas, manifestada na livre conformação dos estatutos, agravar os quorums deliberativos que o legislador haja fixado.

Trata-se, portanto, de uma *remissão formal*, mantendo-se o sentido da Recomendação seja qual for a concreta maioria deliberativa prevista na lei.

---

[12] Veja-se, ainda, quanto às sociedades com acções cotadas no *Eurolist by Euronext Lisbon*, o estudo da CMVM sobre a estruturado capital accionista in *Relatório Anual sobre o Governo das Sociedades Cotadas em Portugal* – 2009, disponível em http://www.cmvm.pt/CMVM/Estudos.

[13] Cfr. RINGLEB/KREMER/LUTTER/V. WERDER, *Deustscher Corporate Governance Kodex* ..., 2.2.1., 247.

1.5. ACTAS E INFORMAÇÃO SOBRE DELIBERAÇÕES ADOPTADAS

Extractos de acta das reuniões da assembleia geral, ou documentos de conteúdo equivalente, devem ser disponibilizados aos accionistas no sítio na Internet da sociedade, no prazo de cinco dias após a realização da assembleia geral, ainda que não constituam informação privilegiada.

A informação divulgada deve abranger as deliberações tomadas, o capital representado e os resultados das votações.

Estas informações devem ser conservadas no sítio na Internet da sociedade durante pelo menos três anos.

Bibliografia: Abílio Neto, *Código das Sociedades Comerciais – jurisprudência e doutrina*, Coimbra Editora, 2007; António Menezes Cordeiro (coord.), *Código das Sociedades Comerciais Anotado*, Almedina, 2.ª edição, 2011; id., *Novas regras sobre assembleias gerais: a reforma de 2010*, Revista de Direito das Sociedades, Ano II, números 1-2, Almedina, 2010; António Pereira de Almeida, *Sociedades Comerciais, Valores Mobiliários e Mercado*, Coimbra Editora, 6.ª Edição, 2011; Jorge M. Coutinho de Abreu (coord.), *Código das Sociedades Comerciais em Comentário*, Volume I, Almedina, 2010.

Índice

I – Antecedentes próximos 1	5. Comentário crítico desse racional e da capacidade da recomendação para o prosseguir 26
II – Fontes legais e comunitárias relacionadas 6	6. Identificação de eventuais incongruências com o regime legal.. 26
1. Fontes comunitárias.. 6	
2. Fontes nacionais: Código das Sociedades Comerciais 9	7. Enquadramento/comparação com as recomendações e práticas internacionais 27
3. Código dos Valores Mobiliários 13	
III – Análise 16	
4. Explicação do racional subjacente à recomendação.. 16	

I – Antecedentes próximos

As sucessivas versões das recomendações da CMVM sobre o governo das sociedades cotadas até, exclusive, à versão de 2007 (recomendações de 1999, 2001, 2003 e 2005) omitiam qualquer referência à divulgação de informação sobre deliberações dos accionistas.

2   Foi com a actualização das recomendações da CMVM ocorrida em 2007 (que pela primeira vez assumiram a designação que hoje mantêm de "Código de Governo das Sociedades" da CMVM) que pela primeira vez se incluiu um ponto sobre as actas das reuniões da assembleia geral da perspectiva da sua adequada divulgação junto dos accionistas.

3   Este desenvolvimento no plano recomendatório acompanha evoluções de idêntico sentido (embora com âmbitos subjectivos e objectivos algo diferentes) no plano comunitário e da legislação doméstica, ocorridas em 2006 e 2007 (cfr. *infra*).

4   Comparativamente e de forma breve, podem sintetizar-se assim as diferenças, no essencial, neste plano recomendatório, entre a versão em análise (de 2010) do Código (da CMVM) de Governo das Sociedades, e a versão de 2007:

i) em 2007 recomendava-se a divulgação integral das próprias actas; em 2010 já se exige apenas a divulgação de extractos de actas (ou documentos de conteúdo equivalente) que abranjam (conteúdo mínimo recomendado) as deliberações tomadas, o capital representado e os resultados das votações;

ii) em 2007 recomendava-se também a manutenção durante três anos, no sítio da Internet do emitente, das listas de presença e das ordens de trabalho relativas às reuniões da assembleia geral; em 2010 esta recomendação foi eliminada (quanto à lista de presenças aparentemente em razão de preocupações relacionadas com a protecção de dados pessoais);

iii) em 2007 é defensável que a recomendação omitia o período durante o qual as actas deveriam ser mantidas no sítio da internet da sociedade emitente (só quanto às deliberações tomadas havia previsão específica de três anos); em 2010 desaparece a menção às actas e (como se referiu já) clarifica-se que os extractos de actas devem ser mantidos no sítio da Internet por um período de três anos.

5   Em conclusão, no cômputo geral pode afirmar-se que houve um recuo (esta palavra não significa, aqui, qulquer juízo valorativo negativo – é apenas uma constatação) no Código de Governo das Sociedades da CMVM na sua versão de 2010, relativamente a este ponto das actas e informações sobre deliberações adoptadas, em relação ao ponto de partida a este propósito adoptado na versão de 2007.

II – Fontes legais e comunitárias relacionadas

1. Fontes comunitárias

6   No plano comunitário foi com a Directiva 2004/109/CE do Parlamento Europeu e do Conselho (de 15 de Dezembro de 2004) que certas preocupações relacionadas com assembleias gerais de accionistas começaram a aflorar. Mas a preocupação centrava-se então ainda apenas no plano (prioritário) da informação prévia à assembleia geral, prestada aos accionistas para efeitos de participação na mesma, e no plano do exercício dos seus direitos de voto através de procurador (artigo 17.º). Nada se dispunha, ainda, quanto ao plano da divulgação de informação sobre o sucedido e deliberado na assembleia geral.

7   Com a Directiva 2007/36/CE do Parlamento Europeu e do Conselho (de 11 de Julho de 2007), toda a problemática relacionada com a assembleia geral e os direitos dos accionistas ganhou novo impulso, tendo sido adoptadas respostas para lidar com a constatação de que num mundo onde os investimentos e aplicações financeiras são transfronteiriças, não basta que as informações aos accionistas sejam disponibilizadas no Estado-Membro de

origem do emitente, e é necessário que se criem condições que facilitem o efectivo exercício transfronteiriço do voto.

A Internet foi um dos suportes tecnológicos para as respostas encontradas, entre as quais se conta, pela primeira vez no plano comunitário, a previsão de regras sobre a divulgação de resultados de votações accionistas (artigo 14.º). Mais concretamente, aí se dispõe que a sociedade deverá publicar, num prazo máximo (que pode ser encurtado pelas legislações nacionais) de 15 dias, no seu sítio da Internet, os resultados das votações.

2. Fontes nacionais: Código das Sociedades Comerciais

O legislador nacional, através de aditamento de um n.º 4 ao artigo 288.º do CSC, operado pelo Decreto-Lei nº 76-A/2006 (de 29 de Março de 2006), impôs com respeito às sociedades em geral (e não apenas às cotadas, como sucedeu no plano comunitário), salvo proibição prevista nos estatutos da sociedade, o envio por correio electrónico aos accionistas que possuam acções correspondentes a, pelo menos, 1% do capital social, e que o requeiram, de convocatórias, actas e listas de presenças das reuniões das assembleias gerais e especiais de accionistas (e de obrigacionistas) realizadas nos últimos três anos. Caso a sociedade divulgue esta informação no seu sítio na Internet, o envio por correio electrónico é dispensado.

Ao contrário do que sucede no plano recomendatório, não houve preocupação em regular o período de tempo durante o qual esta informação deverá ser divulgada no sítio da Internet da sociedade. O que na economia desta norma faz sentido: se a obrigação só nasce quando um accionista que preencha as condições de elegibilidade o solicite e se ela pode ser cumprida via remessa por correio electrónico ao accionista requerente, não há (ao abrigo da norma em análise) por definição qualquer obrigação mínima para a sociedade emitente, em termos temporais ou de conteúdo, de manter *a priori* o que quer que seja no seu sítio da Internet, a este propósito. Por outro lado, se porventura o que tiver disponibilizado no seu sítio da Internet corresponder ao solicitado pelo accionista, este não pode exigir à sociedade que lhe seja remetido especificamente o que quer que seja via correio electrónico.

Ao contrário também do que sucede no plano recomendatório nesta matéria (que evoluiu a este propósito entre 2007 e 2010 – ver *supra*), não se manifesta na norma em análise preocupação de que a divulgação das listas de presenças possa contender com a protecção dos dados pessoais. No meu espírito não está claro ainda o que deve prevalecer, principalmente num contexto em que, para além dos membros da mesa da assembleia geral, ninguém mais, se não se permitir isso aos accionistas (principais interessados) também, poderá controlar especulativamente, cruzando para isso a informação pertinente, a contagem dos votos e a verificação do eventual quórum deliberativo exigido. Como ponto de partida, parece que será seguro pelo menos concluir que uma prevalência absoluta do interesse na preservação da reserva dos dados pessoais não é aceitável.

Finalmente, o plano recomendatório preocupa-se apenas com assembleias gerais e a norma em análise, pelo contrário, aplica-se também a assembleias especiais. Também esta diferença se compreende. Com efeito, o plano recomendatório situa-se numa lógica de divulgação independentemente de qualquer solicitação específica, operando através de divulgação indiscriminada em sítio da Internet da sociedade emitente. Pelo contrário, a obrigação prevista na regra legal em análise só nasce caso haja solicitação específica, e pode ser cumprida através de divulgação especificamente dirigida ao interessado, pelo que faz sentido que abranja, também, assembleias especiais de accionistas.

3. Código dos Valores Mobiliários

13   Por força do aditamento do artigo 23.º-D ao CVM, operado pelo Decreto-Lei nº 49/2010 (de 19 de Maio de 2010), que foi mais longe do que o que era exigido pela acima referida Directiva 2007/36/CE do Parlamento Europeu e do Conselho, passou a ser obrigatório para as sociedades abertas (onde se incluem, entre outras, as cotadas) a divulgação no seu sítio da Internet, no prazo de quinze dias após o encerramento da assembleia (ou após o cômputo definitivo da votação, nos casos previstos na alínea b) do n.º 9 do artigo 384.º do CSC):

   i) da data, local e hora da reunião da assembleia geral;
   ii) o nome do presidente da mesa e (havendo) dos secretários;
   iii) a ordem do dia constante da convocatória;
   iv) referência a documentos e relatórios submetidos à assembleia;
   v) o teor das deliberações tomadas;
   vi) os resultados das votações, especificando-se ainda (a) o número total de votos emitidos, (b) a percentagem de capital social representado correspondente ao número total de votos emitidos (c) e o número de acções correspondente ao número total de votos emitidos.

14   Este recente desenvolvimento legislativo tornou agora, no essencial, inútil, a recomendação da CMVM aqui em análise. Para além da imperatividade da regra legal descrita, em contraste com o plano meramente recomendatório do Código de Governo das Sociedades da CMVM, as obrigações de divulgação consignadas no artigo 23.º-D do CVM relativamente às deliberações dos accionistas abrangem um maior número de elementos e devem ser mantidas no sítio da Internet da sociedade emitente indefinidamente (em contraste com a recomendação da CMVM de um mínimo de apenas três anos).

15   Ou seja, sob todos os aspectos a nova regra legal não só absorve a recomendação como alarga o espectro da informação a divulgar. Num único ponto a recomendação acrescerá, em termos de exigência, relativamente à nova regra legal: o prazo para proceder à divulgação, de cinco dias, que recomenda, é menor do que o prazo (imperativo) de quinze dias previsto no artigo 23.º-D do CVM (ainda assim é bastante inferior este prazo de quinze dias ao prazo de 30 dias para se interpor acção de anulação de deliberação social – cfr. artigo 59.º do CSC).

III – Análise

4. Explicação do racional subjacente à recomendação

16   As assembleias gerais têm um "antes", um "durante" e um "depois".

17   Com o "antes" (preparação para a assembleia) e o "durante" (participação e exercício de direitos na assembleia) lidam outras recomendações e disposições legais, sendo de destacar quanto a estas últimas, no plano comunitário, a *supra* citada Directiva 2007/36/CE, transposta para o nosso ordenamento jurídico pelo também acima referenciado Decreto-Lei n.º 49/2010.

18   Com respeito ao "antes", é evidente que os accionistas só estarão devidamente informados e preparados para exercer os seus direitos caso, previamente à assembleia geral, lhes seja disponibilizado acesso à informação pertinente para o que aí se discutirá e se submeterá à votação. E para efeitos de o accionista poder contextualizar num horizonte mais alargado, temporal e não só, há potencialmente utilidade em que lhe seja disponibilizado também acesso ao histórico de anteriores assembleias gerais. Este será um primeiro efeito positivo que a recomendação em análise permite alcançar.

Um segundo objectivo desta recomendação prender-se-á com permitir que o accionista 19
possa conhecer, ou recordar, com segurança, certeza e precisão, as deliberações adoptadas
pelo colégio eleitoral de que faz, em princípio, parte. E, não fazendo, com quem comunga,
ignorando-se possíveis patologias, as mesmas preocupações e interesses com respeito à
sociedade emitente.

Um terceiro objectivo será o de permitir aos accionistas, quer tenham ou não partici- 20
pado na assembleia geral, controlar do ponto de vista da sua legalidade (cfr. a legitimidade do
accionista para o efeito no artigo 59.º do CSC) e oportunidade - e reagir em conformidade –,
através do acesso fácil e seguro à informação pertinente, as deliberações dos accionistas da
sociedade em que participam.

No cômputo geral, todos estes objectivos visam aumentar a transparência do que se vai 21
passando na sociedade, dando oportunidade, na prática, mesmo aos accionistas fisicamente
mais distantes ou simplesmente mais afastados do núcleo de poder da sociedade que, caso
assim o desejem, possam informar-se de imediato sobre o que se vai passando nesta ao nível
das deliberações adoptadas pelo colégio de accionistas. É de referir ainda que a teoria diz que
esta transparência reduz as assimetrias de informação e esta redução, por seu turno, reduz
os custos da agência e, com isso, o custo do capital, contribuindo (por pouco que seja, no
que respeita ao ponto aqui em análise) para a competitividade das empresas portuguesas no
acesso aos mercados de capitais internacionais.

5. Comentário crítico desse racional e da capacidade da recomendação para o prosseguir

Estes são objectivos desejáveis e a recomendação contribui (na modesta medida das suas 22
possibilidades – não é, normalmente, ao nível dos accionistas, enquanto tais, que se situam
as ocorrências das quais sobretudo depende, ou que reflectem, a saúde da sociedade) para a
sua prossecução. É suficiente?

É um facto que a versão de 2007 desta recomendação visava alcançar uma divulgação 23
de informação mais completa (cfr. acta integral e a ordem de trabalhos, para além da lista
de presenças).

É um facto, também, que o artigo 23.º-D, recentemente aditado ao CVM – ver *supra* –, 24
trouxe a informação prestada a este respeito para um patamar de exigência superior e fez
beneficiar a sua divulgação de um carácter imperativo.

Tudo somado, pode dizer-se que a recomendação em análise era melhor do que nada. 25
Mas era possível e exequível aumentar o grau de exigência no que respeita ao detalhe da
informação divulgada, como acabou por fazer o citado artigo 23.º-D do CVM que garante
em grau acrescido a prossecução dos objectivos de transparência também visados pela (agora
ultrapassada) recomendação em análise.

6. Identificação de eventuais incongruências com o regime legal

O que há é mais do que uma incongruência com o regime legal. O que há é uma inutilidade 26
superveniente desta recomendação desde o aditamento do referido artigo 23.º-D ao CVM.
Esta recomendação só poderia voltar a ganhar relevância caso se decidisse ir ainda mais além,
no plano recomendatório, do que dispõe já hoje o artigo 23.º-D do CVM, o que não se afigura
fácil nem desejável - o artigo 23.º-D do CVM parece ir, pelo menos à luz das necessidades
actuais, suficientemente longe nas exigências que impõe.

7. Enquadramento/comparação com as recomendações e práticas internacionais

27 Não se procedeu a uma pesquisa sistemática. Procurou-se que recomendações respeitantes ao governo das sociedades existentes noutros países incluíssem no cabaz países representando diversas tradições jurídicas (*common law vs civil law*; e dentro desta última, de inspiração napoleónica e de inspiração romano-germânica), e que estivessem representados, ainda, países (quis também incluir o território de Hong-Kong, mas não o fiz por não ter parecido clara a natureza da informação disponível) com mercados de capitais importantes. A Letónia entra no lote por via de uma escolha aleatória. Tenha-se ainda em atenção que em alguns países há mais do que um código de referência sobre o governo das sociedades e que alguns dos códigos referenciados são de origem privada (associações de instituições financeiras, por exemplo; ou mercados regulamentados /respectivas entidades gestoras).

28 Quando não tenha encontrado recomendações respeitantes à divulgação de deliberações dos accionistas, não se pode daí evidentemente concluir que essa divulgação, inclusivamente em sítios da Internet, não exista nesse país, por imposição legal, como passou, aliás, a suceder em Portugal, por força do já citado artigo 23.º-D do CVM.

i) *New York Stock Exchange Principles of Coporate Governance* (EUA; 23 de Setembro de 2010): sem referências à divulgação de deliberações dos accionistas;

ii) *The UK Corporate Governance Code (Reino Unido; Junho de 2010)*: em caso de votações de braço no ar, recomenda-se a divulgação em sítio da Internet do número de votos segregados em função dos vários sentidos possíveis (incluindo abstenções);

iii) *Australian Corporate Governance Principles and Recommendations* (Austrália; 30 de Junho de 2010): sem referências à divulgação de deliberações dos accionistas;

iv) *German Corporate Governance Code* (Alemanha; 26 de Maio de 2010): sem referências à divulgação de deliberações dos accionistas;

v) *Tokyo Stock Exchange Principles of Corporate Governance for Listed Companies* (Japão; Dezembro de 2009): sem referências à divulgação de deliberações dos accionistas;

vi) *Recommendations on Corporate Governance* (França; Janeiro de 2010): recomenda que no máximo até aos quinze dias subsequentes à assembleia seja divulgado no sítio da Internet um relatório com algum detalhe especificado na recomendação, dos resultados da votação;

vii) *Unified Good Governance Code* (Espanha; 19 de Maio de 2006): sem referências à divulgação de deliberações dos accionistas;

viii) *The 2009 Belgian Code on Corporate Governance* (Bélgica, 12 de Março de 2009): recomenda a divulgação dos resultados das votações e das actas das assembleias gerais no sítio da Internet, o mais rapidamente possível após a reunião dos accionistas;

ix) *Código das Melhores Práticas de Governança Corporativa* (Brasil; Setembro de 2009): recomenda-se que as actas e as ordens de trabalho sejam tornadas públicas;

x) *NASDAQ OMX Principles of Corporate Governance and Recommendations on their implementation* (Letónia; 2010): é recomendado que no sítio da Internet constem pelo menos as deliberações accionistas do último ano.

1.6. MEDIDAS RELATIVAS AO CONTROLO DAS SOCIEDADES

I.6.1. As medidas que sejam adoptadas com vista a impedir o êxito de ofertas públicas de aquisição devem respeitar os interesses da sociedade e dos seus accionistas.
Os estatutos das sociedades que, respeitando esse princípio, prevejam a limitação do número de votos que podem ser detidos ou exercidos por um único accionista, de forma individual ou em concertação com outros accionistas, devem prever igualmente que, pelo menos de cinco em cinco anos, será sujeita a deliberação pela assembleia geral a alteração ou a manutenção dessa disposição estatutária – sem requisitos de quórum agravado relativamente ao legal – e que, nessa deliberação, se contam todos os votos emitidos sem que aquela limitação funcione.

I.6.2. Não devem ser adoptadas medidas defensivas que tenham por efeito provocar automaticamente uma erosão grave no património da sociedade em caso de transição de controlo ou de mudança da composição do órgão de administração, prejudicando dessa forma a livre transmissibilidade das acções e a livre apreciação pelos accionistas do desempenho dos titulares do órgão de administração.

Bibliografia: A. Santos Silva, A. Vitorino, C. Francisco Alves, J. Arriaga da Cunha e M. Alves Monteiro, *Livro Branco sobre* Corporate Governance *em Portugal*, IPCG, 2006, Comissão Europeia, *Impact Assessment on the Proportionality between Capital and Control in Listed Companies* (SEC (2007) 1705), disponível em: *http://ec.europa.eu/internal_market/company/shareholders/indexb_en.htm*, Comissão do Mercado de Valores Mobiliários, *Relatório Anual sobre o Governo das Sociedades Cotadas em Portugal*, 2011, disponível em: *http://www.cmvm.pt/CMVM/Estudos/Em%20Arquivo/Pages/default.aspx*, Consulta Pública sobre Anteprojecto de alteração do artigo 182.º-A do Código dos Valores Mobiliários (Consulta Pública n.º 3/2011), disponível em *http://www.cmvm.pt/CMVM/Consultas%20Publicas/Cmvm/Pages/20110817m.aspx*, J. García de Enterría, *Mercado de Control, Medidas Defensivas Y Ofertas Competidoras. Estúdios Sobre OPA*, Estúdios de Derecho Mercantil, Civitas, 1999, J. M. Coutinho de Abreu, *Curso de Direito Comercial, Volume II, Das Sociedades*, 3.ª edição, Almedina, 2009, J. A. Mccahery, L. Renneboog, P. Titter e S. Haller, *The Economics of the Proposed European Takeover Directive*, CEPS Research Report in Finance and Banking, 32, April 2003, Jaap Winter (presidente), J. Schans Christensen, J. M. Garrido Garcia, K. J. Hopt, J. Rickford, G. Rossi, J. Simon, D. Thienpont (redactora) e K. Van Hulle (secretário), *High Level of Company Law Experts on Issues related to Takeover Bids*, 2002, disponível em: *http://ec.europa.eu/internal_market/company/docs/takeoverbids/2002-01-hlg-report_en.pdf*, J. M. Duarte, *OPA – A Sociedade Visada e os seus Accionistas*, Dissertação de Mestrado (não publicada), Universidade Católica, 1998, M. Kort, *"Change of Control"-Klauseln nach dem "Mannesmann"-Urteil* *des BHG: zulässig oder unzulässig?*, Die Aktiengesellschaft, 4/2006, p. 106ss, O. VOGLER GUINÉ, *Da Conduta (Defensiva) da Administração "Opada"*, Almedina, 2009, P. LOPES MARCELO, *A Blindagem da Empresa Plurissocietária*, Almedina, 2002, R. PENNINGTON, *Report on Takeover and other Bids*, 1974, SHEARMAN&STERLING, *Proportionality between Ownership and Control in EU Listed Companies. Comparative Legal Study*, 2007, disponível em: *http://ec.europa.eu/internal_market/company/shareholders/indexb_en.htm*.

Índice

I – Antecedentes próximos	1
II – Fontes legais e comunitárias relacionadas	2
III – Análise	4
1.6.1 § 1 e 1.6.2 – 2.ª parte	
1. Racional subjacente	5
2. Análise crítica	12

1.6.1 § 2	
1. Racional subjacente	17
2. Análise crítica	25
3. Grau de adesão	30
4. Nota de actualização	31
1.6.2	
1. Racional subjacente	32
2. Análise crítica	35
3. Grau de adesão	44

1 **I – Antecedentes próximos**
Com excepção do ponto 1.6.1.-§2, esta recomendação consta já do primeiro documento recomendatório em matéria de governo societário, publicado pela CMVM em 1999. O ponto 1.6.1.-§2 surge com a penúltima versão das recomendações da CMVM em 2007.

2 **II – Fontes legais e comunitárias relacionadas**
A matéria do controlo societário e das medidas defensivas está, nesta parte, especialmente ligada, por um lado, à temática dos deveres fiduciários que impendem sob o órgão de administração e da decisão accionista em sede de OPA efectiva ou potencial e, por outro, à temá-
3 tica da proporcionalidade entre capital e controlo.
Relacionado com a primeira matéria, podem ver-se nomeadamente os artigos 181.º/5-d) e 182.º do CVM, bem como o artigo 64.º/1-b) do CSC, e o artigo 3.º/1-c) da Directiva 2004/25/CE relativa às ofertas públicas de aquisição; relacionado com a segunda, *vide* os artigos 384.º/2-b) do CSC e 182.º-A do CVM, e no plano comunitário o artigo 11.º daquela Directiva. No plano comunitário é também muito relevante o *High Level of Company Law Experts on Issues related to Takeover Bids*, de 2002, coordenado por JAAP WINTER (o primeiro relatório Winter)[1].

4 **III – Análise**
Apesar de a numeração e arrumação sistemática (no papel) não corresponder exactamente, esta recomendação pode ser dividida em três partes: um princípio geral, correspondente ao 1.º parágrafo do ponto 1.6.1, com que devemos conjugar a 2.ª parte do ponto 1.6.2., e duas especificações exemplificativas, contidas no 2.º parágrafo do ponto 1.6.1 e na 1.ª parte do ponto 1.6.2. A análise seguinte será feita desse modo tripartido.

---

[1] Disponível em: *http://ec.europa.eu/internal_market/company/docs/takeoverbids/2002-01-hlg-report_en.pdf*.

1.6.1 §1 e 1.6.2-2.ª parte

1. Racional subjacente

O ponto 1.6.1 §1 estabelece um princípio geral (no âmbito desta recomendação), dirigido, por um lado, aos administradores (e, nessa medida, resultante já dos deveres fiduciários que sob eles impendem) e, por outro, aos accionistas, quando se tratem de actos que sejam da competência destes.

Dificilmente se poderá sustentar que geralmente o interesse dos accionistas relativamente a uma matéria posta à sua deliberação não deve ser o interesse da maioria; outra questão é saber se o poder deliberativo dos accionistas poderá (em geral) encontrar-se limitado pelo que se entenda ser o interesse social[2]. Adicionalmente, fica a ideia de que o interesse da sociedade é entendido nesta recomendação como um ente diverso do interesse dos accionistas. Esta é naturalmente uma questão de ordem geral, tendo em conta a actual formulação do artigo 64.º/1-b) do CSC, mas de qualquer forma é uma questão que assume especial pertinência no contexto de uma OPA, em que os interesses dos accionistas e dos demais *stakeholders* se podem assumir como especialmente antagónicos[3].

A preocupação inerente ao princípio geral é limitar a adopção de medidas defensivas, que não devem, pois, ser tomadas para interesses diversos daqueles que devem legalmente ser obedecidos: os interesses da sociedade e dos seus accionistas. Em especial, medidas defensivas não devem ser adoptadas em atenção aos interesses dos próprios administradores (com vista a protelar a sua manutenção no cargo). Como é referido nos *OECD Principles of Corporate Governance* (E.2): "*Anti-takeover devices should not be used to shield management and the board from accountability.*" Nesta medida, não resulta desta recomendação mais do que já resulta das normas legais aplicáveis.

A obstaculização da adopção de medidas defensivas visa garantir essencialmente o funcionamento efectivo do mercado de controlo societário. Como se menciona nos mesmos *OECD Principles of Corporate Governance* (E): "*Markets for corporate control should be allowed to function in an efficient and transparent manner.*" No mesmo sentido veja-se a recomendação n.º 80 do Instituto Português de *Corporate Governance*: "*Sejam abolidas medidas que limitem o funcionamento do mercado de controlo de empresas.*"

Um funcionamento correcto do mercado de controlo societário beneficia os accionistas (através da possibilidade de alienar as suas participações sociais numa operação de aquisição de controlo), bem como resulta em benefício do interesse geral da economia (sancionando equipas de gestão menos eficientes)[4]. Em particular, nos termos da 2.ª parte do ponto 1.6.2, pretende-se assegurar "*a livre transmissibilidade das acções e a livre apreciação pelos accionistas do desempenho dos titulares do órgão de administração.*" O chamado princípio de decisão accionista (*shareholder decision making*) foi também um princípio fundamental erigido para as OPAs pelo primeiro relatório Winter.

---

[2] *Vide* sobre o tema e para mais referências J. M. COUTINHO DE ABREU, *Curso de Direito Comercial, Volume II, Das Sociedades*, 3.ª edição, Almedina, 2009, p. 294ss.

[3] Para um enquadramento do interesse social em geral e no âmbito das medidas defensivas em particular, *vide* O. VOGLER GUINÉ, *Da Conduta (Defensiva) da Administração "Opada"*, Almedina, 2009, p. 59ss, onde também se podem encontrar mais referências sobre essas matérias.

[4] Sobre o tema pode ver-se, por exemplo, J. GARCÍA DE ENTERRÍA, *Mercado de Control, Medidas Defensivas Y Ofertas Competidoras. Estúdios Sobre OPA*, Estúdios de Derecho Mercantil, Civitas, 1999, p. 25ss. Já R. PENNINGTON, *Report on Takeover and other Bids*, 1974, p. 62, sublinhava na sua proposta para uma Directiva sobre OPA's a conexão destas com a aquisição do controlo.

10 Tendo em conta o texto e as preocupações fundamentais da recomendação, estarão aqui em causa sobretudo as (que apelido de) medidas defensivas subjectivas, isto é, aquelas medidas com efeito anti-OPA (defensivas) e que são adoptadas com o escopo principal de (*"com vista a"*) dificultar ou impedir uma OPA. Como veremos abaixo, não se deve simplesmente impedir as sociedades de adoptarem actos (nomeadamente, de gestão) que, embora possam ter um efeito adverso para uma OPA, visem essencialmente outros fins no âmbito da condução dos negócios da sociedade (medidas apenas objectivamente defensivas, em que aquele resultado adverso é um efeito colateral), não se devendo nessa sede entender que a sociedade incumpriu esta recomendação 1.6[5].

11 Por outro lado e tendo em conta o quadro normativo actualmente existente para as situações de OPA vigente (que condiciona fortemente a adopção, pelo órgão de administração, de medidas defensivas reactivas – *vide* artigo 182.º do CVM), esta recomendação visa sobretudo as medidas defensivas preventivas (isto é, adoptadas e executadas previamente a uma OPA) e as diferidas (ou seja, adoptadas previamente a uma OPA, mas com a execução dependente do lançamento de uma OPA ou do seu sucesso).

2. Análise crítica

12 Como vimos, a recomendação nesta parte estabelece um princípio geral, que depois é concretizado por duas formas. A fixação de um enquadramento geral, seguido de especificações, configura uma boa ordenação sistemática, mas não parece que essa primeira parte possa ser muito consequente em termos práticos.

13 O princípio geral é demasiadamente vago para poder fundamentar claramente uma asserção de cumprimento ou de incumprimento. É muito difícil (de um ponto de vista externo face a quem decide a adopção das medidas) aferir com certeza quais os interesses efectivamente subjacentes às tomadas de decisão e será as mais das vezes possível encontrar um fundamento outro que não um declarado escopo anti-OPA para a adopção de medidas que tenham esse efeito objectivo. Por outra via, a efectiva obstaculização ao mercado de controlo societário é dificilmente apreciável de forma definitiva e será as mais das vezes susceptível de ser apreciada de forma gradativa e a questão será a partir de que gradação deve passar a ser considerada relevante.

14 Em termos práticos e mensuráveis, relevam especialmente as especificações feitas do princípio geral no ponto 1.6.1-§2 e no ponto 1.6.2-1.ª parte.

15 Em sede de futura revisão desta recomendação 1.6 pela CMVM, e por uma questão de coerência e de arrumação sistemática, seria útil eliminar a 2.ª parte do ponto 1.6.2 e integrar essa parte expressamente no princípio geral, que poderia constar nomeadamente de um novo ponto 1.6.1, passando o actual 1.6.1-§2 a 1.6.2 e o actual 1.6.2 a 1.6.3.

16 Por outro lado, poderá ser útil uma futura redacção preocupar-se também com as medidas defensivas objectivas. Por exemplo, recomendando que o efeito objectivamente defensivo (especialmente se for significativo) seja uma das variáveis a ponderar durante o *iter* decisório do órgão de administração, especialmente caso a medida ou extensão defensiva de uma certa medida cair fora da prática de mercado. Ir mais além e recomendar uma ideia de proporcionalidade neste âmbito (entre os benefícios potenciais de uma medida para o projecto empresarial da sociedade e o efeito defensivo da mesma) poderá talvez já ir longe de mais, salvo se estritamente no âmbito das medidas defensivas objectivas tomadas na pen-

---

[5] Sobre várias tipologias no âmbito das medidas defensivas, incluindo as referidas neste parágrafo e no seguinte, *vide* O. Vogler Guiné, *Da Conduta...*, cit., p. 23ss.

dência de OPA – mas aí já existe o actual regime legal, muito limitativo. Uma sociedade não deverá (em geral) ser administrada em atenção à eventualidade de vir a ser objecto de uma ou mais OPAs no futuro, que poderão nunca sequer ser lançadas ou ser lançadas em condições desfavoráveis.[6] Um eventual ajustamento das recomendações nesse sentido teria naturalmente impacto na análise dos exemplos referidos no restante texto desta recomendação 1.6.

1.6.1 §2

1. Racional subjacente

Esta recomendação encontra-se em linha com recomendações emitidas noutras jurisdições.

A título de exemplo, veja-se o § 2.1.2 do *Deutscher Corporate Governance Kodex* que estabelece: "*Cada acção atribui um voto. Acções com voto múltiplo ou votos preferenciais (golden shares) bem como tectos de voto não devem subsistir.*" (tradução minha). Ou logo a primeira recomendação do *Código Unificado de Buen Gobierno*: "*Que los Estatutos de las sociedades cotizadas no limiten el número máximo de votos que pueda emitir un mismo accionista, ni contengan otras restricciones que dificulten la toma de control de la sociedad mediante la adquisición de sus accionoes en el mercado.*" Também nos *OECD Principles of Corporate Governance* se exemplificam as situações potenciadoras de desproporção entre capital e controlo com os tectos de voto (*voting caps*), razão pela qual se recomenda que tais situações sejam divulgadas publicamente (*vide* recomendação D e respectiva anotação).

No primeiro relatório Winter e a par do princípio de decisão accionista, erigiu-se como fundamental no âmbito das OPAs o princípio da proporcionalidade entre capital e controlo; como aí se refere (p. 21): "*Proportionality between ultimate economic risk and control means that share capital which has an unlimited right to participate in the profits of the company or in the residue on liquidation, and only such share capital, should normally carry control rights. All such capital should carry control rights in proportion to the risk carried.*"[7]

Também o Instituto Português de *Corporate Governance* recomenda que: "*81) seja estimulado que cada acção corresponda a um voto e que haja coincidência entre a percentagem de direitos de voto e de direitos de cash flow de cada accionista.*"

Entre as medidas abarcadas sob aquele princípio contam-se o estabelecimento estatutário de supermaiorias (v. art. 386.º/1/5 do CSC), restrições estatutárias à transmissibilidade das acções (v. arts. 328.ºs do CSC), acordos parassociais relativos à transmissibilidade das acções ou ao exercício do direito de voto (v. arts. 17.º do CSC e 19.º do CVM), a emissão de instrumentos representativos de capital que não permitam exercer direito de voto (v.g. arts. 341.º ss do CSC), a constituição da sociedade potencialmente visada como sociedade

---

[6] Sobre o tema, *vide* O. VOGLER GUINÉ, *Da Conduta...*, cit., p. 89ss. Saliente-se que no âmbito norte-americano (embora em sede de medidas defensivas subjectivas) foi a uma ideia de proporcionalidade que o Supremo Tribunal de Delaware lançou mão em *Unocal Corp. v. Mesa Petroleum Co.* (493 A.2d 946 (Del. 1985) para concluir sobre a razoabilidade de uma medida defensiva face a uma oferta em curso. Sobre este e outros casos subsequentes, *vide* a mesma obra a p. 85ss.

[7] A expressão prática e legal da desproporção entre capital e controlo foi objecto de um estudo aprofundado, levando em conta diversas jurisdições comunitárias e também os Estados Unidos, o Japão e a Austrália, podendo consultar-se os resultados dessa investigação, nomeadamente referindo boa parte das medidas de seguida referidas, em SHEARMAN&STERLING, *Proportionality between Ownership and Control in EU Listed Companies. Comparative Legal Study*, 2007, disponível em: http://ec.europa.eu/internal_market/company/shareholders/indexb_en.htm. Na sequência desse estudo a Comissão Europeia emitiu o documento de trabalho *Impact Assessment on the Proportionality between Capital and Control in Listed Companies* (SEC (2007) 1705), disponível no mesmo local.

em comandita por acções (arts. 465.ºss e 478.ºss do CSC; no âmbito anglo-saxónico, as *limited liability partnerships*), a estruturação piramidal do grupo ou as chamadas *golden shares*[8]. Mas inclui-se também aquela que é provavelmente a medida mais importante no contexto nacional, o estabelecimento de tectos de voto[9].

22   Nos termos do artigo 384.º/2-b) do CSC, os estatutos podem determinar que não sejam contados votos acima de certo número, quando emitidos por um só accionista, em nome próprio (ou também como representante de outro)[10]. A prática estatutária tem sido limitar os votos em função do total de votos imputáveis a cada accionista em termos similares ou nos termos do art. 20.º do CVM, que determina as modalidades de imputação de direitos de voto para efeitos deste Código[11]. Trata-se de uma prática que acaba por corresponder ao racional daquela norma jus-societária e que esta recomendação reconhece expressamente ("*de forma individual ou em concertação com outros accionistas*").

23   Este tipo de previsões estatutárias evita, como bem se depreende, que a sociedade em causa seja dominada por um qualquer grupo de interesses, que é um objectivo atingido noutros mercados, designadamente o norte-americano e o britânico, pela dispersão accionista, que não tem paralelo em Portugal e noutros mercados continentais[12]. Se aquelas normas estatutárias forem estritamente observadas, para conseguir o domínio com uma OPA será necessário que essa cláusula seja entretanto suprimida (daí a natural preocupação dos oferentes em sujeitar as ofertas a condições resolutivas adequadas) ou que a operação tenha um grau de sucesso muito elevado (o que se afigura desde logo matematicamente impossível se houver um ou mais accionistas desalinhados que não vendam e detenham, no seu todo, votos em número igual ou superior ao tecto de voto).

24   Assim sendo, o estabelecimento de tectos de voto pode funcionar como um entrave importante ao mercado de controlo societário, impossibilitando ou dificultando que sejam lançadas OPAs ou que estas tenham sucesso (em prejuízo dos accionistas). O estabelecimento de tectos de voto tem naturalmente consequências ao nível da cotação das acções das sociedades (especialmente das não dominadas)[13].

---

[8] Pode ver-se sobre as mesmas sumariamente O. Vogler Guiné, *Da Conduta...*, cit., p. 55ss, e para maiores desenvolvimentos as fontes ali citadas. Com especial impacto para a jurisdição portuguesa, vejam-se as decisões do Tribunal de Justiça sobre as acções douradas na PT e na EDP de 8 de Julho de 2010 e 11 de Novembro de 2010, respectivamente. Como é sabido, os direitos especiais existentes em sociedades cotadas portuguesas estão entretanto em processo de remoção acelerado pelos acordos com a Troika no contexto da assistência financeira a Portugal.

[9] Da limitação de direitos de voto distingue-se o chamado voto plural, em que são atribuídos direitos de voto em número diferenciado a umas e outras categorias de acções, o que obviamente concentra em determinado montante de capital social um montante superior de direitos de voto. Esta prática é proibida entre nós nos termos do art. 384.º/5 do CSC (mas *vide* contudo o artigo 531.º do CSC), bem como noutros países, entre os quais na Alemanha, nos termos do §12(2) da *Aktiengesetz*).

[10] Sobre os tectos de voto (e para mais referências) pode ver-se nomeadamente P. Lopes Marcelo, *A Blindagem da Empresa Plurissocietária*, Almedina, 2002, p. 66ss, bem como O. Vogler Guiné, *Da Conduta...*, cit., p. 53ss.

[11] Aquela prática estatutária parece dever ser legalmente admitida, correspondendo afinal ao racional subjacente ao disposto no art. 384.º/2-b) do CSC; assim J. M. Duarte, *OPA – A Sociedade Visada e os seus Accionistas*, Dissertação de Mestrado (não publicada), Universidade Católica, 1998, p. 115.

[12] Para dados concretos sobre a dispersão accionista nuns e noutros mercados *vide* J. A. Mccahery, L. Renneboog, P. Titter e S. Haller, *The Economics of the Proposed European Takeover Directive*, CEPS Research Report in Finance and Banking, 32, April 2003, p. 8, o *Livro Branco sobre Corporate Governance em Portugal*, IPCG, 2006, p. 20s e o ponto I.1.2. do *Relatório Anual sobre o Governo das Sociedades Cotadas em Portugal* da CMVM, de 2011, disponível em:
http://www.cmvm.pt/CMVM/Estudos/Em%20Arquivo/Pages/default.aspx.

[13] P. Lopes Marcelo, *A Blindagem...*, cit. p. 66 em nota refere como exemplo o caso da BRISA, que tinha um tecto estatutário de voto de 5% e que no mês que intervalou a convocatória e a realização da Assembleia Geral assistiu a uma subida da cotação das acções de 6%.

2. Análise crítica

A CMVM nesta parte não vai ao ponto de recomendar que as sociedades eliminem dos seus estatutos os tectos de voto. Recomenda antes que nesse caso os estatutos igualmente prevejam que, de cinco em cinco anos, a manutenção ou alteração do tecto de voto seja sujeita a deliberação dos accionistas, que deverão deliberar sem quórum agravado face ao legal, contando-se nessa deliberação todos os votos emitidos, sem observância do tecto de voto.

Num cenário em que o estabelecimento de tectos de voto é legal, perante um mercado como o português e a realidade estatutária nacional, é de facto mais prudente uma recomendação deste tipo do que recomendar a própria supressão dos tectos de voto. Poderá talvez no futuro introduzir-se igualmente ao nível recomendatório que o tecto de voto não constitua um limiar desproporcionadamente baixo (cláusula geral) ou que não seja inferior a uma certa percentagem (por exemplo, 5%)[14].

O cumprimento desta recomendação não depende, em última análise, do órgão de administração, mas dos accionistas. Se os accionistas mais relevantes estiverem de acordo com o *status quo* e especialmente se não estiverem interessados ou tiverem capacidade para aumentar a sua participação, muito dificilmente esta recomendação virá a ser cumprida, pois dificilmente uma deliberação positiva nesse sentido conseguirá ser aprovada (falta de efectividade da recomendação, de que partilha na mesma medida o disposto na versão original do artigo 182.º-A do CVM). Mas *vide* nota de actualização abaixo.

De qualquer forma, para que possa sequer ser objecto de deliberação, a alteração estatutária terá primeiro de ser proposta. Se os accionistas de maior relevo (com participação de pelo menos 2% do capital (*vide* art. 23.º-A, n.º 1 do CVM) não estiverem interessados em alterar a situação actual, pergunta-se se o órgão de administração deverá, de tempos a tempo (por exemplo, de cinco em cinco anos), sujeitar esta matéria a deliberação nas sociedades com tecto de voto e/ou propor a inclusão nos estatutos de uma cláusula de revisão deste tipo quando seja proposto aos accionistas de uma sociedade que ainda não tenha tectos de voto a inclusão limitações estatutárias de voto. Uma próxima revisão desta recomendação pela CMVM poderia, por exemplo, incluir uma recomendação nesse sentido, sem prejuízo de já actualmente o órgão de administração poder propor de tempos a tempos aos accionistas deliberar sobre a alteração estatutária que permita cumprir esta recomendação – de cinco em cinco anos, por exemplo, em linha com o intervalo de tempo referido na recomendação, o que poderá ser previsto mesmo em regimento do órgão de administração.

Igualmente poderá considerar-se alargar a recomendação com base em alguns dos exemplos acima referidos que possam distorcer o princípio da proporcionalidade entre capital e controlo.

3. Grau de adesão

De entre as vinte sociedades com acções admitidas à negociação em mercado regulamentado português ("sociedades cotadas") que integram à data o PSI-20[15], cinco delas contavam no final de 2011 com tectos de voto, entre 10% e 20% dos direitos de voto inerentes ao capital social. Conforme resulta dos estatutos destas cinco sociedades e consta dos respectivos relatórios de governo societário, publicados ao abrigo do Regulamento da CMVM n.º 1/2010

---

[14] Em termos societários, esta questão entronca com uma conexa – qual o limite depois do qual se deve entender que a limitação em causa é demasiado baixa e portanto ilegítima, por colocar assim em causa o direito essencial do sócio de (efectivamente) participar nas deliberações sociais (v. art. 21.º/1-b) do CSC).

[15] À composição do PSI-20 pode aceder-se em *http://www.psi20.net/*.

e acessíveis em *www.cmvm.pt*, esta recomendação 1.6.1§2 não é actualmente cumprida por nenhuma delas. Já este ano (2012) foi removido o tecto de voto de uma das sociedades e outro está em vias de ser novamente aumentado.

4. Nota de actualização

31 Já durante a revisão de provas do presente comentário, foi divulgada pela CMVM a sua Consulta Pública n.º 3/2011 sobre o anteprojecto de alteração do artigo 182.º-A do CVM[16]. As alterações apresentadas visam reforçar a efectividade deste artigo, tornando os tectos de voto em disposições anti-OPA mais fracas.

Em especial, o proposto novo n.º 3 determina que: "*Sem prejuízo de disposição estatutária que fixe um limiar mais baixo, quando, na sequência de oferta pública de aquisição sobre sociedade aberta sujeita a lei pessoal portuguesa, o oferente adquira pelo menos 2/3 do capital social com direito de voto, não lhe são aplicáveis as restrições referentes à transmissão nem, na primeira assembleia-geral de accionistas subsequente ao encerramento da oferta convocada a fim de alterar os estatutos da sociedade ou de destituir ou nomear membros do órgão de administração, as restrições ao direito de voto previstas nos estatutos ou em acordos parassociais, assim como não podem ser exercidos direitos especiais de designação ou de destituição de membros do órgão de administração da sociedade visada.*" O n.º 4 reduz depois para 15 dias a antecedência da convocatória nessa assembleia. Resta perguntar se o legislador não poderia ter sido mais ambicioso, fixando o limiar em 50% + 1 voto, pois os tectos de voto poderão ainda ser uma disposição anti-OPA importante, caso exista uma minoria de accionistas que detenha mais de um terço do capital.

Neste contexto, deve também referir-se o disposto na proposta de alteração para o n.º 1 deste artigo, nos termos da qual: "*Quando seja lançada uma oferta pública de aquisição sobre sociedade aberta sujeita a lei pessoal portuguesa, as restrições, previstas nos estatutos ou em acordos parassociais, referentes ao exercício do direito de voto ficam suspensas, não produzindo efeitos na assembleia geral convocada nos termos da alínea b) do n.º 3 do artigo anterior.*" Nessa alínea trata-se justamente de assembleia que pode deliberar sobre a adopção de medidas defensivas. Ora, se os tectos de voto deixam de ser aplicáveis nesse contexto, significa então que uma deliberação de aprovação das medidas defensivas terá mais hipóteses de ser rejeitada do que hoje em dia se houver grandes accionistas que tenham capital com direito de voto acima do tecto de voto e que estejam interessados em vender na OPA; por outro lado, na situação inversa, em que os tais accionistas estão antes interessados em que a OPA não tenha sucesso, uma tal deliberação terá também mais hipóteses de ser aprovada.

O n.º 7 proposto visa depois dar corpo de lei à presente recomendação 1.6.1 §2, ao estabelecer que: "*Os estatutos das sociedades abertas sujeitas a lei pessoal portuguesa que prevejam limitações ao número de votos que podem ser detidos ou exercidos pelos accionistas devem prever a sujeição das mesmas, em termos da sua manutenção ou revogação, pelo menos de cinco em cinco anos, a deliberação dos accionistas, sem requisitos de quórum agravado relativamente ao legal e na qual tais limitações não se aplicam.*"

Por fim, cabe ainda referir o disposto na proposta de alteração do n.º 2 do artigo, nos termos do qual: "*Quando seja lançada uma oferta pública de aquisição sobre sociedade aberta sujeita a lei pessoal portuguesa, as restrições, previstas nos estatutos ou em acordos parassociais, referentes à transmissão de acções ou de outros valores mobiliários que dêem direito à sua aquisição ficam suspensas, não produzindo efeitos em relação às transmissões para o oferente durante o período de aceitação da oferta.*"

---

[16] Disponível em *http://www.cmvm.pt/CMVM/Consultas%20Publicas/Cmvm/Pages/20110817m.aspx*

1.6.2

1. Racional subjacente

Esta recomendação tem naturalmente por subjacente o mesmo tipo de preocupações do princípio geral: não entravamento do mercado de controlo societário. Neste caso concreto trata-se de eventuais medidas que impliquem consequências patrimoniais negativas importantes para a sociedade em caso de transição de controlo (designadamente, em caso de OPA com sucesso) ou de mudança na composição do órgão de administração (que muitas vezes vem associada a uma mudança de controlo)[17]. Se se verificarem essas consequências, o oferente deixa de poder tomar a sociedade nas condições em que ela se encontra à data da oferta e que basearam a sua decisão de lançamento da OPA. Mais uma vez, está em causa o prejuízo dos accionistas, que poderão deixar de realizar valor com as suas acções por se impedir o surgimento e/ou o sucesso de OPAs.

Trata-se geralmente de actos de gestão e por isso da competência habitual do órgão de administração e que muitas vezes poderão não ser totalmente do conhecimento dos accionistas, do oferente e do público em geral.

Um exemplo clássico norte-americano (REVLON) serve bem para ilustrar este tipo de situações[18]. No contexto de uma oferta, o órgão de administração da visada conferiu determinadas vantagens negociais a um cavaleiro branco, incluindo uma comissão de cancelamento ($25M) e uma opção de compra a desconto substancial de importantes activos da sociedade visada. O objectivo declarado destas medidas foi inviabilizar ou dificultar o sucesso da oferta (medida defensiva subjectiva), pois a oferta não poderia ter sucesso sem que aquela comissão se tornasse exigível e a opção de compra pudesse ser exercida.

2. Análise crítica

Este ponto 1.6.2-1.ª parte deve ser devidamente interpretado, incluindo o advérbio de modo empregue – "*automaticamente*" (que talvez possa ser substituído em futura revisão desta recomendação). É que merecem o mesmo tipo de preocupações as situações em que a consequência é automática – isto é, não depende da vontade de qualquer parte – e as situações em que a consequência depende da iniciativa de terceiros (que não a sociedade visada), o que é mais comum. Veja-se o exemplo acima: o exercício de uma opção de compra depende, como tal, da vontade do titular da opção, mas ainda assim não deixa de poder prejudicar de forma substancial a visada. Por outro lado, é de salientar que se deve tratar de uma erosão substancial, importante ("*grave*"). Este conceito deverá, a meu ver, ser interpretado em linha com o conceito de alteração relevante da situação patrimonial da sociedade mencionado no artigo 182.º, n.º 1 do CVM[19].

Entendo que esta recomendação não deve ser interpretada no sentido de precluir certas medidas objectivamente prejudiciais a uma eventual OPA, mas que persigam legítimos interesses da sociedade e das suas contrapartes. São as medidas defensivas subjectivas as particularmente visadas nesta recomendação e que (em atenção à teleologia do princípio geral) devem entender-se como ponto em causa, para efeito desta recomendação, "*a livre*

---

[17] Sobre o potencial desvio motivacional dos administradores em sede de OPA, *vide* O. VOGLER GUINÉ, *Da Conduta...*, cit., p. 97s e a doutrina ali citada.

[18] *Revlon, Inc. v. Macandrews and Forbes Holdings, Inc.* (506 A.2d 173 (Del. 1986). Sobre este caso e outros subsequentes, pode ver-se O. VOGLER GUINÉ, *Da Conduta...*, cit., p. 107ss.

[19] Sobre o tema *vide* O. VOGLER GUINÉ, *Da Conduta...*, cit., p. 148ss.

transmissibilidade das acções e a livre apreciação pelos accionistas do desempenho dos titulares do órgão de administração" referidas na 2.ª parte do ponto 1.6.2. Não se perderia se em sede de futura revisão esse ponto fosse expressamente clarificado.

37   Neste âmbito refiram-se as chamadas cláusulas de mudança de controlo (*change of control*). Estas cláusulas são relativamente comuns designadamente em financiamentos, seja contratualizados, seja titulados sob a forma de obrigações. Trata-se de cláusulas que prevêem determinadas consequências em caso de transição de controlo, geralmente a possibilidade de o credor declarar o vencimento antecipado da dívida de capital. Estas cláusulas atendem muitas vezes a um interesse legítimo do credor (que poderá estar confortável com a actual estrutura de controlo e não assim com uma outra) e sem elas provavelmente o financiamento teria sido mais caro[20].

38   Igualmente são relativamente comuns, talvez mais no âmbito de contratos de cooperação empresarial mas igualmente em alguns financiamentos, as cláusulas de homens-chave (*key man*), isto é, cláusulas que estabeleçam certas consequências negativas para a sociedade caso certas pessoas – aquelas em que as contrapartes confiaram para implementar um projecto ou o capital recebido – deixem de estar ou de desempenhar certas funções na sociedade. Este tipo de cláusulas é mais comum no âmbito do *private equity* e do capital de risco, mas não é de descurar que igualmente possam ser implementadas fora desse âmbito ou que ainda se mantenham vigentes aquando da dispersão do capital da sociedade pelo público através de um IPO.

39   Outro tipo de situações que merece ponderação é a previsão de avultadas compensações em caso de cessação do vínculo de colaboradores da sociedade visada por iniciativa desta (*golden parachutes*)[21]. Sejam acordos nesse sentido com administradores (para que será competente a Assembleia Geral, o Conselho Geral de Supervisão ou uma comissão especial de um destes, consoante aplicável, v. arts. 399.º/1 e 429.º do CSC), como com altos quadros da sociedade, designadamente demais dirigentes na acepção do art. 248.º-B do CVM (para que será genericamente competente o próprio órgão de administração, ao abrigo dos seus poderes normais). Uma vez que um oferente pretenderá muitas vezes efectuar importantes alterações na gestão da sociedade e para isso poderá ter de terminar o vínculo que ligue a sociedade a pessoas com responsabilidades na gestão da mesma, por esta via se poderá dificultar, por se tornar mais onerosa, a possibilidade de o oferente implementar o seu plano de gestão. As somas podem, contudo, atingir montantes muito importantes, sobretudo no panorama norte-americano. Num caso muito badalado o CEO da DISNEY foi destituído contra uma compensação de aproximadamente $140.000.000[22]. No §4.2.3-5.º parágrafo do *Deutscher Korporate Governance Kodex*, por exemplo, estabelece-se a este respeito que: "*Os pagamentos acordados para o caso da cessação antecipada da relação de administração em resultado de uma mudança de controlo* (Change of Control) *não devem exceder 150% do tecto de pagamento por destituição sem justa causa*" (tecto esse que corresponde a 2 anos de remuneração, nos termos do parágrafo anterior) (tradução minha). No contexto nacional tanto a prática como a lei aplicável tenderão a limitar tais quantias a montantes bastante mais razoáveis; mas, ainda assim, poderão vir a

---

[20] Pode ler-se um exemplo de uma cláusula deste tipo em O. VOGLER GUINÉ, *Da Conduta*..., cit., p. 46s, nota 50. Com muito interesse sobre as cláusulas de mudança de controlo no ordenamento alemão, *vide* M. KORT, "Change of Control"-Klauseln nach dem "Mannesmann"-Urteil des BHG: zulässig oder unzulässig?, Die Aktiengesellschaft, 4/2006, p. 106ss.

[21] Para mais desenvolvimentos e para mais referências sobre estes acordos e as matérias tratadas neste parágrafo *vide* O. VOGLER GUINÉ, *Da Conduta*..., cit., p. 31ss.

[22] William Brehm and Geraldine Brehm... v. Michael D. Eisner, Michael S. Ovitz... (A.2d 27 Del. 2006).

atingir valores significativos, nomeadamente se os acordos visarem não apenas a compensação por cessação do vínculo, mas igualmente pagar ao administrador ou quadro a realização de determinadas prestações de facto negativo, tais como não ocupar cargos dirigentes em sociedades concorrentes durante certo período após a destituição ou termo do mandato, e pelas quais é legítimo que o mesmo seja compensado financeiramente pela sociedade. Se é verdade que este tipo de acordos podem vir a ter um certo efeito defensivo, também deve reconhecer-se que é uma forma de captar recursos humanos de elevada qualidade e de lhes transmitir estabilidade para que possam adequadamente dar o seu contributo à sociedade.

Tudo ponderado, nos três casos citados e apesar do seu potencial impacto desfavorável numa OPA futura, não devem ser entendidas como precludidas essas cláusulas ao abrigo deste ponto 1.6.2, desde e na medida em que sejam efectivamente enquadráveis como medidas apenas objectivamente defensivas. Caberá aos oferentes precaverem-se nas condições e pressupostos da oferta que lancem (e assim tem sucedido nas OPAs hostis mais recentes em Portugal). Por outro lado, a existência e extensão em concreto de tais acordos e consequências deve ser considerada no relatório do órgão de administração (artigo 181.º/2-c) do CVM)[23] e é objecto de divulgação anual (com restrições) nos termos do artigo 245.º-A/1-j) do CVM e dos itens I.21 e I22 do Anexo 1 do Regulamento n.º 1/2010 da CMVM. Relativamente a estes itens, saliente-se que o seu âmbito deverá ser construído de forma mais ampla do que as exemplificações contidas nesta recomendação 1.6.2, uma vez que nesta última se trata de ordenar (de forma recomendatória) condutas às sociedades, enquanto que naqueles se trata de divulgar ao mercado informação que poderá ser relevante para as decisões dos investidores (e que, em princípio, já terá até sido divulgada noutra sede enquanto informação privilegiada, ao abrigo dos artigos 248.ºss do CVM). 40

Sem prejuízo do que antecede e considerando os deveres fiduciários aplicáveis, este tipo de situações deverá ser cuidadosamente negociado pelas equipas de gestão das sociedades potencialmente visadas, não devendo levianamente conceder-se neste tipo de cláusulas, mas antes apenas quando a contrapartida da aceitação dessas cláusulas seja relevante. E, conforme já referido a propósito do princípio geral, o efeito objectivamente defensivo (especialmente se for significativo) deverá ser uma das variáveis a ponderar durante o *iter* decisório do órgão de administração, especialmente caso a medida ou extensão defensiva de uma certa medida cair fora da prática de mercado. 41

Por outro lado, note-se que existem outras situações que não cabem expressamente neste ponto 1.6.2-1.ª parte mas que igualmente poderão atingir o mesmo resultado defensivo. Voltemos ao caso REVLON acima. Outra das medidas defensivas adoptadas pela administração neste caso foi uma oferta de troca de 10 milhões de acções próprias por obrigações, nas condições obrigacionais das quais foi inserida uma obrigação contratual (*covenant*) que impedia a visada de alienar ou onerar determinados activos sem a aprovação dos seus administradores independentes. Uma tal disposição visa dificultar a implementação de um LBO, pois seria mais difícil dispor de activos da visada para pagar a dívida contraída para financiar a oferta. Este tipo de situações não se encontra aparentemente coberta por este ponto 1.6.2-1.ª parte, mas poderá encontrar-se abrangida pelo princípio geral, que proíbe as medidas defensivas subjectivas. 42

---

[23] Outra questão é saber se, além desta consideração informativa, as consequências deste tipo de cláusulas em caso de sucesso de OPA poderão fundamentar a adopção de medidas defensivas subjectivas pelo órgão de administração na pendência de uma OPA.

43   Por fim, note-se que o tipo de medidas defensivas (subjectivas) que devem entender-se como não recomendadas ao abrigo deste ponto 1.6.2-1.ª parte, serão, em princípio, igualmente precludidas ao abrigo dos deveres fiduciários e legais que impendem sob os administradores (*vide* artigos 64.º/1-b) do CSC, 181.º/5-d) e 182.º do CVM)[24].

3. Grau de adesão

44 Considerando os relatórios de governo societário que têm sido divulgados pelas sociedade cotadas portuguesas, e especialmente pelas integrantes do PSI-20, observa-se um cumprimento generalizado desta recomendação 1.6.2. Sem prejuízo, tem também sido (e bem) divulgado em vários casos a existência de cláusulas de mudança de controlo, contratadas no âmbito normal da sua actividade.

---

[23] Sobre a adopção de medidas defensivas pelo órgão de administração *vide* J. M. DUARTE, *OPA...*, cit. e O. VOGLER GUINÉ, *Da Conduta...*, cit..

2.
ÓRGÃOS DE ADMINISTRAÇÃO E FISCALIZAÇÃO

2.1. TEMAS GERAIS

2.1.1. ESTRUTURA E COMPETÊNCIA

II.1.1.1. O órgão de administração deve avaliar no seu relatório anual sobre o Governo da Sociedade o modelo adoptado, identificando eventuais constrangimentos ao seu funcionamento e propondo medidas de actuação que, no seu juízo, sejam idóneas para os superar.

Bibliografia: PAULO CÂMARA, *O Governo das Sociedades em Portugal: Uma Introdução*, Cadernos MVM, n.º 12 *(Dezembro de 2001)*; Id., *Os modelos de governo das sociedades anónimas*, in Jornadas em Homenagem ao Professor Doutor Raúl Ventura: A reforma do Código das Sociedades Comerciais, Almedina, 2007, 197-258; PEDRO MAIA, *Função e funcionamento do conselho de administração da sociedade anónima*, Stvdia Ivridica, 62, Coimbra Editora, 2002; CARLOS ALVES/VITOR MENDES, *As Recomendações da CMVM Relativas ao Corporate Governance e a Performance das Sociedades*, Cadernos MVM, n.º 12 *(Dezembro de 2001)* e *O Governo das Sociedades e a Reforma do Código das Sociedades Comerciais*, em *Código das Sociedades Comerciais e o Governo das Sociedades*, Coimbra 2008; COMISSÃO EUROPEIA, *Modernising Company Law and Enhancing Corporate Governance in the European Union – A Plan to Move Forward (COM/2003/284)*; J. M. COUTINHO DE ABREU, *Corporate Governance em Portugal*, in *Miscelâneas n.º 6*, Instituto de Direito das Empresas e do Trabalho, 2010, Almedina; *Governação das Sociedades Comerciais*, Coimbra (2006); PAUL DAVIES, *Board Structures in the UK and Germany: Convergence or Continuing Divergence?*, disponível em http://papers.ssrn.com/sol3/papers.cfm?abstract_id=262959; A. MENEZES CORDEIRO, *Código das Sociedades Comerciais Anotado*, Coimbra (2009); ARMANDO MANUEL TRIUNFANTE, *Código das Sociedades Comerciais Anotado*, Coimbra Editora (2007); J. M. COUTINHO DE ABREU (Coordenador), *Código das Sociedades Comerciais em Comentário*, Instituto de Direitos das Empresas e do Trabalho, Volume 1 (Artigos 1.º a 84.º), Almedina, 2010; ALEXANDRE SOVERAL MARTINS, *Comissão Executiva, Comissão de Auditoria e outras Comissões na Administração*, Almedina, 2007.

Índice

1. Evolução da Recomendação 1
2. Fontes relacionadas 2
3. Análise 5
4. Recomendações Estrangeiras e Práticas Internacionais 22
5. Grau de adesão da recomendação pelos destinatários 24

1. Evolução da Recomendação

A recomendação surge pela primeira vez com a mesma redacção na versão de 2007 do Código de Governo das Sociedades, sem nenhum antecedente imediato nas Recomendações da CMVM de 1999, 2001, 2003 e 2005, que o precederam.

2. Fontes relacionadas:

2   Cabe referir, em particular, a *Recomendação da Comissão Europeia n.º 2005/162/CE, de 15 de Fevereiro de 2005*, relativa ao papel dos administradores não executivos ou membros do conselho de supervisão das sociedades cotadas e aos comités do conselho de administração ou de supervisão.

3   Com efeito, no Ponto 8 do documento citado, que tem por epígrafe *"Avaliação do conselho de administração ou de supervisão"*, a Comissão recomenda que o *"conselho de administração ou de supervisão"* proceda à avaliação anual do seu desempenho, incluindo *"uma apreciação da sua composição, organização e funcionamento enquanto grupo"* e a avaliação *"da competência e eficácia de cada um seus membros e dos membros dos comités, bem como uma apreciação da forma como o conselho desempenhou as suas funções face aos objectivos estabelecidos."*

4   Por outro lado, no Ponto 9.1. é recomendada a divulgação anual *"(no quadro das informações divulgadas anualmente pela sociedade em relação às suas estruturas e práticas de governo das sociedades)"* as *"informações apropriadas sobre a sua organização interna"* e os *"procedimentos aplicáveis às suas actividades"*, e uma indicação de alterações relevantes à sua organização, estruturas ou procedimentos introduzidas em resultado da auto-avaliação levada a cabo.

3. Análise

5   A *Recomendação II.1.1.1.* surge apenas com a primeira versão do Código de Governo das Sociedades (de 2007), na sequência da reforma de 2006 do CSC e do profundo alargamento dos modelos de governo disponíveis e revisão dos anteriormente existentes.

Com efeito, com a reforma de 2006, o CSC passou a consagrar os seguintes modelos[1]:

   a) *Modelo Latino ou Clássico*[2]: conselho de administração e conselho fiscal (ou fiscal único) e revisor oficial de contas;

   b) *Modelo Anglo-Saxónico*: conselho de administração, comissão de auditoria e revisor oficial de contas

   c) *Modelo Dualista*: conselho de administração executivo, conselho geral e de supervisão (que em sociedades emitentes de valores mobiliários admitidos à negociação em mercado regulamentado tem imperativamente de integrar uma comissão para matérias financeiras) e revisor oficial de contas.

6   Em cada um dos modelos, o CSC admite variações de considerável amplitude que permitem criar sub-modelos[3].

7   A *Recomendação II.1.1.1.* tem por desígnio promover um constante esforço de reflexão e auto-crítica do órgão de administração sobre o funcionamento do seu próprio modelo[4] de organização e possíveis reformas.

8   A *Recomendação II.1.1.1.* é também motivada pela preocupação de assegurar que o mercado é informado e pode apreciar o juízo que o órgão de administração faz da sua própria organização.

---

[1] Seguindo a terminologia proposta por Paulo Câmara in *Os modelos de governo das sociedades anónimas, in Jornadas em Homenagem ao Professor Doutor Raúl Ventura: A reforma do Código das Sociedades Comerciais*, Almedina, 2007, pp. 205.

[2] Ainda largamente o mais representativo: em 2009, segundo o *Relatório Anual sobre o Governo das Sociedades Cotadas em Portugal* referente a esse ano, representava 35 das 47 sociedades cotadas avaliadas.

[3] Sobre a *plasticidade* de cada modelo ver Paulo Câmara, *Os modelos de governo das sociedades anónimas, in Jornadas em Homenagem ao Professor Doutor Raúl Ventura: A reforma do Código das Sociedades Comerciais*, Almedina, 2007, pp. 253 e sgs

[4] Para uma apreciação comparativa entre os vários modelos previstos no CSC, ver Paulo Câmara, *Os modelos de governo das sociedades anónimas, in Jornadas em Homenagem ao Professor Doutor Raúl Ventura: A reforma do Código das Sociedades Comerciais*, Almedina, 2007, pp. 256 e sgs.

A **Recomendação II.1.1.1.** é complementada pela **Recomendação II.5.1.**, que sugere a criação (consoante o modelo adoptado) de *"comissões que se mostrem necessárias para: i) assegurar uma competente e independente avaliação do desempenho dos administradores executivos e para a avaliação do seu próprio desempenho global, bem assim como das diversas comissões existentes; ii) reflectir sobre o sistema de governo adoptado, verificar a sua eficácia e propor aos órgãos competentes as medidas a executar tendo em vista a sua melhoria [...]"*[5].

A **Recomendação II.1.1.1.** é (mal) importada de códigos de governo anglo-saxónicos, provavelmente por via da Recomendação da Comissão 2005/162/CE, de 15 de Fevereiro de 2005, que contém uma disposição semelhante[6]. Porém, a Recomendação da Comissão 2005/162/CE centra-se na auto-avaliação do desempenho e da organização interna do órgão de administração (matéria sobre a qual o mesmo pode dispor), enquanto a ***Recomendação II.1.1.1.*** se dirige em primeiro lugar à apreciação crítica do modelo de órgão de administração, aspecto da exclusiva competência dos accionistas.

A verdade é que a **Recomendação II.1.1.1.** não se harmoniza particularmente bem com o direito societário português com a extensão que a respectiva letra lhe atribui.

Com efeito, apesar da singular amplitude de escolha entre modelos de governo e da *plasticidade*[3] de cada um deles, a capacidade de intervenção do órgão de administração nessa definição é muito mais limitada do que nos ordenamentos que inspiraram esta Recomendação. Com efeito, no direito português a competência para a escolha do modelo de órgão de administração pertence quase exclusivamente aos accionistas[7].

A intervenção do órgão de administração na sua auto-organização está reduzida à delegação interna de competências dentro dos limites legais e estatutários, matéria que é, aliás, objecto de diversas outras recomendações do Código de Governo.

Ao contrário do que sucede noutras jurisdições (como por exemplo o Reino Unido), em Portugal o órgão de administração nem sequer tem a capacidade de influenciar, muito menos determinar, o número de independentes (e, na prática, também de não executivos) que o integram[8].

Depois, (com excepção da comissão de auditoria, consagrada no modelo anglo-saxónico) as comissões internas especializadas que a prática internacional propagou e institucionalizou em várias jurisdições, são admissíveis no nosso ordenamento com um raio de acção limitado[9].

Por outro lado, relembre-se ainda que a criação de comissões internas pode também ser obrigatória, reduzindo ainda mais a margem de auto-modelação do órgão de administração. É esse o caso previsto no artigo 444.º/2 do CSC para as sociedades com valores mobiliários

---

[5] Ver a este propósito o comentário *infra* de Ana Rita Almeida Campos.
8. Avaliação do conselho de administração ou de supervisão
Anualmente, o conselho de administração ou de supervisão deve proceder a uma avaliação do seu desempenho.
Esta avaliação deve incluir uma apreciação da sua composição, organização e funcionamento enquanto grupo, incluir uma avaliação da competência e eficácia de cada seus membros e dos membros dos comités, bem como uma apreciação da forma como o conselho desempenhou as suas funções face aos objectivos estabelecidos.

[6] Ver nota 2 do comentário a esta Recomendação II.1.1.1.
[7] PAULO CÂMARA, *Os modelos de governo das sociedades anónimas*, in Jornadas em Homenagem ao Professor Doutor

Raúl Ventura: A reforma do Código das Sociedades Comerciais, Almedina, 2007, pp. 248 e sgs.
[8] PAUL DAVIES, *Board Structures in the UK and Germany: Convergence or Continuing Divergence ?*, disponível em http://papers.ssrn.com/sol3/papers.cfm?abstract_id=262959 *"In the Cadbury and Hampel view, choice of NEDs is for the board, even if via a board committee dominated by the NEDs themselves, and not for the shareholders, whose role is to ratify (or, rarely, to refuse) the board's choice."*
[9] Ver anotação à Recomendação II.5. Comissões especializadas.

admitidos à negociação em mercado regulamentado (e que abrange todo o universo aqui tratado) e das que cumpram os requisitos do artigo 413.º/2(a)[10], que devem constituir uma comissão para as matérias financeiras, especificamente dedicada ao exercício das funções referidas nas alíneas f) a o) do artigo 441.º.

17 Face à distribuição de atribuições e competências entre accionistas e órgão de administração que é feita no direito português, é possível afirmar com base nas regras da experiência que, entendida literalmente, a Recomendação coloca o órgão de administração numa posição que o estimula a comunicar ao mercado uma opinião *insincera* e meramente formal sobre o seu modelo de governo, sob pena de arriscar uma crise de legitimidade perante os accionistas e o mercado. Nessa medida, a opinião divulgada pela sociedade tendencialmente pouco contribuirá para minorar os custos de agência. Só assim não será quando: (i) o órgão de administração não tenha de facto nada a criticar no modelo de governo; (ii) a alteração organizativa recaia na sua esfera de competência (caso em que o mais provável é a crítica ser comunicada com a notícia da correcção da situação criticada), ou o órgão de administração consiga concertar previamente a futura revisão do modelo em assembleia geral com uma maioria suficiente de accionistas.

18 A análise da forma como a Recomendação II.1.1.1 tem sido implementada pelas sociedades confirma o problema identificado.

19 Curiosamente, de acordo com o *Relatório Final da Consulta Pública da CMVM n.º 3/2007 relativa ao Código do Governo das Sociedades Cotadas/Novas Propostas de Regras e Recomendações*[11], a CMVM alterou a redacção inicial desta recomendação na proposta inicial com a intenção proclamada de evitar precisamente a crítica aqui formulada à redacção que veio a ser adoptada.

Com efeito, na proposta apresentada a consulta pública a Recomendação II.1.1.1 tinha a seguinte formulação: "*A sociedade deve explicar no seu relatório de governo as razões pelas quais entende que o modelo por si adoptado é o preferível, de entre os admissíveis.*". Na sequência da consulta pública a CMVM alterou a recomendação para a redacção actual com a seguinte justificação "*vários respondentes entendem ser mais adequado exigir aos órgãos de administração que avaliem a prática decorrente do modelo de governo adoptado, identificando eventuais pontos de constrangimento do funcionamento do mesmo e quais as acções que, no seu entender, devem ser implementadas para a sua superação. Considerando que o órgão de administração da sociedade não pode ser chamado a justificar opções que não lhe competem tomar, a CMVM entende serem pertinentes as críticas à proposta vertente. Nessa medida, o que se recomenda ao órgão de administração é a avaliação do modelo em concreto adoptado, a identificação, se for caso disso, de eventuais constrangimentos ao seu funcionamento e de propostas de acção com vista à sua superação.*"

20 A forma de evitar este estímulo indesejável passa por o órgão de administração ressalvar que interpreta a Recomendação restritivamente e que, por isso, o seu exercício de auto-avaliação se limita às matérias da sua organização interna que tem competências para

---

[10] Sociedades que sejam emitentes de valores mobiliários admitidos à negociação em mercado regulamentado e a sociedades que, não sendo totalmente dominadas por outra sociedade que adopte este modelo, durante dois anos consecutivos, ultrapassem dois dos seguintes limites:
  i) Total do balanço – €100000000;
  ii) Total das vendas líquidas e outros proveitos – €150000000;
  iii) Número de trabalhadores empregados em média durante o exercício – 150;

[11] Disponível em http://www.cmvm.pt/CMVM/Consultas%20Publicas/Cmvm/Documents/c92f3b804410446ea9166dd28b35d977RELATORIO-CONSULTAPUBLICA.pdf

desenhar (criação de comissões internas, outras delegações de competências, linhas de reporte interno, etc.), do seu desempenho colectivo e dos seus membros individualmente considerados. É esse aliás, o conteúdo da recomendação homóloga de diversos códigos de bom governo internacionais e estrangeiros, como veremos no ponto seguinte deste comentário.

Por fim, em função da relevância económica e jurídica das estruturas de grupo, deve entender-se que a Recomendação implica a avaliação da eficácia e adequação do modelo de organização do órgão de administração para o governo do universo corporativo integrado pela sociedade em causa globalmente considerado.

4. Recomendações Estrangeiras e Práticas Internacionais

As disposições que tratam o tema da auto-avaliação pelo órgão de administração em códigos estrangeiros ou internacionais partilham tendencialmente a seguinte abordagem: em primeiro lugar recomendam a avaliação da performance da administração e dos respectivos membros, não da estrutura ou modelo do órgão. Por outro lado, recomendam o recurso a terceiros para a realização de tal avaliação.

É assim, nos exemplos significativos dos *Principles for Enhancing Corporate Governance* do Comité de Basileia sobre Supervisão Bancária[12], do *UK Corporate Governance Code*[13], *Código Buen Gobierno de las Sociedades Cotizadas*[14].

---

[12] http://www.bis.org/publ/bcbs176.pdf
Principle 1
Board's own practices and structure
Principle 3
The board should define appropriate governance practices for its own work and have in place the means to **ensure such practices are followed and periodically reviewed for improvement**.
[...]
To support board performance, it is a good practice for the board to carry out regular assessments of both the board as a whole and of individual board members. Assistance from external facilitators in carrying out board assessments can contribute to the objectivity of the process. Where the board has serious reservations about the performance or integrity of a board member, the board should take appropriate actions. Either separately or as part of these assessments, **the board should periodically review the effectiveness of its own governance practices and procedures, determine where improvements may be needed, and make any necessary changes**.

[13] http://www.frc.org.uk/documents/pagemanager/Corporate_Governance/UK%20Corp%20Gov%20Code%20June%202010.pdf
B.6 Evaluation
Main Principle
"The board should undertake a formal and rigorous annual evaluation of its own performance and that of its committees and individual directors."
Supporting Principles
The chairman should act on the results of the performance evaluation by recognising the strengths and addressing the weaknesses of the board and, where appropriate, proposing new members be appointed to the board or seeking the resignation of directors. Individual evaluation should aim to show whether each director continues to contribute effectively and to demonstrate commitment to the role (including commitment of time for board and committee meetings and any other duties).
Code Provisions:
B.6.1 The board should state in the annual report how performance evaluation of the board, its committees and its individual directors has been conducted.
B.6.2 Evaluation of the board of FTSE 350 companies should be externally facilitated at least every three years. A statement should be made available of whether an external facilitator has any other connection with the company.
B.6.3 The non-executive directors, led by the senior independent director, should be responsible for performance evaluation of the chairman, taking into account the views of executive directors.

[14] http://objetivo15.net/doc/CNMV_CodigoBuenGobiernoDeLasSociedadesCotizadas.pdf
"Evaluación periódica: El Consejo ha de estar alerta frente al riesgo de la rutina y la inercia. Resulta por ello conveniente que adopte pautas de autocontrol y examine con cierta periodicidad su propio funcionamiento y el de sus Comisiones, ya sea mediante sus propios medios o, si considera oportuno, con el asesoramiento profesional de expertos externos. Aunque no se prevé con carácter general que esa evaluación se extienda necesariamente a cada consejero, parece oportuno que tenga por objeto la labor realizada por el Presidente y por el primer ejecutivo."

5. Grau de adesão da recomendação pelos destinatários

24 Através de uma análise dos Relatórios de Governo das sociedades do PSI20 referentes ao ano de 2010 constata-se que todas cumprem a recomendação, ou seja que todas formulam uma avaliação do *modelo adoptado*. Curiosamente (ou antes, previsivelmente pelas razões acima expostas) nenhuma das sociedades faz qualquer comentário negativo a algum aspecto do seu modelo de administração. Por outro lado, nenhuma das sociedades em causa aplica a Recomendação adoptando uma perspectiva de grupo na apreciação da organização dos respectivos órgãos de administração.

2.1.2. INCOMPATIBILIDADES E INDEPENDÊNCIA

II.1.2.1. O conselho de administração deve incluir um número de membros não executivos que garanta efectiva capacidade de supervisão, fiscalização e avaliação da actividade dos membros executivos.

II.1.2.2. De entre os administradores não executivos deve contar-se um número adequado de administradores independentes, tendo em conta a dimensão da sociedade e a sua estrutura accionista, que não pode em caso algum ser inferior a um quarto do número total de administradores.

Bibliografia Portuguesa: COUTINHO DE ABREU, *Governação das Sociedades Comerciais*, Coimbra (2006); id. *Corporate Governance em Portugal*, in *Miscelâneas 6*, IDET, Coimbra (2010); ANTÓNIO PEREIRA DE ALMEIDA, *Os administradores independentes*, in *A reforma do Código das Sociedades Comerciais:: jornadas em Homenagem ao Professor Doutor Raúl Ventura*, Coimbra (2007), págs. 153 segs.; PAULO CÂMARA, *O Governo das Sociedades e a Reforma do Código das Sociedades Comerciais*, in *Código das Sociedades Comerciais e o Governo das Sociedades*, Coimbra (2008), págs. 9 segs.; MENEZES CORDEIRO, *Manual de Direito das Sociedades*[2], 2 vols. Coimbra (2007); id., (org.), *Código das Sociedades Comerciais Anotado*[2], Coimbra (2011); GABRIELA FIGUEIREDO DIAS (Rel.), *Administração/Fiscalização de sociedades e responsabilidade civil*, in *Corporate Governance. Reflexões I*, Lisboa (2007), págs. 33 segs.; id, *A fiscalização societária redesenhada: independência, exclusão de responsabilidade e caução obrigatória dos fiscalizadores*, in *Reformas do Código das Sociedades*, ed. IDET, Coimbra (2007), págs. 279 segs.; JOÃO MELLO FRANCO/MAGDA VIÇOSO, *Boas Práticas dos Órgãos de Administração das Sociedades Cotadas*, Cadernos do IPCG sobre Corporate Governance, n.º 1 (2011); JOSÉ FERREIRA GOMES, *Conflito de interesses entre accionistas nos negócios celebrados entre a sociedade anónima e o seu accionista controlador*, in *Conflito de interesses no direito societário e financeiro. Um balanço a partir da crise financeira*, Coimbra (2010), págs. 75 segs.; RUI DE OLIVEIRA NEVES, *O Administrador Independente*, in *Código das Sociedades Comerciais e o Governo das Sociedades*, Coimbra (2008), págs. 143 segs.; JOÃO GOMES DA SILVA (Rel.), *Os administradores independentes das sociedades cotadas portuguesas*, in *Corporate Governance. Reflexões I*, Lisboa (2007), págs.7 segs.; PAULA COSTA E SILVA, *O administrador independente*, in *Direito dos Valores Mobiliários*, VI, Coimbra (2006), págs. 417 segs.

Índice

I – Antecedentes próximos	1	III – Análise		23
1. Introdução	1	7. O órgão de administração como centro de fiscalização da actividade social		23
2. Sentido das Recomendações	2	8. O administrador independente		37
3. Evolução	7	9. Crítica. As dificuldades do modelo do *monitoring board*		55
II – Fontes legais e comunitárias relacionadas	18	10. *Um quarto* como solução de compromisso		57
4. Fontes Comunitárias	18	11. Administrador independente e concentração de capital		62
5. Fontes legais	20	12. Conclusão		78
6. CMVM	21			

I – Antecedentes próximos

1. Introdução

A epígrafe de «incompatibilidades e independência» dada ao grupo de Recomendações II.1.2. é errónea, visto que se trata de matéria hoje directamente regulada pelo Código das Sociedades Comerciais (artigos 414.º e 414.º-A). As Recomendações II.1.2.1. e II.1.2.2. tratam, essencialmente, da estrutura e da composição do Conselho de Administração e devem, nessa medida, ser lidas em conjunto.

2. Sentido das Recomendações II.1.2.1. e II.1.2.2.

No que respeita à primeira Recomendação (II.1.2.1.), o Código de Governo das Sociedades não opta por uma solução do género *one size fits all*. Antes recomenda, para os modelos clássico e anglo-saxónico[1], a existência de administradores não executivos *puros*, e por isso implicitamente também a criação de comissões executivas ou a delegação de poderes, incentivando a criação de dois *blocos* no interior do Conselho de Administração.

O número concreto de administradores não executivos deve ser aferido por cada sociedade: será aquele que garanta uma efectiva capacidade de fiscalização (ou de supervisão, fiscalização e avaliação) da actividade dos executivos. Não existe, por isso, a recomendação expressa de que a *maioria* ou, pelo menos, uma *determinada percentagem* do Conselho seja composta por administradores que não integrem a gestão (embora a CMVM considere que este número não deve ser inferior a um terço[2]).

A segunda Recomendação (II.1.2.2.) dirige-se aos membros não executivos do Conselho: estes devem incluir um *número adequado* de administradores independentes, e essa *adequação* deve ser encontrada em função da dimensão da sociedade e da sua estrutura accionista. Não são dados, porém, quaisquer critérios auxiliadores para determinar que efeitos podem ter a dimensão ou a estrutura accionista da sociedade sobre o número de administradores independentes.

A liberdade dada às sociedades de encontrar o número adequado de administradores independentes esbarra com um limite mínimo: em qualquer dos casos, um quarto dos membros não executivos deve poder ser considerado independente.

Como primeira observação geral, diga-se que boa parte das Recomendações assenta em conceitos indeterminados: um número que garanta *efectiva* capacidade; um número *adequado* de administradores. Com a vantagem inerente de permitir adaptar a Recomendação a cada sociedade concreta e a consequente desvantagem da dificuldade em avaliar se cada opção efectivamente tomada foi ou não a correcta.

3. Evolução

As primeiras Recomendações da CMVM sobre o governo das sociedades datam do ano de 1999. Seguiram-se os anos da explosão do interesse pelo assunto, desde os escândalos financeiros do virar de século à criação do *Sarbanes-Oxley Act* e à intervenção da União Europeia, culminando na recente crise financeira e no focar das atenções neste sector de actividade e nas suas práticas de governo. Entende-se, assim, porque razão um corpo de Recomendações criado em 1999 tenha sido mutilado por tantas alterações – 2001, 2003, 2005 e 2007 – até chegar à versão actual.

---

[1] Sobre os modelos de governo em Portugal, PAULO CÂMARA, *O Governo das Sociedades e a Reforma do Código das Sociedades Comerciais*, in *Código das Sociedades Comerciais e o Governo das Sociedades*, Coimbra (2008), págs. 9 e segs

[2] Encontram-se, pelo menos, estas referências nos *Relatórios Sobre a Divulgação de Informação Relativa ao Governo das Sociedade,* Ano 2005, pág. 33, e Ano 2006 (Dezembro de 2007), pág. 25.

Pelo caminho, importa ainda realçar a revisão do Código das Sociedades Comerciais, em 2006, que deslocou a definição de *independência* para aquele diploma (artigo 414.º), bem como um projecto de reforma de 2008, que até hoje, pelo menos, ainda não viu a luz do dia na parte em que visava alterar algumas das regras inseridas no Código das Sociedades Comerciais em 2006 sobre o regime de independência e incompatibilidades[3].

No que respeita à Recomendação sobre a existência de **administradores não executivos** (II.1.2.1.), a evolução, desde 1999, tem-se pautado por uma razoável coerência: de 1999 a 2005, o Conselho devia ser composto por «uma pluralidade de membros que exerçam uma orientação efectiva em relação à gestão da sociedade» (Rec. 14), e apenas neste ano (2005) se adicionou que este órgão devia «incluir um número suficiente de administradores não executivos cujo papel é o de acompanhar e avaliar continuamente a gestão da sociedade por parte dos membros executivos»[4].

Quando as Recomendações se tornaram «Código», em 2007, o texto ganhou a sua versão actual, no sentido de propor a «inclusão de um número de membros não executivos que garanta efectiva capacidade de supervisão, fiscalização e avaliação da actividade dos membros executivos». Abandonou-se em definitivo a *orientação* e o *acompanhamento*, para se centrar a actividade dos não executivos na *fiscalização* e na *avaliação*.

Foi mais rica a evolução da Recomendação respeitante aos **administradores independentes** (II.1.2.1.). Em 1999, estes administradores começaram por ser definidos como os membros do Conselho de Administração *independentes* em relação aos accionistas dominantes, devendo o Conselho ter na sua composição um ou mais destes administradores, que podiam inclusivamente ser administradores executivos.

Em 2001, a sua noção alterou-se no sentido de que cada sociedade deveria determinar o conceito de administrador independente ajustado às suas características concretas e, consequentemente, divulgar publicamente o conceito adoptado.

No ano de 2003, mantendo embora o essencial do texto da Recomendação existente, adoptou-se a concepção, que se mantém até hoje, de que um administrador independente *é um membro não associado a grupos específicos de interesses das Sociedade*, o que implica uma adesão, tradicional no meio europeu, a uma concepção doutrinal do governo societário tendo em conta o chamado *stakeholder model*, em detrimento do mais usual *shareholder model*, de matriz essencialmente norte-americana[5].

Nesse ano (2003), e pela primeira vez, foram definidas certas situações/critérios excludentes da qualificação como administrador independente, como por exemplo o ser administrador executivo, titular de participação qualificada ou concorrente.

Em 2005, a CMVM passou a sugerir a existência em cada órgão de administração de um «número suficiente de membros independentes», explicando que o seu papel é o de acompanhar e fiscalizar em termos informados a gestão societária.

---

[3] CMVM, *Transposição da Directiva dos Direitos dos Accionistas e Alterações ao Código das Sociedades Comerciais, Processo de Consulta Pública 10/2008* (2008).

[4] Embora entendendo internamente, como referido acima, que era necessário um terço para que a Recomendação se considerasse cumprida. Cfr. CMVM, *Relatório Sobre a Divulgação de Informação Relativa ao Governo das Sociedade*, Ano 2005, pág. 33, e Ano 2006 (Dezembro de 2007), pág. 25.

[5] WERDER, *Ökonomische Grundfragen der Corporate Governance*, in *Handbuch Corporate Governance*, Stuttgart (2003), págs. 7 segs, e MANN, *Corporate Governance Systeme. Funktion und Entwicklung am Beispiel von Deutschland und Großbritannien*, Berlin (2003), págs. 74 segs.

16   A reforma do Código das Sociedades Comerciais levada a cabo em 2006 introduziu o conceito de independência naquele diploma, sendo hoje a noção de independência e incompatibilidades daquele Código o filtro para aferir da independência dos administradores não executivos[6]. Tratou-se de uma solução excessivamente rígida, pois o Código das Sociedades Comerciais não permite ser alterado à velocidade com que a CMVM altera Regulamentos e Recomendações. Algumas das soluções contidas no Código das Sociedades Comerciais não estavam ainda o suficientemente maduras para serem inseridas num documento com alguma estabilidade (o exemplo mais claro é o da ausência de períodos de *cooling off* no Código das Sociedades Comerciais), e criou-se uma dificuldade adicional no tratamento da matéria dos administradores independentes.

17   Paralelamente, também desde 2006 que uma corrente de jurisprudência interna da CMVM entendeu que o número de administradores independentes deveria ser pelo menos de *um quarto* do total do Conselho de Administração, e apenas considerava cumprida a Recomendação respeitante aos administradores independentes se esta percentagem fosse cumprida[7]. A orientação interna ganhou foro de Recomendação, aquando da publicação do primeiro Código de Governo das Sociedades, em 2007, que deu a esta Recomendação a sua redacção actual, bem como alguma segurança acrescida às sociedades visadas.

II – Fontes legais e comunitárias relacionadas

18 **4. Fontes comunitárias**
A principal fonte comunitária é a **Recomendação da Comissão Europeia n.º 2005/162/CE, de 15 de Fevereiro de 2005,** sobre o Papel dos Administradores Não Executivos (2005/162/CE). A Recomendação Europeia teve como antecedente remoto a comunicação da Comissão Europeia denominada de *Modernising Company Law and Enhancing Corporate Governance in the European Union – A Plan to Move Forward*, COM (2003) 284, de 21 de Maio de 2003, e como antecedente próximo o documento de consulta *Recommendation on the role of (independent) non-executive or supervisory directors* (2004)[8]. No ano de 2007 foi publicado o primeiro Relatório acerca da aplicação da Recomendação Europeia: trata-se do *Report on the application by the Member States of the EU of the Commission Recommendation on the role of non-executive or supervisory directors of listed companies and on the committees of the (supervisory) board*, SEC (2007), de 13 de Julho de 2007.

19   Ainda no plano comunitário, é importante referir a **Directiva 2006/43/CE do Parlamento Europeu e do Conselho,** de 17 de Maio de 2006, relativa à revisão legal de contas, cujo artigo 41.º veio determinar que pelo menos um membro do órgão de fiscalização deve ser independente e ter competência nos domínios da contabilidade e/ou da revisão ou auditoria.

20 **5. Fontes legais**
Para além do **Código das Sociedades Comerciais** (que regula a estrutura, composição e funcionamento do Conselho de Administração, bem como, desde a revisão de 2006, a definição legal de

---

[6] Artigo 414.º, para a independência, e artigo 414.º-A, para as incompatibilidades. Cfr. a remissão da Recomendação II.1.2.3. para as regras legais e regulamentares em vigor sobre os requisitos de independência e o regime de incompatibilidades aplicáveis aos membros dos outros órgãos sociais. Sobre o administrador independente em Portugal, GABRIELA FIGUEIREDO DIAS, *A fiscalização societária redesenhada: independência, exclusão de responsabilidade e caução obrigatória dos fiscalizadores*, in *Reformas do Código das Sociedades*, ed. IDET, Almedina (2007), págs. 279 segs; RUI DE OLIVEIRA NEVES, *O Administrador Independente*, in *Código das Sociedades Comerciais e o Governo das Sociedades*, Coimbra (2008), págs. 143 segs.

[7] CMVM, *Relatório Sobre a Divulgação de Informação Relativa ao Governo das Sociedade*, Ano 2005, pág. 36, e Ano 2006, pág. 29.

[8] Consultation document of the Services of the Internal Market Directorate General, Maio de 2004.

independência e incompatibilidades, nos artigos 414.º e 414.º-A), há que referir o **Decreto-Lei n.º 225/2008**, de 20 de Novembro, que veio transpor a Directiva 2006/43/CE acima referida.

6. CMVM
No plano dos documentos aprovados pela CMVM, inclui-se o **Regulamento n.º 1/2010**, sobre o governo das sociedades cotadas, que impõe a divulgação, nos relatórios anuais sobre o governo das sociedades, (i) da identificação e composição das comissões especializadas constituídas com competências em matéria de administração ou fiscalização da sociedade (Anexo, II.2), (ii) da distinção dos membros executivos dos não executivos e, de entre estes, discriminação dos membros que cumpririam, se lhes fosse aplicável as regras de incompatibilidade previstas no n.º 1 do artigo 414.º-A do Código das Sociedades Comerciais, com excepção da prevista na alínea b), e os critérios de independência previstos no n.º 5 do artigo 414.º, ambos do Código das Sociedades Comerciais (Anexo, II.14), (iii) da referência ao facto de o relatório anual de gestão da sociedade incluir uma descrição sobre a actividade desenvolvida pelos administradores não executivos e eventuais constrangimentos detectados (Anexo, II.17) ou, finalmente, (iv) sobre a identificação dos membros das comissões constituídas para efeitos de avaliação de desempenho individual e global dos administradores executivos, reflexão sobre o sistema de governo adoptado pela sociedade e identificação de potenciais candidatos com perfil para o cargo de administrador (II.36).

No que respeita ao **Código de Governo das Sociedades**, as principais Recomendações relacionadas com as Recomendações II.1.2. são as Recomendações II.1.3. (Elegibilidade e nomeação), II.2. (Conselho de Administração), II.5. (Comissões especializadas) e IV.1. (Relações com Accionistas).

III – Análise

7. O órgão de administração como centro da fiscalização da actividade social
Subjacente a ambas as Recomendações em análise (II.1.2.1. e II.1.2.2.) encontra-se a defesa do órgão de administração como o *fiscalizador* da actividade societária, colocando-se os administradores independentes no centro dessa actividade, e deixando para segundo plano outras actividades tradicionalmente vistas como essenciais a um Conselho de Administração, como o *acompanhamento da actividade*, a *participação na definição estratégica* e a *manutenção da competência exclusiva* sobre os aspectos mais importantes da vida societária.

Numa clássica dicotomia existente entre *gestio* e *custodia*, a prevalência é hoje no sentido de as unir no mesmo órgão, ao arrepio da tradição clássica[9].

As Recomendações não são de origem nem de tradição portuguesa. Nessa medida, têm que ser enquadradas no pano de fundo norte-americano e europeu que lhes serviu de inspiração.

Nos **Estados Unidos da América**, a percentagem de administradores independentes em sociedades cotadas evoluiu, no período de 1950 a 2005, de 20 por cento para cerca de 70 por cento do total do Conselho de Administração, tendo a maior parte desta evolução ocorrido a partir da década de 70[10].

---

[9] BÖCKLI, *Konvergenz: Annäherung des monistischen und des dualistischen Führungs- und Aufsichtssystems*, in Handbuch Corporate Governance, cit., págs. 201 segs.
[10] GORDON, *The Rise Of Independent Directors in The United States, 1950-2005: Of Shareholder Value And Stock Market Prices*, ECGI – Law Working Paper no. 74/2006 (2007), e *The Rise of Independent Directors in Italy: A Comparative Perspective*, in La società per azioni oggi (2007), págs. 161 segs.

27   O mesmo período assistiu à transição do modelo do chamado *advising board*, órgão de administração composto essencialmente por membros da gestão da sociedade e por *outsiders* próximos da sua gestão, como clientes ou fornecedores principais, advogados da sociedade ou os seus credores, que assistiam o CEO na condução da Sociedade, para um *monitoring board*, composto na sua maioria por administradores desligados de relações económicas com a Sociedade e por isso qualificados como independentes.

28   Este modelo tem de ser integrado no sistema de *corporate governance* norte-americano: um predomínio de sociedades de titularidade fragmentada, com uma pluralidade de pequenos accionistas em que nenhum se assume como dominante; um órgão de administração (o «*board*») assente numa estrutura claramente monista e muitas vezes afastado da gestão corrente, diária, da Sociedade; e a ausência de um órgão especificamente dedicado à fiscalização das actividades sociais.

29   Para a ultrapassagem do modelo do *advisory board*, ainda ligado ao tempo do chamado *managerial capitalism*, destacam-se os estudos de Eisenberg[11], assentando nas ideias nucleares de o Conselho (i) dever concentrar-se em tarefas de fiscalização, (ii) ser composto por uma maioria de membros independentes, (iiii) que se deveriam organizar em diversos comités, incidentes sobre as principais matérias que podem originar conflitos de interesses. São estes os princípios que foram definitivamente acolhidos com a aprovação do *Sarbanes-Oxley Act* e com os *listing requirements* da NYSE e do NASDAQ que se lhe seguiram.

30   Como razões principais para esta evolução são apontados o aparecimento da concepção da sociedade como orientada para a criação de valor para os accionistas, juntamente com o maior ênfase dedicado à informação e à qualidade da sua prestação ao mercado[12]; na realidade, e como sempre ocorre no direito das sociedades cotadas, boa parte da explicação para o reforço de mecanismos de controlo deve ser encontrada na reacção a escândalos societários e à quebra da confiança nos mercados.

31   A **Europa**, fortemente pressionada pela aplicação extra-territorial do *Sarbanes-Oxley Act* e com o complexo de ser vista (ou de se sentir) como um parente menor em termos de evolução e desenvolvimento dos mercados financeiros, não quis ficar para trás. Enquanto na América, nos anos 2000, tudo se passou à velocidade de um relâmpago com a reacção aos escândalos *Enron* e *WorldCom*, na Europa fizeram-se estudos, *Planos de Acção* e, no que respeita ao papel dos administradores não executivos, tudo acabou na Recomendação da Comissão Europeia n.º 2005/162/CE, de 15 de Fevereiro de 2005[13].

32   Afinando pelo diapasão norte-americano, a Recomendação Europeia centra o papel dos administradores não executivos na supervisão dos administradores executivos. «Para restabelecer a confiança nos mercados financeiros é de vital importância reforçar esta última função dos administradores não executivos ou membros do conselho de supervisão»[14]. Esta

---

[11] Com interesse, *The Structure of the Corporation – A Legal Analysis*, Boston, Toronto (1976), e o resumo das suas posições em GOFFERJE, *Unabhängigkeit als persönliche Voraussetzung für Aufsichtsratmitglieder*, Baden-Baden (2007).Vejam-se as referências de PAULO CÂMARA na Introdução a este Comentário, bem como o comentário de JOSÉ FERREIRA GOMES à Recomendação II.2.1.

[12] GORDON, *The Rise of Independent Directors in Italy*, cit., págs. 169 segs.

[13] Para os antecedentes, *Recommendation on the role of (independent) non-executive or supervisory directors. Consultation document of the Services of the Internal Market Directorate General*, May 2004.

[14] Cfr. Considerando 3. Uma análise exaustiva da Recomendação 2005/162/CE encontra-se em NOWAK, *Die Unabhängigkeit des Aufsichtsratmitglieds nach §100 Abs. 5 AktG*, Berlin (2010), págs. 135 segs.

ideia chave é repetida no recente livro verde da Comissão Europeia sobre *corporate governance*, onde se chega a afirmar que «*the term* board of directors *in this Green Paper essentially refers to the supervisory role of directors*»[15].

Estamos perante um caso de *conversão* do modelo continental europeu de *corporate governance* (em que Portugal se inclui) ao modelo norte-americano[16].

Primeiro o direito europeu, e depois o regulador português CMVM, entenderam adoptar a figura do *monitoring board* (mesmo que matizado, como se verá mais à frente): a recomendação de um Conselho que fiscalize a actividade societária em detrimento de um Conselho que assista e aconselhe a gestão executiva, vigiando a sua actuação geral[17].

Indirectamente, está presente também a preferência pela fiscalização no interior do órgão de administração, em detrimento da fiscalização num órgão externo ao Conselho, como o Conselho Fiscal e, por isso, uma preferência pelo modelo de governo dito anglo-saxónico. O modelo dualista acaba por ser um concorrente lateral nas regras do Código de Governo, visto que aqui a CMVM curiosamente admite e salienta o seu papel de aconselhamento e acompanhamento[18].

Os fenómenos de conversão geram tensão. O direito americano (ou os direitos americanos) não é o direito europeu ou o português, tal como as respectivas realidades societárias e de modelos de governo não são iguais. Antes de aprofundar este ponto, porém, importa analisar o principal actor do *monitoring board*, ou seja, o administrador independente.

8. O administrador independente

Como se viu acima, os administradores independentes devem-se concentrar numa função de fiscalização/supervisão da sociedade[19]. De entre as muitas formulações existentes, o administrador independente é normalmente apresentado como um *desinterested outsider* e/ou um *objective monitor*[20].

O *desinterested outsider* é aquele que não tem ligações económicas estreitas com a Sociedade. A ele devem ser atribuídas funções objectivas de controlo (o *objective monitor*), porque com o seu distanciamento não se deixa influenciar pela gestão. Ele deve ser garante do controlo do desempenho do CEO, incluindo da fixação da sua remuneração, da fiscalização do processo de divulgação de informação e serve como intermediário entre a sociedade e o mercado pelo controlo da empresa[21].

---

[15] Green Paper. *The EU corporate governance framework*, Comissão Europeia COM(2011) 164 (2011).
[16] Os fenómenos de conversão opõem-se aos fenómenos de coexistência e de convergência em sistemas de governo das sociedades. Cfr. a análise que se encontra em Palepu/Khanna/Kogan, *Globalisation and Similarities in Corporate Governance: a cross-country analysis*, Strategy Unit, Harvard University (2002). Cfr. ainda Schmidt/Weiss, *Shareholder vs stakeholder: Ökonomische Fragestellungen*, in *Handbuch Corporate Governance*, cit., pág. 110.
[17] Cfr. a anotação de José Ferreira Gomes às Recomendações II.2.1. e II.2.2.
[18] Cfr. Recomendação II.4.1
[19] Cfr. Kirkbride/Letza, *Can the Non-executive Director be an effective Gatekeeper? The Possible Development of a Legal Framework of Accountability*, in *Corporate Governance: An International Review*, Vol. 13, No. 4, pp. 542-550 (2005).

[20] A riqueza conceptual e regulamentar neste ponto é aliás grande, em função da diversidade de regras sobre *corporate governance*: fala-se assim em 'non-interested directors', 'independent directors', 'outside directors', 'non-executive directors', 'non-employee directors' e 'desinterested directors'. Cfr. os estudos de Clarke, *Setting the Record Straight: Three Concepts of the Independent Director*, The George Washington University Law School (2006), e *The Independent Director in Chinese Corporate Governance*, 36 Delaware Journal of Corporate Law, 1 (2006), 125-228, e bibliografias aí citadas. Entre nós, Fernandes, *Board Compensation and Firm performance: The Role of "Independent" Board Members*, European Corporate Governance Institute Working Paper Series in Finance 104/2005(2005).
[21] Gordon, *The rise of independent Directors in Italy: a comparative perspective*, cit., pág. 228.

39 No que respeita à sua actuação, o administrador independente pode ser visto como um *substituto* de regulação externa, ou como um seu *implementador*. Se for um substituto, ele actuará *em vez* da regulação, cobrindo zonas em que esta não chega. Pelo contrário, se for um *implementador*, o administrador independente será como que um arauto e zelador da lei e regulamentações externas (ou mesmo internas), um garante da legalidade no interior da sociedade.

40 O administrador independente não pode ser visto como um mero *implementador*. Não existe qualquer razão «para distinguir neste campo os administradores independentes dos restantes. Não existem administradores que cumpram regulação e outros que não, e ambos estão sujeitos a responsabilidade e a claras sanções se incumprirem com as obrigações a que estão sujeitos»[22].

41 Entendendo o administrador independente como um *substituto* de regulação externa, como parece ser a abordagem correcta, fica claro que o seu papel deve ser centrado na prevenção e gestão de conflitos de interesses. Na zona dos conflitos de interesses, qualquer regulação externa tem maior dificuldade em atingir grande poder de concretização; são matérias, também, em que os tribunais ou mesmo as entidades de supervisão terão dificuldade em deter a devida sensibilidade de apreciação.

42 A Recomendação Europeia defende os administradores independentes como aqueles que são capazes de contestar as decisões da gestão, assim protegendo os interesses de accionistas e outros *stakeholders*. Mas, tendo em conta a realidade a que se pretende aplicar, diferente da norte-americana, distingue claramente duas situações: em *sociedades com a propriedade fragmentada*, é essencial obrigar os gestores a prestar contas aos accionistas; em *sociedades com accionistas que detêm participações de controlo*, é imperativo preservar a posição dos accionistas minoritários. Em qualquer caso, está em causa a defesa dos investidores e outros *stakeholders*.

43 Para que a gestão seja assim subordinada a uma supervisão eficaz e «suficientemente independente», o órgão de administração deve incluir um *número suficiente* de administradores independentes. Ser independente significa *estar ao abrigo de quaisquer conflitos de interesses importantes*. Por essa razão, a actividade destes administradores deve precisamente concentrar-se – como nos Estados Unidos – nos domínios em que as possibilidade de ocorrência de conflitos de interesses são mais elevadas: na nomeação e remuneração dos administradores, e na auditoria, razão pela qual a Comissão Europeia promove simultaneamente nesta Recomendação a criação de comités ou comissões internas com estas funções[23]: nomeação, remuneração e auditoria.

44 Note-se que a Comissão Europeia não faz qualquer transposição acrítica do modelo norte-americano. É de assinalar o cuidado com que são feitas as recomendações, bem como o conhecimento que demonstra dos vários direitos europeus.

45 Em particular, no que respeita à criação das comissões internas, fica claro que apenas o órgão de administração, no seu conjunto, tem o poder para a tomada de decisões, e que será sempre todo o órgão a ser colectivamente responsável pelo desempenho das suas funções. Nesta medida, as comissões devem *recomendar* a tomada de decisões pelo Conselho de Administração, apenas assumindo poderes deliberativos se o Conselho (ou a legislação nacional) assim o entender.

46 De modo a garantir o peso dos administradores independentes, estabelece-se que devem representar sempre a maioria dos administradores que integram estas comissões.

---

[22] CLARKE, *Setting the Record Straight: Three Concepts of the Independent Director*, cit., pág. 8.

[23] Recomendação da Comissão Europeia n.º 2005/162/CE. Cfr. Considerandos 7 a 10.

Faça-se uma pausa. O direito norte-americano criou o modelo puro do *monitoring board*: uma maioria de administradores não executivos independentes.

A Recomendação Europeia, sabendo que se dirige a realidades muito diferentes, mas que muitas vezes assentam em sociedades com o capital concentrado, propõe um *monitoring board* moderado ou mitigado: devem existir administradores não executivos independentes, agrupados em comissões que visem prevenir e resolver conflitos de interesses, e onde devem ser maioritários, mas sem que tenham de representar a metade ou a maioria do Conselho de Administração.

A maioria dos Estados membros da União prevê hoje, nos seus Códigos de bom Governo (recomendações), a presença de um número *suficiente* ou *adequado* de administradores independentes[24]. Alguns Estados optaram por um número fixo, mínimo ou proporcional de administradores independentes: são os exemplos da Bélgica, em que pelo menos metade do Conselho deve ser não executiva e pelo menos 3 membros devem ser independentes[25], da Polónia, em que pelo menos 2 membros do *supervisory board* devem ser independentes[26], ou da Holanda, em que todos os membros do *supervisory board* menos um o devem ser[27]; Estados como o Reino Unido adoptaram a regra de que pelo menos metade dos membros do Conselho, excluindo o Presidente, devem ser não executivos e independentes[28].

Nos casos que nos são mais próximos, como em Espanha, recomenda-se a presença de pelo menos um terço de administradores independentes nas grandes sociedades cotadas. Em França, metade do Conselho deve ser independente nas grandes sociedades cotadas e naquelas que não tenham accionista de controlo, e de um terço naquelas que o tenham[29]. Ao contrário do usual, neste caso não dispomos do elemento comparativo germânico, por força da opção da Alemanha em manter o modelo dualista.

Ainda hoje os administradores independentes não são uma categoria consensual.

Por um lado, nunca surgiram, no campo económico, dados que demonstrassem empiricamente os benefícios trazidos pela existência de administradores independentes[30].

A maior crítica é dirigida directamente ao principal aspecto que os caracteriza, isto é, ao distanciamento que devem ter relativamente à sociedade[31]. Uma fiscalização efectiva precisa de tempo, e este tempo tem que levar a um conhecimento efectivo da sociedade; conhecimento que gera necessariamente proximidade. Ora, como tem sido muitas vezes sublinhado, *a proximidade não é amiga da independência*. Juntando a isto um órgão colegial unitariamente responsável pelos seus actos, corremos o risco de cair num dilema sem virtude: ou os administradores independentes se afastam de tal modo da gestão, que mantêm a sua independência, mas a sua actuação se torna puramente formal e sem ligação à realidade; ou se aproximam para entender e compreender as actividades que devem fiscalizar; e aí correm o risco de perder a independência de análise, pois, no limite, se tornam tão responsáveis como os seus fiscalizados pelos actos praticados.

---

[24] Cfr. o *Report on the application by the Member States of the EU of the Commission Recommendation on the role of non-executive or supervisory directors of listed companies and on the committees of the (supervisory) board* (2007), págs. 7-8.
[25] Princípio 2.3. do Código Belga.
[26] III.6. do Código Polaco de boas práticas para as sociedades cotadas na bolsa de Varsóvia.
[27] III.2.1. do Código de Governo.
[28] Excepto para sociedades mais pequenas, em que são necessários apenas 2. Cfr. B.1.2 do Código de Governo do Reino Unido.

[29] Cfr. 8.2 do Código AFEP.
[30] Os estudos mais citados neste campo continuam a ser, por exemplo, os de BHAGAT/BLACK, *The Non-Correlation between Board Independence and Long-term Firm Performance*, 27 Journal of Corporation Law 231 (2002), e *The Uncertain Relationship Between Board Composition and Firm Performance*, 54 Business Lawyer 921 (1999).
[31] HOPT, *Company Law Modernization: Transatlantic Perspectives*, in *La società per azioni oggi* (2007), págs. 62 segs.

54   Em qualquer dos casos, não deixa de se referir o importante papel que podem desempenhar na prevenção dos conflitos de interesses, embora tenham claramente deixado de ser vistos, como já o foram, como uma panaceia[32]. Boa parte desse papel, tanto em Portugal como nos restantes países do modelo continental europeu, dever-se-á à possibilidade de adopção do modelo equilibrado proposto pela Recomendação da Comissão Europeia.

55 **9. Crítica. As dificuldades do modelo do *monitoring board***
O modelo do Conselho de Administração como fiscalizador da gestão societária foi adoptado pela CMVM e transposto para Portugal, mas a sua implementação é complexa. Não apenas pelo ambiente cultural a que a Recomendação se tem que dirigir, mas pelo próprio ambiente normativo. Neste último plano, mesmo com a profunda reforma efectuada em 2006 ao Código das Sociedades Comerciais (e não esquecendo o quanto essa reforma foi influenciada pela CMVM), não existem regras sobre o papel e função dos administradores não executivos, regras precisas sobre a divisão de competências entre o Conselho e a Comissão Executiva, sobre a responsabilidade de uns e outros membros.

56   Excepção a este ponto é a regulação da comissão de auditoria/comissão para as matérias financeiras, que se encontra hoje detalhada no Código das Sociedades Comerciais. Um caminho a seguir seria o de procurar regulamentar a existência e a composição e competências das restantes comissões sugeridas pela Comissão Europeia[33], bem como o de criar um modelo novo de responsabilidade do Conselho de Administração: este deve deixar de ser visto como um órgão estruturalmente unitário e a respectiva regulamentação devia reflectir essa nova realidade[34].

57 **10. *Um quarto* como solução de compromisso**
A CMVM recomendou durante muitos anos a existência de, pelo menos, um administrador independente; anos volvidos, e perante a recomendação de que cada Sociedade tivesse o número adequado desses administradores, viu-se forçada a desenvolver internamente, primeiro, e no Código de Governo de 2007, depois, a tese de que cada Sociedade deveria ter pelo menos um quarto de administradores independentes.

58   A Recomendação de *um quarto* não é equitativa, visto que privilegia as sociedades que optem pelo modelo de governo «anglo-saxónico». Estas sociedades, incluindo no interior do órgão de administração os membros da Comissão de Auditoria, partem com uma contagem mais facilitada para atingir o quarto dos administradores do que as sociedades que optem pelo modelo latino. Daí que a CMVM afirme que no modelo anglo-saxónico os membros independentes representam 37,5% do total de elementos do órgão de administração e mais de metade (58%) do total de não executivos, com claramente melhores resultados que no modelo latino[35].

59   Em segundo lugar, e a ser rigoroso, o número de um quarto não serve nenhuma finalidade a não ser a de garantir que os administradores independentes tenham uma mínima representatividade no interior do Conselho de Administração. Tanto poderia ser de um terço ou de um quinto, ou qualquer outra fracção.

---

[32] HOPT, *Company Law Modernization: Transatlantic Perspectives*, cit., pág. 63.
[33] Cfr. o comentário de ANA RITA ALMEIDA CAMPOS à Recomendação III.5.
[34] Sobre os problemas de *bicefalia* dos membros da Comissão de Auditoria, simultaneamente administradores e fiscalizadores da sociedade, cfr. GABRIELA FIGUEIREDO DIAS (Rel.), *Administração/Fiscalização de sociedades e responsabilidade civil*, in *Corporate Governance. Reflexões I*, Lisboa (2007), págs. 41 segs.
[35] Relatório Anual sobre o Governo das Sociedades Cotadas em Portugal, 2009, pág. 29. O Relatório de 2010 foi elaborado em moldes diferentes.

Efectivamente, o *monitoring board*, na sua lógica interna pura, postularia uma maioria de administradores não executivos em abstracto qualificáveis como independentes. Apenas com a maioria de administradores não executivos, e com uma maioria de administradores independentes se consegue garantir, numericamente pelo menos, que o *management* se submete ao Conselho de Administração, e que as deliberações são tomadas por uma maioria de membros independentes.

Daqui decorre uma de duas soluções: ou a CMVM entende, no futuro, avançar no sentido completo do *monitoring board*, e aí deveria recomendar uma maioria dos membros do Conselho como não executivos e independentes; ou, pelo contrário, entende seguir a versão moderada de *monitoring board* proposta pela Comissão Europeia, e aí a exigência do quarto deixa também de fazer sentido, porque o *adequado* passa a ser a existência de administradores independentes em número suficiente para que representem a maioria dos membros das comissões do órgão de administração que lidem com a prevenção de conflitos de interesses, incluindo a comissão de auditoria.

11. Administrador independente e concentração de capital

Esta consideração leva-nos a uma terceira observação crítica. Como refere o Relatório Anual da CMVM sobre o Governo das Sociedades Cotadas em Portugal (2009)[36], «o capital accionista continua a estar significativamente concentrado. Em todas as sociedades existe pelo menos um accionista que exerce uma influência significativa sobre a vida da empresa, designadamente no que respeita à escolha dos membros dos seus órgãos sociais. São, em média, 2,8 os accionistas que exercem influência significativa sobre a vida da empresa e detêm, igualmente em média, 59,8% do capital social».

O problema da actuação dos administradores independentes em Portugal coloca-se num plano mais delicado ainda que o do *controlo da actuação dos gestores*, precisamente no plano do relacionamento entre o accionista maioritário, ou de referência, e dos accionistas minoritários.

Efectivamente, devido à concentração da estrutura accionista, o papel dos administradores independentes é bem mais o de fiscalizar a actuação do accionista de controlo do que a actuação dos administradores executivos, o que desloca curiosamente a actividade de fiscalização para fora da sala do Conselho, numa lógica contrária à própria razão de ser dos administradores independentes (a fiscalização do *board*) e que reforça de novo a bondade do olhar sobre outros modelos de governo, como o dualista ou o dito clássico.

Os administradores independentes devem fiscalizar o relacionamento do accionista de controlo com a sociedade e procurar limitar ou impedir os (ilegítimos) *private benefits of control*[37].

Estão em causa principalmente os negócios com partes relacionadas, mas também a sonegação de oportunidades à própria empresa, em benefício do accionista de referência ou do grupo controlador[38].

---

[36] Pág. 8.
[37] Cfr. O comentário de José Ferreira Gomes às Recomendações IV.1.1. e IV.1.2.
[38] Enriques/Hertig/Kanda, *Related-Party Transactions*, in *The Anatomy of Corporate Law, A Comparative and Functional Approach*, Oxford (2009), págs. 153 segs., e José Ferreira Gomes, *Conflito de interesses entre accionistas nos negócios celebrados entre a sociedade anónima e o seu accionista controlador*, in *Conflito de interesses no direito societário e financeiro. Um balanço a partir da crise financeira*, Coimbra (2010), págs. 75 segs. São muito interessantes os estudos de Djankov/La Porta/Silanes/Shleifer. Cfr. *The Law and Economics of Self-Dealing* (2005).

67   A maior questão é a de saber qual o peso efectivo que os administradores independentes podem assumir na prevenção destes problemas de agência.

68   Mesmo que organizados em comissões internas, seja de remunerações, de nomeações, de auditoria ou de governo da sociedade, e tendo efectivamente em conta que estas comissões já existem em número relevante em Portugal[39], o problema que sobra é mais fundo.

69   Perante um accionista de referência, não é simplesmente possível garantir a independência de um administrador, pelo menos no sentido lato de ausência de qualquer conflito de interesses relevante na sua nomeação. Ao serem necessariamente nomeados pela maioria, pelo controlo ou pela *referência*, os administradores tornam-se dependentes da mesma, e a sua independência toma um sentido largamente simbólico[40]. A eleição pela maioria, mesmo que não representando a maioria, exclui a verdadeira independência. E aqui não adianta sequer propor uma solução de exigir a maioria destes administradores no Conselho, pois isso retiraria à maioria o próprio controlo da sociedade, o que também é um contra-senso.

70   Tudo isto não invalida que possam, aqui e ali, surgir verdadeiros administradores independentes *in character and in judgement*. Mas, se o forem, serão por força precisamente do seu carácter, qualidade pessoal, e não por causa do respeito abstracto de um conjunto de critérios legais que são viciados na sua origem, porque esquecem que, ao contrário do modelo que importam, aqui os administradores independentes serão eleitos por um único ou por um pequeno grupo de accionistas, que são precisamente aqueles que devem ser fiscalizados.

71   Fora destes casos, que dependem das qualidades pessoais e não das qualidades da lei, o risco de eleger administradores *formalmente* independentes, que preencherão comissões *formalmente* independentes, com poderes *formais* de prevenção de conflitos de interesses, mas que na realidade servem os interesses do accionista de referência, é enorme. Num quadro social e político em que a transição acima referida do *advising board* para o *monitorig board* não se encontra assimilada, o risco da *box ticking* e do cumprimento meramente formal ainda mais se torna provável. Noutras palavras, algumas regras sobre a composição do órgão de administração «caracterizam-se pela ingénua – ou então maliciosamente dissimulada – convicção de que a nomeação de alguns administradores independentes ou votados por uma lista da minoria possa verdadeiramente evitar comportamentos ilícitos»[41].

72   Soluções efectivas para este problema, até à data, não são conhecidas. Ou, se conhecidas, não têm feito grande caminho.

73   É possível exigir a nomeação de membros pela *minoria* dos accionistas, ou criar regras complexas de nomeação por listas menos votadas, desde que representem determinada percentagem do capital social. Mas, em rigor, então estamos a eleger administradores representantes da minoria e não administradores independentes, o que corre o risco de criar outros problemas de agência ou, simplesmente, de criar focos permanentes de desconfiança e fricção nos conselhos de administração[42].

74   É possível pensar na criação de regras de composição de conselhos com composições paritárias ou proporcionais entre administradores representantes do accionista de domínio

---

[39] Relatório Anual sobre o Governo das Sociedades Cotadas em Portugal, 2009, pág. 34.
[40] ENRIQUES/HANSMANN/KRAAKMAN, *The Basic Governance Structure: The Interests of Shareholders as a Class*, in The Anatomy of Corporate Law, A Comparative and Functional Approach, 2.ª ed., Oxford, 2009, pág. 64.
[41] ROSSI, *Dalla Compagnia delle Indie al Sarbanes-Oxley Act*, in La società per azioni oggi, cit., págs. 27 segs.

[42] Sobre as dificuldades sentidas pelo direito italiano com a nomeação dos administradores independentes, TONNELLO, *Corporate Governance e tutela del risparmio*, in Trattato di diriritto commerciale e di diritto pubblico dell'economia, 35, Padova (2006), págs. 200 segs.

e os administradores independentes. Mas isso não impede a sua nomeação pelo accionista de domínio, e não representa, por isso, uma solução.

Assim, resta perceber que, em Países de concentração accionista, ou em sociedades com concentração accionista, qualquer que seja o seu País, os administradores independentes nunca serão *a* solução para os problemas de agência, podendo, quanto muito, ser um auxiliar secundário para a sua resolução.

A principal estratégia legal a utilizar terá que ser a do reforço e da insistência no cumprimento de deveres de informação sobre todo e qualquer relacionamento entre o accionista de referência, de controlo ou dominante, e a sociedade.

Trata-se de uma zona em que o direito português tem evoluído de forma substancial nos últimos anos; existe hoje um leque vasto de obrigações de informação acerca, pelo menos, das transacções com partes relacionadas[43]. Assim, destacam-se os deveres de informação (i) sobre contratos entre a sociedade e os seus administradores (artigo 397.º/4, do CSC), (ii) sobre operações com partes relacionadas (artigos 66.º-A e 508.º-F, do CSC), (iii) referentes às sociedades sujeitas às Normas Internacionais de Contabilidade (Dl 158/2009), (iv) sobre a estrutura e prática de governo societário, incluindo a divulgação individualizada de remunerações (artigo 245.º-A, CVM, e Regulamento n.º 1/2010), bem como as recomendações de que os negócios da sociedade com accionistas titulares de participação qualificada devem ser realizados em condições normais de mercado (Código de Governo das Sociedades, IV.1) ou que os negócios de relevância significativa com accionistas titulares de participação qualificada devem ser submetidos a parecer prévio do órgão de fiscalização, no que representou uma das maiores inovações do actual Código de Governo (Recomendação IV.1.2.).

12. Conclusão

Como refere a CMVM, em média, os independentes ocupam 20,9% dos lugares de administração, e representam 41,4% dos administradores não executivos, concluindo que esta baixa percentagem significa que, em média, as sociedades cotadas portuguesas não cumprem a recomendação de incluírem nos seus conselhos de administração pelo menos um quarto de membros independentes[44].

O futuro dirá qual será o destino dos administradores independentes e destas duas Recomendações. Mas deixam-se aqui algumas observações a concluir.

As Recomendações são uma solução de compromisso. Tal como em muitos outros Países europeus, existe uma adopção *moderada* do *monitoring board*, sem a referência a uma maioria ou, pelo menos, paridade de administradores não executivos independentes. Por outro lado, existe uma regulação ainda *acanhada* das comissões em que estes administradores se deveriam agrupar, e este é um ponto que deve ser aprofundado.

A adopção plena destas Recomendações em Portugal enfrentará sempre o engulho da estrutura de propriedade accionista: num mercado concentrado, o accionista de controlo escolhe o administrador independente, o que lhe retira a independência.

Olhando um pouco para a frente, os caminhos normativos percorridos nos últimos anos por Estado e reguladores têm sido os da procura incessante de regular as zonas de conflitos de interesses e de melhorar os fluxos de informação para o mercado. O caso do sector financeiro é paradigmático (tome-se o exemplo das remunerações), em que há mais regulação, maiores

---

[43] Cfr. José Ferreira Gomes, *Conflito de interesses entre accionistas*, cit.

[44] Relatório Anual sobre o Governo das Sociedades Cotadas em Portugal, 2009, pág. 68.

deveres de informação, e uma compressão significativa do espaço para auto-regulação, para as melhores práticas e para o *comply or explain*[45]. Os administradores independentes poderão ter aqui uma palavra a dizer, se forem reguladas as comissões em que se devem organizar, e se lhes forem oferecidas regras claras sobre a resolução de conflitos de interesses e sobre qual deve ser o seu papel e a sua responsabilidade.

83 Os tempos que vivemos são de crise e os tempos de crise são de *comply* e não de *explain*. Os próximos anos vão assistir, tudo o indica, a uma intervenção normativa cada vez mais densa e exigente. Resta saber se Estado e reguladores saberão regular e, caso o saibam, se conseguirão implementar a regulação criada.

---

[45] Cfr. a *Introdução* de PAULO CÂMARA.

II.1.2.3. A avaliação da independência dos seus membros não executivos feita pelo órgão de administração deve ter em conta as regras legais e regulamentares em vigor sobre os requisitos de independência e o regime de incompatibilidades aplicáveis aos membros dos outros órgão sociais, assegurando a coerência sistemática e temporal na aplicação dos critérios de independência a toda a sociedade. Não deve ser considerado independente administrador que, noutro órgão social, não pudesse assumir essa qualidade por força das normas aplicáveis.

Bibliografia: António Pereira de Almeida, *Os administradores independentes*, A reforma do Código das Sociedades Comerciais. Jornadas em Homenagem ao Professor Raúl Ventura, Coimbra (2007), pp. 153 e ss; Coutinho de Abreu, *Governação das Sociedades Comerciais*, Coimbra (2006); Gabriela Figueiredo Dias, *A fiscalização societária redesenhada: independência, exclusão de responsabilidade e caução obrigatória dos fiscalizadores*, Reformas do Código das Sociedades, Coimbra (2007), pp. 277 e ss.; João Gomes da Silva, *Os administradores independentes das sociedades cotadas portuguesas*, Corporate Governance. Reflexões I, Lisboa (2007), pp.7 e ss; Paula Costa e Silva, *O administrador independente*, Direito dos Valores Mobiliários, VI, pp. 417 e ss; Paulo Olavo Cunha, *Independência e inexistência de incompatibilidades para o desempenho de cargos sociais*, I Congresso Direito das Sociedades em Revista, Coimbra (2010), pp. 259 e ss; Rui de Oliveira Neves, *O administrador independente*, Código das Sociedades Comerciais e Governo das Sociedades, Coimbra (2008), pp. 143 e ss.

Índice

I – Antecedentes próximos	1	III – Análise 12
II – Fontes normativas relacionadas	7	

I. Antecedentes próximos

Recomendações da CMVM (1999)

A versão das recomendações da CMVM de 1999, continha a seguinte previsão a respeito da independência:

    Recomendação 15. "*Encoraja-se a inclusão no órgão de administração de um ou mais membros independentes em relação aos accionistas dominantes, por forma a maximizar a prossecução dos interesses da sociedade.*

    A composição do órgão de administração deve ser gizada de forma a que na gestão da sociedade não sejam somente considerados os interesses dos grupos de accionistas que detêm maior número de acções. Os membros independentes devem exercer uma influência significativa na tomada de decisões colegiais e contribuir para desenvolvimento da estratégia da sociedade, em prol da prossecução dos interesses da sociedade."

Recomendações da CMVM (2001)
Em 2001 a recomendação evoluiu no sentido de recomendar, a propósito da avaliação da independência dos membros do conselho de administração, que cada sociedade determinasse o conceito, a ser publicamente explicitado, de administrador independente por si adoptado. Era também recomendado que tal conceito fosse ajustado às características concretas de cada sociedade:

Recomendação 9. *"Encoraja-se a inclusão no órgão de administração de um ou mais membros independentes em relação aos accionistas dominantes, por forma a maximizar a prossecução dos interesses da sociedade.*

A composição do órgão de administração deve ser gizada de forma a que na gestão da sociedade não sejam somente considerados os interesses dos grupos de accionistas que detêm maior número de acções. Por isso se recomenda que os membros independentes exerçam uma influência significativa na tomada de decisões colegiais e contribuam para desenvolvimento da estratégia da sociedade, em prol da prossecução dos interesses da sociedade. Para este efeito, é importante que cada sociedade determine o conceito de administrador independente que seja ajustado às suas características concretas e que explicite publicamente o conceito adoptado."

Recomendações da CMVM (2003)
4 Relativamente à independência dos administradores, o texto da recomendação de 2003 foi muito reduzido face às versões anteriores das recomendações da CMVM nesta matéria, constando apenas que *"o órgão de administração deve incluir pelo menos um membro que não esteja associado a grupos específicos de interesses, comummente designado como independente, de forma a que na gestão da sociedade sejam consideradas todas as ideias de interesse comum presentes na sociedade".*

Quanto à avaliação da independência dos membros do órgão de administração, não era efectuada, nesta versão, qualquer menção.

Recomendações da CMVM (2005)
5 As recomendações da CMVM de 2005 a respeito da independência tornam-se particularmente mais detalhadas:

Recomendação 5-A. *"O órgão de administração deve incluir um número suficiente de administradores não executivos cujo papel é o de acompanhar e avaliar continuamente a gestão da sociedade por parte dos membros executivos. Titulares de outros órgãos sociais podem desempenhar um papel complementar ou, no limite, sucedâneo, se as respectivas competências de fiscalização forem equivalentes e exercidas de facto.*

O distanciamento dos administradores não executivos face à gestão corrente da sociedade garante uma adequada capacidade de análise e de avaliação da estratégia delineada e das decisões tomadas em concreto. Neste contexto, os administradores não executivos (entendendo-se como tais os titulares do órgão de administração que não fazem parte da comissão executiva ou nos quais não tenha sido delegada a gestão corrente) têm como funções realizarem um escrutínio informado e permanente sobre a gestão da sociedade, monitorizando a actividade dos titulares executivos do órgão de administração e ajuizando sobre o cumprimento da estratégia da sociedade. A responsabilização solidária de todos os membros assegura, por outro lado, a colaboração recíproca num ambiente de exigência que promove um melhor desempenho da administração. O papel dos administradores não executivos pode ser complementado ou, no limite, substituído através de titulares de outros órgãos sociais, desde que tenham competências equivalentes que demonstrem exercer de facto em termos de fiscalização da actuação dos titulares executivos do órgão de administração. Estas competências devem compreender, pelo menos, a designação do auditor externo (ainda que consubstanciada numa intervenção a título consultivo) e a vigilância sobre a independência deste. Os fundamentos – de direito e de facto – de uma equivalência funcional entre os titulares não executivos do órgão de administração e os titulares de outros órgãos sociais devem ser rigorosamente vigiados e objecto de ampla descrição no relatório de governo das sociedades."

Código de Governo das Sociedades (2007)
As recomendações da CMVM de 2007 tratam a independência dos administradores no contexto das funções dos não executivos, sublinhando as tarefas de supervisão e avaliação que se lhes encontram cometidas.

«*II.1.2 Incompatibilidades e Independência*
II.1.2.1 O conselho de administração deve incluir um número de membros não executivos que garanta efectiva capacidade de supervisão, fiscalização e avaliação da actividade dos membros executivos.
II.1.2.2 De entre os administradores não executivos deve contar-se um número adequado de administradores independentes, tendo em conta a dimensão da sociedade e a sua estrutura accionista, que não pode em caso algum ser inferior a um quarto do número total de administradores.»

II. Fontes normativas relacionadas
Fontes de Direito Europeu:
Recomendação da Comissão Europeia n.º 2005/162/CE, de 15 de Fevereiro de 2005, sobre o Papel dos Administradores Não Executivos (2005/162/CE):
«*Independência*
13.1. Um administrador deve ser considerado independente se não tem quaisquer relações comerciais, familiares ou outras – com a sociedade, o accionista que detém o controlo ou com os órgãos de direcção de qualquer um deles – que possam originar um conflito de interesses susceptível de prejudicar a sua capacidade de apreciação.

13.2. Devem ser adoptados a nível nacional, tomando em consideração as orientações constantes do anexo II, um certo número critérios de apreciação da independência dos administradores; o referido anexo identifica uma série de situações que reflectem as relações ou as circunstâncias normalmente reconhecidas como susceptíveis de originar um conflito importante de interesses. A fixação dos critérios para a determinação da independência compete fundamentalmente ao próprio conselho de administração ou de supervisão. O conselho de administração ou de supervisão pode considerar que, apesar de um determinado administrador cumprir todos os critérios adoptados a nível nacional para a apreciação da independência dos administradores, não pode ser considerado independente devido a circunstâncias específicas da pessoa ou da sociedade, sendo o inverso igualmente aplicável.

Devem ser divulgadas informações adequadas relativamente às conclusões a que o conselho de administração ou de supervisão chegou na sua apreciação sobre a independência de um determinado administrador.

13.3.1. Sempre que for proposta a nomeação de um administrador não executivo ou de um membro do conselho de supervisão, a sociedade deve divulgar se o considera independente; quando um ou vários dos critérios adoptados a nível nacional para a apreciação da independência dos administradores não forem observados, a sociedade deve divulgar as razões pelas quais considera que esse administrador é apesar de tudo independente. As sociedades devem também divulgar anualmente quais os administradores que consideram independentes.

13.3.2. Se um ou vários dos critérios adoptados a nível nacional para a apreciação da independência dos administradores não for observado ao longo do ano, a sociedade deve divulgar as razões que levaram a considerar esse administrador independente. Para garantir a exactidão das informações fornecidas relativamente à independência dos administradores, a sociedade deve exigir que seja periodicamente reconfirmada a sua independência.»

Antecedentes:
8   Communication from the Commission to the Council and the European Parliament, Modernising Company Law and Enhancing Corporate Governance in the European Union – A Plan to Move Forward, COM (2003) 284, de 21 de Maio de 2003.
    Recommendation on the role of (independent) non-executive or supervisory directors. Consultation document of the Services of the Internal Market Directorate General, Maio de 2004.

Trabalhos posteriores:
9   Report on the application by the Member States of the EU of the Commission Recommendation on the role of non-executive or supervisory directors of listed companies and on the committees of the (supervisory) board, SEC (2007), de 13 de Julho de 2007.

Fontes normativas (além do Regulamento da CMVM n.º 1/2010):
10 A matéria da independência dos membros de órgãos sociais encontra-se actualmente prevista no artigo 414.º do Código das Sociedades Comerciais. As incompatibilidades para o exercício de funções de fiscalização são reguladas no artigo 414.º-A do Código das Sociedades Comerciais.

11 *Principais Recomendações relacionadas:*
    II.1.3. Elegibilidade e nomeação
    II.2. Conselho de Administração
    II.5. Comissões especializadas
    IV.1. Relações com Accionistas

III. Análise

12 1. Desde 1999 que as recomendações da CMVM dedicam atenção ao tema da independência dos membros do conselho de administração, constituindo, na verdade, a primeira fonte normativa nacional a conter referência a esta noção.

13 Inicialmente, a independência surgiu relacionada com a função de administração, com vista a permitir, na esteira da influência anglo-saxónica, que o órgão de administração das sociedades cotadas incluísse *"independent and outside directors"*, dada a importância que se considerava estar associada à presença destes administradores externos e independentes para criar uma maior efectividade e objectividade no controlo da actividade de gestão da sociedade.

14 Tratava-se, por conseguinte, de uma medida tendente ao reforço da protecção accionista que decorre da separação entre gestão e capital, contribuindo para uma tutela *ex ante* do accionista investidor.

15 2. Posteriormente, as normas recomendatórias passaram, na esteira da experiência estadunidense, a servir de veículo para a adequação dos modelos legais de governo societário à evolução registada a nível mundial de conferir competências concretas de vigilância aos administradores independentes. As recomendações de 2005 reflectem precisamente essa tendência, antecipando o desenvolvimento legislativo que viria a ocorrer em 2006, com a reforma do Código das Sociedades Comerciais.

16 O foco principal de incidência das recomendações neste âmbito residia na interacção com os auditores externos. Deveria, segundo tais recomendações, competir aos administradores independentes a designação do auditor externo e a vigilância em relação à respectiva independência.

Conforme resultava evidenciado das recomendações de 2005, esta definição de competências tinha por base um tendencial afastamento entre as funções legais do órgão de fiscalização e o seu exercício concreto nas sociedades anónimas, mesmo nas sociedades cotadas. A solução que viria ser consagrada na lei, de atribuir ao órgão de fiscalização as competências em matéria de relacionamento com o auditor externo, afigura-se ser a mais adequada sistemática e materialmente.

3. A recomendação actual, que é objecto de comentário, encontra-se na linha encetada em 2010, resultando da consagração legal do conceito de independência e do reforço funcional do órgão de fiscalização.

Assim, a sua aplicação alicerça-se no conceito de independência plasmado no número 5 do artigo 414.º do CSC que, a respeito da composição qualitativa do órgão de fiscalização, densifica a noção de independência.

Conforme tivemos oportunidade de analisar anteriormente[1], a qualificação do perfil de independente encontra-se ancorada numa cláusula geral de independência e em índices exemplificativos e concretizadores dessa cláusula.

Da cláusula geral extraem-se dois conceitos operativos que permitem determinar se existem circunstâncias concretas respeitantes aos membros do órgão de fiscalização que fundamentalmente demonstrem a sua falta de independência: a associação a grupos de interesses específicos e a isenção de análise e decisão.

O primeiro conceito integra um requisito subjectivo-relacional, que corresponde à identificação de uma conexão entre um membro do órgão de fiscalização e determinadas entidades, e um requisito subjectivo-qualificativo, que esclarece que as entidades em relação às quais releva a existência de uma conexão são as que detenham um interesse específico na sociedade.

O segundo conceito respeita à capacidade do membro do órgão de fiscalização actuar no seio societário sem influência heterónoma ou de um interesse próprio que perturbe, ou comprometa mesmo, a objectividade e a imparcialidade de análise ou decisão.

A cláusula geral de independência constitui o elemento fundamental para a apreciação da situação de independência dos membros do órgão de fiscalização, devendo recorrer-se aos conceitos operativos nela contidos para proceder à aferição das situações que não constem dos índices exemplificativos.

Esses índices só identificam três circunstâncias em que se determina aprioristicamente situações de potencial dependência dos membros do órgão de fiscalização. O primeiro índice consiste nas situações de titularidade accionista de uma participação qualificada (igual ou superior a 2%) do capital da sociedade em que se exerce funções de fiscalização. A ausência de independência ocorre ainda na situação em que o membro do órgão de fiscalização actua por conta de titular de participação qualificada. Finalmente, a reeleição por mais de dois mandatos constitui igualmente índice de falta de independência[2].

4. O primeiro aspecto a salientar a respeito da recomendação em apreço concerne a lógica de avaliação da independência dos membros não executivos do órgão de administração pelo próprio órgão. Com efeito, reconhece-se que cabe ao conselho de administração promover a aferição da independência dos seus membros, o que constitui uma solução recomendatória apropriada à natureza colegial do órgão. É uma solução de apreciação pelos próprios pares, reconhecendo-se a igualdade de estatuto entre os membros do órgão de administração.

---

[1] Cf. o nosso *O administrador independente*, pp. 169 e ss.
[2] A este respeito é relevante considerar o parecer da CMVM de Novembro de 2011 sobre a interpretação da alínea b) do número 5 do artigo 414.º do CSC, nos termos do qual a CMVM expressa a opinião de que apenas a eleição para um quarto mandato, de forma contínua ou intercalada, constitui índice de falta de independência dos membros dos órgãos sociais.

27   Por outro lado, reflecte uma perspectiva de fundo subjacente às recomendações em matéria de governo societário de que "*one size does not fit all*", sendo indispensável adequar as soluções de organização e funcionamento das sociedades cotadas em função da respectiva realidade, nomeadamente no que concerne factores como a dimensão dos recursos económicos, financeiros e humanos da sociedade ou a respectiva estrutura accionista[3].

28   Justifica-se, por estes motivos que em cada sociedade cotada se proceda a uma análise casuística pelo órgão de administração quanto ao preenchimento dos critérios de independência de parte dos seus membros.

29   5. A apreciação casuística não prejudica naturalmente a necessidade de critérios uniformes para se proceder a tal apreciação. A recomendação II.1.2.3 contém a esse respeito dois critérios orientadores: (i) a adequação aos requisitos legais e regulamentares de independência e ao regime de incompatibilidades dos membros do órgão de fiscalização e (ii) a coerência sistemática e temporal na aplicação dos critérios de independência.

30   A recomendação comentada apresenta, no que respeita ao primeiro critério, uma antinomia conceptual: transporta para o âmbito do exercício independente das funções de administração os requisitos associados ao regime legal de incompatibilidade dos membros do órgão de fiscalização. Na verdade, esta recomendação convoca para a avaliação da independência dos administradores não executivos os critérios que o legislador determinou aplicar aos responsáveis pelo controlo interno da actividade social.

31   Em relação a esta matéria sublinha-se que o artigo 414.º-A do CSC, inserido sistematicamente na Secção II do Capítulo VI do Título IV referente à fiscalização das sociedades anónimas, dispõe, sob a epígrafe "Incompatibilidades", acerca dos motivos que obstam, quer originariamente quer supervenientemente (artigo 414.º-A, n.º 2 do aludido código), ao desempenho das funções de membro do conselho fiscal, de fiscal único ou de revisor oficial de contas de sociedades anónimas.

32   A opção legislativa justifica-se atendendo à diferença das funções do membro não executivo face às funções de um membro do órgão de fiscalização, bem como à diferença do regime de responsabilidade associada a tais funções respectivas.

33   Sobre o membro não executivo de um órgão de administração impendem deveres funcionais próprios dessa qualidade, nomeadamente deveres de cuidado e lealdade na condução dos negócios sociais, conforme decorre do artigo 64.º do CSC. Já os membros do órgão de fiscalização têm competências funcionais essencialmente em quatro áreas: (i) supervisão da actividade social, (ii) controlo da informação financeira da sociedade, (iii) fiscalização dos sistemas internos de gestão de riscos, controlo e auditoria interna e (iv) recepção (e tratamento) de denúncias de irregularidades.

34   Assim, os deveres de conduta que se legitimamente se espera de um membro de um órgão de fiscalização e de um membro do órgão de administração são, do ponto de vista material, distintos.

35   E essa distinção reflecte-se igualmente no plano da responsabilidade de cada um desses membros de órgãos sociais. Repare-se que os administradores não executivos respondem solidariamente pelos actos do órgão colegial (artigo 73.º do CSC), podendo excluir a

---

[3] Nesta medida, embora se tenha perdido a orientação constante das recomendações da CMVM de 2001 em que cada sociedade cotada determinava o conceito de administrador independente que se adequava às suas características concretas, publicitando-o, preservou-se, em alguma medida, a necessidade de a avaliação da situação de independência dos administradores não executivos de cada sociedade considerar as suas próprias especificidades.

respectiva ilicitude ou a culpa quando não participarem na formação da vontade societária ou, tendo participado, expressem a sua oposição à decisão tomada.

Embora a responsabilidade dos membros do órgão de fiscalização seja regulada por norma remissiva para a responsabilidade dos administradores, o afastamento da responsabilidade acaba por resultar do exercício das funções de fiscalização, pois os seus actos não intervêm directamente na formação da vontade societária (salvo nos casos limitados em que tal sucede no modelo de influência germânica), mas antes no controlo da formação dessa vontade.

Conclui-se, assim, que, nos dois níveis analisados, não existem, na verdade, motivos fundados para promover esta equiparação recomendatória entre critérios de ausência de independência e de incompatibilidades.

6. Uma nota adicional para salientar que, mesmo do ponto de vista prático, o recurso aos critérios de incompatibilidade dos membros do órgão de fiscalização é desadequado para tratar do tema da independência.

A alínea h) do n.º 1 do artigo 414.º-A do CSC estabelece que não podem ser eleitos ou designados membros do conselho fiscal, fiscal único ou revisor oficial de contas os que exercem funções de administração ou de fiscalização em cinco sociedades. Esta norma, cuja rácio se encontra desactualizada no contexto económico actual, acaba por gerar situações de ausência de independência pelo mero facto de um administrador participar no órgão de administração de diversas sociedades, não cuidando de aferir se, do ponto de vista material, tal situação gera uma efectiva falta de isenção na análise ou tomada da decisão.

A interpretação da recomendação em análise não deve, por isso, abstrair-se das situações concretas em que operará a aplicação dos critérios de incompatibilidade para o exercício da função de fiscalização societária, permitindo-se, por essa via, uma avaliação efectiva das circunstâncias que determinam a ausência de independência de um determinado administrador.

7. O segundo critério orientador definido pela recomendação para a avaliação da situação de independência dos administradores consiste na coerência sistemática e temporal na aplicação dos critérios de independência pela sociedade.

Este critério é fundamental para superar os aspectos analisados a respeito do primeiro critério orientador. Com efeito, só uma interpretação sistemática dos critérios de independência permite a um órgão de administração avaliar a independência dos seus membros em termos compatíveis com o primeiro critério.

Resulta, assim, da própria recomendação em análise que os critérios orientadores por si definidos para a avaliação da situação de independência dos administradores devem ser interpretados de forma sistematicamente coerente com a cláusula geral estabelecida no número 5 do artigo 414.º do CSC, que abordámos *supra*.

Significa isto que não é o regime das incompatibilidades que deve ser aplicado em bloco na avaliação da independência, mas antes avaliar as situações concretas em que alguma das circunstâncias nele previstas permita identificar em relação a um membro do órgão de administração uma associação a algum grupo de interesses específicos na sociedade ou um facto susceptível de afectar a isenção de análise ou de decisão do aludido membro.

Esta interpretação assegura coerência sistemática na aplicação dos critérios de independência. A coerência temporal depende da continuidade na aplicação de tais critérios independentemente das pessoas concretas que exerçam a função de administração e do ajustamento de tal aplicação em função das evoluções legislativas ou regulamentares que ocorram nesta matéria.

2.1.3. ELEGIBILIDADE E NOMEAÇÃO

II.1.3.1. Consoante o modelo aplicável, o presidente do conselho fiscal, da comissão de auditoria ou da comissão para as matérias financeiras deve ser independente e possuir as competências adequadas ao exercício das respectivas funções.

Bibliografia: COUTINHO DE ABREU, *Governação das Sociedades Comerciais*, Coimbra (2006); ANTÓNIO PEREIRA DE ALMEIDA, *Os administradores independentes*, em *A reforma do Código das Sociedades Comerciais: jornadas em Homenagem ao Professor Doutor Raúl Ventura*, Coimbra (2007), 153 e segs; *Sociedades Comerciais, Valores Mobiliários e Mercados*, Coimbra (2011); PAULO CÂMARA, *O Governo das Sociedades e a Reforma do Código das Sociedades Comerciais*, em *Código das Sociedades Comerciais e o Governo das Sociedades*, Coimbra (2008), 9 e segs; *Os Modelos das Sociedades Anónimas, Jornadas em Homenagem do Professor Doutor Raúl Ventura, A Reforma do Código das Sociedades Comerciais*, Almedina (2007), 197 e segs.; COMISSÃO EUROPEIA, *Modernising Company Law and Enhancing Corporate Governance in the European Union – A Plan to Move Forward (com/2003/284)*; MENEZES CORDEIRO, *Manual de Direito das Sociedades*, 2 vols., Coimbra (2007); *Código das Sociedades Comerciais Anotado*, Coimbra (2009); JOÃO MELLO FRANCO/MAGDA VIÇOSO, *Boas Práticas dos Órgãos de Administração das Sociedades Cotadas, Cadernos do IPCG sobre Corporate Governance*, n.º 1 (2011); JEFFREY N. GORDON, *Independent Directors and Stock Market Prices The New Corporate Governance Paradigm (draft)* (2006); *The Rise of Independent Directors in the United States, 1950-2005*, STANFORD LAW REVIEW (2007); DEREK HIGGS, *The Higgs Report: Review of the role and effectiveness of non-executive directors, Department of Trade and Industry* (2003); MINTJE LÜCKERATH-ROVERS e AUKE DE BOS, *Code of Conduct for Non-Executive and Supervisory Directors* (2010); RUI DE OLIVEIRA NEVES, *O Administrador Independente*, em *Código das Sociedades Comerciais e o Governo das Sociedades*, Coimbra (2008), 143 segs; HILLARY A. SALE, *Independent Directors as Securities Monitors* (2006); PAULA COSTA E SILVA, *O administrador independente*, in *Direito dos Valores Mobiliários*, VI, 417 segs; JOÃO CALVÃO DA SILVA, *Responsabilidade Civil dos Administradores Não Executivos, Jornadas em Homenagem do Professor Doutor Raúl Ventura, A Reforma do Código das Sociedades Comerciais*, Almedina (2007), 103 segs.

Índice

I – Antecedentes 1

II – Fontes legais e comunitárias relacionadas ... 14
a) As regras previstas no CSC em matéria de independência e competência dos membros dos órgãos de fiscalização 14
b) As directrizes previstas na Recomendação da Comissão n.º 2005/162/CE, de 15 de Fevereiro relativa ao papel dos administradores não executivos ou membros do conselho de supervisão de sociedades cotadas e aos comités do conselho de administração ou de supervisão 38

III – O papel dos órgãos de fiscalização e do seu presidente 51

IV – Razão de ordem 86

V – Grau de adesão 95

I - Antecedentes

1   A recomendação II.1.3.1. relativa à independência e à competência do presidente do conselho fiscal, da comissão de auditoria ou da comissão para as matérias financeiras, surgiu pela primeira vez na versão de 2007 do Código do Governo das Sociedades da CMVM, tendo permanecido inalterada na revisão das recomendações divulgada em Janeiro de 2010.

2   O ante-projecto apresentado pela CMVM para discussão pública no âmbito da consulta n.º 3/2007 em matéria de Código do Governo das Sociedades (disponível em www.cmvm.pt), continha duas recomendações sobre órgãos de administração e fiscalização com relevância para a análise da actual redacção da recomendação II.1.3.1.

3   Assim, na secção sobre Elegibilidade e Nomeação, a recomendação II.1.3.1. estipulava o seguinte: "*Consoante o modelo aplicável, o presidente do conselho fiscal, da comissão de auditoria ou da comissão para as matérias financeiras deve ser independente e **deter curso superior adequado às funções e conhecimentos em auditoria e contabilidade*"*[1].

4   É possível constatar que a redacção da recomendação II.1.3.1., constante do ante-projecto apresentado pela CMVM para discussão pública no âmbito da consulta n.º 3/2007, era mais exigente, prescrevendo que o presidente do órgão de fiscalização, qualquer que fosse o modelo aplicável, fosse possuidor de "*curso superior adequado às funções e conhecimentos em auditoria e contabilidade*".

5   No Relatório Final da Consulta Pública n.º 3/2007 relativa ao Código do Governo das Sociedades Cotadas/Novas Propostas de Regras e Recomendações (disponível em www.cmvm.pt), a CMVM veio justificar os termos da actual redacção, que deixou cair a exigência de curso superior adequado à funções e de conhecimentos em auditoria e contabilidade, referindo que "*genericamente, houve vozes a preferir que não houvesse desvios à solução legislativa que decorre da lei societária. Diversos respondentes sugeriram a substituição da referência a curso superior por 'competências adequadas ao exercício das funções'*".

6   Segundo a CMVM a exigência de um curso superior pretendia espelhar que, "*para além de outros critérios possíveis e inteiramente respeitáveis que concorram na escolha do presidente do órgão de fiscalização, o critério da respectiva formação profissional e académica seja relevante e até decisivo*".

7   Atentas as respostas obtidas na consulta pública e a reflexão posteriormente realizada, a CMVM veio finalmente a reconhecer que a exigência de curso superior não permite por si só garantir que os membros dos órgãos de fiscalização, com particular destaque para o seu presidente, possuam um grau de preparação e formação suficiente para permitir que a sua acção no seio do órgão e em relação ao desempenho da administração não deixe de ser eficaz por incapacidade de compreensão dos aspectos mais técnicos ou particulares da mesma preparação. Admitiu também, pese embora "*com maiores reservas*", que possa possuir competência adequada às funções de presidente do órgão de fiscalização de uma sociedade cotada alguém que não possua curso superior.

8   Em conformidade, a recomendação passou a exigir que o presidente do órgão de fiscalização possua competência adequada ao exercício das funções – que pode passar ou não por ter curso superior, ficando ao critério da sociedade a avaliação das competências respectivas.

9   No que respeita à exigência de conhecimentos em auditoria e contabilidade, esta acabou também por ser dispensada, entendendo a CMVM que bastaria, para assegurar os objectivos pretendidos de uma rigorosa monitorização dos aspectos contabilísticos e financeiros da gestão societária, que um dos membros do órgão de fiscalização possua esses conhecimentos, até porque a fiscalização abrange outros aspectos da gestão e de condução dos negócios sociais que exigem conhecimentos e valências distintas.

---

[1] Negrito nosso.

Na secção sobre Incompatibilidades e Independência do ante-projecto apresentado pela CMVM para discussão pública em 2007, a recomendação II.1.2.3., por sua vez, determinava o seguinte: *"O conselho fiscal, a comissão de auditoria e a comissão para as matérias financeiras **devem ser integrados exclusivamente por membros independentes**."*[2].

Esta recomendação não foi acolhida na versão de 2007 do Código do Governo das Sociedades da CMVM, por ter merecido *"desacordo em número significativo de respondentes"*, com fundamento num excesso de conteúdo, já que se tratava de recomendação mais exigente do que dispunha a Recomendação da Comissão n.º 2005/162/CE, de 15 de Fevereiro e o CSC.

A CMVM veio a reconhecer no Relatório Final da Consulta Pública, que a recomendação em apreço representaria *"um salto excessivamente ousado dado num período de tempo excessivamente curto, entre o cenário anterior à reforma, onde praticamente se não conheciam exigências de independência para além das resultantes do regime específico dos revisores oficiais de contas, e um regime recomendatório de integração exclusiva dos órgãos de fiscalização por independentes"*.

Uma evolução demasiado brusca nesta matéria poderia, no entendimento da CMVM, estar na origem de custos de *compliance* não compensados pelos benefícios *"que se julga poder obter com uma recomendação com este nível de rigor"*, *"com possíveis e indesejáveis consequências ao nível da opção, por parte das sociedades anónimas, de requerer ou manter a sua admissão à negociação em mercado regulamentado"*.

II – Fontes legais e comunitárias relacionadas

a) **As regras previstas no CSC em matéria de independência e competência dos membros dos órgãos de fiscalização**

A recomendação II.1.3.1. exige que o presidente do órgão com funções de fiscalização da gestão da sociedade seja independente e que possua as competências adequadas ao exercício das respectivas funções, seja qual for o modelo de governo adoptado, de entre os modelos típicos previstos no artigo 278.º do CSC.

O CSC nada estipula, especificamente, em matéria de independência e competência do presidente do órgão com funções de fiscalização. Neste contexto, o conteúdo e o sentido da recomendação II.1.3.1. são inovadores e representam um *maius* face ao disposto na lei para as sociedades emitentes de acções admitidas à negociação em mercado regulamentado situado ou a funcionar em Portugal, ainda que com incidência meramente recomendatória, a justificar pelos destinatários, numa óptica de *"comply or explain"*, no Relatório sobre o Governo da Sociedade, previsto no artigo 2º do Regulamento da CMVM n.º 1/2010 e com o conteúdo previsto no respectivo Anexo I.

Sem prejuízo, o CSC contém regras em matéria de independência e competência dos membros dos órgãos de fiscalização da sociedade, que assumem relevância na densificação e concretização da recomendação ora em análise.

(i) Obrigatoriedade de nomeação de membros independentes e qualificados nas sociedades cotadas e de grande dimensão

No modelo clássico ou latino (artigo 278.º, alínea a) do CSC), a nomeação de pelo menos um membro independente para o Conselho Fiscal, que tenha curso superior adequado ao exercício das suas funções e conhecimentos em auditoria ou contabilidade, só é obrigatória em relação a sociedades que, não sendo totalmente dominadas por outra sociedade, que

---

[2] Negrito nosso.

adopte o modelo latino reforçado previsto no artigo 413.º, n.º 2, alínea a) do CSC, ultrapassem, durante dois anos consecutivos, dois dos seguintes limites (artigo 414.º, n.º 4 do CSC):

  i) Total do balanço – € 100 000 000;
  ii) Total de vendas líquidas e outros proveitos – € 150 000 000;
  iii) Número de trabalhadores empregados em média durante o exercício – 150.

20   Nas sociedades que sejam emitentes de valores mobiliários admitidos à negociação, o Conselho Fiscal é obrigatoriamente composto por uma maioria de membros independentes (artigo 414.º, n.º 6 do CSC).

21   No modelo anglo-saxónico (artigo 278.º, alínea b) do CSC), regras equivalentes são aplicáveis à composição da Comissão de Auditoria, nos termos do disposto no artigo 423.ºB, n.ᵒˢ 4 e 5 do CSC.

22   Por fim, no que respeita ao modelo dualista ou germânico (artigo 278.º, alínea c) do CSC), nas sociedades que sejam emitentes de valores mobiliários admitidos à negociação em mercado regulamentado e nas sociedades de grande dimensão que cumpram os critérios estabelecidos no artigo 414.º, n.º 4 do CSC, acima mencionados, o Conselho Geral e de Supervisão deve nomear, de entre os seus membros, uma comissão para as matérias financeiras, especificamente dedicada ao exercício das funções referidas nas alíneas f) a o) do artigo 441.º, a qual deve incluir pelo menos um membro independente que tenha curso superior adequado ao exercício das suas funções e conhecimentos em auditoria ou contabilidade (artigo 444.º, n.º 5 do CSC).

23   Em sociedades emitentes de acções admitidas à negociação em mercado regulamentado, os membros da comissão para as matérias financeiras devem, na sua maioria, ser independentes (artigo 444.º, n.º 6 do CSC).

24   Nas sociedades cotadas exige-se assim uma dupla independência do órgão fiscalizador[3], já que tanto o Conselho Geral e de Supervisão, como a comissão para as matérias financeiras, devem ser compostos por uma maioria de membros independentes (artigo 414.º, n.º 6, aplicável por remissão do artigo 434.º, n.º 4 e artigo 444.º, n.º 6, todos do CSC).

25   Os restantes membros dos órgãos de fiscalização podem ser sociedades de advogados, SROC ou accionistas mas, neste último caso, devem ser pessoas singulares com capacidade jurídica plena e devem ter as qualificações e a experiência profissional adequadas ao exercício das suas funções (artigo 414.º, n.º 3 do CSC, aplicável à Comissão Auditoria por remissão do artigo 423.ºB, n.º 6).

26   *(ii) Conceito de independência*
27   No que respeita ao conceito de independência, cumpre atentar no disposto no artigo 414.º, n.º 5 do CSC, nos termos do qual se considera independente a pessoa que não esteja associada a qualquer grupo de interesses específico na sociedade nem se encontre em alguma circunstância susceptível de afectar a sua isenção de análise ou de decisão, nomeadamente em virtude de: (a) ser titular ou actuar em nome ou por conta de titulares de participação qualificada igual ou superior a 2% do capital social da sociedade; (b) ter sido reeleita por mais de dois mandatos, de forma contínua ou intercalada.

---

[3] Paulo Câmara, *Os Modelos das Sociedades Anónimas, Jornadas em Homenagem do Professor Doutor Raúl Ventura,* *A Reforma do Código das Sociedades Comerciais,* Almedina (2007), 197 e segs, p. 246.

(iii) Demais sociedades
Nas sociedades que não reúnam as características acima indicadas, ou seja, que não revistam a qualidade de sociedade cotada e/ou de sociedade de grande dimensão, é facultativa a nomeação de membros independentes, sendo também facultativa a exigência de que pelo menos um membro do órgão de fiscalização tenha curso superior adequado ao exercício das suas funções e conhecimentos em auditoria ou contabilidade.

(iv) Regime de incompatibilidades
Sem prejuízo, o regime de incompatibilidades estabelecido no 414.º-A é aplicável a todos os membros dos órgãos de fiscalização[4], qualquer que seja o modelo de governação escolhido e a natureza da sociedade abrangida, seja directamente, como no caso do Conselho Fiscal, seja por remissão, no que respeita à Comissão de Auditoria e ao Conselho Geral e de Supervisão (*ex vi* artigos 423.º-B, n.º 3 e 434.º, n.º 4 do CSC).

O regime de incompatibilidades[5] traduz a exigência de que os membros dos órgãos de fiscalização societária têm de ser *"pessoas sérias, honestas, competentes e independentes"*[6] e constitui uma *"primeira barreira que impede a nomeação de pessoas que a lei considera estarem em situação de falta de independência para órgãos sensíveis"*[7], como é o caso do Conselho Fiscal, da Comissão de Auditoria (por remissão do artigo 423.ºB, n.º 3 do CSC) e dO Conselho Geral e de Supervisão (por remissão do artigo 434.º, n.º 4 do CSC). Nos termos do artigo 414.º-A, n.º 2 do CSC, a superveniência de uma situação de incompatibilidade determina a caducidade da nomeação.

(v) Conclusão
Na economia do CSC, a independência dos membros dos órgãos de fiscalização societária alicerça-se num estatuto específico e multi-dimensional, e manifesta-se ao nível da composição qualitativa do órgão de fiscalização, com observância do regime de incompatibilidades e com a exigência expressa, nos casos acima referidos, da inclusão de membros ou membros independentes.

Alicerça-se também nas regras fixadas em matéria de remuneração, que deve ser fixa (artigos 422.ºA, 423.ºD e 440.º, n.º 3, todos do CSC), e de destituição, com proibição da destituição *ad nutum*, ou seja, sem justa causa, no caso dos membros do Conselho Fiscal, da Comissão de Auditoria e do Conselho Geral e de Supervisão[8] (artigos 419.º, n.º 1, 423.ºE, 403.º, n.º 4 e 447.º, n.º 8, todos do CSC).

---

[4] A incompatibilidade prevista no artigo 414.ºA, alínea b) do CSC não se aplica, por razões óbvias, à Comissão de Auditoria, nos termos do disposto no artigo 423.ºB. Também os revisores oficiais de contas e os sócios de sociedades de advogados que sejam designados para assistir às reuniões dos órgãos de fiscalização e de administração e da assembleia geral da sociedade fiscalizada, ficam sujeitos às incompatibilidades previstas no artigo 414.ºA do CSC.

[5] Que está em consonância com a Recomendação da Comissão n.º 2005/162/CE, de 15 de Fevereiro (Anexo II) e que tem muitas semelhanças com as situações de falta de independência dos administradores de sociedades cotadas indicadas no artigo 1.º, n.º 2 do Regulamento da CMVM n.º 7/2001.

[6] João Calvão da Silva, *Responsabilidade Civil dos Administradores Não Executivos, Jornadas em Homenagem do Professor Doutor Raúl Ventura, A Reforma do Código das Sociedades Comerciais*, Almedina (2007), 103 segs, p. 120.

[7] António Pereira de Almeida, *Os administradores independentes, em A reforma do Código das Sociedades Comerciais: Jornadas em Homenagem ao Professor Doutor Raúl Ventura*, Coimbra (2007), 153 e segs, p. 160.

[8] Sobre a aplicação analógica do disposto no artigo 419.º do CSC (proibição do despedimento *ad nutum*) à destituição dos membros do Conselho Geral e de Supervisão, cfr. António Pereira de Almeida, *Sociedades Comerciais, Valores Mobiliários e Mercados*, Coimbra (2011), P. 514.

36   O regime de responsabilidade dos membros dos órgãos de fiscalização contribui também para atingir um nível elevado de isenção, rigor e independência no desempenho de funções por parte deste órgão[9] (artigos 64.º, n.º 2 e 81.º, n.º 2 do CSC).

37   Por fim, contribui para a independência dos membros dos órgãos de fiscalização o regime previsto em matéria de exercício de actividades concorrentes, seja pela sua proibição (artigo 414.ºA, n.º 1, alínea f) do CSC), seja por dependência de autorização do colégio dos accionistas para o efeito (artigo 434.º, n.º 1, alínea b) do CSC).

38   *b)* **As directrizes previstas na Recomendação da Comissão n.º 2005/162/CE, de 15 de Fevereiro relativa ao papel dos administradores não executivos ou membros do conselho de supervisão de sociedades cotadas e aos comités do conselho de administração ou de supervisão**

39   A Recomendação da Comissão n.º 2005/162/CE, de 15 de Fevereiro nada estipula, especificamente, em matéria de independência e competência do presidente dos órgãos societários com funções de fiscalização. Sem prejuízo, e à semelhança do que sucede com o CSC, a Recomendação convida os Estados-Membros a adoptarem medidas legislativas ou de *soft law* no sentido de acolherem certas directrizes em matéria de independência e competência dos membros dos órgãos de fiscalização das sociedades cotadas, que assumem relevância na densificação e concretização da recomendação II.1.3.1. do Código do Governo das Sociedades da CMVM, ora em análise.

40   *(i) Independência*

41   Assim, com o objectivo de garantir que a função de gestão esteja subordinada a uma função de supervisão eficaz e suficientemente independente, a Recomendação da Comissão n.º 2005/162/CE preconiza que os órgãos de administração e de fiscalização devem incluir um número suficiente de administradores não executivos ou membros que não desempenhem funções de gestão na sociedade ou no seu grupo, e que sejam independentes, isto é, que estejam ao abrigo de quaisquer conflitos de interesses importantes.

42   Tendo em conta os diferentes sistemas jurídicos existentes nos Estados-Membros, entende a Comissão que a proporção de membros independentes que deve existir no órgão de administração ou de fiscalização, no seu conjunto, não deve ser definida de forma precisa a nível comunitário.

43   A fim de assegurar que os membros dos órgãos de fiscalização desempenham eficazmente o seu papel, estabelece a Recomendação ser conveniente prever que estes devam ter a experiência adequada e a disponibilidade suficiente para o desempenho das suas funções. Um número suficiente de entre eles deve ainda satisfazer critérios de independência apropriados. A nomeação dos órgãos de fiscalização deve basear-se em informações adequadas fornecidas sobre estas questões, devendo essas informações ser actualizadas com frequência suficiente.

44   Em matéria de nomeação e destituição dos membros dos órgãos de fiscalização, assunto que releva para o respectivo estatuto de independência, como vimos, a Recomendação esclarece que os mesmos devem ser nomeados para um mandato determinado, reconduzível por re-eleição individual, por períodos máximos a determinar a nível nacional, que lhes permita

---

[9] João Calvão da Silva, *Responsabilidade Civil dos Administradores Não Executivos, Jornadas em Homenagem do Professor Doutor Raúl Ventura, A Reforma do Código das Sociedades Comerciais*, Almedina (2007), 103 segs.

adquirir a necessária experiência bem como uma reconfirmação suficientemente frequente da sua nomeação. Deve ser igualmente possível destituí-los, não devendo no entanto a sua destituição ser mais fácil do que a de um administrador executivo ou membro da comissão executiva.

Por último, em matéria de independência, caberá ao órgão de fiscalização ter a última e decisiva palavra em matéria de apreciação da independência dos respectivos membros, quer estes cumpram formalmente, ou não, todos os critérios adoptados a nível nacional.

(ii) Qualificações
No que respeita às qualificações dos membros dos órgãos de fiscalização, a Recomendação da Comissão n.º 2005/162/CE estabelece que a definição das qualificações apropriadas deve competir à própria sociedade, uma vez que tais qualificações dependerão, nomeadamente, da actividade social, da dimensão societária e do respectivo enquadramento, devendo cada órgão, no seu conjunto, satisfazer os requisitos que, na matéria, venham a ser fixados. A Comissão reconhece que a questão que suscita particular preocupação é a das competências necessárias para integrar os comités com funções de auditoria, para os quais se considera indispensável possuir certos conhecimentos específicos. No entender da Comissão, o próprio órgão de fiscalização deve decidir quanto à desejada composição do comité com funções de auditoria e avaliá-la periodicamente, bem como prestar uma atenção especial à experiência necessária para fazer parte do comité com funções de auditoria.

Assim, para manter, no seu seio, um conjunto equilibrado de qualificações, os órgãos de fiscalização devem determinar a composição que consideram desejável face à estrutura e actividades da sociedade e avaliá-la periodicamente. Os órgãos de fiscalização devem ainda garantir uma composição multi-facetada e complementar de forma a que os respectivos membros, no seu conjunto, disponham da necessária diversidade de conhecimentos, capacidade de apreciação e experiência para desempenhar adequadamente as suas funções. Em particular, entende a Comissão que os membros dos comités com funções de auditoria devem possuir, colectivamente, uma experiência e formação recente e relevante em termos de gestão financeira e contabilidade de sociedades cotadas, apropriada às actividades da sociedade.

Todos os novos membros dos órgãos de fiscalização devem poder beneficiar de um programa de formação de entrada em funções adaptado, que cubra na medida do necessário a organização e as actividades da sociedade, bem como as suas responsabilidades enquanto administradores. Os órgãos de fiscalização devem examinar anualmente em que domínios os respectivos membros devem actualizar as suas qualificações e conhecimentos.

Entende ainda a Comissão que, sempre que for proposta a nomeação de um novo membro, devem ser divulgadas as suas competências específicas que sejam relevantes para as suas funções no órgão de fiscalização. Com o objectivo de permitir que os mercados e o público analisem se essas competências se mantêm apropriadas ao longo do tempo, o órgão de fiscalização deve ainda divulgar anualmente um perfil da respectiva composição, bem como informações relativas às competências específicas de cada membro, susceptíveis de serem relevantes para as suas funções no órgão de fiscalização.

III – O papel dos órgãos de fiscalização e do seu presidente
Os órgãos de fiscalização devem assegurar a efectiva e eficaz supervisão dos órgãos de gestão, dos auditores externos e da actividade societária. O paradigma vertido no CSC aponta no sentido do controlo da gestão em sociedades cotadas e de grande dimensão, ser realizado por membros activos e independentes que, globalmente, apresentem literacia financeira,

conhecimentos de contabilidade e ou auditoria "*e a necessária independência para não se deixarem capturar pelos fiscalizados*" e que sejam capazes de um juízo eficiente, sério, isento e rigoroso, da gestão, assim promovendo a qualidade, confiabilidade e a transparência do reporte financeiro e da divulgação pública.[10]

52 *(i) Modelo Clássico ou Latino*
53   No que respeita ao modelo clássico ou latino, o artigo 415.º, n.º 1 do CSC esclarece que os membros efectivos do Conselho Fiscal, incluindo os respectivos suplentes, são eleitos pela assembleia geral, pelo período estabelecido no contrato de sociedade, mas não superior a quatro anos, podendo a primeira designação ser feita no contrato de sociedade, ou pela assembleia constitutiva. Se a assembleia geral não eleger os membros do conselho fiscal, deve a administração da sociedade e pode qualquer accionista requerer a sua nomeação judicial (artigo 417.º do CSC), podendo ainda ser nomeado judicialmente mais um membro efectivo e um suplemente para o Conselho de Fiscal, reunidas que estejam as condições previstas no artigo 418.º do CSC.
54   Nos termos do n.º 2 do artigo 415.º do CSC, o contrato de sociedade ou a assembleia geral designam o presidente do Conselho Fiscal. Ao abrigo do disposto no artigo 414.ºB do CSC, caso a assembleia geral não designe o presidente, caberá ao Conselho Fiscal efectuar essa designação. Se o presidente cessar as suas funções antes de terminado o período para que foi designado ou eleito, compete aos demais membros escolher um deles para desempenhar aquelas funções até ao termo do referido período.
55   O presidente do Conselho Fiscal tem voto de qualidade quando o Conselho seja composto por um número par ou, nos restantes casos, se o contrato de sociedade o estabelecer (artigo 414.ºB, n.º 2, por remissão para o artigo 395.º, n.º 3, todos do CSC).
56   Na economia deste modelo de governo clássico, o papel do presidente do Conselho Fiscal não assume grande relevância no texto da lei, face ao papel dos demais membros do órgão de fiscalização, com excepção da previsão da possibilidade de concessão de voto de qualidade, já referida.
57   Na verdade, tanto as competências, como os poderes e os deveres previstos no CSC (artigos 420.º, 421.º, 400.º, nº 1 e 422.º, respectivamente, do CSC), são genéricos do órgão colegial ou dos membros do Conselho Fiscal e não específicos do respectivo presidente.
58   O Conselho Fiscal tem, neste contexto, competências gerais de fiscalização da gestão, da regularidade das contas e da legalidade da actividade social, competindo-lhe ainda a verificação do sistema de gestão de riscos (artigo 420.º, n.º 1 do CSC). Compete ainda ao Conselho Fiscal elaborar parecer sobre o relatório de gestão e contas do exercício e sobre documento de certificação legal de contas (artigo 452.º do CSC). Nas sociedades cotadas e nas sociedades de maior dimensão (artigo 413.º, n.º 2 CSC), o Conselho Fiscal tem competências mais alargadas que se encontram previstas no artigo 420.º, n.º 2 do CSC. Nestas sociedades cabe a ROC autónomo a revisão e certificação das contas, competindo ao Conselho Fiscal a sua fiscalização.
59   Para o desempenho das suas funções, os membros do Conselho Fiscal têm, conjunta ou separadamente, os poderes previstos no artigo 421.º do CSC, tendo o Conselho Fiscal ainda o poder de suspender administradores, nos termos do artigo 400.º, n.º 1 do CSC.

---

[10] João Calvão da Silva, *Responsabilidade Civil dos Administradores Não Executivos, Jornadas em Homenagem do Professor Doutor Raúl Ventura, A Reforma do Código das Sociedades Comerciais*, Almedina (2007), p. 106 e 107.

Os deveres previstos no artigo 422.º do CSC, incluindo o dever de participar ao Ministério Público factos delituosos que constituam crimes públicos (n.º 3), estão cometidos a todos os membros do Conselho Fiscal e não apenas ao respectivo presidente.

Por último, o especial dever de vigilância previsto no artigo 420.º-A está atribuído ao ROC e não ao presidente do Conselho Fiscal.

Cabe à assembleia geral, ao próprio Conselho Fiscal ou ao tribunal, consoante quem designe o respectivo presidente, assegurar que este reúne as necessárias condições de elegibilidade, estipuladas ao abrigo desta recomendação II.1.3.1. A nomeação deverá assim basear-se em informações adequadas e actualizadas fornecidas sobre estas questões.

(ii) Modelo Anglo-Saxónico

No modelo anglo-saxónico, a Comissão de Auditoria é composta por uma parte dos membros do Conselho de Administração, em número fixado nos estatutos mas com um mínimo de três membros efectivos, designados em conjunto com os demais administradores (artigo 423.º-B, n.º 1 e 2 do CSC). Os membros da Comissão de Auditoria são designados no contrato de sociedade ou eleitos pela assembleia geral ou constitutiva (artigos 423.º-C, n.º 1 e 391.º do CSC).

As listas propostas para o Conselho de Administração devem, assim, discriminar os membros que se destinam a integrar a Comissão de Auditoria (artigo 423.º-C, n.º 2 do CSC).

A Comissão de Auditoria tem competências gerais de fiscalização da gestão, da regularidade das contas, da legalidade da actividade social e do sistema de gestão de riscos e controlo, análogas às do Conselho Fiscal (artigo 423.º-F do CSC). Tem também competências de suspensão de administradores, em certos casos (artigo 400.º do CSC). Compete ainda à Comissão de auditoria registar por escrito todas as verificações (ou inspecções) fiscalizações, denúncias recebidas e diligências que tenham sido efectuadas e o resultado das mesmas (artigo 422.º, n.º 1, alínea f) do CSC).

O presidente da Comissão de Auditoria deve ser designado pela assembleia geral e se esta não o fizer, cabe à própria Comissão de Auditoria fazê-lo (artigo 423.º-C, n.º 3 do CSC).

O presidente da Comissão de Auditoria tem voto de qualidade quando o Conselho seja composto por um número par ou, nos restantes casos, se o contrato de sociedade o estabelecer (artigo 423.º-C, n.º 4, por remissão para o artigo 395.º, n.º 3, todos do CSC).

Aos membros da Comissão de Auditoria é vedado o exercício de funções executivas na sociedade (artigo 423.º-B, n.º 3, 1.ª parte, do CSC), não podendo integrar a Comissão Executiva e assegurar a gestão corrente da sociedade.

Diferentemente do que sucede no Conselho Fiscal, cabe ao presidente da Comissão de Auditoria participar ao Ministério Público factos delituosos que constituam crimes públicos (artigo 422.º, n.º 1, alínea c) e n.º 3).

Por último, no modelo anglo-saxónico, cabe também ao presidente da Comissão de Auditoria o dever de vigilância especial previsto para o ROC no artigo 420.ºA do CSC (por remissão do artigo 423.ºG, n.º 2 do CSC), cabendo-lhe comunicar, imediatamente, ao presidente do Conselho de Administração, os factos de que tenha conhecimento e que considere revelarem graves dificuldades na prossecução do objecto social, v.g., reiteradas faltas de pagamento aos fornecedores, protestos de títulos de crédito, emissão de cheques sem provisão, falta de pagamento de contribuições para a segurança social ou de impostos[11].

---

[11] ANTÓNIO PEREIRA DE ALMEIDA, *Sociedades Comerciais, Valores Mobiliários e Mercados*, Coimbra (2011), P. 504.

72   Os deveres de vigilância especial que estão cometidos ao presidente da Comissão de Auditoria, aconselham que este tenha um especial estatuto de independência e competência, que o habilite a apreciar as medidas tomadas pela gestão, a tomar decisões impopulares e a questionar a administração, sempre que necessário.

73   Cabe à assembleia geral ou à própria Comissão de Auditoria, consoante quem designe o respectivo presidente, assegurar que este reúne as necessárias condições de elegibilidade, estipuladas ao abrigo desta recomendação II.1.3.1. A nomeação deverá assim basear-se em informações adequadas e actualizadas fornecidas sobre estas questões.

74   *(iii) Modelo Dualista*

75   No que respeita, por fim, ao modelo dualista, cumpre referir que os membros do Conselho Geral e de Supervisão são designados no contrato de sociedade ou eleitos pela assembleia geral (artigo 435.º, n.º 1 do CSC).

76   No acto de nomeação deve ser indicado o presidente, que tem voto de qualidade. Não sendo feita esta nomeação, cabe ao próprio órgão de fiscalização fazê-la (artigo 395.º, *ex vi* artigo 436.º do CSC).

77   Quando conveniente para o exercício das suas competências, o Conselho Geral e de Supervisão deve nomear, de entre os seus membros, uma ou mais comissões para o exercício de determinadas tarefas, designadamente para fiscalizar a actividade do Conselho de Administração Executivo ou para fixar a remuneração dos administradores (artigo 444.º, n.º 1 do CSC), podendo ainda constituir outras comissões especializadas ou de acompanhamento de certos negócios (artigo 442.º, n.º 1 do CSC).

78   Como já referimos *supra*, nas sociedades emitentes de valores mobiliários admitidos à negociação em mercado regulamentado e nas sociedades de grande dimensão que cumpram os critérios referidos na al. a) do artigo 413.º, o Conselho Geral e de Supervisão deve constituir uma comissão para as matérias financeiras, especificamente dedicada ao exercício das funções referidas nas alíneas f) a o) do artigo 441.º do CSC, dada a vital importância da real situação e informação financeira das empresas para os accionistas, outros potenciais investidores e a integridade dos mercados de capitais[12].

79   Compete assim ao Conselho Geral e de Supervisão assegurar, quando aplicável, que o presidente da comissão para as matérias financeiras reúne as condições de elegibilidade previstas na recomendação II.1.3.1., em matéria de independência e competência. A respectiva nomeação deverá assim basear-se em informações adequadas e actualizadas fornecidas sobre estas questões.

80   A comissão para as matérias financeiras, a quem compete monitorizar a integridade da gestão e saúde financeiras da sociedade, tem o direito de assistir às reuniões do Conselho de Administração Executivo e o dever de assistir às reuniões em que sejam apreciadas as contas do exercício (artigo 432.º, n.º 6 do CSC).

81   As competências do Conselho Geral e de Supervisão e as competências da comissão para as matérias financeiras, constam do artigo 441.º do CSC. Com excepção das primeiras alíneas (a a c) do artigo 441.º do CSC, é evidente o paralelismo entre as competências do Conselho Geral e de Supervisão e as competências da Comissão de Auditoria (artigo 423.ºF do CSC) e do Conselho Fiscal (artigo 420.º do CSC). Isto sem prejuízo da natureza híbrida

---

[12] João Calvão da Silva, *Responsabilidade Civil dos Administradores Não Executivos, Jornadas em Homenagem ao Professor Doutor Raúl Ventura, A Reforma do Código das Sociedades Comerciais*, Almedina (2007), 103 segs, p. 135.

do Conselho Geral e de Supervisão, que pode ser chamado a dar parecer prévio favorável para a prática de de certos actos pelo Conselho de Administração.

O presidente do Conselho Geral e de Supervisão tem alguns poderes e funções específicos previstos no artigo 432.º, n.º 2 a 5 do CSC.

Nenhuma referência específica é feita ao presidente da comissão para as matérias financeiras no CSC.

A recomendação II.1.3.1. não preconiza que o presidente do Conselho Geral e de Supervisão seja independente e possua as competências adequadas para o exercício das suas funções. No entanto, considerando que compete ao Conselho Geral e de Supervisão a constituição da comissão para as matérias financeiras, sem que haja delegação de competências em sentido próprio, e não havendo interferência desta comissão na responsabilidade dos membros do Conselho Geral e de Supervisão perante terceiros[13], pareceria aconselhável que o requisito da independência e da competência adequada tivesse sido estendido também ao presidente do Conselho Geral e de Supervisão.

Para uma análise mais detalhada das funções dos órgãos de fiscalização cfr. comentário de RUI OLIVEIRA NEVES às recomendações II.4.1 a II.4.6.[14]

IV – Razão de ordem
O Código de Governo das Sociedades divulgado pela CMVM e, consequentemente a recomendação II.1.3.1., aplica-se às sociedades emitentes de acções admitidas à negociação em mercado regulamentado situado ou a funcionar em Portugal (artigo 1º, n.º 1 do mesmo Regulamento)[15].

Vimos que o teor desta recomendação II.1.3.1. não encontra paralelo no plano legal e comunitário. O sistema apresenta assim flexibilidade, sendo possíveis vários patamares de progressiva maior exigência nesta matéria, vertidos em lei ou aplicáveis, numa óptica de "*comply or explain*", no plano recomendatário.

Em termos de competência e qualificação, a *ratio* da recomendação acompanha o sentido geral de que os membros dos órgãos de fiscalização, com particular destaque para o seu presidente, devem possuir um grau de preparação e formação suficiente para permitir que a sua acção no seio do órgão e em relação ao desempenho da administração não deixe de ser eficaz por incapacidade de compreensão dos aspectos mais técnicos ou particulares da mesma[16]. Não se exige já, como vimos, que o presidente tenha curso superior adequado ao exercício das suas funções e conhecimentos em auditoria ou contabilidade, mas apenas que possua as competências adequadas ao exercício das respectivas funções, aspecto que cumpre à sociedade avaliar, fixar e validar, no concreto.

Em matéria de independência, os requisitos progressivamente mais exigentes feitos em termos imperativos no CSC para as sociedades de maior dimensão e para as sociedades cotadas, são aqui aprofundados, a título recomendatário, no que respeita a estas últimas.

---

[13] João CALVÃO DA SILVA, *Responsabilidade Civil dos Administradores Não Executivos, Jornadas em Homenagem do Professor Doutor Raúl Ventura, A Reforma do Código das Sociedades Comerciais*, Almedina (2007), 103 segs, p. 135.
[14] Pág. Xxx.
[15] Ainda que a título facultativo dada a possibilidade de opção por um código "equivalente" (artigo 1º, n.º 2 do Regulamento da CMVM n.º 1/2010).

[16] Relatório Final da Consulta Pública da CMVM n.º 3/2007 Relativa ao Código do Governo das Sociedades Cotadas/Novas Propostas de Regras e Recomendaçãos (disponível em www.cmvm.pt).

90 Trata-se de uma recomendação que se insere na tendência global que norteou a reforma do CSC introduzida pelo DL n.º 76-A/2006, de 31 de Março, a qual se mostrou particularmente exigente no que respeita à composição, funções e independência dos órgãos de fiscalização, prosseguindo um objectivo de revitalização e, em alguns casos, reconstrução da fiscalização societária[17].

91 Subjacente a esta regra está o pressuposto de que a adequada interacção dos *checks and balances* societários exige que o presidente do órgão de fiscalização seja independente e qualificado. Na verdade, e independentemente da parcimónia com que a lei estabelece o respectivo estatuto, é o presidente do órgão de fiscalização quem articula e coordena o funcionamento colegial, quem marca a agenda e imprime a dinâmica do funcionamento colegial, tendo, por vezes, voto de qualidade, razão pela qual deve congregar em si os requisitos mais exigentes aplicáveis à generalidade dos membros do órgão de fiscalização. A independência e a competência do presidente do órgão de fiscalização contribuem também para assegurar o seu estatuto e *auctoritas* perante os órgãos de administração, os auditores externos e perante as autoridades de supervisão.

92 A independência e a competência adequada do presidente do órgão de fiscalização são condições da respectiva elegibilidade para o cargo, a observar numa óptica de "*comply or explain*". O conceito de independência relevante deve ser densificado atento o disposto no CSC (artigo 414.º, n.º 5), dada a desejável unidade da ordem jurídica[18].

92 No que respeita ao requisito da "competência adequada", este traduz a exigência de que o presidente do órgão de fiscalização seja uma pessoa qualificada ou especialmente qualificada para realizar uma dada tarefa. O conceito de competência distingue-se assim de outros conceitos, como o conceito de aptidão (talento natural, que pode vir a ser aprimorado), o conceito de habilidade (demonstração de um talento particular na prática) e o conceito de conhecimentos (o que alguém precisam saber para desempenhar uma tarefa). A referência que baliza o conceito de competência é a tarefa e/ou o conjunto de tarefas associadas a um dado cargo. No contexto da gestão e da psicologia, a competência é reconduzida a um saber agir responsável e que é reconhecido pelos outros. Implica saber como mobilizar, integrar e transferir os conhecimentos, recursos e habilidades, num contexto profissional determinado. A noção de competência aparece assim associada a verbos como: saber agir, mobilizar recursos, integrar saberes múltiplos e complexos, saber aprender, saber comprometer-se, assumir responsabilidades e ter visão estratégica.

94 Assim, caso o presidente do conselho fiscal, da comissão de auditoria ou da comissão para as matérias financeiras, consoante aplicável, não seja independente e/ou não possua as competências adequadas para as respectivas funções, esta Recomendação II.1.3.1. não poderá ser considerada como "adoptada", o que deverá ser expressamente mencionado no Relatório sobre o Governo da Sociedade apresentado pela sociedade em causa, que tenha adoptado o Código de Governo das Sociedades divulgado pela CMVM, devendo ser devidamente justificada a não adopção, parcial ou na íntegra, desta Recomendação (artigos 1.º e 2.º do Regulamento da CMVM n.º 1/2010 e ponto 0.2. do Anexo I).

---

[17] Paulo Câmara, *Os Modelos das Sociedades Anónimas, Jornadas em Homenagem do Professor Doutor Raúl Ventura, A Reforma do Código das Sociedades Comerciais*, Almedina (2007), 197 e segs, p. 198.

[18] Sobre o que deva ser entendido por "independência" veja-se o ponto II.a) deste comentário, bem como o comentário de João Gomes da Silva à recomendação II.1.2. "Incompatibilidades e Independência" e ainda o comentário de Rui Oliveira Neves às recomendações II.4. "Conselho Geral e de Supervisão, Comissão para as Matérias Financeiras, Comissão de Auditoria e Conselho Fiscal".

V – Grau de adesão
Consultado o Relatório de Avaliação do Cumprimento do Código de Governo das Sociedades da CMVM, 2009 (referente a 2008)[19] (disponível em www.cmvm.pt), é possível constatar que, em 2008, apenas duas sociedades cotadas nacionais não cumpriam a recomendação II.1.3.1., resultando tal incumprimento do facto *"de não existir informação suficiente no relatório de governo das sociedades"* que permitisse *"evidenciar a independência do órgão de fiscalização"*.

---

[19] Páginas 22 e 23 do Relatório de Avaliação do Cumprimento do Código de Governo das Sociedades da CMVM, 2009.

II.1.3.2. O processo de selecção de candidatos a administradores não executivos deve ser concebido de forma a impedir a interferência dos administradores executivos.

Bibliografia: COUTINHO DE ABREU, *Governação das Sociedades Comerciais*, Coimbra (2006); ANTÓNIO PEREIRA DE ALMEIDA, *Os administradores independentes*, em *A reforma do Código das Sociedades Comerciais: jornadas em Homenagem ao Professor Doutor Raúl Ventura*, Coimbra (2007), 153 e segs; *Sociedades Comerciais, Valores Mobiliários e Mercados*, Coimbra (2011); PAULO CÂMARA, *O Governo das Sociedades e a Reforma do Código das Sociedades Comerciais*, em *Código das Sociedades Comerciais e o Governo das Sociedades*, Coimbra (2008), 9 e segs; *Os Modelos das Sociedades Anónimas, Jornadas em Homenagem do Professor Doutor Raúl Ventura, A Reforma do Código das Sociedades Comerciais*, Almedina (2007), 197 e segs.; COMISSÃO EUROPEIA, *Modernising Company Law and Enhancing Corporate Governance in the European Union – A Plan to Move Forward (com/2003/284)*; MENEZES CORDEIRO, *Manual de Direito das Sociedades*, 2 vols., Coimbra (2007); *Código das Sociedades Comerciais Anotado*, Coimbra (2009); JEFFREY N. GORDON, *Independent Directors and Stock Market Prices The New Corporate Governance Paradigm (draft)* (2006); *The Rise of Independent Directors in the United States, 1950-2005*, STANFORD LAW REVIEW (2007); INSTITUTO PORTUGUÊS DE CORPORATE GOVERNANCE, *Livro Branco sobre o Corporate Governance em Portugal*, disponível em http://www.ecgi.org/codes/documents/libro_bianco_cgov_pt.pdf, (2006); DEREK HIGGS, *The Higgs Report: Review of the role and effectiveness of non-executive directors*, Department of Trade and Industry (2003); MINTJE LÜCKERATH-ROVERS e AUKE DE BOS, *Code of Conduct for Non-Executive and Supervisory Directors* (2010); RUI DE OLIVEIRA NEVES, *O Administrador Independente*, em *Código das Sociedades Comerciais e o Governo das Sociedades*, Coimbra (2008), 143 segs; HILLARY A. SALE, *Independent Directors as Securities Monitors* (2006); PAULA COSTA E SILVA, *O administrador independente*, in *Direito dos Valores Mobiliários*, VI, 417 segs; JOÃO CALVÃO DA SILVA, *Responsabilidade Civil dos Administradores Não Executivos, Jornadas em Homenagem do Professor Doutor Raúl Ventura, A Reforma do Código das Sociedades Comerciais*, Almedina (2007), 103 segs.

Índice

I – Antecedentes 1

II – Fontes legais, comunitárias e de recomendatórias relacionadas 3
a) As regras previstas no CSC em matéria de designação, eleição e indigitação de administradores 3
b) As directrizes previstas na Recomendação da Comissão n.º 2005/162/CE, de 15 de Fevereiro relativa ao papel dos administradores não executivos ou membros do conselho de supervisão de sociedades cotadas e aos comités do conselho de administração ou de supervisão 17
c) A recomendação n.º 28 do Livro Branco Sobre Corporate Governance em Portugal 43

III – Razão de ordem 47

IV – Comissões de nomeação 59

V – Grau de adesão 67

I – Antecedentes

1. A recomendação II.1.3.2. sobre o processo de selecção de candidatos a administradores não executivos, surge pela primeira vez na versão de Janeiro de 2010 do Código de Governo das Sociedades da CMVM, não tendo quaisquer antecedentes nas versões anteriores.
2. Sobre esta matéria, o Relatório de Consulta Pública n.º 2/2009 relativa ao Projecto de Alteração do Código do Governo das Sociedades da CMVM (Recomendações) (disponível em www.cmvm.pt) refere, de forma lacónica, que a Secção II.1.3. "Elegibilidade e Nomeação" "não mereceu comentários relevantes dos respondentes à consulta, razão pela qual a proposta inicialmente feita (com redacção igual à actual) se manteve "*sem alterações*".

II – Fontes legais, comunitárias e recomendatórias relacionadas

3. *a)* **As regras previstas no CSC em matéria de designação, eleição e indigitação de administradores**
4. O CSC não contém regras ou directrizes específicas em matéria do processo de selecção dos candidatos a administradores não executivos[1], pese embora contenha regras conexas relevantes para a análise desta recomendação, designadamente em matéria de designação, de eleição e de indigitação de administradores[2]. Neste contexto, o conteúdo e o sentido da recomendação II.1.3.1. são inovadores e representam um *maius* face ao disposto na lei.

5. *(i) Modelo Clássico ou Latino*
6. O artigo 391.º do CSC esclarece que o Conselho de Administração é composto pelo número de administradores fixado no contrato de sociedade (artigo 390.º do CSC, em matéria de admnistrador único, cfr. também os artigos 278.º, n.º 2 e 390.º, n.º 2 do CSC), podendo os administradores (executivos e não executivos) ser designados no contrato de sociedade ou eleitos pela assembleia geral ou constitutiva. A última palavra em matéria de escolha dos administradores cabe, assim, ao colégio de sócios (artigo 376.º, n.º 1/d do CSC).
7. O artigo 392.º, n.º 1 do CSC estabelece, por sua vez, certas regras especiais de eleição, estatuindo que o contrato de sociedade pode impor que, para um número de administradores não excedente a um terço do órgão, se proceda a eleição isolada, entre pessoas propostas em listas subscritas por grupos de accionistas, contando que nenhum desses grupos possua acções representativas de mais de 20% e de menos de 10% do capital social. Nos termos do n.º 2, cada lista deve propor pelo menos duas pessoas elegíveis por cada um dos cargos a preencher, sendo que o mesmo accionista não pode subscrever mais de uma lista (n.º 3).
8. O artigo 392.º, n.º 6 do CSC estipula ainda que o contrato de sociedade pode estabelecer que uma minoria de accionistas que tenha votado contra a proposta que fez vencimento na eleição dos administradores tem o direito de designar, pelo menos, um administrador, contanto que essa minoria represente, pelo menos, 10% do capital social.

---

[1] Relativamente ao conceito de administrador não executivo, ao papel de fiscalização e supervisão por estes administradores desempenhado (em especial pelos admi-nistradores não executivos independentes) e à recomen-dação no sentido de que o órgão de administração deve incluir um número de membros não executivos (e, entre estes, um número adequado de administradores indepen-dentes), que garanta efectiva capacidade de supervisão, fiscalização e avaliação da actividade dos membros exe-cutivos, cfr. os comentários de João Gomes da Silva e de Rui Oliveira Neves às recomendações II.1.2.1., II.1.2.2. e II.1.2.3, p. xxx e xxx, respectivamente.

[2] Cfr. António Pereira de Almeida, *Sociedades Comer-ciais, Valores Mobiliários e Mercados*, Coimbra (2011), p. 454 e segs.

Nos sistemas previstos no artigo 392.º, n.º 1 e 6 do CSC, acima mencionados, a eleição é feita entre os accionistas que tenham votado contra a proposta que fez vencimento na eleição dos administradores, na mesma assembleia, e os administradores assim eleitos substituem automaticamente as pessoas menos votadas da lista vencedora ou, em caso de igualdade de votos, aquela que figurar em último lugar na mesma lista (n.º 7).

Nos termos do artigo 392.º, n.º 8 do CSC, nas sociedades com subscrição pública, ou concessionárias do Estado ou de entidade a este equiparada por lei, é obrigatória a inclusão no contrato de algum dos sistemas previstos neste artigo; sendo o contrato omisso, aplica-se o disposto nos n.º 6 e 7 do artigo 392.º do CSC.

Excepcionalmente poderão ser nomeados judicialmente administradores, a requerimento de qualquer accionista, qundo durante mais de 60 dias não tenha sido possível reunir o Conselho de Administração por falta de quórum ou quando tenham decorrido mais de 180 dias sobre o termo do mandato sem que tenha ocorrido nova eleição (artigo 394.º do CSC).

(ii) Modelo Anglo-Saxónico
No que respeita ao Conselho de Administração no modelo anglo-saxónico, aplicam-se regras idênticas às vigentes para o mesmo órgão no modelo clássico, com as particularidades da existência de uma Comissão de Auditoria, composta por um mínimo de três administradores não executivos (artigo 423.ºB, n.º 2 do CSC).

(iii) Modelo Dualista
Os membros do Conselho de Administração Executivo são designados pelos estatutos, pelo Conselho Geral e de Supervisão ou pela assembleia geral, neste último caso, se os estatutos assim o determinarem (artigo 425.º do CSC). A última palavra em matéria de escolha dos administradores cabe, assim, em primeira linha, Conselho Geral e de Supervisão e, caso os estatutos o prevejam, ao colégio de sócios.

Excepcionalmente poderão ser nomeados judicialmente administradores, a requerimento de qualquer accionista, qundo durante mais de 60 dias não tenha sido possível reunir o Conselho de Administração Executivo por falta de quórum ou quando tenham decorrido mais de 180 dias sobre o termo do mandato sem que tenha ocorrido nova eleição (artigos 394.º e 426.º do CSC).

b) **As directrizes previstas na Recomendação da Comissão n.º 2005/162/CE, de 15 de Fevereiro relativa ao papel dos administradores não executivos ou membros do conselho de supervisão de sociedades cotadas e aos comités do conselho de administração ou de supervisão**
A Recomendação da Comissão n.º 2005/162/CE, de 15 de Fevereiro contém directrizes específicas no que respeita ao processo de selecção dos administradores não executivos.

A Recomendação esclarece, assim, em primeira linha, que o papel dos administradores não executivos é considerado essencial em matéria de nomeação dos administradores, atentos os conflitos de interesses potencialmente envolvidos nessa tarefa.

Neste contexto, a Comissão entende ser apropriado promover o papel dos administradores não executivos ou membros do conselho de supervisão nestes domínios e incentivar a criação, no âmbito do conselho de administração ou de supervisão, de comités responsáveis pela nomeação de administradores.

A Comissão defende ainda que o comité de nomeação deve ser composto principalmente por administradores não executivos ou membros do conselho de supervisão independentes. Sem prejuízo, entende a Comissão que tal não excluirá a participação, no comité de nomeação, de administradores ou membros do conselho de supervisão que não satisfaçam os critérios de independência, sendo que tão pouco excluirá a participação de administradores executivos/membros da comissão executiva (em sociedades cujo comité de nomeação seja criado no âmbito de uma estrutura monista e desde que não sejam maioritários no comité).

22 Na economia da Recomendação da Comissão n.º 2005/162/CE, o papel do comité de nomeação consistirá essencialmente em garantir que, quando o conselho de administração ou de supervisão desempenha um papel no processo de nomeação e de destituição (quer tenha poderes para elaborar propostas ou tomar decisões, tal como definido na legislação nacional), esse papel seja exercido da forma mais objectiva e profissional possível.

23 O comité de nomeação deve, por conseguinte, ter essencialmente por função apresentar recomendações ao conselho de administração ou de supervisão no que diz respeito à nomeação e à destituição dos administradores pelo órgão competente, por força do direito nacional das sociedades.

24 A Recomendação da Comissão n.º 2005/162/CE contém ainda directrizes específicas sobre as características comuns dos comités do conselho de administração ou de supervisão e sobre as características especiais do comité de nomeações (Anexo I).

25 No que respeita às características comuns dos comités, a Comissão traça linhas indicadoras em matéria de dimensão, composição, mandato, recursos, particpação em reuniões e transparência.

26 Assim, em termos de dimensão, a Comissão preconiza que os comités criados no âmbito do conselho de administração ou de supervisão sejam compostos por pelo menos três membros. Nas sociedades em que o conselho de administração ou de supervisão tiver um número de membros reduzido, os comités podem excepcionalmente ser compostos apenas por dois membros.

27 Em matéria de composição refere-se que a composição e a presidência dos comités devem ser decididas de molde a ter em conta a necessidade de garantir uma certa renovação e evitar uma dependência excessiva em relação a certas pessoas.

28 No que respeita ao mandato dos comités, define-se que a missão exacta de cada comité deve constar do mandato conferido pelo conselho de administração ou de supervisão. As circunstâncias em que o presidente de cada comité pode e deve comunicar directamente com os accionistas devem também ser especificadas no referido mandato. Sempre que tal seja autorizado no âmbito da legislação nacional, deve ser divulgado pelo menos com periodicidade anual (no quadro das informações divulgadas anualmente pela sociedade em relação às suas estruturas e práticas de governo da sociedade), o mandato conferido a qualquer comité, que explique o seu papel e quaisquer poderes que lhe tenham sido delegados pelo conselho de administração ou de supervisão.

29 Em termos de recursos disponíveis é estipulado que as sociedades devem garantir que os comités criados disponham de meios suficientes para desempenhar as suas funções, o que inclui o direito de obter – em especial dos quadros da sociedade – todas as informações necessárias ou de solicitar conselhos de profissionais independentes sobre as questões do seu domínio de competência.

30 Em matéria de participação nas reuniões dos comités e a fim de garantir a respectiva autonomia e objectividade, os administradores que não sejam membros dos comités só poderão, em geral, participar nas suas reuniões a convite destes. Os comités podem convidar ou exigir a presença de determinados quadros da sociedade ou peritos.

Por último, no que respeita ao requisito da transparência, a Comissão sustenta que os comités devem desempenhar as suas funções em conformidade com o mandato que lhes foi conferido e devem garantir a apresentação regular ao conselho de administração ou de supervisão de um relatório sobre as suas actividades e os resultados obtidos.

A Comissão recomenda ainda que as sociedades devem publicar anualmente uma declaração dos comités existentes com a sua composição, o número das suas reuniões e presenças durante o ano, bem como as suas principais actividades.

No que respeita, em particular, ao comité de nomeação, a Recomendação da Comissão n.º 2005/162/CE, estabelece que deve ser criado no âmbito do conselho de administração ou de supervisão um comité de nomeação sempre que, por força da legislação nacional, o conselho de administração ou de supervisão desempenhe um papel no processo de nomeação e/ou de destituição dos administradores, quer através da sua própria tomada de decisões quer através da apresentação de propostas para deliberação por qualquer outro órgão social.

O comité de nomeação deve ser composto por pelo menos uma maioria de administradores não executivos ou membros do conselho de supervisão independentes. Quando uma sociedade considerar adequado que o seu comité de nomeação inclua uma minoria de membros não independentes, o director geral pode ser um desses membros do comité.

No que respeita ao seu papel, a Comissão entende que o comité de nomeação deve pelo menos:

a) identificar e recomendar, para aprovação pelo conselho de administração ou de supervisão, os candidatos para preencherem as vagas que vierem a surgir nesse conselho. Para o efeito, o comité de nomeação deve (i) apreciar o equilíbrio em termos de qualificações, conhecimentos e experiência no conselho, (ii) redigir um resumo das funções e qualificações exigidas para uma determinada nomeação[3] e (iii) calcular o tempo necessário para o exercício da função;

b) avaliar periodicamente a estrutura, dimensão, composição e desempenho do conselho de administração ou de supervisão e apresentar-lhes recomendações no que diz respeito a quaisquer alterações;

c) avaliar periodicamente as qualificações, conhecimentos e a experiência dos administradores e apresentar ao conselho de administração ou de supervisão o respectivo relatório;

d) examinar atempadamente as questões relacionadas com a sucessão de administradores.

O comité de nomeação deve ainda examinar a política do conselho de administração ou de supervisão em matéria de selecção e nomeação dos quadros superiores.

Em termos de funcionamento, a Recomendação estabelece que o comité de nomeação deve tomar em consideração as propostas apresentadas pelas partes interessadas, inclusive pela equipa de gestão e pelos accionistas. Em especial, o director geral deve ser devidamente consultado pelo comité de nomeação e tem o direito de lhe apresentar propostas, particularmente quando se tratar de questões relacionadas com os administradores executivos/membros da comissão executiva ou com os quadros superiores.

No exercício das suas funções, o comité de nomeação deve ter a possibilidade de utilizar todos os meios que repute necessários, incluindo o recurso a consultores externos ou a mensagens publicitárias, e obter da sociedade o financiamento adequado para esse efeito.

---

[3] Em particular, para o tema que nos interessa, tomando em consideração o perfil dos administradores não executivos ou membros do conselho de supervisão independentes, indicado no Anexo II da Recomendação n.º 2005/162/CE.

c) **A recomendação n.º 28 do Livro Branco Sobre *Corporate Governance* em Portugal**

43   O Livro Branco sobre *Corporate Governance* em Portugal, elaborado pelo Instituto Português de *Corporate Governance*[4], refere que o processo de nomeação dos administradores não executivos é susceptível de perturbar a capacidade destes para cumprirem o seu papel com liberdade face à equipa executiva, bem assim como, no caso dos administradores independentes, face aos accionistas principais.

44   Com vista a evitar tais efeitos, o Livro Branco considera recomendável *"que sejam adoptados processos de selecção dos administradores não executivos independentes, visando a escolha de profissionais com as qualificações e a experiência adequadas, e evitar que o método de selecção prejudique a sua independência"* (recomendação n.º 28).

45   Ao contrário do que sucede com a recomendação II.1.3.2., ora em análise, a recomendação n.º 28 acima mencionada, versa sobre o processo de selacção não dos administradores não executivos em geral, mas apenas daqueles que sendo não executivos são também independentes.

46   A recomendação contém ainda dois comandos essenciais com alcance distinto dos da recomendação II.1.3.2., em apreço, um primeiro no sentido de serem adoptados processos de selecção que promovam a escolha de profissionais com *"as qualificações e a experiência adequadas"* e um segundo que aponta no sentido da necessidade do método de selecção dos administradores não executivos independentes que venha a ser adoptado pela sociedade, não dever prejudicar a respectiva independência, seja em face da equipa de gestão executiva, seja também, em face dos accionistas com posições de controlo (ou, em geral, quaisquer pessoas ou entidades que possam *"prejudicar a independência"* dos nomeados).

III – Razão de ordem

47   A recomendação II. 1.3.2. ao conter uma directriz no sentido da não interferência dos administradores executivos no processo de selecção de candidatos a administradores não executivos, pressupõe que tal interferência pode ter um impacto negativo na isenção do processo de selecção e na liberadade de actuação e na independência dos nomeados[5].

48   Os administradores não executivos, especialmente os independentes, desempenham uma importante função interna de fiscalização e de supervisão da actuação dos administradores executivos e da actividade societária em geral, com especial enfoque para a matéria da prevenção e gestão de conflitos de interesses[6], o que desaconselha promiscuidades ao nível do respectivo processo de selecção.

49   O estatuto destes administradores deve assim permitir que estes mantenham uma postura proactiva e curiosa face à actuação da gestão, questionando as decisões tomadas e protegendo os interesses dos accionistas e demais titulares de interesses relevantes

---

[4] Instituto Português de Corporate Governance, *Livro Branco sobre o Corporate Governance em Portugal*, disponível em http://www.ecgi.org/codes/documents/libro_bianco_cgov_pt.pdf, (2006), p. 46 e segs.

[5] A recomendação II. 1.3.2. não concede relevância à eventual interferência dos accionistas de controlo no processo de selecção de candidatos a administradores não executivos. No entanto, tal interferência pode, por igualdade de razões, ter um impacto negativo na isenção do processo de selecção, na liberdade de actuação e na independência dos nomeados. Em geral, o processo e método de selecção dos administradores não executivos (especialmente dos independentes) deve ser gizado e conduzido de modo a evitar prejudicar a independência e o papel fiscalizador destes administradores, evitando interferências indevidas e que ponham em causa a isenção da selecção, tanto por parte dos administradores executivos como por parte dos accionistas de controlo.

[6] Paulo Câmara, *Os Modelos das Sociedades Anónimas, Jornadas em Homenagem do Professor Doutor Raúl Ventura, A Reforma do Código das Sociedades Comerciais*, p. 197 a 258, Almedina, 2007, pág. 200 e 201. O papel dos administradores não executivos é essencialmente de fiscalização (dos executivos que lideram e controlam o negócio).

("stakeholders"), sem dependências nem permeabilidade face à administração executiva. Em particular, em sociedades com o capital muito disperso, é crucial forçar os administradores executivos a prestar contas aos accionistas. Já em sociedades com accionistas maioritários ou que detêm posições de controlo, é necessário proteger a posição dos accionistas minoritários.

Faz, assim, sentido que a recomendação II. 1.3.2. (ao contrário do que sucede com a recomendação n.º 28 constante do Livro Branco sobre *Corporate Governance* em Portugal) faça referência ao processo de selecção dos administradores não executivos (possam estes ser qualificados como "independentes" ou não), já que estes têm funções de controlo da gestão executiva, ainda que o seu estatuto não permita classificá-los como independentes.

Sobre esta matéria relevam os dados, veiculados no Relatório Higgs[7] que militam no sentido de o processo de recrutamento dos administradores não executivos nas sociedades que integram o índice FTSE no Reino Unido ser, por regra, extremamente informal, isto apesar da maioria delas possuírem comités de nomeações. Segundo a informação disponibilizada no Relatório, cerca de metade dos administradores não executivos abrangidos haviam sido recrutados através de conhecimentos pessoais ou de amizade. Só 4% tinham tido uma entrevista formal e apenas 1% tinha obtido a respectiva posição respondendo a um anúncio de emprego. Esta situação foi alvo de crítica, na medida em que pode conduzir a uma "*excessiva familiaridade*" no contexto do órgão de administração.

A recomendação II.1.3.2. refere que o processo de selecção de candidatos a administradores não executivos deve ser concebido de forma a impedir a interferência dos administradores executivos. O facto de não dever haver "interferência" dos administradores executivos, no processo de selecção de candidatos a administradores não executivos, não significa, a nosso ver, que a participação dos administradores executivos neste processo deva ser completamente arredada.

Importante é que sejam os administradores não executivos a dominar e a controlar o processo de selecção, podendo, no entanto e para o efeito, ouvir os administradores executivos ou a equipa de gestão como um todo, e tomar em consideração as suas eventuais propostas, bem como as que sejam apresentadas por outras partes interessadas, designadamente pelos accionistas (ou grupos de accionistas, minoritários ou de controlo.

Importante é também que o processo de selecção dos administradores não executivos não seja dominado pela equipa de gestão e ditado por relações pessoais e de amizade, antes devendo ser tratado através de processos profissionais e formais de selecção, com entrevistas, anúncios, redacção de "job descriptions", eventual contratação de "head hunters" e com a intervenção, desejável, de administradores não executivos, integrados ou não em comités de nomeação e de recrutamento. Os padrões de selecção deverão ser a meritocracia e uma certa diversificação dos candidatos, que tome em consideração a desejável composição do órgão de administração.

Para além de serem ouvidos e de poderem apresentar propostas, os administradores executivos serão ainda os principais responsáveis pela definição do pacote de contratação a apresentar aos candidatos, o qual, sem prejuízo, deverá necessariamente seguir o padrão fixado na sociedade para o efeito, sem desvios relevantes nem injustificados.

No contexto do processo de selecção dos candidatos a administradores não executivos, caberá aos administradores não executivos em funções, isoladamente ou reunidos, por

---

[7] DEREK HIGGS, *The Higgs Report: Review of the role and effectiveness of non-executive directors*, Department of Trade and Industry (2003), p. 39 e segs.

exemplo, em comité de nomeações, identificar e recomendar, para integração nas listas a apresentar pelo órgão de administração ou de supervisão, os candidatos potenciais para preencherem as vagas que vierem a surgir nesse órgão.

57 Para o efeito, os administradores não executivos devem, na senda do estipulado na Recomendação n.º 2005/162/CE, de 15 de Fevereiro, apreciar o equilíbrio em termos de qualificações, conhecimentos e experiência nos órgãos de administração e redigir um resumo das funções e qualificações exigidas para uma determinada nomeação. Neste contexto, importa referir que tem sido considerado boa prática que as "job descriptions" sejam redigidas antes dos candidatos serem contactados e que as vagas ou postos sejam anunciados de forma pública para aumentar a *"pool"* de candidatos potenciais[8].

58 Definida previamente a *"company, position and person profile"* ou a *"job description"* tendencialmente pelos administradores não executivos e a respectiva contrapartida contratual, esta tendencialmente pelos executivos, caberá aos não executivos conduzir o processo de selecção, apresentando, a final, recomendações à equipa de gestão no que diz respeito à *"short list"* de candidatos a considerar e às nomeações a efectuar.

IV – Comissões de nomeação

59 A recomendação II. 1.3.2., ora em análise, estabelece uma obrigação de resultados, sem imposição de um modelo ou modelos pré-estabelecidos que permitam alcançar o desiderato fixado. A existência de um comité ou comissão de nomeações surge assim como uma das possibilidade de concretização desta recomendação, com a especial vantagem de se tratar de possibilidade que surge preceituada na Recomendação da Comissão n.º 2005/162/CE, nos moldes atrás explicitados.

60 Atenta a competência genérica do colégio de sócios em matéria de eleição dos administradores (artigo 376.º, n.º 1/d do CSC), o papel das comissões de nomeação no ordenamento jurídico português configura-se como tendo um cariz essencialmente informativo, consultivo e recomendatório.

61 Neste contexto e em conformidade com o mandato que, em cada caso, seja conferido à comissão de nomeações, poderá competir a este uma intervenção *a priori*, assegurando o processo de selecção dos novos administradores, principalmente dos não executivos, porventura gizando de *"company, position and person profile"* ou, mais genericamente, a *"job description"* e elaborando a lista de potenciais candidatos que será apresentada aos accionistas para efeitos de decisão final e eleição, com ou sem recomendações concretas.

62 Numa perspectiva de intervenção *a posteriori* poderá a comissão de nomeações ser consultada pelos accionistas sobre o perfil dos candidatos pré-seleccionados e sobre a sua adequação à sociedade, à posição e ao negócio em concreto desenvolvido.

63 Papel relevante poderá ainda ser desempenhado pela comissão de nomeações em matéria de preparação atempada e cuidadosa dos processos de substituição ou de sucessão de administradores, com o objectivo de minimizar danos de transição e de amortecer o impacto menos positivo advenientes de tais alterações.

64 Sem prejuízo, a mera existência de uma comissão de nomeações não resolve, só por si, a questão da isenção do processo de selecção dos administradores, especialmente dos não executivos e, de entre estes, dos independentes.

---

[8] DEREK HIGGS, *The Higgs Report: Review of the role and effectiveness of non-executive directors*, Department of Trade and Industry (2003), p. 42.

Assim, o Relatório Higgs[9], que recomenda a criação de comités de nomeação, compostas por uma maioria de administradores não executivos independentes e presididas por um administrador não executivo independente[10], constata que apesar de quase todas as sociedades que integram o índice FTSE no Reino Unido terem um comité de nomeações, na prática tais comissões são as menos desenvolvidas de entre as várias possíveis no seio do órgão de administração, reunindo de forma irregular e muitas vezes sem que os respectivos membros tenham um entendimento claro do peso do respectivo papel no processo de selecção e de nomeação.

O referido Relatório menciona também que é frequente estarem presentes nas reuniões dos comités de nomeações, outros membros do órgão de administração que não fazem parte do referido comité, o que torna as respectivas reuniões insusceptíveis de distinção das reuniões da administração como um todo[11].

V – Grau de adesão

Como vimos, a recomendação II.1.3.2. sobre o processo de selecção de candidatos a administradores não executivos, surge pela primeira vez na versão de Janeiro 2010 do Código de Governo das Sociedades da CMVM, não tendo quaisquer antecedentes nas versões anteriores. Por esta razão, não foi ainda divulgado qualquer Relatório de Avaliação do Cumprimento do Código de Governo das Sociedades da CMVM que dê indicação sobre o grau de adesão a esta recomendação por parte das sociedades cotadas nacionais.

---

[9] DEREK HIGGS, *The Higgs Report: Review of the role and effectiveness of non-executive directors*, Department of Trade and Industry (2003), p. 39 e segs.

[10] DEREK HIGGS, *The Higgs Report: Review of the role and effectiveness of non-executive directors*, Department of Trade and Industry (2003), p. 40.

[11] Para uma análise mais detalhada da função das comissões especializadas cfr. em particular o comentário de ANA RITA ALMEIDA CAMPOS às recomendações II.5.1.a II.5.4..

2.1.4. POLÍTICA DE COMUNICAÇÃO DE IRREGULARIDADES

II.1.4.1. A sociedade deve adoptar uma política de comunicação de irregularidades alegadamente ocorridas no seu seio, com os seguintes elementos: *i)* indicação dos meios através dos quais as comunicações de práticas irregulares podem ser feitas internamente, incluindo as pessoas com legitimidade para receber comunicações; *ii)* indicação do tratamento a ser dado às comunicações, incluindo tratamento confidencial, caso assim seja pretendido pelo declarante.

II.1.4.2. As linhas gerais desta política devem ser divulgadas no relatório sobre o Governo da Sociedade.

Bibliografia: CARRIGY, CELINA, "*Denúncia de irregularidades no seio das empresas (corporate whistle blowing)*", in Cadernos do Mercado de Valores Mobiliários n.º 21, págs. 38 a 47, Agosto de 2005, CMVM; CMVM – *Relatório Anual sobre o Governo das Sociedades Cotadas em Portugal – 2009*, disponível em http://www.cmvm.pt/CMVM/Estudos/Em%20Arquivo/Pages/20091516a.aspx#ii.3; CORDEIRO, ANTÓNIO MENEZES – anotação aos artigos 420.º, 422.º, 423.º-F, 423.º-G, 441.º CSC, in Cordeiro, António Menezes (ed.) – *Código das Sociedades Comerciais Anotado*, Almedina, 2.ª Edição, 2011; TRIUNFANTE, ARMANDO MANUEL, anotação ao artigo 441.º CSC, *Código das Sociedades Comerciais – Anotado*, Coimbra Editora, 2007.

Índice

I – Antecedentes próximos	1	2. Enquadramento legal	14
		3. Análise crítica	35
II – Fontes legais e comunitárias relacionadas	5	4. Recomendações e práticas internacionais	56
		5. Grau de cumprimento	59
III – Análise	6		
1. Conceptualização e contextualização histórica	6		

I – Antecedentes próximos 1
A "fonte" directa da actual recomendação da CMVM é a proposta de texto formulada por Celina Carrigy, nas conclusões do seu artigo "Denúncia de irregularidades no seio das empresas (*corporate whistle blowing*)"[1], em Agosto de 2005.

---

[1] *In* Cadernos do Mercado de Valores Mobiliários n.º 21, págs. 38 a 47, Agosto de 2005, CMVM, consultável em http://www.cmvm.pt/CMVM/Publicacoes/Cadernos/Documents/7c55e782cd6743fbb2320e72021a6335CelinaCarrigy.pdf.

2   Este exacto texto recomendatório foi inicialmente adoptado nas Recomendações da CMVM sobre o Governo das Sociedades Cotadas, datadas de Novembro de 2005[2], sob o n.º 10-A, tendo sido mantida inalterada a respectiva redacção no CGS de Setembro de 2007 (já com a divisão do texto em dois parágrafos e a numeração de II.1.4.1. e II.1.4.2.) e, bem assim, no actual CGS de Janeiro de 2010 (que manteve também a numeração das recomendações).

3   Em anotação à recomendação, a CMVM indicava no texto de 2005 que:
"Em Portugal, a comunicação interna de irregularidades não pode implicar qualquer tratamento prejudicial por parte da entidade empregadora, uma vez que o regime laboral o proíbe. Atendendo a este enquadramento, pretende-se estimular as comunicações internas de práticas irregulares de forma a prevenir ou reprimir irregularidades quanto antes, evitando danos agravados pela continuidade da prática irregular. O conhecimento dos meios e dos procedimentos em vigor na empresa, descritos na política de comunicação, facilitarão a utilização adequada destes expedientes por parte do colaborador. No entanto, a política de comunicação será um estímulo às comunicações internas apenas na medida em que a sociedade a aplicar coerentemente. A vigilância sobre essa prática deve caber a pessoa ou órgão diferente daquele com legitimidade para receber e tratar as comunicações."

4   Por seu turno, no Livro Branco do Corporate Governance em Portugal, na sua recomendação n.º 62, aludindo-se ao conteúdo funcional da Comissão de Auditoria, advoga-se que *"A Comissão de Auditoria promova, estimule e facilite a existência de divulgação interna de informações envolvendo práticas ilícitas ou antiéticas"*[3]. A recomendação constante do Livro Branco não desenvolve mais sobre o procedimento a adoptar em caso de *whistleblowing*, exactamente porque remete (em nota de rodapé) para a recomendação da CMVM pré-existente.

5   **II – Fontes legais e comunitárias relacionadas**
Artigos do CSC: 420.º, n.º 1, j); 423.º-F, j); 441.º, j).
Recomendação 2005/162/CE, de 15 de Fevereiro (Anexo I, 4.3, parágrafo 8, relativo ao funcionamento do Comité de Auditoria).

6   **III – Análise**

1. Conceptualização e contextualização histórica
Conforme referido supra, a recomendação aborda a temática do *whistleblowing* ou de denúncia de irregularidades no seio de uma sociedade.

7   A palavra *whistleblowing* remete-nos, literal e imediatamente, para a ideia de fazer soar um apito[4], artigo e meio ainda hoje comummente utilizados pelas autoridades policiais para alertar para a ocorrência de um crime em curso e tentar interromper a acção criminosa.

8   Não se sentindo qualquer necessidade de definição detalhando o significado da expressão, ainda assim, o *whistleblowing* tem sido tentativamente definido na literatura anglo-saxónica sobre o tema como a revelação por uma pessoa, normalmente trabalhador de uma organização, à referida organização, às autoridades ou à sociedade, de um acto ilegal, de fraude ou de corrupção ou como *"a non-obligatory and deliberate act of disclosure about some illegality or*

---

[2] Texto consultável em http://www.cmvm.pt/CMVM/Recomendacao/Recomendacoes/Soccot/Soccot_Nov2005/Pages/completo.aspx.
[3] Livro Branco sobre o Corporate Governance em Portugal, pág. 154, Instituto Português de Corporate Governance, 2006, consultável também em http://www.cgov.pt/images/stories/ficheiros/livro_branco_cgov_pt.pdf.
[4] Fazer *"soar o alarme"*, na expressão utilizada por Celina Carrigy, artigo citado.

wrongdoing either actual or suspected or foreseen"[5] ou ainda, numa definição mais abrangente, mas também por isso mais interessante, como *"the act of disclosing information in the public interest"*[6].

Não obstante a sua consagração recomendatória entre nós ter ocorrido apenas em 2005, o *whistleblowing* ou a instituição de incentivos à denúncia de irregularidades é bastante mais antigo e encontra a primeira intervenção legislativa em 1863, nos Estados Unidos da América, com a aprovação do *False Claims Act*.

O *False Claims Act*[7] é uma lei que permite a denúncia de fraudes ou irregularidades contra o Governo Federal dos Estados Unidos da América, podendo os cidadãos proceder judicialmente, em representação do Estado, por forma a serem recuperados os fundos sobre os quais recaiu a fraude e, bem assim, receber uma parte do montante que vier a ser recuperado por força do processo emergente da denúncia. A lei foi aprovada durante a guerra civil americana e destinou-se a incentivar a denúncia de fraudes na contratação pública (muito comuns à época). Esta lei, ainda em vigor, permitiu ao Governo Federal dos Estados Unidos da América recuperar entre 1987 e 2008 cerca de 22 mil milhões de dólares americanos[8].

No Reino Unido o tema foi exaustivamente tratado pelo *Public Interest Disclosure Act 1998* (mais conhecido por PIDA e que entrou em vigor em Julho de 1999), que instituiu um confortável nível de protecção aos trabalhadores que, actuando de boa-fé, denunciassem práticas ilegais ou criminosas em organizações.

Ao contrário do que a inclusão ou menção de regras de denúncia de irregularidades em códigos de boas práticas ou conjunto de recomendações de bom governo de sociedades hoje parece indiciar, os Estados sentiram a necessidade de promover a denúncia de irregularidades e proteger os denunciantes na sequência não de escândalos financeiros em sociedades cotadas, mas no seguimento fraudes ao erário público (no caso dos Estados Unidos da América) ou no seguimento de tragédias (em caminhos de ferro ou em plataformas petrolíferas, por exemplo) que se saldaram em centenas de mortos (no caso do Reino Unido)[9].

Não obstante, à semelhança das motivações dos legisladores acima identificadas, a definitiva promoção do *whistleblowing* enquanto instrumento de bom governo das sociedades nasce das cinzas dos diversos escândalos financeiros ocorridos no princípio do século XXI nos Estados Unidos da América e na Europa. É exactamente no rescaldo das fraudes expostas na Enron e na WorldCom que o governo federal dos Estados Unidos da América sente necessidade de intervir violentamente através da Sarbanes-Oxley Act[10], criminalizando comportamentos dos gestores das sociedades comerciais, mas também protegendo activamente os trabalhadores que denunciarem crimes ou irregularidades verificados nas empresas em que trabalhem[11].

---

[5] *"Whistle-blowing in the United Kingdom"*, artigo de Arpita Saha, disponível em http://ssrn.com/abstract=1106544.
[6] Kirstine Drew, *"Whistleblowing and Corruption – An initial and comparative review"*, Janeiro de 2003, consultável em http://www.psiru.org/reports/2002-08-C-whistle.doc.
[7] Lei 31 U.S.C. §§ 3729-3733, de 2 de Março de 1863, também designado por *"Lincoln Law"*.
[8] Para saber mais sobre o *False Claims Act*, pode ser consultado o sítio de internet do The False Claims Act Legal Center em www.taf.org.
[9] Para saber mais sobre os antecedentes do PIDA, consultar Arpita Saha, artigo citado, ou o sítio de internet do Public Concern at Work em http://www.pcaw.co.uk/law/pida.htm#introduction.

[10] Sarbanes-Oxley Act de 2002, Public Law 107-204, de 30 de Julho de 2002, consultável em http://www.gpo.gov/fdsys/pkg/PLAW-107publ204/pdf/PLAW-107publ204.pdf; descrevendo-se como uma "Lei para protecção dos investidores por meio da promoção da correcção e fiabilidade da divulgação de informações societárias ao abrigo das leis do mercado e para outros fins".
[11] No caso Enron, foi a actuação de Sherron Watkins, técnica oficial de contas e à data Vice-Presidente da empresa, que ajudou a revelar, primeiro internamente e depois às autoridades, as irregularidades contabilísticas que se praticavam naquela sociedade. O mesmo sucedeu no caso WorldCom com Cynthia Cooper, também ela técnica oficial de contas e à data Vice-Presidente desta empresa com o pelouro da auditoria interna.

2. Enquadramento legal

14 O tema das comunicações de irregularidades é pela primeira vez tratado na legislação portuguesa com a alteração de 2006 ao Código das Sociedades Comerciais[12].

15 Expressamente sobre o tema, dispõe de forma sucinta o artigo 420.º, n.º 1, j), do CSC, que compete ao fiscal único ou ao conselho fiscal *"receber as comunicações de irregularidades apresentadas por accionistas, colaboradores da sociedade ou outros"*. Igual competência é cometida à Comissão de Auditoria (no âmbito do modelo de governo anglo-saxónico) e ao Conselho Geral e de Supervisão (no âmbito do modelo de governo dualista), por intermédio dos artigos 423.º-F, j), e 441.º, j), respectivamente.

16 Em correlação com a comunicação de irregularidades, dispõe ainda o artigo 422.º, n.º 1, d) e e), do CSC, que o fiscal único, o revisor oficial de contas e os membros do conselho fiscal têm o dever de *"dar conhecimento à administração das verificações, fiscalizações e diligências que tenham feito e do resultado das mesmas"* e ainda de *"informar, na primeira assembleia geral que se realize, de todas as irregularidades e inexactidões por eles verificadas, e bem assim se obtiveram os esclarecimentos de que necessitaram para o desempenho das suas funções"*. Adicionalmente, têm ainda o dever, nos termos da alínea f) do n.º 1 do referido artigo, de *"registar por escrito todas as verificações, fiscalizações, denúncias recebidas e diligências que tenham sido efectuadas e o resultado das mesmas"*, e, bem assim, nos termos do n.º 3 do mesmo artigo 422.º do CSC, de *"participar ao Ministério Público os factos delituosos de que tenham tomado conhecimento e que constituam crimes públicos"*.

17 Curiosamente, o legislador apenas cometeu aos membros da Comissão de Auditoria o dever de registar por escrito as denúncias recebidas e ao Presidente daquela comissão o dever de participação ao Ministério Público dos factos delituosos de que tenha tomado conhecimento (artigo 423.º-G n.º 1, e), e n.º 3, do CSC)[13].

18 Mais curiosamente ainda, nenhuma daquelas competências atribuídas ao Conselho Fiscal é cometida ao Conselho Geral e de Supervisão[14].

19 Quer isto dizer que os membros do Conselho Fiscal têm mais deveres que os membros do órgão de fiscalização nos outros dois modelos de governação? Ou que os membros da Comissão de Auditoria e do Conselho Geral e de Supervisão estarão inibidos de proceder da forma descrita para os membros do Conselho Fiscal?

20 Parece-nos que a resposta tem de ser negativa a ambas as questões. As razões para este entendimento negativo são várias.

21 Antes de mais, não obstante algumas especificidades de competência de cada órgão de fiscalização no âmbito do respectivo modelo de governação, axiologicamente o núcleo das atribuições e de poderes-deveres com ele conexos dos órgãos de fiscalização nos três modelos de governação é estruturalmente idêntico.

---

[12] Decreto-Lei n.º 76-A/2006, de 29 de Março, que alterou, entre muitos outros, o artigo 420.º do CSC.

[13] Sobre esta diferenciação funcional entre o Conselho Fiscal e a Comissão de Auditoria, argumenta o Prof. António Menezes Cordeiro no Código das Sociedades Comerciais Anotado que *"Não se inclui o dever do 422.º/1, e): informar a assembleia geral de irregularidades e inexactidões e das reparações que tenham obtido. Isso deverá ser feito através do próprio CA e do seu presidente: a vantagem do modelo anglo-saxónico está, precisamente, numa maior coesão e na auto-contenção."* – in *Código das Sociedades Comerciais Anotado*, anotação do Prof. António Menezes Cordeiro ao artigo 423.º-G, nota 3, Almedina, 2.ª Edição, 2011.

[14] O Prof. Armando Manuel Triunfante entende que o Conselho Geral e de Supervisão deverá, por analogia com o disposto nos artigos 422.º, n.º 1, f), e 423.º-G, n.º 1, e), do CSC, registar por escrito as denúncias recebidas; in *Código das Sociedades Comerciais – Anotado*, anotação ao artigo 441.º, pág. 484, Coimbra Editora, 2007.

A primeira atribuição de qualquer um destes órgãos de fiscalização é a de fiscalizar a administração da sociedade e a segunda a de vigiar pela observância da lei e do contrato de sociedade[15].

Em segundo lugar, como vimos, a todos os órgãos de fiscalização, sem excepção, é atribuída a competência para receber as comunicações de irregularidades apresentadas por quaisquer pessoas (este sim, ponto fundamental e prévio sem o qual qualquer poder poderá ser exercido).

Por último, os membros da Comissão de Auditoria e do Conselho Geral e de Supervisão não estão, obviamente, inibidos de, no cumprimento das suas funções, contactar, comunicar ou participar em reuniões do Conselho de Administração ou da Assembleia Geral[16]. Antes pelo contrário, não muito diferentemente do que sucede com os membros do Conselho Fiscal, os membros da Comissão de Auditoria têm o dever de participar nas reuniões do Conselho de Administração[17] e aos membros do Conselho Geral e de Supervisão compete representar a sociedade nas relações com os administradores. Adicionalmente, dispõe genericamente o artigo 379.º, n.º 4, do CSC, que os membros dos órgãos de fiscalização devem estar presentes nas reuniões de Assembleia Geral (não faz referência aos membros da Comissão de Auditoria pela desnecessidade decorrente do facto de sendo administradores deverem igualmente e por inerência estar presentes nessas reuniões).

Em face do exposto supra, é nossa interpretação de que a diferença de deveres estatuídos para os membros dos distintos órgãos de fiscalização resulta sobretudo (e infelizmente) mais de uma deficiente técnica legislativa do que uma qualquer opção verdadeiramente esclarecida de diferenciação funcional negativa dos membros da Comissão de Auditoria e do Conselho Geral e de Supervisão relativamente aos membros do Conselho Fiscal. Lamentavelmente, o CSC, à semelhança de muitíssimos outros diplomas legais, está repleto de esquecimentos e soluções incongruentes ou incompreensíveis.

Parece-nos que admitir ou interpretar o contrário seria amputar a Comissão de Auditoria e, sobretudo, o Conselho Geral e de Supervisão de uma parte importante do que é a raiz axiológica e a densificação funcional destes órgãos fiscalizadores e supervisores.

O poder dos órgãos de fiscalização para dar andamento e realizar as diligências de averiguação que se mostrem devidas em face das denúncias recebidas é inata e decorrente directamente e em primeira linha da sua competência de fiscalização da administração e de vigilância pela observância da lei e do contrato de sociedade e apenas secundariamente da competência de recebimento das comunicações de irregularidades. Mas mais do que um poder, é um verdadeiro poder-dever. Quer isto dizer que mesmo que esse "dever" não estivesse expressamente consagrado no artigo 422.º, n.º 1, f), do CSC, para o Conselho Fiscal, e no artigo 423.º-G, n.º 1, e), do CSC, para a Comissão de Auditoria (como não está para o Conselho Geral e de Supervisão), sempre se deveria entender como uma decorrência da densificação das competências de fiscalização e de recebimento das denúncias atribuídas àqueles três órgãos[18], sob pena de esta última se mostrar destituída de propósito. Entendemos, por

---

[15] Artigos 420.º, n.º 1, a) e b), 423.º-F, a) e b), e 441.º, n.º 1, d) e e), do CSC.
[16] Órgão social do qual emana a legitimidade dos membros dos órgãos de fiscalização e a quem devem prestar contas da respectiva actividade.
[17] O que decorre do respectivo estatuto de administradores, pelo que o legislador se poderia dispensar de o reproduzir no artigo 423.º-G, n.º 1, alínea b), do CSC.

[18] Não sendo questão que aqui mereça tratamento desenvolvido, é inelutável que na estruturação jus-societária os poderes ou deveres dos diferentes órgãos da sociedade são necessariamente acessórios das competências que a lei lhes atribui e nunca o contrário.

isso, que inexiste lacuna a preencher, o que, desde logo, dispensa o esforço de integração da mesma por analogia[19].

28   Interpretar o inverso seria reduzir os órgãos de fiscalização a meras "caixas-postais" de denúncias de irregularidades, o que, manifestamente, não é condicente com o espírito legislativo que conduziu à estruturação axiológica daqueles órgãos e das competências aos mesmos atribuídos.

29   Em face da competência estabelecida aos órgãos de fiscalização, outra questão interessante é saber quem tem poderes para aprovar uma eventual política de comunicação de irregularidades na sociedade. Sendo este eminentemente um acto de gestão ou "executivo" e na ausência de norma atributiva de competência aos órgãos de fiscalização, a mesma é do Conselho de Administração, podendo ser delegada na Comissão Executiva[20]. Não obstante, sendo o sistema de comunicação de irregularidades aplicado pelos órgãos de fiscalização, manda o bom-senso que na estruturação do mesmo estes sejam auscultados (embora sem qualquer carácter vinculativo).

30   Sobre o tema de comunicações de irregularidades e como decorrência lógica da existência das recomendações, a CMVM publicou o seu regulamento n.º 1/2010, de 7 de Janeiro[21], definindo no ponto II.35. do anexo I ao referido regulamento que a sociedade deve prestar *"informação sobre a política de comunicação de irregularidades adoptada"*.

31   Este dever de prestação de informação não pode ser tido como uma imposição de criar e manter tal política. Esta não obrigatoriedade decorre do facto de o anexo apenas se destinar a estruturar o relatório de governo da sociedade e não ser impositivo quanto à efectiva existência dos mecanismos em concreto. Ademais, o CGS funciona de acordo com o princípio de *"comply or explain"*, ou seja, apenas se impõe que caso as recomendações não sejam adoptadas, o emitente explique porquê não adoptou as mesmas.

32   Ora, no caso concreto desta recomendação, nada impede a sociedade de explicitar que não tem vigente qualquer sistema de comunicação de irregularidades e as razões que subjazem a esse sentimento de desnecessidade ou à inexistência, cabendo aos investidores e ao mercado avaliar essa lacuna e a relevância da mesma.

33   Em qualquer caso, a inexistência de um sistema de comunicação e tratamento de irregularidades não exime os membros do órgão de fiscalização da sociedade do cumprimento do dever de receber as denúncias e de dar andamento às mesmas, porquanto esse é um dever decorrente da lei e o seu cumprimento não está sujeito ao estabelecimento de qualquer estrutura de reporte.

---

[19] Reconhece-se, todavia, que a consagração no artigo 441.º-A do CSC de um normativo que apenas prescreve ao Conselho Geral e de Supervisão um dever de segredo, omitindo outros estatuídos para o Conselho Fiscal e para a Comissão de Auditoria poderá permitir sustentar interpretações e opiniões contrárias às que aqui veiculamos, as quais, reafirme-se, não se subscrevem. Em todo o caso, estamos sempre a discutir a questão da existência ou não de um "dever" dos membros do órgão, não sendo, parece-nos, que a existência do "poder" para praticar aqueles actos possa ser objecto de divergência doutrinária.

[20] Diga-se, aliás, que a única capacidade executiva e de vinculação da sociedade que o CSC reconhece aos órgãos de fiscalização é o poder de contratar a prestação de serviços de peritos que coadjuvem os respectivos membros no exercício de funções, sendo a sociedade efectivamente representada pelo órgão de fiscalização nessa contratação (artigo 421.º, n.º 5; artigo 443.º, n.º 2) (excepção feita para a capacidade de o Conselho Geral e de Supervisão poder requerer actos de registo comercial relativos aos seus próprios membros – artigo 443.º, n.º 3, do CSC).

[21] Que revogou o Regulamento da CMVM n.º 1/2007, de 21 de Setembro. Regulamento n.º 1/2010 consultável em http://www.cmvm.pt/CMVM/Legislacao_Regulamentos/Regulamentos/2010/Documents/Regulamento12010GovernodasSociedadesCotadas1.pdf

Não pode, aliás, ser olvidado que os membros dos órgãos de fiscalização, à semelhança dos demais membros dos órgãos sociais, respondem pelos danos que directamente causarem no exercício das suas funções (seja por acção ou por omissão)[22].

3. Análise crítica
O racional subjacente à recomendação é facilmente enunciável e compreensível.

As sociedades comerciais desempenham um papel fundamental no desenvolvimento de qualquer sistema económico e constituem um complexo centro de confluência de interesses que importa que esteja adequadamente estruturado e disciplinado. Apenas dessa forma será possível às empresas criar riqueza e desenvolvimento, gerar retorno para os accionistas e outros investidores e realizar contributos socialmente relevantes.

Ora, nada disto funciona sem um estrito cumprimento das normas vigentes e de uma permanente atitude de fidelidade aos princípios éticos e ao Direito[23] (mesmo que por vezes, como sabemos, o Direito tenha grandes dificuldades em compreender as realidades e necessidades empresariais).

Sabemos, porém, que os membros dos Conselhos de Administração estão sujeitos a grandes pressões, tentando equilibrar de forma difícil a actuação em prol do crescimento da sociedade (a sua obrigação primordial[24]) com os interesses dos accionistas e dos demais sujeitos que interagem com a sociedade. Por vezes, sob essa pressão, os administradores ou outras pessoas com responsabilidade directiva na sociedade acabam por tratar com menos zelo situações que careceriam de maior atenção e responsabilidade. É exactamente para salvaguarda dos legítimos interesses da sociedade e dos accionistas e demais sujeitos que em redor daquela orbitam que foi sentida a necessidade de criar a figura do fiscalizador. Alguém que actuando próximo da administração possa, com um olhar independente, supervisionar a observância da lei e fiscalizar as opções da administração.

Não podemos, porém, esquecer que mesmo os membros dos órgãos de fiscalização não têm acesso a toda a informação ou o controlo de todas as situações que ocorrem numa realidade crescentemente complexa como uma sociedade comercial.

Nessa medida, o fomento de uma política de abertura e de acolhimento de denúncias de irregularidades é um sinal de favorecimento de uma permanente atitude de responsabilidade e, conforme enunciado acima, de exaltação da fidelidade aos princípios éticos que devem nortear a conduta de todas as pessoas, sejam elas físicas ou jurídicas.

A estruturação e implementação de uma política e de mecanismos de comunicação de irregularidades é o sinalizar pela sociedade dessa atitude de estrito cumprimento das normas vigentes e o reconhecimento de que todos os agentes são importantes para que a sociedade dê adequado cumprimento a esse desiderato.

Dentro deste espírito, a recomendação cumpre adequadamente o propósito a que se destina, estabelecendo que a sociedade deve adoptar uma política de comunicação de irregularidades, indicar os meios pelos quais as denúncias podem ser efectuadas e como serão tratadas.

Embora a recomendação mantenha exactamente o mesmo texto desde 2005 até à presente data, parece-nos que a reforma legislativa do CSC em 2006 implicou uma abertura nos fins a que a recomendação se destinou primordialmente.

---

[22] Artigo 81.º (e anteriores por remissão deste) do CSC.
[23] Como bem salienta CELINA CARRIGY: "..., manter a credibilidade nas empresas é uma matéria de interesse público.", artigo citado.
[24] Artigo 64.º, n.º 1, alínea b), do CSC.

44   Na verdade, conforme se pode ler na interpretação autêntica da CMVM à recomendação, a mesma pretende "estimular as comunicações internas de práticas irregulares de forma a prevenir ou reprimir irregularidades quanto antes, evitando danos agravados pela continuidade da prática irregular. O conhecimento dos meios e dos procedimentos em vigor na empresa, descritos na política de comunicação, facilitarão a utilização adequada destes expedientes por parte do colaborador."[25]

45   Nesta interpretação da própria recomendação pela CMVM, a tónica é colocada no fomento das comunicações internas, pelos colaboradores, no que é uma concepção mais clássica do whistleblowing.

46   Ao invés, as alterações introduzidas aos artigos 420.º, 423.º-F e 441.º do CSC em 2006 (poucos meses depois) vêm cometer aos órgãos de fiscalização a competência de receber as comunicações de irregularidades apresentadas por "accionistas, colaboradores da sociedade ou outros", fazendo referência expressa a denúncias internas e externas[26].

47   Neste particular ainda, não nos parece inocente que se tenha optado pela sinalização dos accionistas e colaboradores (e em último, os outros) em detrimento do uso de uma expressão equivalente (como, por exemplo, "apresentadas por qualquer pessoa ou entidade"). Somos da opinião de que a discriminação dos accionistas e dos colaboradores recolhe influência na hierarquização destes mesmos sujeitos no artigo 64.º, n.º 1, b), do CSC, no que respeita aos deveres de lealdade dos administradores da sociedade[27].

48   Isto não quer dizer que os órgãos de fiscalização devam hierarquizar por grau de importância as denúncias recebidas da parte de accionistas, dos trabalhadores e, por fim, de terceiros. Não podem e não devem fazê-lo. Em todo o caso, a distinção dos accionistas e colaboradores da sociedade reforça o imperativo moral que impende sobre aqueles sujeitos que poderão, com maior facilidade, ter acesso a informação sobre eventuais irregularidades, no sentido de que a transmitam ao órgão de fiscalização.

49   Embora a recomendação não se pronuncie sobre a tramitação subsequente à comunicação de uma irregularidade, tudo deve ser tramitado como de um "processo" se tratasse.

50   À denúncia deverá ser atribuído um número de processo e subsequentemente deverá seguir-se um período de instrução e recolha de elementos que poderá ser realizado directamente pelos membros dos órgãos de fiscalização ou por uma equipa sob a supervisão destes.

51   No âmbito deste processo "instrutório" a equipa de fiscalização deverá ter acesso a todos os elementos que considere necessários e, bem assim, a auscultar todas as pessoas com pertinência para a aclaração e esclarecimento da situação[28].

52   Das averiguações efectuadas deverá resultar um relatório e a formulação de recomendações sobre as medidas a aplicar para corrigir a situação ou sobre o encaminhamento da denúncia para outro foro, designadamente judicial. Este relatório deverá ser objecto de concordância por parte do órgão de fiscalização por forma a poder ser encaminhado ao Conselho de Administração da sociedade.

---

[25] Anotação da própria CMVM à recomendação 10-A nas recomendações de 2005.

[26] Sobre a classificação dos tipos de denúncia, ver CELINA CARRIGY, artigo citado.

[27] A norma define que os administradores devem observar deveres de lealdade, no interesse da sociedade, atendendo aos interesses de longo prazo dos sócios e ponderando os interesses dos outros sujeitos relevantes para a sustentabilidade da sociedade, tais como os seus trabalhadores, clientes e credores.

[28] Tendo em atenção o cumprimento dos deveres de confidencialidade a que estão adstritos – artigos 422.º, n.º 1, c); 423.º-G, n.º 1, d); 441.º-A; todos do CSC.

Na verdade, não obstante a competência para recebimento das denúncias e instrução do processo caber ao órgão de fiscalização, este não tem depois quaisquer competências e poderes de carácter executivo que lhe permitam adoptar medidas correctivas. Essa competência é, naturalmente, do órgão executivo da sociedade.

Conforme referido supra, aos membros do órgão de fiscalização apenas incumbe o poder-dever de informar os órgãos de investigação criminal caso os factos apurados constituam um crime.

Embora não seja matéria objecto do relatório do governo das sociedades, o número de denúncias recebidas e a avaliação global do desempenho do sistema de recebimento e encaminhamento de irregularidades deve ser objecto do relatório anual sobre a acção fiscalizadora a elaborar pelo órgão de fiscalização[29-30].

4. Recomendações e práticas internacionais

A comunicação de irregularidades tem merecido alguma atenção em outros códigos de governo das sociedades, a que não é alheio o facto de o *whistleblowing* ter contribuído de forma decisiva para a descoberta de importantes irregularidades em grandes sociedades comerciais nos Estados Unidos da América e na Europa.

Para além da inevitável SOX, cumpre destacar as regras nos seguintes códigos:

OCDE – *Os Princípios da OCDE sobre o Governo das Sociedades*[31]
Recomendação IV. E.
"Os sujeitos com interesses relevantes, incluindo os trabalhadores e seus órgãos representativos, devem poder comunicar livremente as suas preocupações sobre práticas ilegais ou contrárias aos princípios de ética ao órgão de administração, não devendo os seus direitos ser prejudicados por este facto."

IBGC – *Código das Melhores Práticas de Governança Corporativa*[32]
Recomendação 6.1 Código de Conduta
"Alem do respeito as leis do pais, toda organização deve ter um Código de Conduta que comprometa administradores e funcionários. O documento deve ser elaborado pela diretoria de acordo com os princípios e politicas definidos pelo Conselho de Administração e por este aprovados. O Código de Conduta deve também definir responsabilidades sociais e ambientais.

O código deve refletir adequadamente a cultura da empresa e enunciar, com total clareza, os princípios em que esta fundamentado. Deve ainda apresentar caminhos para denuncias ou resolução de dilemas de ordem ética (canal de denuncias, ombudsman)."

Recomendação 6.7 Política de combate a atos ilícitos
"A organização deve estabelecer uma politica com os conceitos e as diretrizes para a prevenção e o combate a atos ilícitos."

---

[29] Previsto nos artigos 420.º, n.º 1, alínea g), 423.º-F, alínea g), 441.º, alínea q), todos do CSC.
[30] Sobre o conteúdo dos relatórios anuais dos órgãos fiscalizadores ver comentário às recomendações II.4.2. e II.4.3., de Rui Oliveira Neves.
[31] Consultável em http://www.oecd.org/dataoecd/1/42/33931148.pdf; a respeito das funções de fiscalização do órgão de administração, na explicação à recomendação VI.D.6, explica o código que: *"No desempenho das suas funções de supervisão, é importante que o órgão de administração encoraje a comunicação de comportamentos ilegais ou contrários aos princípios de ética sem receio de represálias. A existência de um código de ética na empresa deve apoiar este processo, que deve ser complementado pela protecção jurídica das pessoas envolvidas."*
[32] Código de 2009, consultável em http://www.ibgc.org.br/CodigoMelhoresPraticas.aspx.

59 **5. Grau de cumprimento**
Sobre o grau de cumprimento desta recomendação, a CMVM no seu relatório de 2009[33] indica que 34 sociedades (nas quais se incluem 9 das 10 empresas do modelo anglo-saxónico e as duas do modelo dualista, 19 empresas do PSI 20 e 4 do sector financeiro) afirmam ter uma política de comunicação de irregularidades que ocorram no seu seio[34]. Com excepção de uma sociedade, nas outras 33 essa política e a sua descrição são divulgadas internamente na sociedade.

---

[33] *Relatório Anual sobre o Governo das Sociedades Cotadas em Portugal – 2009*, disponível em http://www.cmvm.pt/CMVM/Estudos/Em%20Arquivo/Pages/20091516a.aspx#ii.3.

[34] De referir que o número total de sociedades abertas objecto deste estudo da CMVM foi de 47.

2.1.5. REMUNERAÇÃO

II.1.5.1. A remuneração dos membros do órgão de administração deve ser estruturada de forma a permitir o alinhamento dos interesses daqueles com os interesses de longo prazo da sociedade, basear-se em avaliação de desempenho e desincentivar a assunção excessiva de riscos. Para este efeito, as remunerações devem ser estruturadas, nomeadamente, da seguinte forma:

i) A remuneração dos administradores que exerçam funções executivas deve integrar uma componente variável cuja determinação dependa de uma avaliação de desempenho, realizada pelos órgãos competentes da sociedade, de acordo com critérios mensuráveis pré-determinados, que considere o real crescimento da empresa e a riqueza efectivamente criada para os accionistas, a sua sustentabilidade a longo prazo e os riscos assumidos, bem como o cumprimento das regras aplicáveis à actividade da empresa.

ii) A componente variável da remuneração deve ser globalmente razoável em relação à componente fixa da remuneração, e devem ser fixados limites máximos para todas as componentes.

iii) Uma parte significativa da remuneração variável deve ser diferida por um período não inferior a três anos, e o seu pagamento deve ficar dependente da continuação do desempenho positivo da sociedade ao longo desse período.

iv) Os membros do órgão de administração não devem celebrar contratos, quer com a sociedade, quer com terceiros, que tenham por efeito mitigar o risco inerente à variabilidade da remuneração que lhes for fixada pela sociedade.

v) Até ao termo do seu mandato, devem os administradores executivos manter as acções da sociedade a que tenham acedido por força de esquemas de remuneração variável, até ao limite de duas vezes o valor da remuneração total anual, com excepção daquelas que necessitem ser alienadas com vista ao pagamento de impostos resultantes do benefício dessas mesmas acções.

vi) Quando a remuneração variável compreender a atribuição de opções, o início do período de exercício deve ser diferido por um prazo não inferior a três anos.

vii) Devem ser estabelecidos os instrumentos jurídicos adequados para que a compensação estabelecida para qualquer forma de destituição sem justa causa de administrador não seja paga se a destituição ou cessação por acordo é devida a desadequado desempenho do administrador.

viii) **A remuneração dos membros não executivos do órgão de administração não deverá incluir nenhuma componente cujo valor dependa do desempenho ou do valor da sociedade.**

Bibliografia: BEBCHUK, LUCIAN A./HOLGER SPAMANN, *Regulating Bankers' Pay*, Georgetown Law Journal, Vol. 98, n.º 2, 247-287, (2010); PAULO CÂMARA, *El* Say on Pay *Português*, Revista de Derecho de Mercado de Valores n.º 6 (2010), 83-96; Id, *Conflito de Interesses no Direito Societário e Financeiro*, (2010); Id., *Say on Pay: O dever de apreciação da política remuneratória pela assembleia geral*, Revista de Concorrência e Regulação n.º 2 (2010), 321-344; Id., *Crise Financeira e Regulação*, Revista da Ordem dos Advogados (2009), 720-721; Id., *A Comissão de Remunerações*, RDS n.º 1 (2011), 9-52; JOÃO SOUSA GIÃO, *Conflitos de Interesses entre Administradores e Accionistas na Sociedade Anónima: os Negócios com a Sociedade e a Remuneração dos Administradores*, em *Conflito de Interesses no Direito Societário e Financeiro. Um Balanço a partir da Crise Financeira*, Coimbra, (2010), 268-291; MICHAEL H. KRAMARSCH/DIRK FILBERT, *Erfolgsabhängige Vergütung Im Bankgeschäft*, em KLAUS HOPT/GOTTFRIED WOHLMANNSTETTER, *Handbuch Corporate Governance Von Banken*, München (2011) 493-514; RITA GOMES PINHEIRO, *A Política de Remuneração dos Administradores nas Sociedades Anónimas*, dissertação de mestrado, Lisboa, UCP, (2010).

Índice

I - Enquadramento ... 1
1. Antecedentes ... 1
2. Fontes legais e comunitárias relacionadas ... 4

II - Variabilidade da remuneração ... 6
3. Razão de ordem; o alinhamento da estrutura de remuneração com os interesses de longo prazo dos accionistas ... 6

III - Técnicas de alinhamento da estrutura de remuneração com os interesses de longo prazo dos accionistas ... 8
4. O diferimento de parte da remuneração variável ... 8
5. As compensações por destituição com base em justa causa (golden parachutes) ... 10
6. Remuneração dos administradores não executivos ... 11

I - Enquadramento

1. Antecedentes

1 A intervenção do Código de Governo das Sociedades na área da estrutura da política remuneratória tem sido gradual.

O tema não ocupava as Recomendações de 1999. Nas Recomendações de 2001, preconizou-se a desejabilidade que *uma parte da remuneração dos membros do órgão de administração, em particular dos que exercem funções de gestão corrente, dependa dos resultados da sociedade* – o que, segundo a explicação oficial ao texto recomendatório, se destinava a *aproximar os interesses dos membros do órgão de administração dos interesses dos accionistas da sociedade*[1].

2 Em 2003, a formulação recomendatória foi ampliada de modo a resultar que "*A remuneração dos membros do órgão de administração deve ser estruturada por forma a permitir o alinhamento dos interesses daqueles com os interesses da sociedade*". Passou-se identicamente a recomendar que a remuneração seja objecto de divulgação anual em termos individuais. Tal abordagem foi mantida na versão de 2005 do Código de Governo das Sociedades.

---

[1] CCG (1999), Recomendação n.º 12.

O maior salto na densificação desta matéria deu-se com a versão de 2007 do Código 3
de Governo das Sociedades. Aí se dispunha, na recomendação II.1.5.1, que: *A remuneração dos membros do órgão de administração deve ser estruturada de forma a permitir o alinhamento dos interesses daqueles com os interesses da sociedade. Neste contexto: i) a remuneração dos administradores que exerçam funções executivas deve integrar uma componente baseada no desempenho, devendo tomar por isso em consideração a avaliação de desempenho realizada periodicamente pelo órgão ou comissão competentes; ii) a componente variável deve ser consistente com a maximização do desempenho de longo prazo da empresa e dependente da sustentabilidade das variáveis de desempenho adoptadas; iii) quando tal não resulte directamente de imposição legal, a remuneração dos membros não executivos do órgão de administração deve ser exclusivamente constituída por uma quantia fixa.* A versão actual mantém esta tendência de progressiva densificação do enunciado, dando corpo à recomendação mais extensa de todo o Código.

Refira-se, de todo o modo, que a evolução desta recomendação tem agravado a multiplicidade de indicações que inclui (oito, na redacção actual). Esta técnica redaccional dificulta o escrutínio sobre o grau de acolhimento, quer pelas empresas, quer pelos investidores.

2. Fontes legais e comunitárias relacionadas 4

O CSC fixa no art. 399.º, n.º 2 a permissão de remuneração variável dos administradores, o que se aplica às sociedades co modelo dualista através do art. 429.º. São estabelecidos dois requisitos para que seja estabelecida uma variabilidade de remuneração: de um lado, a percentagem máxima de lucros de exercício destinada aos administradores deve ser autorizada por cláusula do contrato de sociedade; de outro lado, não podem ser distribuídas aos administradores reservas nem qualquer parte do lucro do exercício que não pudesse, por lei, ser distribuída aos accionistas.

A Lei n.º 28/2009, de 19 de Junho, por seu turno, obriga a que a declaração relativa à política de remunerações inclua uma descrição dos mecanismos que permitam o alinhamento dos interesses dos membros do órgão de administração com os interesses da sociedade.

Em termos infra-legislativos, o Regulamento da CMVM n.º 1/2010 vem aditar diversas prescrições informativas relacionadas com a remuneração, seja no seu art. 4.º, seja no Anexo que serve de padrão ao relatório anual de governação.

No enquadramento comunitário, refira-se a Recomendação n.º 2004/913/CE, sobre o papel dos administradores não executivos – complementada pela Recomendação 2005/162/CE, de 15 de Fevereiro de 2005 e a Recomendação 2009/3159, de 30 de Abril de 2009 sobre remuneração de administradores de sociedades cotadas e pela Recomendação 2009/3177, de 30 de Abril de 2009, sobre remunerações do sector financeiro. Na área financeira, merece salientar a Directiva 2010/76/EU do Parlamento Europeu e do Conselho, de 24 de Novembro de 2010, e a Directiva sobre gestão dos fundos alternativos, ambas dirigidas a obrigar à adopção de políticas de remuneração sãs, sob controlo da autoridade de supervisão. Aquele diploma mereceu, por seu turno, desenvolvimento através de um extenso texto interpretativo preparado pelo *Commmittee of European Banking Supervisors* (CEBS) (antecessor da actual *European Banking Authority* (EBA))[2].

---

[2] CEBS, *Guidelines On Remuneration Policies And Practices* (2010), disponível em http://www.eba.europa. eu/cebs/media/publications/standards%20and%20 guidelines/2010/remuneration/guidelines.pdf. Sobre a remuneração na área da banca, refira-se em particular MICHAEL H. KRAMARSCH/DIRK FILBERT, *Erfolgsabhängige Vergütung im Bankgeschäft*, em KLAUS HOPT/GOTTFRIED WOHLMANNSTETTER, *Handbuch Corporate Governance von Banken*, München (2011) 493-514; BEBCHUK, LUCIAN A./HOLGER SPAMANN, *Regulating Bankers' Pay*, Georgetown Law Journal, Vol. 98, No. 2, p. 247-287, (2010).

5   No plano recomendatório, há indicações paralelas constantes da Carta Circular n.º 2/10/DSBDR do Banco de Portugal e da Circular n.º 6/2010 do ISP – dirigidas respectivamente às sociedades cotadas, às instituições de crédito e sociedades financeiras gestoras discricionárias de activos e às empresas de seguros e de resseguros e sociedades gestoras de fundos de pensões.

II – Variabilidade da remuneração

3. Razão de ordem; o alinhamento da estrutura de remuneração com os interesses de longo prazo dos accionistas

6   O Código não interfere com a composição quantitativa da remuneração de membros do órgão de administração; limita-se a fornecer indicações sobre aspectos qualitativos atinentes à sua estrutura da política remuneratória.

Um dos aspectos mais relevantes prende-se com o alinhamento da estrutura da política remuneratória com os interesses que vinculam os titulares dos órgãos sociais, isto é, os interesses de longo prazo dos accionistas (art. 64.º, n.º 1 CSC). Na recente legislação bancária, é explicitamente referido que *a política de remuneração deve ser compatível com a estratégia empresarial e os objectivos, valores e interesses a longo prazo da instituição de crédito, e incluir medidas destinadas a evitar conflitos de interesses*[3].

Um dos mecanismos principais a operar o alinhamento de interesses refere-se ao diferimento de pelo menos uma parte da remuneração variável. Tal supõe uma cuidadosa articulação entre retribuição e avaliação anual do desempenho em função dos indicadores pré-definidos (*key performance indicators*). A esta luz, segundo a disciplina das instituições financeiras instituída pela Directiva 2010/76/UE do Parlamento Europeu e do Conselho, de 24 de Novembro de 2010 não são considerados boas práticas: a remuneração variável cujo pagamento independa do cumprimento dos objectivos de desempenho fixados; os pagamentos remuneratórios rigidamente pré-determinados em caso de destituição por desempenho insatisfatório (*golden parachutes*); e a celebração, por cada administrador, de contratos de cobertura relativa às variações do desempenho.

7   Um elemento perturbador no desenho da política remuneratória em consonância com os interesses de longo prazo das sociedades e com os objectivos plurianuais da gestão prende-se com a periodicidade anual de escrutínio accionista da política remuneratória, imposta pela Lei n.º 28/2009. Com efeito, a política remuneratória é usualmente desenhada para o mandato de cada administração, em regra a prolongar-se por um triénio. Ora, a cadência anual de submissão da declaração sobre política remuneratória à assembleia geral acaba por resultar em contradição com a visão plurianual pretendida com a política remuneratória. A antinomia aqui revelada, além de significar um excesso da Lei n.º 28/2009, gera um sistemático embaraço aplicativo por parte das sociedades cotadas e pode contribuir para uma discussão assemblear mais superficial sobre as políticas remuneratórias.

---

[3] Directiva 2010/76/UE do Parlamento Europeu e do Conselho, de 24 de Novembro de 2010.

[4] Cfr. *Introdução*, § 1.º, 4.

III – Técnicas de alinhamento da estrutura de remuneração com os interesses de longo prazo dos accionistas

4. O diferimento de parte da remuneração variável

No âmbito das instituições de crédito e empresas financeiras, revelou-se um endurecimento normativo do tratamento comunitário dos temas remuneratórios através da Directiva 2010/76/EU do Parlamento Europeu e do Conselho, de 24 de Novembro de 2010[4]. Entre diversas implicações – paralelamente desenvolvidas num longo texto interpretativo preparado pelo Commmittee of European Banking Supervisors (antecessor da actual European Banking Authority)[5] –, a Directiva obriga a que as instituições de crédito prevejam o diferimento de uma parte substancial da remuneração variável: 40% por 3-5 anos, ou 60%, se quantia for particularmente elevada)[6].

Semelhantes indicações não devem, porém, ser transpostas integralmente para o domínio geral das sociedades cotadas – que constitui o âmbito aplicativo do Código de Governo –, dado serem enformadas por preocupações relacionadas com a limitação do risco de instituições financeiras.

5. As compensações por destituição com base em justa causa (*golden parachutes*)

Uma das manifestações da condenação de prémios pelo insucesso empresarial (*rewards for failure*) reside na condenação de pagamentos remuneratórios rigidamente pré-determinados em caso de destituição por desempenho insatisfatório (*golden parachutes*).

Estas prestações revelam-se problemáticas se consubstanciam prémios em caso de comprovado insucesso na gestão, o que constitui uma anulação de uma estrutura de incentivos equilibrada e alinhada com os interesses de longo prazo dos accionistas. Estas prestações remuneratórias suscitam ainda implicações relevantes em sede do regime das ofertas públicas de aquisição, na medida em que podem aumentar sensivelmente os custos da tomada de controlo por parte do oferente[7].

6. Remuneração dos administradores não executivos

Nas Recomendações de 2001, a recomendação referente à variabilidade da remuneração atingia igualmente os administradores não executivos.

A este propósito, deve lembrar-se que os administradores não-executivos não fazem parte do órgão de fiscalização no modelo de governo clássico nem integram necessariamente a comissão de auditoria, no modelo anglo-saxónico (já que a lei admite administradores não--executivos neste modelo que não integrem tal comissão). Por isso, não pode condenar-se, de modo absoluto, a variabilidade da remuneração de administradores não executivos; interditada deve apenas ser a fixação da remuneração destes em termos que venha deprimir a sua capacidade de avaliação crítica do desempenho da gestão.

---

[5] CEBS, *Guidelines On Remuneration Policies And Practices* (2010), disponível em http://www.eba.europa.eu/cebs/media/Publications/Standards%20and%20Guidelines/2010/Remuneration/Guidelines.pdf.

[6] Anexo I da Directiva 2010/76/EU do Parlamento Europeu e do Conselho, de 24 de Novembro de 2010, ponto 23 p). Este texto comunitário deve ser transposto para a ordem interna nacional até final de 2011.

[7] Para uma ilustração: LUCIAN A. BEBCHUK/ALMA COHEN/CHARLES C.Y. WANG, *Golden Parachutes and the Wealth of Shareholders*, Harvard Law and Economics Discussion Paper No. 683 (2010), disponível em http://ssrn.com/abstract=1718488.

II.1.5.2. A declaração sobre a política de remunerações dos órgãos de administração e fiscalização a que se refere o artigo 2.º da Lei n.º 28/2009, de 19 de Junho, deve, além do conteúdo ali referido, conter suficiente informação: *i)* **sobre quais os grupos de sociedades cuja política e práticas remuneratórias foram tomadas como elemento comparativo para a fixação da remuneração;** *ii)* **sobre os pagamentos relativos à destituição ou cessação por acordo de funções de administradores.**

Bibliografia: PAULO CÂMARA, *El* Say on Pay *Portugués*, Revista de Derecho de Mercado de Valores n.º 6 (2010), 83-96; Id, *Conflito de Interesses no Direito Societário e Financeiro*, (2010); Id., *Say on Pay: O dever de apreciação da política remuneratória pela assembleia geral*, Revista de Concorrência e Regulação n.º 2 (2010), 321-344; Id., *Crise Financeira e Regulação*, Revista da Ordem dos Advogados (2009), 720-721; Id., *A Comissão de Remunerações*, RDS n.º 1 (2011), 9-52; JOÃO SOUSA GIÃO, *Conflitos de Interesses entre Administradores e Accionistas na Sociedade Anónima: os Negócios com a Sociedade e a Remuneração dos Administradores*, em *Conflito de Interesses no Direito Societário e Financeiro. Um Balanço a partir da Crise Financeira*, Coimbra, (2010), 268-291; RITA GOMES PINHEIRO, *A Política de Remuneração dos Administradores nas Sociedades Anónimas*, dissertação de mestrado, Lisboa, UCP, (2010).

Índice

1. Antecedentes 1
2. Fontes legais e comunitárias relacionadas 3
3. O regime português de *say on pay* 4
4. Extensão recomendatória da informação exigida por fonte legal; crítica 9

1. Antecedentes

As Recomendações de 1999, 2001 e 2003 não dedicavam indicação alguma à apreciação accionista da política de remunerações.

O tratamento do tema foi inaugurado através das Recomendações de 2005, com um texto que dispunha que *"Deve ser submetida à apreciação pela assembleia geral anual de accionistas uma declaração sobre política de remunerações dos órgãos sociais* (8-A)".

Maior desenvolvimento foi conferido através da versão de 2007 do Código, que no seu II.1.5.2, estabelecia que: *A comissão de remunerações e o órgão de administração devem submeter à apreciação pela assembleia geral anual de accionistas de uma declaração sobre a política de remunerações, respectivamente, dos órgãos de administração e fiscalização e dos demais dirigentes na acepção do n.º 3 do artigo 248.º-B do Código dos Valores Mobiliários. Neste contexto, devem, nomeadamente, ser explicitados aos accionistas os critérios e os principais parâmetros propostos para a avaliação do desempenho para determinação da componente variável, quer se trate de prémios em acções, opções de aquisição de acções, bónus anuais ou de outras componentes."*

2. Fontes legais e comunitárias relacionadas

3   Além da Lei n.º 28/2009, de 19 de Junho, cabe ter em conta intervenções sectoriais constantes do Regulamento n.º 1/2010 da CMVM, do Aviso n.º 1/2010 do Banco de Portugal e da Norma Regulamentar n.º 5/2010-R do Instituto de Seguros de Portugal.

3. O regime português de *say on pay*

4   I – O legislador português escolheu uma Lei da Assembleia da República – a Lei n.º 28/2009, de 19 de Junho –, enxertada num diploma sobre disciplina sancionatória financeira, para tratar o tema do dever de aprovação de documento sobre política de remunerações.

Trata-se de uma opção a vários títulos surpreendente. Não há, de um lado, qualquer afinidade de matérias que justifique arrumar sistematicamente esta matéria no âmbito do regime sancionatório do sistema financeiro. A assimilação do tema remuneratório ao das sanções, é inadequada, ao revelar uma pré-compreensão patológica daquela matéria. O gesto legislativo, neste aspecto, é ainda contrário ao intuito de sistematização e ao desejável apuro formal das fontes de governo das sociedades.

Além disso, a fonte formal seleccionada pode ser enganadora, porquanto, quanto ao respectivo âmbito de aplicação, o diploma transcende o sistema financeiro – tocando também sociedades cotadas e empresas públicas de maior dimensão –, como de seguida se comprova.

5   II – O âmbito de aplicação deste regime do dever de apresentação de declaração sobre política remuneratória é bastante amplo. Aplica-se, desde já, a todas as entidades de interesse público. Esta é uma categoria delimitada pelo DL n.º 225/2008, de 20 de Novembro, em que se incluem as seguintes entidades:

- Os emitentes de valores mobiliários admitidos à negociação num mercado regulamentado;
- As instituições de crédito que estejam obrigadas à revisão legal das contas;
- Os fundos de investimento mobiliário e imobiliário;
- As sociedades de capital de risco e os fundos de capital de risco;
- As sociedades de titularização de créditos e os fundos de titularização de créditos;
- As empresas de seguros e de resseguros;
- As sociedades gestoras de participações sociais, quando as participações detidas, directa ou indirectamente, lhes confiram a maioria dos direitos de voto nas instituições de crédito obrigadas à revisão legal de contas;
- As sociedades gestoras de participações sociais no sector dos seguros e as sociedades gestoras de participações mistas de seguros;
- Os fundos de pensões;
- As empresas públicas que, durante dois anos consecutivos, apresentem um volume de negócios superior a € 50 000 000, ou um activo líquido total superior a € 300 000 000.

Além disso, estão ainda cobertas pelo *say on pay* português as sociedades financeiras e as sociedades gestoras de fundos de capital de risco e de fundos de pensões (art. 2.º, n.º 2 da Lei n.º 28/2009, de 19 de Junho).

6   III – A tónica maximalista do regime português revela-se ainda no facto de estarem cobertos, não apenas os membros de órgãos de administração, mas também os membros de órgãos

de fiscalização. As severas limitações legais na conformação da prestação remuneratória dos membros dos órgãos de fiscalização – a qual deve invariavelmente consistir numa quantia fixa[1] – levam a que a extensão do *say on pay* em relação a estes actores societários seja, em larga medida, destituída de sentido.

Em todo o caso, não se obriga que o documento sobre política remuneratória incida sobre os directores de topo (*v.g.* director financeiro e director comercial) ou sobre outros elementos do *staff* societário, tal como o secretário da sociedade.

IV – Importa ter presente que a lei estabelece um verdadeiro e próprio dever de apresentação de documento sobre política de remunerações, em sentido técnico. Este dever, aliás, é reforçado através de um severo sistema contra-ordenacional, fixado no art. 4.º do diploma em referência. O seu incumprimento desencadeará as consequências contra-ordenacionais previstas em cada diploma sectorial, consoante a natureza da sociedade em causa – Regime Geral bancário, Código dos Valores Mobiliários, Lei dos seguros ou Estatuto do Gestor Público. Embora a Lei n.º 28/2009 não o explicite directamente, é de concluir que o mesmo regime de legitimidade para perseguição infraccionatória previstos naqueles diplomas se aplique também em relação ao incumprimento deste dever.

O estabelecimento de um dever de apresentação de documento sobre política de remunerações faz com que o Direito português, neste ponto, seja coincidente com as soluções em vigor na Suécia e na Holanda[2]. Cabe notar que o acolhimento da Recomendação comunitária n.º 2004/913/CE não obrigava a ir tão longe, já que admitia que os Estados Membros estipulassem a emissão de votos accionista apenas quando solicitado por 25% dos votos presentes ou representados em assembleia[3]. Como ilustração, na Alemanha, o esquema foi concebido, não como um dever, mas como uma faculdade consignada à assembleia geral[4].

V – Convém atentar no que, ao certo, é disposto no regime português a este propósito. A lei consagrou um *dever de apresentação* de uma declaração sobre política de remunerações e *não um dever de aprovação* da mesma.

Em lado algum na lei se esclarece que consequência terá um voto negativo relativamente à política. Embora o órgão proponente possa ao longo do ano submeter outro texto à apreciação do colégio dos sócios, não pode concluir-se que este esteja de algum modo obrigado a fazê-lo. O órgão com competência decisória na fixação da remuneração, por seu turno, deve atender ao sentido da deliberação expressa pelos accionistas na assembleia geral. Porém, as políticas de remuneração não concretizam escolhas em termos bipolares, em que a rejeição de uma alternativa implique necessariamente a escolha da hipótese contrária. Um voto negativo emitido em relação a uma declaração sobre remuneração não faculta, assim, por mera inferência lógica, a detecção da orientação remuneratória preferida pelo colégio de accionistas. Por esse motivo, as mais das vezes será difícil retirar de um voto negativo um sentido juridicamente preciso e nesse sentido eficazmente condicionador da actuação daquele órgão com competência decisória.

---

[1] Esta regra é aplicável a todos os modelos de governo: cfr. art. 422.º-A, 423.º-D e 440.º, n.º 3 CSC.
[2] Guido Ferrarini/Niamh Moloney/Maria-Cristina Ungureanu, *Understanding Directors' Pay in Europe: A Comparative and Empirical Analysis*, cit., 39.
[3] Artigo 4.º n.º 2 II da Recomendação 2004/913/CE, de 14 de Dezembro de 2004.
[4] § 120 (4) AktG.

Merece também chamar atenção para o facto de o objecto do dever ser *uma declaração sobre a política de remunerações e não a política de remunerações em si mesma*. Elementos confidenciais relativamente à política de remunerações (que envolvam nomeadamente segredos comerciais ou industriais) podem, assim, ser expurgados de tal documento.

4. Extensão recomendatória da informação exigida por fonte legal; crítica

9   A adição avulsa e infundamentada de recomendações informativas às exigências fixadas por lei por vezes traduz um sobrepeso difícil de entender. É o que sucede com esta recomendação, ao preconizar a divulgação dos *peer groups* tidos como comparação para a fixação de remuneração.

10   O problema é agravado pelo facto de as recomendações informativas serem reflectidas no Anexo ao Regulamento n.º 1/2010, como componente da informação obrigatória a ser prestada pelas sociedades cotadas – deixando por isso pouca margem para um não acolhimento.

II.1.5.3. A declaração sobre a política de remunerações a que se refere o art. 2.º da Lei n.º 28/2009 deve abranger igualmente as remunerações dos dirigentes na acepção do n.º 3 do artigo 248.º-B do Código dos Valores Mobiliários e cuja remuneração contenha uma componente variável importante. A declaração deve ser detalhada e a política apresentada deve ter em conta, nomeadamente, o desempenho de longo prazo da sociedade, o cumprimento das normas aplicáveis à actividade da empresa e a contenção na tomada de riscos.

Bibliografia: PAULO CÂMARA, *El* Say on Pay *Portugués*, Revista de Derecho de Mercado de Valores n.º 6 (2010), 83-96; Id, *Conflito de Interesses no Direito Societário e Financeiro*, (2010); Id., *Say on Pay: O dever de apreciação da política remuneratória pela assembleia geral*, Revista de Concorrência e Regulação n.º 2 (2010), 321-344; Id., *Crise Financeira e Regulação*, Revista da Ordem dos Advogados (2009), 720-721; Id., *A Comissão de Remunerações*, RDS n.º 1 (2011), 9-52; JOÃO SOUSA GIÃO, *Conflitos de Interesses entre Administradores e Accionistas na Sociedade Anónima: os Negócios com a Sociedade e a Remuneração dos Administradores*, em *Conflito de Interesses no Direito Societário e Financeiro. Um Balanço a partir da Crise Financeira*, Coimbra, (2010), 268-291; RITA GOMES PINHEIRO, *A Política de Remuneração dos Administradores nas Sociedades Anónimas*, dissertação de mestrado, Lisboa, UCP, (2010).

Índice

1. Antecedentes 1
2. Fontes legais e comunitárias 2
3. A inclusão de dirigentes no âmbito da política remuneratória 3
4. Conteúdo e natureza da declaração sobre política de remunerações 6

1. Antecedentes

Apenas em 2007 se iniciou a explicitação, por via recomendatória, da extensão do documento sobre política remuneratória a submeter à assembleia geral. Na versão desse ano do Código de Governo das Sociedades, dispunha-se que *A comissão de remunerações e o órgão de administração devem submeter à apreciação pela assembleia geral anual de accionistas de uma declaração sobre a política de remunerações, respectivamente, dos órgãos de administração e fiscalização e dos demais dirigentes na acepção do n.º 3 do artigo 248.º-B do Código dos Valores Mobiliários. Neste contexto, devem, nomeadamente, ser explicitados aos accionistas os critérios e os principais parâmetros propostos para a avaliação do desempenho para determinação da componente variável, quer se trate de prémios em acções, opções de aquisição de acções, bónus anuais ou de outras componentes* (II.1.5.2).

2. Fontes legais e comunitárias

2   Além da Lei n.º 28/2009, de 19 de Junho, cabe ter em conta intervenções sectoriais constantes do Regulamento n.º 1/2010 da CMVM, do Aviso n.º 1/2010 do Banco de Portugal e da Norma Regulamentar n.º 5/2010-R do Instituto de Seguros de Portugal.

3. A inclusão de dirigentes no âmbito da política remuneratória

3   É patente uma tendência em diversos códigos recomendatórios no sentido de que o âmbito destas comissões se alargue à remuneração de quadros dirigentes e altos quadros do staff societário. Como ilustração, o Código britânico recomenda-o[1]. Em adição, o regime das instituições financeiras e seguradoras, mesmo em Portugal, não deixa de incluir no âmbito subjectivo da política de remunerações os colaboradores que auferem remuneração variável e exercem a sua actividade profissional no âmbito de funções de controlo ou de outra que possa ter impacto material no perfil de risco da instituição[2].

4   Tal concepção resulta, muitas vezes, de se partir do modelo de comissão de remunerações constituída a partir do órgão de administração, o que constitui um modelo diferente do que vigora em Portugal. Entre nós, a remuneração dos trabalhadores constitui matéria de gestão, que compete ao órgão de administração (arts. 405.º e 406.º). Aqui cabe igualmente a remuneração dos dirigentes societários, como o demonstra a recomendação II.1.5.2. do Código do Governo das Sociedades[3].

5   Apesar destas diferenças entre o modelo nacional e o encontrado em outros sistemas jurídicos, poderia, ainda assim, ser desejável que a comissão assumisse uma visão mais integrada das pessoas mais influentes nas empresas e abrangesse algumas recomendações dirigidas aos directores de topo. Nesse âmbito, porém, o sentido da intervenção da comissão de remunerações seria recomendatório e não poderia assumir natureza decisória.

4. Conteúdo e natureza da declaração sobre política de remunerações

6   A Lei n.º 28/2009 – reitere-se – consagrou um *dever de apresentação* de uma declaração sobre política de remunerações e *não um dever de aprovação* da mesma.

Merece também chamar atenção para o facto de o objecto do dever ser *uma declaração sobre a política de remunerações e não a política de remunerações em si mesma*. Elementos confidenciais relativamente à política de remunerações (que envolvam nomeadamente segredos comerciais ou industriais) podem, assim, ser expurgados de tal documento.

7   A declaração sobre política de remunerações deve conter informação sobre: os mecanismos que permitam o alinhamento dos interesses dos membros do órgão de administração com os interesses da sociedade; os critérios de definição da componente variável da remuneração; a existência de planos de atribuição de acções ou de opções de aquisição de acções por parte de membros dos órgãos de administração e de fiscalização; a possibilidade de o pagamento da componente variável da remuneração, se existir, ter lugar, no todo ou em parte, após o apuramento das contas de exercício correspondentes a todo o mandato; os mecanismos de

---

[1] FINANCIAL REPORTING COUNCIL, *UK Corporate Governance Code*, (2010), D.2.2. - na linha, aliás, do que era já indicado no Relatório Greenbury, 4.6.

[2] Com variações, entre si, nas fórmulas empregues, reenvia-se para os arts. V.8 da Carta Circular n.º 2/10/DSBDR do Banco de Portugal e arts. V.8-V.9. da Circular n.º 6/2010 do ISP.

[3] Esta Recomendação incumbe ao conselho de administração a apresentação da política de remunerações dos dirigentes.

limitação da remuneração variável, no caso de os resultados evidenciarem uma deterioração relevante do desempenho da empresa no último exercício apurado ou quando esta seja expectável no exercício em curso[4].

Estas indicações informativas obrigam as sociedades a tomar posição sobre os temas elementares no âmbito remuneratório. *A autonomia societária nas escolhas a perfilhar quanto à remuneração, porém, mantém-se intocada.* Não há, por outras palavras, além da exigência informativa de completude, qualquer interferência material no conteúdo da declaração sobre política de remunerações.

A extensão de informação incluída neste documento serve de base para retirar conclusões quanto à respectiva natureza.

No seu todo, trata-se de uma lista mais contida do que a patente no ponto 3 da Recomendação da Comissão Europeia n.º 2004/913/CE, de 14 de Dezembro de 2004.

A partir daqui, parece seguro entender que a política de remunerações se confina ao enunciado dos objectivos das prestações remuneratórias e à explicitação da sua estrutura, em particular na sua componente variável e na relação entre esta e o desempenho da gestão, sem contudo interferir na concreta fixação da prestação remuneratória.

Em Direito, o conceito de *política (policy)* societária é polissémico. Por vezes, aquela é entendida como um acervo descritivo de práticas e procedimentos auto-impostos para atingir um objectivo pré-determinado: assim sucede, *inter alia*, quanto à política de conflito de interesses[5]. Noutras ocasiões, a política condensa um conjunto de deveres jurídicos, contratualmente assumidos – é o que acontece com a política de investimentos no regime dos fundos de investimento ou com a política de execução nas melhores condições (*best execution*), no âmbito da disciplina das ordens de intermediação financeira[6].

A política de remunerações, bem como a declaração que se lhe refira, assumem natureza diversa. Não se trata de um documento descritivo, embora possa também incluir uma componente retrospectiva, mas contém sobretudo um enunciado de intenções e de orientações, para aplicação futura.

Na Alemanha, tornou-se explícito que a deliberação accionista não é fundadora de direitos nem de obrigações[7]. Crê-se que, neste preciso ponto, o mesmo regime vale, em substância, para o Direito português, que concebe o *say on pay*, como notado, como um instrumento de fomento de informação e de discussão entre accionistas, sem que sujeite a política remuneratória a uma aprovação necessária. Por esse motivo, também aqui a política de remunerações não assume natureza contratual, quedando-se os respectivos efeitos limitados à esfera interna da sociedade, ao servir de orientação à concreta fixação da prestação remuneratória, pelo órgão competente.

---

[4] Art. 2.º, n.º 3 da Lei n.º 28/2009.
[5] Paulo Câmara (coord.), *Conflito de Interesses no Direito Societário e Financeiro*, (2010), *passim*.
[6] Paulo Câmara, *Manual de Direito dos Valores Mobiliários*, (2009), 430-432, 835.
[7] Reenvia-se para o § 120 (4) AktG, que igualmente negou a impugnabilidade da deliberação accionista sobre política de remunerações (cfr. a propósito Matthias Döll, *Say on Pay: Ein Blick ins Ausland und auf die neue deutsche Regelung*, ILF 107 (2009)). Próxima – embora mais extensa – é, a este propósito, a formulação do recente norte-americano *Wall Street Reform and Consumer Protection Act* de 2010, que reza o seguinte: *The shareholder vote shall not be binding on the issuer or the board of directors and shall not be construed as overruling a decision by such board, nor to create or imply any additional fiduciary duty by such board, nor shall such vote be construed to restrict or limit the ability of shareholders to make proposals for inclusion in such proxy materials related to executive compensation* (Secção 2002, 1. i)).

II.1.5.4. Deve ser submetida à assembleia geral a proposta relativa à aprovação de planos de atribuição de acções, e/ou de opções de aquisição de acções ou com base nas variações do preço das acções, a membros dos órgãos de administração, fiscalização e demais dirigentes, na acepção do n.º 3 do artigo 248.º-B do Código dos Valores Mobiliários. A proposta deve conter todos os elementos necessários para uma avaliação correcta do plano. A proposta deve ser acompanhada do regulamento do plano ou, caso o mesmo ainda não tenha sido elaborado, das condições a que o mesmo deverá obedecer. Da mesma forma devem ser aprovadas em assembleia geral as principais características do sistema de benefícios de reforma estabelecidos a favor dos membros dos órgãos de administração, fiscalização e demais dirigentes, na acepção do n.º 3 do artigo 248.º-B do Código dos Valores Mobiliários.

Bibliografia: STEPHEN BAINBRIDGE, *The New Corporate Governance in Theory and Practice*, Oxford, (2008); FRANKLIN BALOTTI et al., *Equity Ownership and the Duty of Care: Convergence, Revolution, or Evolution?*, Business Lawyer 55 (2000), 661-677; PAULO CÂMARA, *El* Say on Pay *Português*, Revista de Derecho de Mercado de Valores n.º 6 (2010), 83-96; Id, *Conflito de Interesses no Direito Societário e Financeiro*, (2010); Id., *Say on Pay: O dever de apreciação da política remuneratória pela assembleia geral*, Revista de Concorrência e Regulação n.º 2 (2010), 321-344; Id., *Crise Financeira e Regulação*, Revista da Ordem dos Advogados (2009), 720--721; Id., *A Comissão de Remunerações*, RDS n.º 1 (2011); RITA GOMES PINHEIRO, *A Política de Remuneração dos Administradores nas Sociedades Anónimas*, dissertação de mestrado, Lisboa, UCP, (2010), *passim*.

Índice

I – Enquadramento 1	II – Os planos de *stock options* 5
1. Antecedentes 1	1. A competência para a aprovação 5
2. Fontes legais e comunitárias 3	2. O regime das ofertas públicas 6
	3. Relevo no âmbito do governo societário 7

I – Enquadramento

1. Antecedentes

O tema começou a ser tratado nas Recomendações de 2001, no âmbito da qual se preconizava que *a proposta submetida à assembleia geral relativamente à aprovação de planos de atribuição de acções e/ou de opções de aquisição de acções a membros do órgão de administração e/ou a trabalhadores contenha todos os elementos necessários para uma avaliação correcta do plano. O regulamento do plano, se já estiver disponível, deve acompanhar a proposta.*

Manteve-se a mesma redacção em 2003, e em 2005 esta recomendação foi sujeita a ligeiro aditamento no final, estabelecendo-se que *a proposta deve ser acompanhada do regulamento do plano ou, caso o mesmo ainda não tenha sido elaborado, das condições gerais a que o mesmo deverá obedecer.*

2   A maior reformulação surgiu na versão de 2007 do Código, que em termos mais completos dispunha que "II.1.5.4 Deve ser submetida à assembleia geral a proposta relativa à aprovação de planos de atribuição de acções, e/ou de opções de aquisição de acções ou com base nas variações do preço das acções, a membros dos órgãos de administração, fiscalização e demais dirigentes, na acepção do n.º 3 do artigo 248.º-B do Código dos Valores Mobiliários. A proposta deve conter todos os elementos necessários para uma avaliação correcta do plano. A proposta deve ser acompanhada do regulamento do plano ou, caso o mesmo ainda não tenha sido elaborado, das condições gerais a que o mesmo deverá obedecer. Da mesma forma devem ser aprovadas em assembleia geral as principais características do sistema de benefícios de reforma de que beneficiem os membros dos órgãos de administração, fiscalização e demais dirigentes, na acepção do n.º 3 do artigo 248.º-B do Código dos Valores Mobiliários."

2. Fontes legais e comunitárias

3   O art. 4.º do Regulamento da CMVM n.º 1/2010 determina que as sociedades emitentes de acções admitidas à negociação em mercado regulamentado situado ou a funcionar em Portugal devem enviar à CMVM informação relativa a planos de atribuição de acções e/ou de opções de aquisição de acções a trabalhadores nos sete dias úteis posteriores à respectiva aprovação.

4   No plano comunitário, refira-se: a Recomendação n.º 2004/913/CE, sobre o papel dos administradores não executivos, a Recomendação 2005/162/CE, de 15 de Fevereiro de 2005 e a Recomendação 2009/3159, de 30 de Abril de 2009 sobre remuneração de administradores de sociedades cotadas e a Recomendação 2009/3177, de 30 de Abril de 2009, sobre remunerações do sector financeiro. Na área financeira, cabe indicar a Directiva 2010/76/EU do Parlamento Europeu e do Conselho, de 24 de Novembro de 2010, e a Directiva sobre gestão dos fundos alternativos, ambas dirigidas a obrigar à adopção de políticas de remuneração sãs, sob controlo da autoridade de supervisão. Aquele diploma mereceu, por seu turno, desenvolvimento através de um extenso texto interpretativo preparado pelo *Commmittee of European Banking Supervisors* (CEBS) (antecessor da actual *European Banking Authority* (EBA))[1].

II – Os planos de *stock options*

5   **3. A competência para a aprovação**
A atribuição de planos de aquisição de acções, quando envolve a aquisição ou alienação de acções próprias, deve ser deliberada pela assembleia geral (art. 319.º, n.º 1 e 320.º, n.º 1 CSC)[2].

---

[1] CEBS, *Guidelines On Remuneration Policies And Practices* (2010), disponível em http://www.eba.europa.eu/cebs/ Media/Publications/Standards%20and%20guidelines /2010/Remuneration/Guidelines.Pdf.

[2] COUTINHO DE ABREU, *Governação das Sociedades Comerciais*, cit., 87-88.

4. O regime das ofertas públicas

O Código dos Valores Mobiliários prevê um regime especialmente favorável para as ofertas de distribuição de valores mobiliários a membros dos órgãos de administração ou trabalhadores, existentes ou antigos, pelo respectivo empregador quando este tenha valores mobiliários admitidos à negociação num mercado regulamentado ou por uma sociedade dominada pelo mesmo. Estas encontram-se dispensadas do dever de elaboração de prospecto, desde que esteja disponível um documento com informações sobre o número e a natureza dos valores mobiliários, bem como sobre as razões e características da oferta, nos termos do art. 134.º, n.º 2 c) CVM.

5. Relevo no âmbito do governo societário

Os planos de atribuição de direitos relativos à aquisição de acções cumprem uma importante função de fidelização dos colaboradores societários e de titulares do órgão de administração. Além disso, ao servirem de instrumento jurídico de aquisição de participações sociais na sociedade, estas opções podem conduzir a um alinhamento de interesses entre o administrador e a sociedade[3].

A sua configuração, porém, pode suscitar problemas delicados. De um lado, as *stock options* apenas implicam uma remuneração ao titular se a cotação bolsista subir acima do preço de exercício: caso contrário, o valor da opção é nulo. Assim, tais suplementos remuneratórios podem criar incentivos perversos a uma gestão tendente a maximizar a cotação bolsista nos períodos de exercício, de modo a aumentar o ganho dos respectivos titulares. Além disso, estes esquemas deram origem a intensos debates em torno da alteração do preço de exercício de opções de aquisição de acções (*repricing*), que chegou a ser aplicada em algumas sociedades cotadas norte-americanas, sob a polémica alegação de que se tratava de um mera actualização das condições remuneratórias ante desenvolvimentos imprevisíveis do mercado[4]. Os problemas colocados por esse acerto foram considerados de monta[5], por se reconhecer que tal prática prejudicaria ou mesmo anularia a estrutura de incentivos subjacente aos *stock option plans*[6]. Estes factos têm conduzido, no plano do governo societário, a um certo desfavor na apreciação destes planos de atribuição de opções, em benefício de outros incentivos de longo prazo[7].

---

[3] FRANKLIN BALOTTI ET AL, *Equity Ownership and the Duty of Care: Convergence, Revolution, or Evolution?, Business Lawyer* 55 (2000), 661-677; STEPHEN BAINBRIDGE, *The New Corporate Governance in Theory and Practice*, Oxford, (2008), 167-170.

[4] CHARLES CORRADO/BRADFORD JORDAN/THOMAS MILLER JR/JOHN STANSFIELD, *Repricing and Employee Stock Option Valuation, Journal of Banking and Finance* 25 (2001), 1059-1082; MARY ELLEN CARTER/LUANN LYNCH, *An Examination of Executive Stock Repricing, Journal of Financial Economics* 61 (2001), 207-225.

[5] O código alemão proíbe directamente a alteração retroactiva de critérios de determinação da remuneração.

Cfr. Art. 4.2.3. do *Deutscher Corporate Governance Kodex*. No mesmo sentido, ASSOCIATION FRANÇAISE DE GESTION FINANCIÈRE, *Recommandations Sur Le Gouvernement D'Entreprise*, (2004) Princípio 3.

[6] GUIDO FERRARINI/NIAMH MOLONEY, *Executive Remuneration and Corporate Governance in the EU: Convergence, Divergence and Reform Perspectives*, cit., 291.

[7] Na expressão do Código britânico: *Traditional share option schemes should be weighed against other kinds of long--term incentive scheme* (Sch. A).

II.1.5.6. Pelo menos um representante da comissão de remunerações deve estar presente nas assembleias gerais de accionistas.

Bibliografia: PAULO CÂMARA, *El* Say on Pay *Português*, Revista de Derecho de Mercado de Valores n.º 6 (2010), 83-96; Id, *Conflito de Interesses no Direito Societário e Financeiro*, (2010); Id., *Say on Pay: O dever de apreciação da política remuneratória pela assembleia geral*, Revista de Concorrência e Regulação n.º 2 (2010), 321-344; Id., *Crise Financeira e Regulação*, Revista da Ordem dos Advogados (2009), 720-721; Id., *A Comissão de Remunerações*, RDS n.º 1 (2011), 9-52; RITA GOMES PINHEIRO, *A Política de Remuneração dos Administradores nas Sociedades Anónimas*, dissertação de mestrado, Lisboa, UCP, (2010), *passim*.

Índice

1. Antecedentes 1
2. Fontes legais e comunitárias relacionadas 2
3. Apreciação crítica 4

1. Antecedentes

Esta Recomendação foi incluída, pela primeira vez, nas Recomendações de 2007, sob o n.º II.1.5.3. A sua redacção, porém, era diferente, aí se estabelecendo que *"Pelo menos um representante da comissão de remunerações deve estar presente nas assembleias gerais anuais de accionistas."*

2. Fontes legais e comunitárias relacionadas

A Recomendação 2009/3159/CE, de 30 de Abril de 2009 preconiza que os membros da comissão estejam presentes na assembleia geral na qual é discutida a declaração sobre as remunerações, para prestarem esclarecimentos aos accionistas[1].

Por seu turno, o Regulamento da CMVM n.º 1/2010 impõe a divulgação dos membros da comissão de remunerações que tenham estado presentes na assembleia geral (Anexo I, n.º I.15).

3. Apreciação crítica

Os membros das comissões de remunerações devem mostrar-se disponíveis para a prestação de informação sobre temas remuneratórios, sempre que solicitados para tal[2].

Todavia, atenta a finalidade desta recomendação – a de facultar explicações aos accionistas sobre aspectos relacionados com a política de remuneração –, afigurar-se-ia mais

---

[1] Para um comentário a este Recomendação: JOÃO SOUSA GIÃO, *Conflitos de Interesses entre Administradores e Accionistas na Sociedade Anónima*, cit., 274-291.

[2] Sobre os deveres a que se sujeitam os titulares da comissão de remunerações, reenvia-se para PAULO CÂMARA, *A Comissão de Remunerações*, RDS (2011).

correcto considerar que vale apenas para as assembleias gerais em que os temas remuneratórios são objecto de discussão ou de deliberação. Tal, aliás, o sentido da Recomendação europeia 2009/3159/CE[3], em que a indicação nacional se filia.

6   Assinale-se, por fim, que esta recomendação deveria ser renumerada como recomendação II.1.5.5. Com efeito, a sequência numérica das recomendações do código foi interrompida, faltando a recomendação II.5.5.

---

[3] Cfr. *supra*, 2.

II.1.5.7. Deve ser divulgado, no relatório anual sobre o Governo da Sociedade, o montante da remuneração recebida, de forma agregada e individual, em outras empresas do grupo e os direitos de pensão adquiridos no exercício em causa.

Bibliografia: Paulo Câmara, *El* Say on Pay *Portugués*, Revista de Derecho de Mercado de Valores n.º 6 (2010), 83-96; Id, *Conflito de Interesses no Direito Societário e Financeiro*, (2010); Id., *Say on Pay: O dever de apreciação da política remuneratória pela assembleia geral*, Revista de Concorrência e Regulação n.º 2 (2010), 321-344; Id., *Crise Financeira e Regulação*, Revista da Ordem dos Advogados (2009), 720-721; Id., *A Comissão de Remunerações*, RDS n.º 1 (2011); João Sousa Gião, *Conflitos de Interesses entre Administradores e Accionistas na Sociedade Anónima: os Negócios com a Sociedade e a Remuneração dos Administradores*, em *Conflito de Interesses no Direito Societário e Financeiro. Um Balanço a partir da Crise Financeira*, Coimbra, (2010), 268-291; Rita Gomes Pinheiro, *A Política de Remuneração dos Administradores nas Sociedades Anónimas*, dissertação de mestrado, Lisboa, UCP, (2010).

Índice

1. Antecedentes 1
2. Fontes legais e comunitárias relacionadas 2
3. As Recomendações informativas em matéria remuneratória 4
4. O dever de divulgação individual da remuneração 5

1. Antecedentes

O tema da prestação de informação sobre remuneração não foi tratado nas Recomendações de 1999 e de 2001. Nas Recomendações de 2003, estabeleceu-se que "*A remuneração dos membros do órgão de administração deve ser estruturada por forma a permitir o alinhamento dos interesses daqueles com os interesses da sociedade e deve ser objecto de divulgação anual em termos individuais (8.)*". A mesma formulação foi mantida em 2005.

A versão de 2007 do Código de Governo das Sociedades acentuou a desejabilidade de prestação de informação sobre remuneração individual, dispondo, no ponto II.1.5.5, que: "*A remuneração dos membros dos órgãos de administração e fiscalização deve ser objecto de divulgação anual em termos individuais, distinguindo-se, sempre que for caso disso, as diferentes componentes recebidas em termos de remuneração fixa e de remuneração variável, bem como a remuneração recebida em outras empresas do grupo ou em empresas controladas por accionistas titulares de participações qualificadas.*"

2. Fontes legais e comunitárias relacionadas

No plano europeu, o relevo da prestação de informação sobre remuneração começou a ser assumido no Plano de Acção da Comissão Europeia *Modernising Company Law and Enhancing Corporate Governance in the European Union – A Plan to Move Forward*, COM (2003) 284 final.

A Recomendação 2004/913/CE indicou igualmente como desejável a divulgação da remuneração total e outros benefícios concedidos individualmente aos administradores[1].

3   Em Portugal, a Lei n.º 28/2009, de 19 de Junho, impôs um dever de divulgação pública anual do montante da remuneração auferida pelos membros dos órgãos de administração e de fiscalização, de forma agregada e individual.

Este regime aplica-se às entidades de interesse público, categoria cuja extensão é explicitada no DL n.º 225/2008, de 20 de Novembro.

No âmbito das instituições financeiras, tem havido um desenvolvimento recente de adicionais prescrições informativas em matéria remuneratória. Merece considerar, em particular, o que decorre da Directiva 2010/76/UE do Parlamento Europeu e do Conselho[2], nesta parte já reflectido no Aviso n.º 1/2010 do Banco de Portugal.

3. As Recomendações informativas em matéria remuneratória

4   Dado que o Código de Governo das Sociedades é acompanhado por um Anexo em matéria informativos, aprovado pelo Regulamento da CMVM n.º 1/2010, as recomendações visando a prestação de informação têm ali igualmente consagração.

4. O dever de divulgação individual da remuneração

5   A política seguida quanto à remuneração constitui elemento central do governo das sociedades – enquanto instrumento de alinhamento de interesses entre os membros do órgão de administração e a sociedade e enquanto incentivo determinante para a optimização do seu desempenho.

6   Na apreciação legislativa do tema remuneratório, fora indicações sobre correspondência entre remuneração e desempenho, não se conhece lei que intervenha no domínio da quantificação da remuneração, que depende das escolhas de cada sociedade e dos seus accionistas.

7   A centralidade da remuneração serve de justificação das exigências informativas aqui vigentes, de modo a permitir uma aferição externa da justeza da retribuição auferida pelos administradores. Impõe-se acautelar, neste âmbito, soluções de equilíbrio: uma remuneração generosa permitirá atrair os executivos mais competentes e assegurar a sua fidelização; ao invés, uma remuneração excessiva significará uma extracção de valor a favor dos administradores. Na redacção do código de governo Britânico: *levels of remuneration should be sufficient to attract, retain and motivate directors of the quality required to run the company successfully, but a company should avoid paying more than is necessary for this purpose*[3].

8   Constitui entendimento comum o da importância da prestação de informação sobre remuneração. Como fundamentos desta medida, aponta-se que esta permite: avaliar relação entre remuneração e nível de desempenho; verificar a repartição interna da remuneração; prevenir abusos e irregularidades; e, em função dos objectivos anteriores, favorecer uma estrutura adequada de incentivos, prevenindo a generalização de prémios pelo insucesso. Sem embargo destes fundamentos, deve igualmente ter-se presente que a divulgação da remuneração individual dos administradores suscita exercícios comparativos indutores, em regra, de um aumento dos níveis remuneratórios; além disso, é frequentemente objecto de tratamento jornalístico demagógicos[4].

---

[1] Cfr. Ponto 5 da Recomendação da Comissão Europeia 2004/913/CE.
[2] Ponto 15 do Anexo XII da Directiva 2006/48/CE, na redacção dada pela Directiva2010/76/UE do Parlamento Europeu e do Conselho, de 24 de Novembro de 2010.
[3] *UK Corporate Governance Code*, cit., D.1.
[4] Cfr. AEM, *Resposta ao Livro Verde da Comissão Europeia sobre Corporate Governance*, (2011).

A Recomendação aqui anotada encontra-se desactualizada, em razão da Lei n.º 28/2009, que abrange todos *os emitentes de valores mobiliários admitidos à negociação num mercado regulamentado*[5]. A prescrição desta Lei corresponde a um endurecimento normativo, por via injuntiva, e um sensível alargamento de âmbito de uma solução já indicada, em termos recomendatórios, para as sociedades cotadas – mas que sob a forma recomendatória nunca logrou, nesse âmbito, um grau de acolhimento expressivo.

Por seu turno, a extensão desta recomendação às outras empresas do grupo e os direitos de pensão adquiridos no exercício em causa decorre já, em termos impositivos, das alíneas c) e d) do art. 3.º do Regulamento da CMVM n.º 1/2010.

---

[5] Art. 2.º a) do DL n.º 225/2008, de 20 de Novembro, aplicável através da Lei n.º 28/2009, de 19 de Junho.

2.2. CONSELHO DE ADMINISTRAÇÃO

II.2.1. Dentro dos limites estabelecidos por lei para cada estrutura de administração e fiscalização, e salvo por força da reduzida dimensão da sociedade, o conselho de administração deve delegar a administração quotidiana da sociedade, devendo as competências delegadas ser identificadas no relatório anual sobre o Governo da Sociedade.

II.2.2. O conselho de administração deve assegurar que a sociedade actua de forma consentânea com os seus objectivos, não devendo delegar a sua competência, designadamente, no que respeita a: *i*) definir a estratégia e as políticas gerais da sociedade; *ii*) definir a estrutura empresarial do grupo; *iii*) decisões que devam ser consideradas estratégicas devido ao seu montante, risco ou às suas características especiais.

Bibliografia: CÂMARA, PAULO e GABRIELA FIGUEIREDO DIAS – "O Governo das Sociedades Anónimas", in CÂMARA, PAULO (ed.) – *O Governo das Organizações: A vocação universal do corporate governance*, Coimbra: Almedina, 2011; CMVM – *Relatório Anual sobre o Governo das Sociedades Cotadas em Portugal – 2009*, disponível em http://www.cmvm.pt/CMVM/Estudos/Em%20Arquivo/Pages/20091516a.aspx#ii.3; Committee on Corporate Laws of the American Bar Association – Changes in the Model Business Corporation Act: Amendments pertaining to electronic filings/standards of conduct and standards of liability for directors, *Business Lawyer*, 53, 1997; CORDEIRO, ANTÓNIO MENEZES – "Anotação ao artigo 73.º CSC", in CORDEIRO, ANTÓNIO MENEZES (ed.) – *Código das Sociedades Comerciais Anotado*, Coimbra: Almedina, 2009; CORDEIRO, ANTÓNIO MENEZES – *Da responsabilidade civil dos administradores das sociedades comerciais*, Lisboa: Lex, 1997; EISENBERG, MELVIN ARON – The divergence of standards of conduct and standards of review in corporate law, *Fordham Law Review*, 62, 1993; EISENBERG, MELVIN ARON – *The Structure of the Corporation: A Legal Analysis*, Washington DC: Beard Books, 1976 (reprint 2006); FIGUEIREDO, ISABEL MOUSINHO DE – O administrador delegado (A delegação de poderes de gestão no Direito das Sociedades), *O Direito*, 137:3, 2005; GOMES, JOSÉ FERREIRA – "Conflitos de interesses entre accionistas nos negócios celebrados entre a sociedade anónima e o seu accionista controlador", in CÂMARA, PAULO (ed.) – *Conflito de Interesses no Direito Societário e Financeiro*, Coimbra: Almedina, 2010; GOMES, JOSÉ FERREIRA – "O Governo dos Grupos de Sociedades", in CÂMARA, PAULO (ed.) – *O Governo das Organizações: A vocação universal do corporate governance*, Coimbra: Almedina, 2011; GONÇALVES, LUIZ DA CUNHA – *Comentário ao Código Comercial Português*, Vol. 1, Lisboa: Empreza Editora J.B., 1914; MAIA, PEDRO – *Função e funcionamento do conselho de administração da sociedade anónima*, Studia Iuridica, 62, Coimbra: Coimbra Editora, 2002; MARTINS, ALEXANDRE SOVERAL – A responsabilidade dos membros do conselho de administração por actos ou omissões dos administradores delegados ou dos membros da comissão executiva, *Boletim da Faculdade de Direito (Universidade de Coimbra)*, 78, 2002; RAMOS, MARIA ELISABETE GOMES – *Responsabilidade civil dos administradores e directores das sociedades anónimas perante os credores sociais*, Studia Iuridica 67, Coimbra: Coimbra Editora, 2002; SEMLER, JOHANNES e MARTIN PELTZER – *Arbeitshandbuch für Vorstandsmitglieder*, München: C. H. Beck, 2005; SERENS,

MANUEL NOGUEIRA – *Notas sobre a sociedade anónima*, Studia Iuridica, 2.ª ed., Coimbra: Coimbra Editora, 1997; THE AMERICAN LAW INSTITUTE – *Principles of Corporate Governance: Analysis and Recommendations*, St. Paul, Minn.: American Law Institute Publishers, 1994; VENTURA, RAÚL e BRITO LUÍS CORREIA – *Responsabilidade civil dos administradores e directores das sociedades anónimas e dos gerentes das sociedades por quotas: Estudo comparativos dos direitos alemão, francês, italiano e português. Nota explicativa do capítulo II do Decreto-Lei n.º 49381 de 15 de Novembro de 1969*, Separata do Boletim do Ministério da justiça n.ᵒˢ 192, 193, 194 e 195.1970.

Índice

I – Antecedentes próximos 1
1. A Recomendação II.2.1. 1
2. A Recomendação II.2.2. 6

II – Fontes legais 6
3. Fontes nacionais e comunitárias 6

III – Análise 8
4. Enquadramento: A delegação de poderes pelo conselho de administração 8

5. A função de vigilância do conselho de administração 10
6. A Recomendação II.2.1 14
7. A Recomendação II.2.2 16
8. Em particular: A reserva de competência sobre a definição da estrutura empresarial do grupo 22
9. Comparação com recomendações e práticas internacionais 26
10. Conclusão 32

I – Antecedentes próximos

1. **A Recomendação II.2.1.** reproduz sem alterações a mesma Recomendação de 2007. Entre os seus antecedentes contam-se as Recomendações n.º 16 de 1999 e n.º 10 de 2001[1], as quais se limitavam a prever a possibilidade de criação de uma comissão executiva, acrescentando a este propósito a CMVM que a criação de uma tal comissão pode revelar-se um instrumento valioso no seio de organizações societárias complexas.

Referia ainda que, não obstante se encontrar consagrada legalmente no então n.º 5 do artigo 407.º CSC «a competência do órgão de administração para tomar deliberações sobre as matérias delegadas na Comissão Executiva bem como a sua responsabilidade pela vigilância na actuação desta Comissão», recomendava-se que «as relações entre estes órgãos [fossem] norteadas pelo princípio da transparência e, nessa medida, [fossem] criados os procedimentos necessários com vista a assegurar que o órgão de administração [tivesse] pleno conhecimento das matérias debatidas e das decisões tomadas pela Comissão Executiva». Este texto não tem paralelo nas Recomendações de 2003 e de 2005.

2. **A Recomendação II.2.2.** reproduz sem alterações a mesma Recomendação de 2007. Entre os seus antecedentes contam-se as Recomendação n.º 14 de 1999 (mantida intocada na Recomendação n.º 8 de 2001 e, com um pequeno ajuste, nas Recomendações n.º 5 de 2003 e de 2005), nos termos da qual «[o] órgão de administração deve ser composto por uma

---

[1] No texto desta recomendação podia ler-se: «Se for criada uma Comissão Executiva, a respectiva composição deve reflectir, na medida do possível, o equilíbrio existente no órgão de administração entre os administradores ligados a accionistas dominantes e os administradores independentes. À luz do princípio da transparência, o órgão de administração deve estar, a todo o tempo, devidamente informado sobre as matérias em apreciação e sobre as decisões tomadas pela Comissão Executiva».

pluralidade de membros que exerçam uma orientação efectiva em relação à gestão da sociedade, aos seus directores e gestores», acrescentando a CMVM ser «importante que o órgão de administração exerça um controlo efectivo na orientação da vida societária, *reservando para si as decisões referentes às matérias relevantes*. (...)»[2]. Referia ainda a CMVM em 1999 e 2001, em termos que realçamos na análise *infra*, que o órgão de administração «deve (...) estar a todo o tempo devidamente informado e *assegurar a supervisão sobre a gestão da sociedade*»[3]. Em 2003 e 2005, a CMVM preferiu a formulação «*assegurar a gestão da sociedade*».

Porém, ainda em 2005, a CMVM acrescentou a Recomendação 5-A, nos termos da qual recomendava a inclusão de «um número suficiente de administradores não executivos cujo papel é o de *acompanhar e avaliar continuamente a gestão da sociedade por parte dos membros executivos*»[4]. Acrescentava depois a CMVM que «[o] distanciamento dos administradores não executivos face à gestão corrente da sociedade garante uma adequada capacidade de análise e de avaliação da estratégia delineada e das decisões tomadas em concreto. Neste contexto, os administradores não executivos (entendendo-se como tais os *titulares do órgão de administração que não fazem parte da comissão executiva ou nos quais não tenha sido delegada a gestão corrente*[5]) têm como funções realizar um escrutínio informado e permanente sobre a gestão da sociedade, monitorizando a actividade dos titulares executivos do órgão de administração e ajuizando sobre o cumprimento da estratégia da sociedade. A responsabilização solidária de todos os membros assegura, por outro lado, a colaboração recíproca num ambiente de exigência que promove um melhor desempenho da administração».

A CMVM referia ainda que o papel dos administradores não executivos «podia ser complementado ou, no limite, *substituído através de titulares de outros órgãos sociais*[6], desde que tenham competências equivalentes que demonstrem exercer de facto em termos de fiscalização da actuação dos titulares executivos do órgão de administração. Estas competências deviam compreender, pelo menos, a designação do auditor externo (ainda que consubstanciada numa intervenção a título consultivo) e a vigilância sobre a independência deste. Os fundamentos – de direito e de facto – de uma equivalência funcional entre os titulares não executivos do órgão de administração e os titulares de outros órgãos sociais devem ser rigorosamente vigiados e objecto de ampla descrição no relatório de governo das sociedades». A mesma ideia está presente na Recomendação n.º 6 de 2005. Pretendia aqui a CMVM salvaguardar a possibilidade de equivalência funcional de modelos de governo das sociedades, veiculando a ideia de que a inclusão de administradores nos executivos não constituia a única solução eficiente para o governo das sociedades.

II – Fontes legais
3. **Fontes nacionais e comunitárias.** Estas recomendações devem ser articuladas com o disposto no artigo 407.º CSC, relativo à delegação de poderes de gestão do conselho de administração e aos limites da mesma.

Sem prejuízo da sua natureza de *soft law*, deve ainda ser referida a Recomendação da Comissão Europeia de 15 de Fevereiro de 2005 relativa ao papel dos administradores não executivos ou membros do conselho de supervisão de sociedades cotadas e aos comités do conselho de administração ou de supervisão[7].

---

[2] Itálico nosso.
[3] Itálico nosso.
[4] Itálico nosso.
[5] Itálico nosso.
[6] Itálico nosso.
[7] JO L 52, de 25 de Fevereiro de 2005.

III – Análise

8 **4. Enquadramento: A delegação de poderes pelo conselho de administração.** Numa grande sociedade comercial, a perspectiva funcional do conselho de administração como o órgão responsável pela administração diária da actividade social é, na generalidade dos casos, ilusória e irrealista. De facto, atenta a complexidade da actividade de qualquer grande empresa, não é expectável que o conselho de administração – que reúne esporadicamente durante algumas horas[8] – possa por si geri-la de forma eficaz, e muito menos de forma eficiente. O normal será, portanto, que o conselho de administração crie uma estrutura administrativa, com diferentes níveis hierárquicos aos quais correspondem diferentes centros de decisão. No topo desta estrutura administrativa estão frequentemente diferentes administradores, encarregues da gestão de diferentes áreas de negócio, nos quais o conselho de administração terá delegado poderes de administração, nos termos e para os efeitos do artigo 407.º do CSC. Estes administradores, por sua vez, poderão ou não compor uma comissão executiva que, por sua vez, reporta ao conselho de administração[9]. Esta é uma realidade há muito reconhecida e com reflexos na evolução histórico-dogmática dos modelos de administração e fiscalização actualmente disponíveis em Portugal, sem prejuízo da constatação de que, em inúmeros casos, existe um distanciamento entre os modelos legais e a realidade das grandes empresas[10]. Tais modelos legais permitem soluções jurídicas com um elevado grau de flexibilidade face às necessidades próprias de cada empresa.

9 Quanto mais complexa for a organização administrativa de uma sociedade, maior é a probabilidade de que o conselho de administração se limite (i) a definir a estratégia empresarial, (ii) a decidir sobre os assuntos mais importantes (que, nos termos da lei[11], dos estatutos ou de acordo com a perspectiva dos administradores, são levados a deliberação do mesmo) e (iii) a exercer uma função de vigilância sobre a administração da sociedade (desenvolvida pela estrutura de gestão no seu todo, incluindo os demais administradores)[12].

---

[8] Neste sentido, basta ver o Relatório Anual sobre o Governo das Sociedades Cotadas em Portugal – 2009, onde se pode ler: «Os conselhos de administração reuniram em média 12 vezes durante o ano de 2008, ou seja, uma vez por mês. A frequência das reuniões do órgão de administração é maior nas empresas do Modelo Latino (12,3 reuniões) do que nas do Modelo Anglo-Saxónico (10,8 reuniões), o que se poderá dever ao facto de algumas empresas do primeiro modelo não terem Comissão Executiva. Além disso, o valor é mais elevado para as empresas não integrantes do PSI 20 (12,6 vezes) e igual à média global para as empresas financeiras». Cfr. CMVM – *Relatório Anual sobre o Governo das Sociedades Cotadas em Portugal – 2009*, 2009, disponível em http://www.cmvm.pt/CMVM/Estudos/Em%20Arquivo/Pages/20091516a.aspx#ii.3.

[9] Existindo uma comissão executiva, o exercício dos poderes delegados será colegial; inexistindo tal comissão, o exercício dos poderes delegados será conjunto ou disjunto, conforme estabelecido nos estatutos ou no acto de delegação. Cfr. Raúl Ventura e Brito Luís Correia – *Responsabilidade civil dos administradores e directores das sociedades anónimas e dos gerentes das sociedades por quotas: Estudo comparativo dos direitos alemão, francês, italiano e português. Nota explicativa do capítulo II do Decreto-Lei n.º 49381 de 15 de Novembro de 1969*, Separata do Boletim do Ministério da justiça n.ᵒˢ 192, 193, 194 e 195., 1970, p. 284.

[10] Neste sentido, por todos, remetemos para a obra seminal Melvin Aron Eisenberg – *The Structure of the Corporation: A Legal Analysis*, Washington DC: Beard Books, 1976 (reprint 2006), p. 141-148.

[11] Cfr. artigo 407.º, n.º 4 CSC, de acordo com o qual não podem ser incluídas na delegação da gestão corrente da sociedade num ou mais administradores delegados ou numa comissão executiva as matérias referidas nas alíneas a) a d), f), l) e m) do artigo 406.º do CSC, a saber: Escolha do Presidente do Conselho de Administração; cooptação de administradores; pedido de convocação de assembleias gerais; relatórios e contas anuais; prestação de cauções e garantias pessoais ou reais pela sociedade; mudança de sede e aumentos de capital; e projectos de fusão, de cisão e de transformação da sociedade.

[12] Como temos sustentado, esta função é dogmaticamente fundamental na obrigação de administrar a sociedade com cuidado, constituindo o artigo 407.º n.º 8 uma clarificação da subsistência daquela obrigação nos casos de "delegação própria" de poderes. Nesta disposição lê-se actualmente: «A delegação prevista nos n.ᵒˢ 3 e 4 não exclui a competência do conselho para tomar resoluções sobre os mesmos assuntos; os outros administradores são

5. **A função de vigilância do conselho de administração.** Como vimos afirmando[13], no sistema português, como na generalidade dos sistemas jus-societários, deve reconhecer-se a existência de uma função de fiscalização ou vigilância do próprio conselho de administração, independentemente de este encarregar (ou não) um ou mais administradores de certas matérias de administração (*delegação imprópria*, cfr. artigo 407.º, n.º 1 do CSC) ou de delegar (ou não) a gestão corrente da sociedade num ou mais administradores (ditos delegados) ou numa comissão executiva (*delegação própria*, cfr. artigo 407.º, n.ºs 3, 4 e 8 do CSC)[14].

Esta função do conselho de administração projecta-se na esfera jurídica dos seus membros, contribuindo para a concreta determinação do elenco e conteúdo dos seus poderes e deveres. Se a competência do conselho de administração para administrar a sociedade se reflecte numa obrigação dos seus membros relativamente à administração da sociedade, o reconhecimento de uma função de vigilância como parte da administração reflecte-se no necessário reconhecimento de uma obrigação de vigilância na esfera jurídica dos administradores[15].

responsáveis, nos termos da lei, pela vigilância geral da actuação do administrador ou administradores delegados ou da comissão executiva e, bem assim, pelos prejuízos causados por actos ou omissões destes, quando, tendo conhecimento de tais actos ou omissões ou do propósito de os praticar, não provoquem a intervenção do conselho para tomar as medidas adequadas». José Ferreira Gomes – "O Governo dos Grupos de Sociedades", in Paulo Câmara (ed.) – *O Governo das Organizações: A vocação universal do corporate governance*, Coimbra: Almedina, 2011, no prelo.

[13] Ibidem.

[14] Entre nós, Pedro Maia chegou a idêntica conclusão, fazendo corresponder a necessária pluripessoalidade do conselho de administração (quando o capital social exceda os 200.000 euros, de acordo com o artigo 390.º, n.º 2 do CSC) a exigências de *controlo* e *vigilância geral* da administração da sociedade. Como bem realça este Autor, o Direito português exige uma composição plural do conselho de administração, mas não impõe a gestão plural, porquanto admite a delegação de poderes de gestão do conselho de administração num administrador único (artigo 407.º do CSC). Pedro Maia – *Função e funcionamento do conselho de administração da sociedade anónima*, Stvdia Ivridica, 62, Coimbra: Coimbra Editora, 2002, p. 18-19. Nem outra poderia ser a conclusão perante a reconhecida impossibilidade de um órgão colegial gerir, pelo menos quotidianamente, a empresa social (ibidem, p. 92, nota 152.). De facto, em termos de *gestão*, um órgão colegial não pode mais do que traçar as grandes linhas de desenvolvimento da actividade (ibidem, p. 92, nota 153.) social e deliberar sobre assuntos de especial relevância. Caso contrário, teria forçosamente de impor-se a reunião permanente do órgão colegial para a tudo atender.

Acresce que, caso a *ratio* da composição plural do conselho fosse a gestão eficiente da sociedade, não se compreenderia a intervenção do legislador em substituição da livre composição pelos accionistas. Tal intervenção é no entanto concebível no plano da *vigilância* da actividade social, porquanto esta obedece não apenas a considerações de interesse privado dos accionistas, mas também a considerações de interesse público. Não queremos com isto afirmar que o exercício de funções de vigilância pelos administradores se submeta a uma lógica de interesse público – com é, aliás, manifesto no caso dos ROC e discutível no caso do conselho fiscal – mas apenas que a estabilidade da sociedade derivada do cumprimento dos deveres dos administradores aproveita também ao interesse público. Afirmamos por isso que os deveres dos administradores – nos termos delineados, antes de mais, pelo artigo 64.º do CSC – são para com a sociedade. Ainda sobre esta temática realçamos a exposição de Paulo Câmara e Gabriela Figueiredo Dias sobre a questão da separação das funções de CEO – de liderança da gestão corrente (*management*) e de presidente do conselho de administração – de administração estratégica (*monitoring*) – bem como sobre o papel dos administradores não executivos no acompanhamento da gestão com uma função avaliadora e desafiadora e com um contributo para a definição da estratégia da sociedade e para o processo de tomada de decisão nas matérias não delegadas. Cfr. Paulo Câmara e Gabriela Figueiredo Dias – "O Governo das Sociedades Anónimas", in Paulo Câmara (ed.) – *O Governo das Organizações: A vocação universal do corporate governance*, Coimbra: Almedina, 2011.

[15] Como ensina Menezes Cordeiro, a pessoa colectiva é um centro de imputação de normas jurídicas (que não corresponde a um ser humano), sendo tais normas acatadas por pessoas singulares capazes, em modo colectivo: «as regras (...) vão seguir canais múltiplos e específicos, até atingirem o ser pensante, necessariamente humano, que as irá executar ou violar». António Menezes Cordeiro – *Da responsabilidade civil dos administradores das sociedades comerciais*, Lisboa: Lex, 1997, p. 318-319. Assim, nas sociedades anónimas, as normas imputadas directamente aos seus órgãos são executadas ou violadas pelos seus titulares, em cuja esfera jurídica surgem específicas situações jurídicas, destinadas a actuar as situações jurídicas imputadas ao órgão que integram, actuando este por sua vez as situações jurídicas imputadas à pessoa colectiva.

12   Esta obrigação de vigilância dos administradores deve portanto ser reconduzida e enquadrada na obrigação fundamental de administrar a sociedade com cuidado (deveres de cuidado, nos termos do artigo 64.º do CSC), tal como recortada pela *business judgment rule* (artigo 72.º, n.º 2 CSC)[16]. Faz parte do conteúdo mínimo deste "dever fundamental" dos administradores que não pode ser posto em causa pela delegação de poderes, qualquer que seja a sua forma[17]. Atendendo à sua obrigação fundamental de administrar a sociedade com cuidado, em termos informados, livre de qualquer interesse pessoal e segundo critérios de racionalidade empresarial, cada administrador deve promover o interesse social não só nos actos por si directamente praticados em nome da sociedade, mas ainda zelar por esse mesmo interesse na actuação dos demais administradores e da estrutura administrativa dependente do conselho de administração. O facto de um acto ser praticado isoladamente por um dos administradores não isenta os demais do cumprimento dos seus deveres para com a sociedade. Nesse sentido, a lei prevê expressamente que, mesmo nos casos em que exista delegação da gestão corrente da sociedade, os demais administradores devem vigiar a actuação dos administradores delegados, salvaguardando o interesse social[18].

---

[16] De acordo com esta regra, introduzida no artigo 72.º, n.º 2 do CSC, na reforma de 2006: «A responsabilidade é excluída se alguma das pessoas referidas no número anterior provar que actuou em termos informados, livre de qualquer interesse pessoal e segundo critérios de racionalidade empresarial». Esta regra surgiu nos Estados Unidos como uma solução jurisprudencial (*standard of judicial review*, por oposição aos *standards of conduct*, como o *duty of care*. Sobre esta distinção, vide MELVIN ARON EISENBERG – The divergence of standards of conduct and standards of review in corporate law, *Fordham Law Review*, 62, 1993) para a dificuldade sentida pelos juízes em julgar *ex post* o mérito de decisões empresariais, tomadas pelos órgãos societários competentes para o efeito, de acordo com "critérios de racionalidade empresarial", com base em informação adequada. Além Atlântico, a *business judgment rule* funciona tanto como uma regra processual sobre o ónus da prova, como uma regra substantiva sobre a delimitação do conteúdo do *duty of care*. Cfr. COMMITTEE ON CORPORATE LAWS OF THE AMERICAN BAR ASSOCIATION – Changes in the Model Business Corporation Act: Amendments pertaining to electronic filings/standards of conduct and standards of liability for directors, *Business Lawyer*, 53, 1997, p. 177-178; THE AMERICAN LAW INSTITUTE – *Principles of Corporate Governance: Analysis and Recommendations*, St. Paul, Minn.: American Law Institute Publishers, 1994, § 4.01(c). Para um maior desenvolvimento sobre este tema cfr. JOSÉ FERREIRA GOMES – "Conflitos de interesses entre accionistas nos negócios celebrados entre a sociedade anónima e o seu accionista controlador", in PAULO CÂMARA (ed.) – *Conflito de Interesses no Direito Societário e Financeiro*, Coimbra: Almedina, 2010, com indicações bibliográficas.

[17] Como explicava MENEZES CORDEIRO, a propósito da anterior redacção do artigo 64.º do CSC, «[este] preceito é fundamental, sendo certo que dele decorre, no essencial, todo o resto». MENEZES CORDEIRO – *Da responsabilidade civil...* p. 40.

[18] Cfr. artigo 407.º, n.º 8 CSC. No mesmo sentido, face ao texto do CSC anterior à reforma de 2006, MARIA ELISABETE GOMES RAMOS – *Responsabilidade civil dos administradores e directores das sociedades anónimas perante os credores sociais*, Studia Iuridica, n.º 67, Coimbra: Coimbra Editora, 2002, p. 116. Tanto quanto pudemos apurar, não existe entre nós um tratamento compreensivo da obrigação de vigilância dos administradores. Apesar de diferentes autores se referirem brevemente à existência de um *dever* de vigilância de todos os administradores, com fundamento dogmático na colegialidade do conselho de administração (artigos 406.º e 431.º, n.º 3 CSC) e no regime de responsabilidade civil solidária dos administradores (cfr. artigo 73.º CSC)(*), tal *dever* só tem sido criticamente analisado a propósito da delegação própria de poderes (cfr. artigo 407.º, n.º 8 CSC). Nos termos desta norma, os administradores não-delegados são responsáveis pela vigilância geral da actuação do administrador ou administradores-delegados ou da comissão executiva e, bem assim, pelos actos ou omissões destes, quando, tendo conhecimento de tais actos ou omissões ou do propósito de os praticar, não provoquem a intervenção do conselho para tomar as medidas adequadas.

(*) Cfr., v.g., ANTÓNIO MENEZES CORDEIRO – "Anotação ao artigo 73.º CSC", in ANTÓNIO MENEZES CORDEIRO (ed.) – *Código das Sociedades Comerciais Anotado*, Coimbra: Almedina, 2009, p. 269. Já na vigência do CCom, CUNHA GONÇALVES afirmava que a responsabilidade dos administradores é solidária pela necessidade de os administradores se fiscalizarem reciprocamente. Cfr. LUIZ DA CUNHA GONÇALVES – *Comentário ao Código Comercial Português*, Vol. 1, Lisboa: Empreza Editora J.B., 1914, p. 429. Na vigência do CSC, pronunciaram-se pela existência de um dever de cada administrador de vigiar a

Quanto ao conteúdo da obrigação de vigilância dos administradores, poder-se-ia dizer que, em circunstâncias normais, a vigilância dos administradores tem um carácter mais genérico, baseada na informação disponibilizada pelos administradores delegados, pelo sistema de informação implementado e pelos demais órgãos sociais, com destaque para o ROC. No entanto, verificados determinados sinais de risco para a sociedade (comummente referidos na prática empresarial como *red flags*), intensificam-se os poderes e os deveres dos administradores em matéria de vigilância. Devem questionar-se as habituais fontes de informação, realizando as inspecções que se mostrem necessárias para o efeito (com meios internos ou externos) e obtendo informação de fontes independentes; deve avaliar-se a informação com um acrescido sentido crítico; e, finalmente, devem tomar-se as medidas que se justifiquem no caso concreto[19]. 13

6. **A Recomendação II.2.1.** À luz deste enquadramento, constata-se que a Recomendação II.2.1 – segundo a qual o conselho de administração deve delegar a administração quotidiana da sociedade (ou, nos termos do CSC: a gestão corrente da sociedade) – permite uma clarificação da distribuição de funções no seio do conselho de administração: aos administradores--delegados (ou à comissão executiva) cabe antes de mais a gestão corrente da sociedade; aos administradores não-executivos cabe antes de mais a vigilância da actuação daqueles (e da demais estrutura de administração da sociedade). 14

Esta clarificação é útil atento o nosso regime da delegação de poderes do conselho de administração (artigo 407.º CSC) e a delimitação do *status* de administrador não executivo[20], devendo ser conjugada com as Recomendações II.1.2., em particular a Recomendação II.1.2.1., nos termos da qual «O conselho de administração deve incluir um número de membros não executivos que garanta efectiva capacidade de supervisão, fiscalização e avaliação da actividade dos membros executivos»[21]. É assim destacada a função de fiscalização, potenciada pela participação de administradores não executivos e de administradores independentes no 15

---

actuação dos demais, mesmo na ausência de delegação de poderes nos termos do artigo 407.º, *v.g.*, Maia – *Função...* p. 273 (nota 327), 274-277; Alexandre Soveral Martins – A responsabilidade dos membros do conselho de administração por actos ou omissões dos administradores delegados o dos membros da comissão executiva, *Boletim da Faculdade de Direito (Universidade de Coimbra)*, 78, 2002, p. 375-376; Ramos – *Responsabilidade civil...* p. 116-117.
[19] Da afirmação que precede decorre a configuração dogmática da obrigação de vigilância dos administradores como uma situação jurídica compreensiva, na qual se identificam as diferentes situações jurídicas analíticas fundamentais, a saber: os poderes-deveres de informação e inspecção; o dever de avaliação da informação obtida; e o dever de reacção a problemas detectados. Cfr. Gomes – *O Governo dos Grupos de Sociedades...*, no prelo.
Esta perspectiva do conteúdo variável da obrigação de vigilância em função do caso concreto que temos vindo a defender é contrária à habitualmente apresentada pela doutrina nacional que, com base na redacção do artigo 407.º, n.º 8 CSC, parece bastar-se com uma vigilância dita *geral*. Esta é uma perspectiva com longo escola no Direito italiano e não só. Mesmo além Atlântico pode encontrar-se jurisprudência no mesmo sentido. Assim, afirmou o *New Jersey Supreme Court* em *Francis v. United Jersey Bank*, 87 N.J. 15, 432 A.2d 814 (1981): «*Directorial management does not require a detailed inspection of day-to-day activities, but rather a general monitoring of corporate affairs and policies*».
[20] No âmbito da "delegação própria" de poderes (delegação da gestão corrente), de acordo com o artigo 407.º, n.os 3 e 4, é modificada a posição jurídica não só dos administradores delegados (ou membros da comissão executiva), mas também dos administradores não-executivos. Sem prejuízo das matérias reservadas por lei ou pelos estatutos ao conselho de administração, os administradores não-executivos mantêm intactos os seus *poderes* (n.º 8), mas vêm reduzidos os seus *deveres*: de acordo com a generalidade da doutrina (em termos que não merecem o nosso acordo), o conteúdo da sua obrigação de administrar é limitado a um dever de vigiar *genericamente* a actividade dos administradores delegados, e sendo caso disso, convocar o conselho de administração para tomar as medidas adequadas (n.º 8). Cfr. Isabel Mousinho de Figueiredo – O administrador delegado (A delegação de poderes de gestão no Direito das Sociedades), *O direito*, 137:3, 2005, p. 561-562; Maia – *Função...* p. 248-250; Manuel Nogueira Serens – *Notas sobre a sociedade anónima*, Studia Iuridica, 2.ª ed., Coimbra: Coimbra Editora, 1997, p. 77.
[21] *Vide supra* a correspondente anotação por João Gomes da Silva.

conselho de administração, só possível na medida em que se possam afastar da gestão corrente da sociedade, delegada em administradores-delegados ou numa comissão executiva[22].

16   7. **A Recomendação II.2.2.** Segundo esta recomendação, devem ser reservadas para o conselho de administração a (i) definição da estratégia e das políticas gerais da sociedade; (ii) a definição da estrutura empresarial do grupo; (iii) decisões que devam ser consideradas estratégicas devido ao seu montante, risco ou às suas características especiais.

17   Esta reserva de competência do conselho de administração visa assegurar o confronto das propostas da equipa de gestão liderada pelos administradores delegados (ou pela comissão executiva) face a uma instância de controlo. Esta reserva é tanto mais importante quanto mesmo o controlo *pro forma* é susceptível de inibir propostas insusceptíveis de defesa face a um escrutínio superficial. Efectivamente, a expectativa de controlo potencia a racionalidade do processo decisório na medida em que induz a uma diligência acrescida na preparação de propostas[23].

18   Esta reserva de competência deve assim ser entendida como dirigida à promoção de uma *vigilância preventiva*, valendo por isso as considerações antes aduzidas sobre a intensidade da actuação dos administradores (em especial os administradores não-delegados) perante *red flags*. Tal enquadramento obsta a uma *atitude passiva* por parte dos administradores na ponderação e aprovação (i) da estratégia e das políticas gerais da sociedade; (ii) da estrutura empresarial do grupo; e (iii) das decisões que devam ser consideradas estratégicas devido ao seu montante, risco ou às suas características especiais. Não deve portanto confundir-se esta reserva de competência como promovendo um espaço de discussão inócua própria de um mero aconselhamento à equipa de gestão. Tratando-se de uma forma de *vigilância preventiva*, os administradores em geral, e os administradores não-delegados em particular, estarão, consoante as circunstâncias de cada caso, adstritos a uma *atitude activa* de desafio e questionamento das propostas submetidas ao conselho.

19   Outros aspectos devem ainda ser considerados a propósito desta reserva de competência, sob pena de esvaziamento do seu conteúdo útil e sobrestimação do seu potencial para atingir os fins a que se propõe.

20   Em primeiro lugar, é importante recordar que nestas matérias reservadas o conselho de administração é habitualmente chamado a pronunciar-se sobre uma proposta dos administradores delegados (ou da comissão executiva). Ora, considerando que a avaliação destas propostas é habitualmente feita com base em análises preparadas e em informação apresentada por esses mesmos administradores, é consideravelmente limitada a capacidade deste mecanismo para assegurar um controlo efectivo das mesmas[24]. Estas condicionantes devem ser tidas em consideração na avaliação da capacidade deste mecanismo para assegurar o mérito e a eficiência das propostas dos administradores delegados (ou da comissão executiva). A mesma deve

---

[22] A importância desta função é aliás sublinhada pela Recomendação da Comissão Europeia de 15 de Fevereiro de 2005, relativa ao papel dos administradores não executivos ou membros do conselho de supervisão de sociedades cotadas e aos comités do conselho de administração ou de supervisão (JO L 52, de 25 de Fevereiro de 2005). Logo no Considerando (3) afirma-se que «[o]s administradores não executivos (...) são recrutados pelas sociedades para uma grande variedade de funções» e que «[é] de especial importância o seu papel na supervisão dos administradores executivos e dos membros da comissão executiva e no tratamento de situações que envolvam conflitos de interesses». É ainda realçado que «[p]ara restabelecer a confiança nos mercados financeiros, é de vital importância reforçar esta última função dos administradores não executivos ou membros do conselho de supervisão».

[23] EISENBERG – *The Structure of the Corporation...* p. 158.

[24] Neste sentido também ibidem, p. 159.

ainda ser tida em conta na ponderação desse mérito e dessa eficiência em casos de conflito de interesses, situação que será tanto mais complexa quanto maior for a influência exercida pelo(s) accionista(s) controlador(es) simultaneamente sobre o conselho de administração e sobre os administradores delegados (e sobre a comissão executiva). Na medida em que a conduta destes últimos seja directa ou indirectamente determinada pelo(s) accionista(s) controlador(es), é provável que o conselho de administração, dominado também por este(s), se limite a confirmar sem espírito crítico as propostas que lhe sejam submetidas.

Em segundo lugar, esta reserva de competências deve ser enquadrada no contexto da mais importante (e já analisada) função reservada ao conselho de administração: a função de vigilância sobre a administração da sociedade, desenvolvida pela estrutura de gestão no seu todo, incluindo pelos administradores delegados (ou pela comissão executiva), mas na qual assumem particular relevo os administradores não executivos. É a intervenção destes que assegura que «nenhuma pessoa ou pequeno grupo de pessoas possa dominar a tomada de decisões» na administração da sociedade[25], repartindo centros de decisão e de controlo[26].

8. **Em particular: A reserva de competência sobre a definição da estrutura empresarial do grupo.** Esta reserva de competência merece ainda algumas considerações adicionais. Está aqui em causa sobretudo a definição da estrutura da empresa plurissocietária e o inerente desenvolvimento da actividade societária de forma indirecta, com sobreposição de um ou mais níveis de sociedades dependentes (aqui designadas por sociedades-filhas).

Como referimos noutro estudo, na medida em que a actividade social deixe de ser desenvolvida directamente pela sociedade-mãe, passando a ser indirectamente desenvolvida através de sociedades-filhas – caso em que existirá um poder de direcção *de facto* ou *de iure* da sociedade-mãe –, é essencial identificar e quantificar os riscos no contexto da empresa plurissocietária. Para além das garantias que tenham sido voluntariamente prestadas pela sociedade-mãe em benefício das sociedades-filhas ou do regime legal de responsabilidade civil pelas dívidas das sociedades-filhas (nas relações de grupo decorrentes de contrato de subordinação ou de domínio total), deve ser especialmente avaliado o risco inerente aos créditos resultantes de empréstimos accionistas e aos investimentos associados à participação noutras sociedades. Como bem referem SEMLER e PELTZER, no âmbito da sua obrigação de vigilância, os administradores devem controlar e avaliar as participações noutras sociedades com especial diligência (*mit besonderer Sorgfalt*), independentemente da forma como são integradas na actividade social, dado o seu potencial impacto na situação financeira da sociedade, considerando os riscos de perdas associadas e o risco de desvalorização das mesmas[27].

A interposição de sociedades-filhas no desenvolvimento da actividade social coloca particulares riscos no contexto do governo da sociedade-mãe, porquanto implica um afastamento do seu conselho de administração e assembleia geral (nas matérias que a esta estejam

---

[25] Tal como sugerido no ponto 3.1. da Recomendação da Comissão Europeia de 15 de Fevereiro de 2005 relativa ao papel dos administradores não executivos ou membros do conselho de supervisão de sociedades cotadas e aos comités do conselho de administração ou de supervisão. JO L 52, de 25 de Fevereiro de 2005. No mesmo sentido, também o Main Principle A.2 do *UK Corporate Governance Code* dispõe que: «*No one individual should have unfettered powers of decision*». Emitido pelo *Financial Reporting Council* em 2010. Este código pode ser consultado em http://www.frc.org.uk/corporate/ukcgcode.cfm. Consultado em 2011-02-11.

[26] Neste sentido, a propósito da separação das funções de CEO e de presidente do conselho de administração na estrutura do órgão e modelos de governo, cfr. PAULO CÂMARA e GABRIELA FIGUEIREDO DIAS – *O Governo das Sociedades Anónimas...*

[27] JOHANNES SEMLER e MARTIN PELTZER – *Arbeitshandbuch für Vorstandsmitglieder*, München: C. H. Beck, 2005, p. 67-68.

reservadas) face a sectores mais ou menos relevantes da actividade societária, com concentração do poder (*de facto* ou *de iure*) nas mãos dos administradores encarregues dos pelouros nos quais se integram tais sociedades-filhas.

25   Impõe-se por isso a consideração dos riscos inerentes às estruturas de grupo aquando das deliberações do conselho sobre este tema. Em particular, tais deliberações do conselho devem prever mecanismos de controlo e fiscalização que compensem a falta de transparência e de controlo do mercado, bem como a ineficácia dos tradicionais mecanismos de controlo e fiscalização orgânica. Esta recomendação deve por isso ser articulada com as Recomendações II.1.1.2 a II.1.1.5. relativas aos sistemas internos de controlo e gestão de riscos e aos regimentos dos órgãos de administração e fiscalização[28].

26   **9. Comparação com recomendações e práticas internacionais.** Num enquadramento destas recomendações a nível internacional só podem considerar-se as recomendações emitidas noutros ordenamentos de referência a propósito dos modelos ditos latino e anglo-saxónico, sem prejuízo da consideração do fenómeno de convergência funcional que aproxima estes modelos não apenas entre si, mas ainda relativamente ao modelo germânico.

27   O *Codice di Autodisciplina* italiano[29] não contém uma recomendação idêntica à prevista na nossa Recomendação II.2.1., limitando-se a recomendar, na composição do conselho de administração, a existência de administradores *executivos* e *não executivos*[30], bem como de administradores independentes, aos quais é dada particular importância[31]. Quanto à reserva de competências do conselho de administração, o *Codice* apresenta uma recomendação mais extensa do que a da nossa Recomendação II.2.2.[32]. Numa análise crítica, conclui-se que as reservas de competência enumeradas estão incluídas nas cláusulas mais genéricas previstas no nosso código. Contudo, a sua especificação no *Codice* tem uma manifesta relevância pedagógica e clarificativa, particularmente em temas tão sensíveis como a gestão de conflitos de interesses, riscos da actividade no contexto do grupo de sociedades, periodicidade da prestação de informação pelos órgãos delegados ao conselho.

---

[28] *Vide supra* a anotação de Duarte Schmidt Lino.
[29] Disponível no *website* Borsa italiana em http://www.borsaitaliana.it/borsaitaliana/regolamenti/corporate governance/corporategovernance.htm. Consultado em 2011-02-25.
[30] Dos princípios 2.P.1 e 2.P.2 do *Codice di Autodisciplina* resulta a recomendação de que o conselho de administração seja composto por *administradores executivos* e *não executivos*, sendo realçado o papel destes últimos no que respeita (i) às suas competências específicas; (ii) ao seu contributo para deliberações equilibradas; e (iii) ao papel por si desempenhado em situações de conflito de interesses.
[31] A estes é dedicado todo o ponto 3, sendo afirmado o princípio de que um número adequado dos *administradores não executivos* deverá ser *independente*, no sentido de não manter (nem ter mantido recentemente), directa ou indirectamente, qualquer relação de negócios com a sociedade, ou pessoas relacionadas com a mesma, que,

pelo seu significado, possam influenciar o seu juízo autónomo (cfr. em especial o princípio 3.P.1).
No critério aplicativo que delimita a qualidade de administrador *executivo* (a partir do qual, *a contrario*, se pode construir o conceito de administrador não executivo) inclui não apenas os administradores delegados e os membros da comissão executiva, mas ainda aqueles que exerçam cargos directivos na sociedade emitente ou numa sociedade por esta controlada (Critérios aplicativos 2.C.). Atenta esta construção conceptual, é possível cumprir a recomendação relativa à composição do conselho sem que exista delegação de poderes, em termos paralelos ao recomendado entre nós. O *Codice* parece antes centrar-se na preocupação de que, não obstante a delegação de poderes ou o exercício da actividade social por intermédio de sociedades-filhas, o conselho de administração continue a desempenhar as suas funções (cfr. comentário ao ponto 1, bem como o princípio 2.P.5).
[32] Cfr. critério aplicativo 1.C.1.

Em França, o *Code de Gouvernement d'Entreprise des Sociétés Cotées*[33] não contém nenhuma recomendação relativa à delegação de poderes do conselho de administração. Em sentido oposto, afirma não ser desejável impor soluções formais e idênticas de organização e funcionamento do conselho, cabendo ao próprio conselho determinar o melhor modelo de acordo com a sua estrutura accionista, a dimensão da sociedade, a natureza da sua actividade e as particulares circunstâncias que lhe sejam aplicáveis[34]. Sublinha ainda que independentemente da sua forma de organização, constitui um órgão colegial representativo de todos os accionistas colectivamente[35]. Recomenda ainda uma mais extensa reserva de competências do conselho[36], entre as quais se destaca a afirmação expressa da sua função de fiscalização.

Em Espanha, o *Informe del Grupo Especial de Trabajo sobre Buen Gobierno de las Sociedades Cotizadas (Código Unificado, Apéndices y Recomendaciones a otros Organismos)*[37] não promove um modelo concreto de organização do conselho de administração. Visa contudo prevenir que, por excessiva delegação, este não cumpra a sua função essencial e irrenunciável: a *função geral de supervisão*, integrada por três funções fundamentais: (i) orientar e promover a política da sociedade (função estratégica), (ii) controlar as instâncias de gestão (função de vigilância) e (iii) servir de ligação com os accionistas (função de comunicação)[38].

28

29

---

[33] Emitido conjuntamente pela *Association Française des Entreprises Privées* (AFEP) e pelo *Mouvement des Entreprises de France* (MEDEF) em 2008. Disponível http://www.code-afep-medef.com/. Consultado em 2011-02-25.
[34] Cfr. Princípio n.º 1.2.
[35] Cfr. Princípio n.º 1.1.
[36] A saber: (i) definição da estratégia da sociedade (recomendação idêntica consta da recomendação n.º I.A.6 das *Recommandations sur le gouvernement d'entreprise* da *Association Française de la Gestion Financière* (AFG) de 2011, disponíveis em http://www.afg.asso.fr/; consultadas em 2011-02-25) (ii) designação dos membros do conselho encarregues da gestão executiva da sociedade de acordo com a estratégia definida pelo conselho; (iii) definição do modo de organização interna do conselho, designadamente quanto à cumulação dos cargos de presidente do conselho e CEO; e (iv) fiscalização da gestão executiva da sociedade, assegurando a qualidade da informação prestada aos accionistas e ao mercado, tanto no âmbito da prestação de contas anuais, como no de grandes transacções. Cfr. Princípio n.º 1.2.
Recomenda ainda a reserva de competência do conselho de administração para deliberar sobre negócios de genuína importância estratégic (recomendação idêntica consta da recomendação n.º II.D.1 das *Recommandations supra* referidas), após análise por uma comissão *ad hoc* se apropriado. É também recomendado que o regimento do conselho de administração especifique (i) as matérias sujeitas a aprovação do conselho (em sentido idêntico, a recomendação n.º II.D.1 das *Recommandations supra* referidas referidas), (ii) que as operações significativas não abrangidas pela estratégia anunciada da empresa devem ser previamente aprovadas pelo conselho e (iii) as regras segundo as quais o conselho é informado da situação financeira, situação de tesouraria e compromissos.

Estas regras dizem respeito não apenas a aquisições e desinvestimentos externos, mas também a investimentos relativos a crescimento orgânico e reestruturação interna. Cfr. Princípio n.º 4.
[37] Disponível em http://www.cnmv.es/portal/legislacion/COBG/COBG.aspx. Consultado em 2011-02-25.
[38] Neste sentido apresenta uma extensa lista de matérias que não podem ser delegadas, na qual se destacam três: (i) Aprovação das nomeações do CEO para altos cargos directivos; (ii) Controlo da organização do grupo de sociedades, evitando na medida do possível estruturas artificiais e complexas(*); (iii) Aprovação e vigilância das questões que possam implicar conflitos de interesses e, em especial, quaisquer operações com entidades relacionadas que excedam o tráfico ordinário(**).
(*) Cfr. o Princípio 8 das Recomendações do Comité de Basileia sobre Supervisão Bancária sobre bom governo das instituições de crédito (*know-your-structure*). O conselho deve assumir em concreto a responsabilidade pela criação de entidades veículo (*special purpose entities*) – ou seja, qualquer "veículo" que, apesar de ter personalidade jurídica própria, tenha uma função meramente instrumental e seja controlado pelo grupo da sociedade cotada – ou sediada em paraísos fiscais e, em geral, todas as operações ou transacções com um conteúdo análogo. Todas elas devem obedecer a motivos legítimos, não comprometendo, de forma indevida, a transparências das operações e a estrutura do grupo.
(**) Cfr. introdução ao capítulo sobre competências do conselho de administração. Neste sentido, no ponto n.º 8 é recomendado que o conselho assuma, como núcleo da sua missão, a aprovação da estratégia da sociedade e a organização para a sua concretização, assim como a supervisão e controlo do cumprimento dos objectivos determinados e do respeito pelo objecto e o interesse

30   No Reino Unido, o *UK Corporate Governance Code*[39] não inclui nenhuma recomendação sobre delegação de poderes. Recomenda apenas a dissociação entre os cargos de presidente do conselho e de CEO[40]. Quanto à reserva de competências, recomenda-se a criação de uma lista de matérias de competência reservada e ainda que o conselho estabeleça os objectivos estratégicos a alcançar pela sociedade, assegure a aplicação dos meios humanos e financeiros necessários para o efeito e avaliar o desempenho da equipa de gestão; estabeleça os valores e padrões da sociedade; e assegure a compreensão e o cumprimento das suas obrigações para com os accionistas e outros[41].

31   Nos Estados Unidos as *NYSE Corporate Governance Rules*[42] não abordam este tema. Já os *ALI Principles of Corporate Governance* reflectem o pensamento do seu principal redactor, o Prof. MELVIN EISENBERG: reconhecendo que a administração da sociedade é desenvolvida por estruturas administrativas existentes *sob* o conselho de administração, afirma no § 3.01 que a mesma «deve ser conduzida sob a supervisão dos *principal senior executives* designados pelo conselho de administração e pelos demais *officers and employees* a quem tenha sido delegada a função de gestão pelo conselho ou aqueles *executives* sujeitos às funções e poderes do conselho nos termos do § 3.02». O comentário a este parágrafo clarifica que o mesmo reflecte uma prática há muito assente – não obstante a redacção da lei no sentido de ao conselho de administração caber a administração da sociedade[43] – nos termos da qual: «*It is*

social da sociedade. Para tanto, o conselho, no seu pleno, deve reservar-se a competência para aprovar: (a) As políticas e estratégias gerais da sociedade e, em particular: (i) O plano estratégico ou de negócios, assim como os objectivos de gestão e orçamento anuais; (ii) A política de investimentos e financiamento; (iii) A definição da estrutura do grupo de sociedades; (iv) A política de governo da sociedade; (v) A política de responsabilidade social da sociedade; (vi) A política de remuneração e avaliação dos altos cargos directivos; (vii) A política de controlo e gestão de riscos, bem como o acompanhamento periódico dos sistemas internos de informação e controlo; (viii) A política de dividendos e de aquisição de acções próprias e seus limites; (b) As seguintes deliberações: (i) A proposta do CEO de nomeação e eventual destituição de altos cargos directivos, bem como as cláusulas de indemnização; (ii) A remuneração dos administradores, bem como, no caso dos *administradores executivos*, a remuneração adicional pelas suas funções executivas e demais condições que devem respeitar os seus contratos; (iii) A informação financeira que a sociedade cotada deva divulgar periodicamente; (iv) Os investimentos ou operações que, pelo seu elevado valor ou características especiais, tenham carácter estratégico, salvo se a sua aprovação couber à Assembleia Geral; (v) A criação ou aquisição de participações em entidades veículo ou sedeadas em paraísos fiscais, bem como quaisquer transacções ou operações de natureza análoga que, pela sua complexidade, possa prejudicar a transparência do grupo. (c) Os negócios que a sociedade celebre com administradores, com accionistas significativos ou representados no conselho, ou com pessoas com eles relacionadas. Esta autorização será dispensada quando se verifiquem cumulativamente

as seguintes três condições: (i) Que o negócio se realize de acordo com condições padronizadas e que se apliquem em massa a um conjunto de clientes; (ii) Que se realizem a preços ou tarifas estabelecidos em geral por quem actue como prestador do bem ou serviço em causa; (iii) Que a quantia em causa não supere 1% dos proveitos anuais da sociedade. Recomenda-se ainda que a aprovação dos negócios com entidades relacionadas seja precedida de um parecer favorável da comissão de auditoria ou outra que tenha sido incumbida dessa função; e que os administradores afectados, para além de não exercerem nem delegarem o exercício do seu direito de voto, se ausentem da sala de reuniões enquanto o conselho delibera sobre a mesma. Estas funções devem ser indelegáveis, salvo no que respeita às enumeradas nos primeiros dois pontos, que poderão ser delegadas em caso de urgência à comissão executiva, ficando sujeitas a posterior ratificação do conselho.

[39] Emitido pelo *Financial Reporting Council* em 2010. Pode ser consultado em http://www.frc.org.uk/corporate/ukcgcode.cfm. Consultado em 2011-02-11.

[40] Cfr. Secção A. nos princípios gerais introdutórios e o seu desenvolvimento posterior em A.1. e A.2.

[41] Cfr. Secção A.1.

[42] Disponíveis em http://www.nyse.com/pdfs/finalcorpgovrules.pdf. Consultadas em 2011-02-25.

[43] Seja em versões mais antigas que referem *the business of the corporation «shall be managed by [its] board»*, seja em versões mais actuais, como a da *Delaware General Corporation Law*, cujo § 141 dispõe: «*[t]he business and affairs of every corporation ... shall be managed by or under the direction of»* the board.

generally recognized that the board of directors is not expected to operate the business. Even under statutes providing that the business and affairs shall be "managed" by the board of directors, it is recognized that actual operation is a function of management. The responsibility of the board is limited to overseeing such operation...».«It is important to emphasize that the role of the director is to monitor, in an environment of loyal but independent oversight, the conduct of the business and affairs of the corporation in behalf of those who invest in the corporation»[44]. Assumida a realidade de que o conselho não pode desenvolver por si toda a actividade de administração – devendo contudo assegurar a sua vigilância – o § 3.02(a) explicita as funções reservadas ao conselho de administração e que, nessa medida, não podem ser delegadas[45]. Entre estas destacamos duas que, infelizmente, não são expressamente enunciadas pelo código da CMVM: a função de «vigilância da actividade da sociedade para avaliar se a mesma está a ser adequadamente gerida» e a função de «análise e, quando apropriado, aprovação de alterações importantes (...) aos princípios e práticas contabilísticos e de auditoria aplicados na preparação das demonstrações financeiras da sociedade».

10. **Conclusão**. A título de conclusão, deve realçar-se o mérito destas Recomendações face ao enquadramento legal da delegação de poderes e delimitação do *status* do administrador não executivo e ao propósito de assegurar um papel de coordenação e fiscalização efectiva do conselho de administração. Estas recomendações ficam, porém, aquém do desejável na afirmação expressa desta função fundamental de fiscalização, em termos que permitissem a sua mais adequada articulação com as recomendações relativas aos administradores não executivos e independentes.

---

[44] Citando *Corporate Director's Guidebook*, p. 1603, 1621.
[45] Assim, neste parágrafo pode ler-se: «*The board of directors of a publicly held corporation [§ 1.31] should perform the following functions: (1) Select, regularly evaluate, fix the compensation of, and, where appropriate, replace the principal senior executives [§ 1.30]; (2) Oversee the conduct of the corporation's business to evaluate whether the business is being properly managed; (3) Review and, where appropriate, approve the corporation's financial objectives and major corporate plans and actions; (4) Review and, where appropriate, approve major changes in, and determinations of other major questions of choice respecting, the appropriate auditing and accounting principles and practices to be used in the preparation of the corporation's financial statements; (5) Perform such other functions as are prescribed by law, or assigned to the board under a standard of the corporation [§ 1.36]*».

II.2.3. Caso o presidente do conselho de administração exerça funções executivas, o Conselho de Administração deve encontrar mecanismos eficientes de coordenação dos trabalhos dos membros não executivos, que designadamente assegurem que estes possam decidir de forma independente e informada, e deve proceder-se à devida explicitação desses mecanismos aos accionistas no âmbito do relatório sobre o Governo da Sociedade.

Bibliografia: RENÉE B. ADAMS/BENJAMIN E. HERMALIN/MICHAEL S. WEISBACH, *The Role of Boards of Directors in Corporate Governance: A Conceptual Framework & Survey*, Journal Of Economic Literature, 48:1, 2010; STEPHEN BAINBRIDGE, *Dodd-Frank: Quack Federal Corporate Governance Round II*, UCLA School of Law, Research Paper n.º 10-12 (2010), disponível em http://ssrn.com/abstract=1673575; Id., *The Corporate Governance Provisions of Dodd-Frank*, UCLA School of Law, Research Paper n. 10-14 (2010), disponível em http://ssrn.com/abstract=1698898; ADRIAN CADBURY, *Corporate Governance and Chairmanship. A Personal View*, Oxford, (2002); PAULO CÂMARA/GABRIELA FIGUEIREDO DIAS, *O Governo das Sociedades Anónimas*, em *O Governo das Organizações. A Vocação Expansiva do Corporate Governance* (2011); MELVIN ARON EISENBERG, *The Legal Role of Shareholders and Management in Modern Corporate Decisionmaking*, California LR 57 (1969) 1-181; Id., *Legal models of management structure in the modern corporation: officers, directors, and accountants*, California LR 63 (1975) 375-439; JOÃO CALVÃO DA SILVA, *Responsabilidade civil dos administradores não executivos, da comissão de auditoria e do conselho geral e de supervisão*, em MENEZES CORDEIRO/PAULO CÂMARA (coord.), *Jornadas em Homenagem ao Professor Doutor Raul Ventura. A Reforma do Código das Sociedades Comerciais*, (2007)103-151.

Índice

1. Antecedentes próximos 1
2. Fontes legais 2
3. A separação entre CEO e Presidente do órgão de administração; apreciação crítica 3
4. A solução acolhida no Código 6

1. Antecedentes próximos
A matéria que constitui o objecto desta recomendação não tem antecedentes nos Códigos de 1999, de 2001, de 2003 ou de 2005. O tema foi tratado pela primeira vez em 2007, na sequência da revisão do Código das Sociedades Comerciais promovida pelo DL n.º 76-A/2006, de 29 de Março[1]. A redacção da recomendação de 2007 (II.2.3) é idêntica à indicação aqui anotada. 1

---

[1] Refira-se nomeadamente JOÃO CALVÃO DA SILVA, *Responsabilidade civil dos administradores não executivos, da comissão de auditoria e do conselho geral e de supervisão*, em MENEZES CORDEIRO/PAULO CÂMARA (coord.), *Jornadas em Homenagem ao Professor Doutor Raul Ventura. A Reforma do Código das Sociedades Comerciais*, (2007)103-138.

2. Fontes legais

2 O Código das Sociedades Comerciais não impõe uma separação as funções de presidente do órgão de administração e de presidente da comissão executiva. Sobre o funcionamento da comissão executiva, consulte-se o art. 407.º CSC.

3 ## 3. A separação entre CEO e Presidente do órgão de administração; apreciação crítica

A separação de funções entre Presidente do órgão de administração e presidente da comissão executiva é comummente recomendada em códigos de governo. Embora esta separação de funções se alargue de modo crescente, há razões específicas dos ordenamentos jurídicos anglo-saxónicos que de mais de perto a justificam: a pulverização do capital social da estrutura societária típica nesses países; o protagonismo do CEO – especialmente na tradição norte-americana e a concentração no conselho de administração de funções de fiscalização (*monitoring*)[2]. Neste contexto, a separação entre *chairman* e *chief executive officer* (*CEO*) é frequentemente recomendada com o objectivo de repartir centros de decisão e de controlo (*checks and balances*), dada a conveniência de uma separação entre a liderança da gestão corrente (*management*) e a administração estratégica (*monitoring*).

4 Uma apreciação, ainda que sumária, à luz do sistema jurídico português obriga a identificar diferenças de base destes sistemas em relação ao ordenamento jurídico nacional que não podem ser olvidadas. A um tempo, o Código das Sociedades não separa, de um lado, poderes de gestão de, de outro lado, administração estratégica da sociedade – englobando ambas as vertentes na vocação funcional da administração (arts. 405.º e 406.º CSC)[3]. A outro tempo, no sistema nacional, a assembleia geral desempenha funções que nos quadros anglo-saxónicos são confiadas ao órgão de administração (designação e destituição de administradores, aprovação de distribuição de dividendos, aprovação da remuneração dos administradores).

5 A acrescer, não pode cair-se na tentação de se apresentar este modelo de separação entre *Chairman* e CEO sob a aura da infalibilidade[4]. É revelador que o recente *Wall Street Reform and Consumer Protection Act* norte-americano de 2010 (na gíria cunhado abreviadamente como *Dodd-Frank Act*) – sem proibir nem recomendar qualquer modelo – obriga a revelar se há coincidência entre *chairman* e CEO e impõe a divulgação das razões por que tal opção é ou não é perfilhada[5]. Igualmente sintomática é a cirunstância de, nas suas Recomendações, a CMVM não ter preconizado este modelo como preferível.

Um ponto que nesta sede não pode ser negligenciado é o de que a separação entre funções dirigentes, pese embora seja recomendável, pode revelar-se claramente desadequada em sociedades de pequena dimensão[6], por ser susceptível de implicar, em relação a estas, um

---

[2] Melvin Aron Eisenberg, *The Legal Role of Shareholders and Management in Modern Corporate Decisionmaking*, California LR 57 (1969) 1-181; Id., *Legal models of management structure in the modern corporation: officers, directors, and accountants*, California LR 63 (1975) 375-439.

[3] Para uma apreciação da singularidade da opção nacional, reenvia-se nomeadamente para Renée B. Adams/ Benjamin E. Hermalin/Michael S. Weisbach, *The Role of Boards of Directors in Corporate Governance: A Conceptual Framework & Survey*, Journal Of Economic Literature, 48:1, 2010, 6-25.

[4] Os estudos empíricos disponíveis mostram uma divisão quanto às vantagens da segregação: para um levantamento, cfr. Renée B. Adams/Benjamin E. Hermalin/ Michael S. Weisbach, *The Role of Boards of Directors in Corporate Governance: A Conceptual Framework & Survey*, cit., 27.

[5] Section 972 do *Wall Street Reform and Consumer Protection Act* de 2010. Cfr. a propósito Stephen Bainbridge, *Dodd-Frank: Quack Federal Corporate Governance Round II*, UCLA School of Law, Research Paper n.º 10-12 (2010), disponível em http://ssrn.com/abstract=1673575; Id., *The Corporate Governance Provisions of Dodd-Frank*, UCLA School of Law, Research Paper n. 10-14 (2010), disponível em http://ssrn.com/abstract=1698898, 11-12.

[6] Em sentido concordante: Adrian Cadbury, *Corporate Governance and Chairmanship. A Personal View*, Oxford, (2002), 105.

número de administradores desproporcionadamente elevado. Mostra-se também importante uma separação nítida entre as funções de cada dirigente societário, desenhada nos estatutos, para evitar conflitos positivos ou negativos de competência. Com efeito, subsistem riscos conhecidos de desagregação de liderança, caso haja uma divisão pouco nítida entre o espaço decisório de cada um destes protagonistas societários. Por fim, deve igualmente prevenir-se as versões pervertidas do modelo, como o são as concepções de uma presidência societária sub-utilizada ou majestática.

Em ultima análise, o que releva é verificar se há equivalentes funcionais àquele modelo, que assegurem uma fiscalização das práticas da gestão e que evitem excessiva concentração de poder numa mesma pessoa. Deste ponto de vista, a estrutura dualista de administração pode dar resposta aos mesmos problemas de fundo de governação. Tal constitui razão suficiente para recordar que, em matéria de governo societário, a função prevalece sempre sobre a forma.

4. A solução acolhida no Código

A solução nacional traçada a propósito deste tema é bastante moderada. Com efeito, o Código de Governo das Sociedades admite como legítimo que o presidente do conselho de administração exerça funções executivas. Nessa situação, porém, *o conselho de administração deve encontrar mecanismos eficientes de coordenação dos trabalhos dos membros não executivos, que designadamente assegurem que estes podem decidir de forma independente e informada* (II.2.3.).

O Código não indica que mecanismos de coordenação são preconizados para a maximização do resultado dos trabalhos dos administradores não executivos. Uma das possibilidades é a da atribuição de funções de coordenação ao Vice-presidente, como sugerido no primeiro projeto de Código de Corporate Governance do IPCG, de 2009[7].

Recomenda-se, por fim, a divulgação dos mecanismos de coordenação encontrados, por forma a que os investidores possa fazer a avaliação devida sobre a sua adequação e eficácia.

---

[7] Rezava a recomendação II.1.3 do projecto coordenado por João Talone (2009): *O Presidente do CA/CGS deve ser independente. Caso tal não aconteça, deve existir um Vice--Presidente independente que assegure a coordenação dos trabalhos cometidos aos administradores não executivos.*

II.2.4. O relatório anual de gestão deve incluir uma descrição sobre a actividade desenvolvida pelos administradores não executivos referindo, nomeadamente, eventuais constrangimentos deparados.

Bibliografia: CÂMARA, PAULO – *Manual de Direito dos Valores Mobiliários*, Coimbra: Almedina, 2009; CÂMARA, PAULO – Os deveres de informação e a formação de preços no mercado dos valores mobiliários, *Cadernos do Mercado de Valores Mobiliários*, 2, 1998; CASTRO, CARLOS OSÓRIO DE – "A informação no direito do mercado de valores mobiliários ", – *Direito dos Valores Mobiliários*, Lisboa: Lex, 1997; FERREIRA, AMADEU JOSÉ – *Direito dos valores mobiliários*, Lisboa: AAFDL, 1997; FERREIRA, EDUARDO PAZ – "A informação no mercado de valores mobiliários", – *Direito dos Valores Mobiliários* Vol. 3, Coimbra: Coimbra Editora, 2001; FOX, MERRITT B. – "Required disclosure and corporate governance", in Hopt, Klaus J., Hideki Kanda, Mark J. Roe, Eddy Wymeersch e Stefan Prigge (eds.) – *Comparative corporate governance: The state of the art and the emerging research*, Oxford, New York: Clarendon Press, Oxford University Press, 1998; GOMES, JOSÉ FERREIRA – Os deveres de informação sobre negócios com partes relacionadas e os recentes Decretos-Lei n.º 158/2009 e 185/2009, *Revista de Direito das Sociedades*, 1:3, 2009; HERTIG, GERARD e HIDEKI KANDA – "Related Party Transactions", – *The Anatomy of Corporate Law: A Comparative and Functional Approach*, 1.ª ed., Oxford, New York: Oxford University Press, 2006; KRAAKMAN, REINIER – "Disclosure and Corporate Governance: An Overview Essay", in Ferrarini, Guido, Klaus J. Hopt, Jaap Winter e Eddy Wymeersch (eds.) – *Reforming Company and Takeover Law in Europe*, Oxford, New York: Oxford University Press, 2004; Mahoney, Paul G. – Mandatory disclosure as a solution to agency problems, *University of Chicago Law Review*, 62, 1995; SEALY, LEN e SARAH WORTHINGTON – *Cases and Materials in Company Law*, 8.ª ed., Oxford, New York: Oxford University Press, 2008.

Índice

I – Antecedentes próximos	1	2. Enquadramento no contexto da informação, sua importância e funções	7
II – Fontes legais	2	3. Enquadramento no contexto dos deveres de informação e sua justificação jurídico-económica	14
III – Análise	6		
1. Enquadramento com outras Recomendações: Remissão	6	4. *Ratio* da Recomendação e relação com o o regime legal	16

I – Antecedentes próximos
A Recomendação II.2.4. reproduz sem alterações a mesma Recomendação de 2007, não tendo antecedentes nas Recomendações de 1999 a 2005.

II – Fontes legais
Esta recomendação articula-se desde logo com as fontes legais já apontadas na análise doutras recomendações – e para as quais remetemos – a propósito da estrutura do conselho de administração, da delegação da gestão corrente da sociedade, da coordenação dos trabalhos

dos administradores não executivos e da sua articulação com as tarefas desempenhadas pelos administradores executivos.

3   Articula-se também com o disposto na parte geral do CSC a propósito do relatório de gestão, *maxime*, os artigos 65.º (relativo ao dever de relatar a gestão e apresentar contas), 66.º (relativo ao conteúdo do relatório de gestão) e 70.º CSC (sobre a publicidade das contas anuais). Enquadra-se ainda no disposto em especial para as sociedades anónimas nos artigos 376.º, n.º 1, al. a) (relativamente à necessidade de deliberação sobre o relatório de gestão na assembleia geral anual), 441.º (sobre o parecer do conselho geral e de supervisão no modelo germânico sobre o relatório de gestão preparado pelo conselho de administração executivo), e 451.º (sobre a apreciação do relatório de gestão pelo ROC nos modelos latino e anglo-saxónico). Por fim, relaciona-se com o artigo 508.º-C CSC sobre o relatório consolidado de gestão, emitido no contexto da apreciação anual da situação de sociedades obrigadas à consolidação de contas.

4   No CVM importa realçar o artigo 245.º sobre a divulgação dos documentos relativos à prestação de contas anuais, incluindo o relatório de gestão, o relatório do auditor registado na CMVM e as declarações dos responsáveis do emitente onde afirmem que «tanto quanto é do seu conhecimento, a informação prevista na alínea a) foi elaborada em conformidade com as normas contabilísticas aplicáveis, dando uma imagem verdadeira e apropriada do activo e do passivo, da situação financeira e dos resultados do emitente e das empresas incluídas no perímetro da consolidação, quando for o caso, e que *o relatório de gestão expõe fielmente a evolução dos negócios, do desempenho e da posição do emitente e das empresas incluídas no perímetro da consolidação, contém uma descrição dos principais riscos e incertezas com que se defrontam*»[1] (cfr. artigo 245.º, n.º 1 CVM)[2]. Destaca-se ainda o facto de o relatório do auditor dever incluir também uma análise das previsões sobre a evolução dos negócios e da situação económica e financeira constantes do relatório de gestão (cfr. artigo 245.º, n.º 2, al. a) CVM). De fora fica o disposto no artigo 246.º CVM relativo a informação intercalar, porquanto a Recomendação em análise se refere expressamente ao relatório anual de gestão.

5   Sem prejuízo da sua natureza de *soft law*, deve ainda ser referida a Recomendação da Comissão Europeia de 15 de Fevereiro de 2005 relativa ao papel dos administradores não executivos ou membros do conselho de supervisão de sociedades cotadas e aos comités do conselho de administração ou de supervisão[3].

III – Análise

6   **1. Enquadramento com outras Recomendações: Remissão.** Como foi já referido na análise das Recomendações II.1.2 e II.2.1 a II.2.3, é notório que os administradores não executivos são recrutados pelas sociedades para uma grande variedade de funções e que entre estas se destaca a função de vigilância dos administradores executivos e demais estrutura de administração da sociedade, bem como o tratamento de situações que envolvam conflitos de interesses[4]. A Recomendação ora em análise limita-se a propôr a divulgação de informações sobre o desempenho dessas funções, pelo que, para efeitos do seu enquadramento, se remete para quanto foi referido a propósito daqueloutras Recomendações.

---

[1] Sublinhado nosso.
[2] Cfr. também o artigo 250.º-B CVM sobre a dispensa do cumprimento de determinados deveres de prestação de informação pelos emitentes com sede estatutária fora da União Europeia.
[3] JO L 52, de 25 de Fevereiro de 2005.

[4] Neste sentido, *vide* o Considerando (3) da Recomendação da Comissão Europeia de 15 de Fevereiro de 2005, relativa ao papel dos administradores não executivos ou membros do conselho de supervisão de sociedades cotadas e aos comités do conselho de administração ou de supervisão (JO L 52, de 25 de Fevereiro de 2005).

2. Enquadramento no contexto da informação, sua importância e funções.

Ainda a título de enquadramento, importa considerar o papel da informação e dos deveres de informação no Direito das sociedades comerciais e dos valores mobiliários, tema que analisámos em profundidade noutro estudo e para o qual remetemos para maiores desenvolvimentos[5].

No nosso Direito das sociedades comerciais, historicamente, a *informação* e os *deveres de informação* desempenham um papel manifestamente acessório face às normas ditas de natureza substantiva que impõem ou proíbem determinadas condutas. Em geral, a informação constitui o meio através do qual se dão a conhecer aos diferentes participantes na vida societária os factos de que estes carecem para tomar as suas decisões no âmbito do governo da sociedade (interesse interno da sociedade[6]) e, aos credores da mesma, a informação necessária à avaliação da situação financeira da sociedade[7].

Pelo contrário, no Direito dos valores mobiliários a informação assume um papel central e fundamental a todo o sistema, com implicações em todos os seus aspectos[8]. O diferente papel desempenhado pela informação nestas duas disciplinas do Direito decorre das suas diferentes origens. Enquanto o nosso Direito das sociedades comerciais foi moldado pelas influências alemã, francesa e italiana (e, mais recentemente, também anglo-saxónica), o Direito dos valores mobiliários segue em grande medida o modelo norte-americano de *full disclosure*, fruto da influência do mesmo no Direito comunitário, entretanto transposto para o nosso Direito interno[9].

A importância da informação é comumente associada à protecção dos investidores e à promoção da eficiência do mercado dos valores mobiliários[10]. Neste sentido, lê-se no motivo (1) da Directriz da Transparência[11]: «*A publicação de informações exactas, completas e oportunas sobre os emitentes de valores mobiliários reforça a confiança dos investidores e permite-lhes formarem um*

---

[5] Cfr. José Ferreira Gomes – Os deveres de informação sobre negócios com partes relacionadas e os recentes Decretos-Lei n.º 158/2009 e 185/2009, *Revista de Direito das Sociedades*, 1:3, 2009, também publicado nos *Cadernos do Mercado de Valores Mobiliários*, 33, p. 105-141.

[6] Explica Paz Ferreira que no caso das sociedades comerciais a informação se prende com a relação entre os órgãos de administração e os accionistas, e em especial com a salvaguarda da posição dos accionistas minoritários. Eduardo Paz Ferreira – "A informação no mercado de valores mobiliários" – *Direito dos Valores Mobiliários*, Vol. 3, Coimbra: Coimbra Editora, 2001, p. 139-140

[7] Não obstante, Paz Ferreira realça que o Código das Sociedades Comerciais rompeu com o secretismo que até aí regulara a actividade empresarial, para se aproximar de uma concepção do Direito em que a responsabilização das sociedades perante a colectividade é um valor fundamental, correspondente à ultrapassagem do direito comercial de base individualista. Cfr. Ibidem, p. 138. Para um desenvolvimento deste ponto, *vide* Gomes – *Os deveres de informação...* p. 590-592.

[8] Como ensina Paulo Câmara, a informação constitui um tema transversal do Direito dos valores mobiliários, atingindo as suas implicações praticamente todos os aspectos desta disciplina. Paulo Câmara – *Manual de Direito dos Valores Mobiliários*, Coimbra: Almedina, 2009,

p. 729. Anteriormente, também Amadeu José Ferreira já ensinava que a informação é um instituto geral e fundamental do Direito dos Valores Mobiliários, mais propriamente de um instituto do mercado. Amadeu José Ferreira – *Direito dos valores mobiliários*, Lisboa: AAFDL, 1997, p. 333.

[9] Neste sentido, Paulo Câmara – Os deveres de informação e a formação de preços no mercado dos valores mobiliários, *Cadernos do Mercado de Valores Mobiliários*, 2, 1998, p. 81-82. Para um desenvolvimento deste ponto, *vide* Gomes – *Os deveres de informação...* p. 590-592.

[10] Cfr., entre nós, Câmara – *Os deveres de informação...* p. 82-83; Carlos Osório de Castro – "A informação no direito do mercado de valores mobiliários" – *Direito dos Valores Mobiliários*, Lisboa: Lex, 1997, p. 335-336; Paz Ferreira – *A informação no mercado de valores mobiliários*, p. 146. Vide também, *e.g.*, Len Sealy e Sarah Worthington – *Cases and Materials in Company Law*, 8.ª ed., Oxford, New York: Oxford University Press, 2008, p. 585.

[11] Directriz 2004/109/CE do Parlamento Europeu e do Conselho, de 15 de Dezembro de 2004, relativa à harmonização dos requisitos de transparência no que se refere às informações respeitantes aos emitentes cujos valores mobiliários estão admitidos à negociação num mercado regulamentado e que altera a Directriz 2001/34/CE. JO L 390 de 31.12.2004, p. 38-57.

juízo fundamentado sobre o seu [dos emitentes] *desempenho empresarial e o seu património, promovendo assim tanto a protecção dos investidores como a eficiência do mercado*»[12].

11   É no entanto fundamental reconhecer um outro plano no qual a informação desempenha um papel central: o governo das sociedades[13]. De facto, tanto a informação divulgada voluntariamente como aquela que é exigida pelo Direito das sociedades comerciais e dos valores mobiliários desempenham um papel central na resolução ou limitação dos problemas de agência centrais a toda a dinâmica do governo das sociedades (*managerial and controlling shareholder agency problems*)[14].

12   Em geral, a divulgação de informação constitui, *só por si*, tanto para a administração como para os accionistas controladores, um incentivo ao cumprimento dos seus deveres para com a sociedade e, reflexamente, para com os demais *stakeholders*. Ao expor ineficiências ou irregularidades na administração da sociedade, a informação desencadeia diferentes forças de mercado contra os *insiders*, com efeitos sancionatórios e dissuasores. Por exemplo, no mercado de capitais, a informação divulgada é reflectida no preço das acções, aumentando o custo de capital para a sociedade, prejudicando assim os promotores da sociedade que a pretendem financiar através deste mercado. No mercado de trabalho, a informação sobre incompetência e sobre a violação de deveres de administração afecta a reputação dos administradores – teoricamente o seu maior activo profissional – dificultando a sua posição na sociedade e a sua possível contratação para outros cargos de administração no futuro. A esta pressão do mercado de trabalho acresce ainda a censura social[15].

13   A informação releva ainda pelo seu efeito *indirecto* na limitação dos benefícios privados de controlo: pela redução da assimetria informativa entre *insiders* (com controlo sobre a actividade da sociedade) e *outsiders*, estes últimos podem fazer uso de diferentes mecanismos de governo societário para reagir à violação de deveres de administração. Entre esses mecanismos destacam-se, para além da eleição da administração quando esta não dependa apenas

---

[12] Para um desenvolvimento deste ponto, *vide* Gomes – *Os deveres de informação...* p. 592-595.

[13] Como refere Paulo Câmara, a maximização da informação constitui uma trave mestra do sistema de governação dos emitentes, acrescentando que: «a transparência das decisões empresariais e a divulgação imediata dos indicadores do desempenho servem de base para o escrutínio da gestão e, com isso, favorecem o efeito disciplinador do mercado de capitais». Câmara – *Manual...* p. 731; Merritt B. Fox – "Required disclosure and corporate governance", in Klaus J. Hopt, et al. (eds.) – *Comparative corporate governance: The state of the art and the emerging research*, Oxford, New York: Clarendon Press, Oxford University Press, 1998, p. 701-718.

Kraakman chega mesmo a defender que as funções dos deveres de informação no governo das sociedades são mais importantes do que a função de conformação do preço dos valores mobiliários, ainda que não substituam o papel de fiscalização por um conselho de administração devidamente motivado para o efeito. Cfr. Reinier Kraakman – "Disclosure and Corporate Governance: An Overview Essay", in Guido Ferrarini, et al. (eds.) – *Reforming Company and Takeover Law in Europe*, Oxford, New York: Oxford University Press, 2004, p. 96. De acordo com este Autor, os deveres de informação servem três funções essenciais no governo das sociedades. Em primeiro lugar, uma função de aplicação do direito (*enforcement*), na medida em que desencoraja o oportunismo dos *insiders*, só por si ou em conjugação com outros mecanismos legais de controlo. Em segundo lugar, uma função educativa, ao assegurar a informação dos accionistas, encarregues de importantes decisões na sociedade. Em terceiro lugar, uma função legislativa, na medida em que a lei exija aos emitentes a adopção de determinadas práticas de governo societário de acordo com a regra *comply or explain*. Ibidem, p. 96-99.

Mahoney vai ainda mais longe, afirmando que o sistema de deveres de informação norte americano não foi concebido para fornecer todas as informações relevantes a todos os participantes no mercado, permanecendo longe desse objectivo. Pelo contrário, o sistema constituiu uma alteração das tradicionais doutrinas judiciais concebidas para combater o *promoter agency problem*. Paul G. Mahoney – Mandatory disclosure as a solution to agency problems, *University of Chicago Law Review*, 62, 1995.

[14] Gomes – *Os deveres de informação...* p. 595-597.

[15] Ibidem.

dos *insiders*, as diferentes acções de responsabilidade civil (para com a sociedade, para com os credores sociais, para com sócios e terceiros)[16].

3. **Enquadramento no contexto dos deveres de informação e sua justificação jurídico--económica.** É neste contexto da *importância da informação* no Direito das sociedades comerciais e dos valores mobiliários que deve ser criticamente avaliada a Recomendação ora em análise. Note-se contudo que a consideração do papel basilar desempenhado pela *informação* no governo das sociedades não é só por si suficiente, impondo-se a ponderação de uma outra questão: A justificação dos *deveres de informação*. O facto de a informação ser importante não justifica só por si a imposição de deveres de informação. Assim, como defendemos noutro local, a imposição de deveres de informação não pode simplesmente basear-se na verificação histórica de falhas do mercado. Cabe ao legislador/regulador justificar, em cada caso, em que medida a norma proposta – e o seu âmbito de aplicação objectivo e subjectivo – permite obter um *resultado melhor* do que aquele que seria obtido pelas forças do mercado[17], considerando o difícil equilíbrio entre a concretização dos objectivos propostos e a racionalização dos custos decorrentes da mesma para os emitentes, para os investidores e para o próprio Estado. Não podemos aqui reproduzir as conclusões já afirmadas noutro local sobre a justificação dos deveres de informação e para as quais remetemos[18].

Sem prejuízo disso, recordamos que a questão dos *deveres de informação* está intimamente ligada à das *recomendações de divulgação de informação*. De facto, o mesmo problema pode ser regulado segundo uma de duas opções já analisadas em detalhe por PAULO CÂMARA na Introdução deste volume. A primeira traduz-se na previsão de normas injuntivas (*hard law*[19]) através das quais se impõem os *deveres de informação*. A segunda consiste na *recomendação de condutas como a divulgação de determinadas informações* (*soft law*[20]), impondo às sociedades a divulgação do cumprimento ou incumprimento da mesma e, neste último caso, da justificação do incumprimento. Trata-se do mecanismo habitualmente conhecido por *comply or explain*. Esta última foi a solução adoptada entre nós pelo artigo 245.º-A, n.º 1, al. o) CVM[21] e pelo Regulamento da CMVM n.º 1/2010. Na medida em que este mecanismo opera uma importação de regras sociais para o sistema jurídico[22], com custos económicos para as sociedades abrangidos, valem

14

15

---

[16] ibidem; GERARD HERTIG e HIDEKI KANDA – "Related Party Transactions" – *The Anatomy of Corporate Law: A Comparative and Functional Approach*, 1.ª ed., Oxford, New York: Oxford University Press, 2006, p. 105.
[17] KRAAKMAN – *Disclosure and Corporate Governance...* p. 101.
[18] Cfr. FERREIRA GOMES – *Os deveres de informação...* p. 597-607.
[19] PAULO CÂMARA, na introdução ao presente volume, refere-se a leis em sentido formal e regulamentos atinentes a matérias de direito societário e de valores mobiliários. Cfr. ponto 1 no § 1.1.I. *supra*.
[20] PAULO CÂMARA define *soft law* como normas sociais destituídas de sanção jurídica – normas deontológicas, recomendações e regras de boa conduta. Cfr. ponto 1 no § 1.1.I. *supra*.
[21] Nos termos desta norma: «*Os emitentes de acções admitidas à negociação em mercado regulamentado situado ou a funcionar em Portugal divulgam, em capítulo do relatório anual de gestão especialmente elaborado para o efeito ou em anexo a este,* um relatório detalhado sobre a estrutura e as práticas de governo societário, contendo, pelo menos, os seguintes elementos: o) Declaração sobre o acolhimento do código de governo das sociedades ao qual o emitente voluntariamente se sujeite, especificando as eventuais partes desse código de que diverge e as razões da divergência*».
[22] Sem pretensão de aqui desenvolver esta temática, realçamos apenas que a *soft law* compreende também normas de natureza não apenas social, mas também jurídica (como vimos, em sentido contrário PAULO CÂMARA afirma tratarem-se de normas sociais sem conteúdo jurídico, cfr. ponto 1 no § 1.1.I. *supra*). De facto, onde vigorem soluções de *comply or explain* – como sucede com o Código de Governo das Sociedades da CMVM, nos termos do artigo 245.º-A CVM e do Regulamento da CMVM n.º 1/2010 –, as inerentes recomendações ganham um conteúdo jurídico, ainda que mitigado pela inexistência de uma sanção legal *directa* para o seu incumprimento (substituída por sanções de mercado, às quais se somam sanções legais *indirectas*, i.e., dependentes da iniciativa dos

com as necessárias adaptações muitas das considerações tecidas a propósito das justificações dos deveres de informação. No entanto, na medida em que esta é uma solução muito mais flexível para as sociedades abrangidas (própria de uma perspectiva de *one size does not fit all*), os custos de implementação são muito menores[23].

4. ***Ratio* da Recomendação e relação com o regime legal.** A recomendação da divulgação de uma descrição sobre a actividade desenvolvida pelos administradores não executivos no relatório anual de gestão tem uma dupla *ratio*:

Por um lado, a verificação do adequado desempenho das funções dos administradores não executivos por todos os interessados será tanto mais fácil quanto mais adequadas forem as informações divulgadas. De facto, sem uma tal divulgação pública, só será possível avaliar tal desempenho pela consulta das actas do conselho de administração, as quais, naturalmente, se referem apenas às reuniões do órgão, não permitindo conhecer a demais actividade desenvolvida por estes administradores fora dessas reuniões. Acresce que só em casos extremos (e raros) o relato das reuniões permitirá uma avaliação da intervenção dos administradores não executivos. Mais importante ainda: a lei não confere aos accionistas o direito a consultar as actas do conselho de administração, salvo nos termos do artigo 291.º[24], em especial quando no pedido de consulta se especifique que tal consulta se destina a apurar responsabilidade de membros daquele órgão[25].

Por outro lado, a divulgação pública de tal informação constitui um incentivo aos administradores não executivos para o adequado desempenho das suas funções, os quais, naturalmente, não querem ver publicamente exposto o incumprimento das suas obrigações. Tal exposição pode acarretar não apenas um prejuízo para a sua reputação profissional (*incentivos de mercado*), mas ainda o risco de alguns destinatários da informação reagirem à violação de deveres de administração (*incentivos legais*). Como referimos *supra* no enquadramento desta Recomendação, entre esses mecanismos destacam-se a eleição/destituição da administração e as diferentes acções de responsabilidade civil (para com a sociedade, para com os credores sociais, para com sócios e terceiros).

Concluindo, através da divulgação de uma descrição sobre a actividade por si desenvolvida pretende verificar-se e assegurar-se o cumprimento das funções atribuídas pela lei aos administradores não executivos, as quais são densificadas e concretizadas nas Recomendações analisadas.

Já a divulgação de eventuais constrangimentos deparados, permite sindicar a actuação dos administradores *executivos* na colaboração com os *não executivos*, aplicando-se àqueles as considerações acima aduzidas para estes. Em particular, destaca-se a sempre problemática

---

agentes económicos para reagir judicial ou extrajudicialmente através de vários instrumentos jurídicos face ao incumprimento de recomendações que concretizem ou densifiquem deveres legais). Opera assim uma importação de regras sociais para o sistema jurídico.

Sobre o dever de prestar informação sobre o grau de observância do código (*comply or explain*), remetemos uma vez mais para a Introdução de PAULO CÂMARA a este volume, § 3.º.12 *supra*.

[23] Sobre as funções dos códigos de governo das sociedades, *vide* as considerações introdutórias de PAULO CÂMARA, pontos 46-57 no § 1.1.I. *supra*.

[24] Segundo o n.º 1 deste artigo, «*[o]s accionistas cujas acções atinjam 10% do capital social podem solicitar, por escrito, ao conselho de administração ou ao conselho de administração executivo que lhes sejam prestadas, também por escrito, informações sobre assuntos sociais*».

[25] Segundo o n.º 2 do artigo 291.º CSC, «*[o] conselho de administração ou o conselho de administração executivo não pode recusar as informações se no pedido for mencionado que se destinam a apurar responsabilidade de membros daquele órgão, do conselho fiscal ou do conselho geral e de supervisão, a não ser que, pelo seu conteúdo ou outras circunstâncias, seja patente não ser esse o fim visado pelo pedido de informação*».

questão do acesso dos administradores *não executivos* a *informação completa, verdadeira, actual, clara, objectiva e lícita*[27], acesso esse que na prática depende da colaboração dos administradores *executivos*.

---

[27] Adjectivos usados no artigo 7.º CVM a propósito da qualidade da informação relativa «a instrumentos financeiros, a formas organizadas de negociação, às actividades de intermediação financeira, à liquidação e a compensação de operações, a ofertas públicas de valores mobiliários e a emitentes».

II.2.5. A sociedade deve explicitar a sua política de rotação dos pelouros no Conselho de Administração, designadamente do responsável pelo pelouro financeiro, e informar sobre ela no relatório anual sobre o Governo da Sociedade.

Bibliografia: JORGE MANUEL COUTINHO DE ABREU, *Governação das Sociedades Comerciais*, 2006; JOSÉ ENGRÁCIA ANTUNES, *O Regimento do Órgão de Administração*, DSR, I, 2, 81-95; APRIL KLEIN, *Firm Performance and Board Committee Structure*, Journal of Law & Economics, 41, 1 (1998), 275-303; RACHEL HAYES/HAMID MEHRAN/SCOTT SCHAEFER, *Board Committee Structures, Ownership, and Firm Performance*, disponível em www.docin.com/p-93726535.html; PEDRO MAIA, *Função e Funcionamento do Conselho de Administração da Sociedade Anónima*, 2002; ALEXANDRE SOVERAL MARTINS, *Comissão Executiva, Comissão de Auditoria e Outras Comissões na Administração*, em AAVV, *Reformas do Código das Sociedades*, 2007; CHRISTOPH SEIBT, § 77, Schmidt/Lutter (org.), *Aktiengesetz Kommentar*, 2008.

Índice

1. Introdução 1
2. Enquadramento normativo 4
3. Efeitos jurídicos 7
4. Sentido da Recomendação 10

1. Introdução
A Recomendação em apreço não tem antecedentes directos das Recomendações de 1999, 2001, 2003 e 2005. Na versão de 1999 era apenas recomendada a *criação pelo órgão de administração de comissões de controlo internas com atribuição de competências em matérias em que existam potenciais situações de conflito de interesses* (V.17), não se referindo, propriamente, à repartição de pelouros. A versão de 2001 mantinha a recomendação focada nas *comissões de controlo internas (...) com atribuição de competências em matérias em que existam potenciais situações de conflito de interesses* (IV.11). Em 2003, esta recomendação foi alterada, passando a incidir, genericamente, sobre a estrutura e governo societários: *o órgão de administração deve criar comissões de controlo internas com atribuição de competências na avaliação da estrutura e governo societários* (IV.7). Em 2005 esta recomendação não sofreu qualquer alteração. Assim, pode afirmar-se que, até 2005 as recomendações mais próximas da que agora se analisa apenas se referiam à constituição de comissões de controlo internas, especialmente vocacionadas para questões de estrutura e governo societários [1]

Apenas em 2007 foi introduzida uma Recomendação relativa à distribuição de pelouros no Conselho de Administração: *o órgão de administração deve promover uma rotação do membro com o pelouro financeiro, pelo menos no fim de cada dois mandatos*. [2]

A versão actual, de 2009, é ligeiramente diferente: enquanto a versão de 2007 aconselhava a rotação do membro com o pelouro financeiro, a versão de 2009 assume uma rotação [3] generalizada de pelouros (*a sociedade deve explicitar a sua política de rotação dos pelouros no Conselho de Administração*); enquanto a versão de 2007 sugeria uma periodicidade para a rotação no pelouro financeiro (dois mandatos), a versão de 2009 apenas sugere que sobre este pelouro, em concreto, se faça referência no relatório anual sobre o governo da sociedade.

2. Enquadramento normativo

4 O fundamento para a distribuição de competências no órgão de administração parece residir nos n.os 1 e 2 do artigo 407.º e na delegação dita "imprópria"[1] e na competência genérica do órgão para se auto-organizar[2] (que se comprova pela desnecessidade de cláusula expressa no contrato – artigo 407.º/1 e que se manifesta, por exemplo, nos regimes supletivos dos artigos 395.º/2 e 393.º/3, alínea b).

5 Se no sistema monista e no sistema anglo-saxónico das alíneas a) e b) do artigo 278.º/1, respectivamente, é inequívoca a possibilidade de distribuir competências pelos vários administradores, individualmente, ou agrupados em comissões, com base no artigo 407.º/1, já no modelo dualista da alínea c) do artigo 278.º/1 essa hipótese apresenta-se mais problemática. Com efeito, o artigo 431.º/3 não faz referência à aplicabilidade do artigo 407.º, invocando apenas os artigos 406.º, 408.º e 409.º[3]. No entanto, não se vislumbram razões materiais para retirar este poder de auto-organização ao Conselho de Administração Executivo, desde que através do seu exercício não seja desconfigurado o modelo em apreço (ex. através da criação de administradores *não executivos* no CAE)[4].

6 A fonte próxima da distribuição de competências consistirá geralmente numa deliberação ad-hoc do Conselho de Administração ou num regimento do órgão, aprovado pelo próprio[5].

3. Efeitos jurídicos

7 A distribuição de competências – funcional, geográfica ou baseada noutro critério –, não exclui a competência normal dos demais administradores nem a sua responsabilidade, nos termos do artigo 407.º/2.

8 No entanto, a distribuição de competências por pelouros ou comissões não pode deixar de ter efeitos jurídicos sobre os deveres dos administradores. Na ausência de distribuição, o dever de administrar e o dever de vigiar de cada administrador é ilimitado em termos funcionais, geográficos, etc.

9 Após uma distribuição por pelouros, o dever de administrar de cada administrador concentra-se na sua área de competências, e o dever de vigilância concentra-se nas dos demais. Esta alteração não vai ao ponto de, como acontece na delegação própria do artigo 407.º/3, o administrador (não delegado) deixar de estar obrigado a administrar. Assim, e a título de exemplo, o administrador encarregue da área comercial tem o dever de suscitar a intervenção do conselho, caso entenda que estão a ser descuradas actuações necessárias na área de internacionalização da sociedade. Mas seguramente que na delegação imprópria o dever de cuidado que cada administrador deve observar é concentrado na sua área de competências, e

---

[1] COUTINHO DE ABREU, *Governação das Sociedades Comerciais*, 98-106, ALEXANDRE SOVERAL MARTINS, *Comissão Executiva, Comissão de Auditoria e Outras Comissões na Administração*, 270-275.

[2] ENGRÁCIA ANTUNES, *O Regimento do órgão de administração*, DSR, I, 2, 86.

[3] ALEXANDRE SOVERAL MARTINS, *Comissão Executiva*, cit., 273, nota 44.

[4] COUTINHO DE ABREU, *Governação das Sociedades Comerciais*, cit., 98, nota 251*bis*. Aliás, o n.º 3 do artigo 427.º, entretanto revogado, previa expressamente uma distribuição de competências, ao prever que um administrador (director, na terminologia então em vigor) fosse especialmente encarregue das relações com os trabalhadores.

[5] ENGRÁCIA ANTUNES, *O Regimento do órgão de administração*, DSR, I, 2, 88.

mais ténue das áreas distribuídas aos seus pares. De outra forma, o administrador encarregue pela área comercial seria avaliado, em relação à administração da área financeira, segundo a mesma bitola de cuidado, o que invalidaria os ganhos de eficiência que se pretendem com a distribuição de competências[6].

4. Sentido da Recomendação

A distribuição de competências como forma de auto-organização do órgão de administração destina-se, em última análise, a promover uma maior eficiência no respectivo funcionamento bem como a especialização dos administradores: segundo o perfil e a experiência de cada administrador, ser-lhe-á atribuída a área onde pode aplicar o seu tempo e recursos da forma mais eficaz.

Dos estudos empíricos sobre a distribuição de competências no conselho podem retirar-se algumas tendências. A título de exemplo, RACHEL HAYES, HAMID MEHRAN e SCOTT SCHAEFER demonstraram a existência de uma correlação positiva entre o tamanho da sociedade e a distribuição de competências, o que é consistente com a explicação segundo a qual uma maior complexidade exige maior grau de especialização. Por outro lado, no universo escolhido para este estudo, as sociedades com melhor prestação em termos de distribuição de dividendos foram aquelas que promoveram maior distribuição de competências no conselho (quer em termos de número de comités, quer em termos de funções atribuídas a cada comité)[7].

Noutro estudo, em sentido comparável, foi demonstrada uma correlação positiva entre a percentagem de directores internos nas comissões/comités financeiros e de investimento e a prestação das sociedades. Embora aqui a correlação não envolva administradores, mas funcionários internos (em comités mistos, compostos por administradores e funcionários), os resultados confirmam a correlação especialização/prestação das sociedades: a distribuição de competências não é um fim em si, mas uma forma de promover a eficiência, através da especialização, que no estudo em apreço era aportada por funcionários internos, tendencialmente especializados nas áreas de competência das comissões a que eram chamados[8].

O carácter instrumental da distribuição de competências pode também ser indirectamente demonstrado, no direito societário português, quando se analisam as exigências especiais de qualificações e competência profissional para determinadas funções. Pense-se nos casos dos artigos 414.º/4, 423.º-B/e 434.º/4[9] ou no artigo 444.º/5[10], todos do CSC, ou no artigo 31.º/1, RGICSF[11].

---

[6] Em sentido próximo, CHRISTOPH SEIBT em SCHMIDT/LUTTER, Aktiengesetz Kommentar (2008), 893. PEDRO MAIA, Função e Funcionamento do Conselho de Administração da Sociedade Anónima, cit., 251) distingue as duas formas de delegação do artigo 407.º pela falta de efeitos jurídicos sobre os deveres dos administradores na delegação imprópria (por oposição à delegação própria, em que se deixa de exigir ao administrador não delegado a participação activa na gestão). No entanto, este critério de distinção – com o qual concordamos – não parece necessariamente implicar que a bitola de cuidado permaneça inalterada, após uma delegação imprópria.

[7] RACHEL HAYES/HAMID MEHRAN/SCOTT SCHAEFER, Board Committee Structures, Ownership, and Firm Performance, disponível em www.docin.com/p-93726535.html.

[8] APRIL KLEIN, Firm Performance and Board Committee Structure, Journal of Law & Economics, 41, 1 (1998), 275-303.

[9] Pelo menos um dos membros do conselho fiscal, da comissão de auditoria ou do conselho geral e de supervisão, consoante o modelo adoptado, das sociedades cotadas e das grandes SA deve ter *curso superior adequado ao exercício das suas funções e conhecimentos em auditoria ou contabilidade*.

[10] A comissão para as matérias financeiras, obrigatoriamente constituída nas sociedades cotadas e nas grandes SA, deve igualmente integrar um membro que *tenha um curso superior adequado ao exercício das suas funções e conhecimentos em auditoria ou contabilidade*.

[11] Os membros do órgão de administração a quem caiba assegurar a gestão corrente da instituição de crédito (...) devem possuir qualificação adequada, nomeadamente através de habilitação académica ou experiência profissional.

14   Em todas estas normas o reconhecimento da especial importância de uma função societária especializada é acompanhado de exigências adicionais quanto à qualificação e preparação do respectivo titular. É dada especial atenção às funções que impliquem tratamento de informação financeira, pela respectiva complexidade e pelo impacto que esta área tem na vida da sociedade.

15   Por tudo isto é de estranhar que a recomendação em apreço assuma que os titulares do órgão de administração devam assumir pelouros diferentes ao longo do tempo, em rotação e que escolha precisamente o pelouro financeiro como concretização deste princípio. Na linha das normas citadas seria antes de sublinhar que a distribuição de competências dentro do órgão de administração (cfr. artigo 31.º/1, RGICSF) é um meio (para alcançar uma maior eficiência) e não um fim, e que apenas será frutífera se a autonomização de pelouros for acompanhada da especialização dos respectivos titulares.

16   Ao invés, a recomendação em apreço cria um sério obstáculo à especialização, sem qualquer fundamento aparente: repare-se que a sugestão é a de que os vários pelouros rodem pelo *mesmo conjunto de administradores*, e não que a identidade dos titulares do órgão vá sendo alterada ao longo do tempo. A resolução em apreço não impede assim a perpetuação de um determinado administrador *no conselho*, mas a perpetuação do administrador *num determinado pelouro*.

17   Ora só faria sentido uma regra deste tipo perante uma fungibilidade de pelouros e/ou de administradores. A esta luz, a imposição da rotação só poderia ter um de dois fundamentos subjacentes: ou todos os administradores estão preparados para assumir qualquer pelouro, ou a distribuição dos pelouros pelos administradores é feita sem qualquer relação com a competência e qualificações de cada um. Como a primeira hipótese não é verosímil, deve afirmar-se que através desta recomendação a especialização é desvalorizada: sinal precisamente inverso ao que se deveria pretender difundir. Ainda que a um determinado administrador seja atribuído um pelouro adequado às suas aptidões, é desincentivado qualquer investimento adicional na aquisição de competências adicionais: no futuro, inexoravelmente, deverá assumir uma área (de negócios, geográfica, funcional, etc.) diferente.

18   Por estes motivos, a recomendação em apreço deve ser abandonada. Segundo se conseguiu apurar, esta recomendação não encontra paralelo em qualquer outro ordenamento jurídico.

2.3. ADMINISTRADOR DELEGADO, COMISSÃO EXECUTIVA E CONSELHO DE ADMINISTRAÇÃO EXECUTIVO

II.3.1. Os administradores que exerçam funções executivas, quando solicitados por outros membros dos órgãos sociais, devem prestar, em tempo útil e de forma adequada ao pedido, as informações por aqueles requeridas.

II.3.2. O presidente da comissão executiva deve remeter, respectivamente, ao presidente do conselho de administração e, conforme aplicável, ao presidente da conselho fiscal ou da comissão de auditoria, as convocatórias e as actas das respectivas reuniões.

II.3.3. O presidente do conselho de administração executivo deve remeter ao presidente do conselho geral e de supervisão e ao presidente da comissão para as matérias financeiras, as convocatórias e as actas das respectivas reuniões.

Bibliografia: ALEXANDRE DE SOVERAL MARTINS, Os Poderes de Representação dos Administradores de Sociedades Anónimas, *Studia Iuridica*, n.º 34, Coimbra Editora, Coimbra 1998, ALEXANDRE DE SOVERAL MARTINS, Comissão Executiva, Comissão de Auditoria e outras Comissões na Administração, *Reformas do Código das Sociedades*, Almedina, Coimbra 2007, ANTÓNIO MENEZES CORDEIRO, Os deveres fundamentais dos administradores das sociedades (artigo 64.º, n.º 1 do CSC), *Jornadas em Homenagem ao Professor Doutor Raúl Ventura – A Reforma do Código das Sociedades Comerciais*, Almedina, Coimbra 2007; ANTÓNIO MENEZES CORDEIRO – *Direito Europeu das Sociedades*, Almedina, Coimbra 2005, CMVM, *Governo das Sociedades Anónimas: Propostas de Alteração ao Código das Sociedades Comerciais – Processo de Consulta Pública n.º 1/2006*, CMVM, Janeiro de 2006, disponível em www.cmvm.pt, ANTÓNIO MENEZES CORDEIRO, Artigo 407.º (Delegação de poderes de administração), *Código das Sociedades Comerciais Anotado*, coord. António Menezes Cordeiro, Almedina, Coimbra 2009, JOÃO CALVÃO DA SILVA, "Corporate Governance" – Responsabilidade civil de administradores não executivos, *Revista de Legislação e de Jurisprudência*, Ano 136.º, Setembro-Outubro de 2006, n.º 3940, J.M. COUTINHO DE ABREU, *Governação das Sociaedes Comerciais*, Almedina, Coimbra 2005/2006, J.M. COUTINHO DE ABREU, Deveres de Cuidado e de Lealdade dos Administradores e Interesse Social, *Reformas do Código das Sociedades*, Almedina, Coimbra 2007, MANUEL A. CARNEIRO DA FRADA, A *Business Judgement Rule* no quadro dos deveres gerais do administradores, *Revista da Ordem dos Advogados*, Lisboa, ano 67, n.º 1 (Janeiro de 2007), ORLANDO VOGLER GUINÉ, *Da Conduta (Defensiva) da Administração "Opada"*, Almedina, Coimbra 2009, PAULO CÂMARA, Os Modelos de Governo das Sociedades Anónimas, *Reformas do Código das Sociedades*, Almedina, Coimbra 2007, PEDRO MAIA, Função e Funcionamento do Conselho de Administração da Sociedade Anónima, *Studia Iuridica*, n.º 62, Coimbra Editora, Coimbra 2002, RICARDO COSTA, Responsabilidade dos Administradores e *Business Judgment Rule*, *Reformas do Código das Sociedades*, Almedina, Coimbra 2007.

Índice

I – Antecedentes próximos 1
1. As Recomendações II.3.1., II.3.2. e II.3.3 1

II – Fontes legais e comunitárias relacionadas   5
2. Fontes legais internas 5
3. Fontes legais comunitárias 9

III – Análise 11
1. Enquadramento... 11

2. A partilha de informação por administradores executivos... 13
3. A Recomendação II.3.1.................................... 17
4. As Recomendações II.3.2. e II.3.3.................... 23
5. Enquadramento/comparação com recomendações e práticas internacionais 30

I – Antecedentes próximos

1   As **Recomendações II.3.1., II.3.2.** e **II.3.3.** reproduzem, sem modificações, as mesmas Recomendações da CMVM de 2007.

2   Não há um antecedente fiel nas recomendações mais antigas, embora seja possível detectar a génese daquelas recomendações. As Recomendações da CMVM de 2001 abordavam este tema, ainda que de forma indirecta e sem indicar a concreta linha de actuação. Referiam apenas que no relatório sobre as práticas de governo societário devia ser descrito o modo como o órgão de administração exerce controlo efectivo sobre a vida societária, em particular no que respeita aos «procedimentos criados para assegurar que os membros do órgão de administração conheçam as matérias e/ou decisões tomadas pela comissão executiva, caso exista, e indicação do tipo de informação transmitida por esta àquele» (cfr. capítulo IV do anexo). As Recomendações da CMVM de 2003 eram ainda mais insipientes nesta matéria, dado que se limitavam a referir que aquele relatório devia incluir «informação aos membros do órgão de administração relativamente às matérias tratadas e decisões tomadas pela comissão executiva, caso exista». Esta redacção foi mantida nas Recomendações da CMVM de 2005 e 2006.

3   Por conseguinte, as primeiras Recomendações da CMVM não se pronunciavam de forma expressa acerca do relacionamento entre os membros executivos do órgão de administração e os demais membros desse e de outros órgãos sociais. O tema surgia incidentalmente, a propósito da definição do conteúdo do relatório relativo às práticas de governo societário. E, em consequência desta abordagem, faltavam orientações precisas. A preocupação em assegurar a instância de um fluxo informativo existia, mas não eram fornecidas coordenadas sobre o conteúdo e a forma de prestar essa informação. Por isso, a sociedade gozava de liberdade na conformação dos procedimentos (Recomendação da CMVM de 2001) e da prestação de informação aos membros do órgão de administração (Recomendações seguintes), podendo reflectir, com maior ou menor detalhe, informação àquele respeito no relatório relativo às práticas de governo societário.

4   O panorama recomendatório inverteu-se com a aprovação das Recomendações da CMVM de 2007, certamente impulsionadas pelo fôlego da Reforma de 2006, que introduziu relevantes alterações a este nível no CdSC, como se verá adiante.

II – Fontes legais e comunitárias relacionadas

5   **Fontes legais internas.** Não há no CdSC uma disposição paralela a estas Recomendações. Todavia, a Recomendação II.3.1. partilha lugares comuns, no modelo clássico, com o art. 407.º, n.º 6 (relação comissão executiva – conselho de administração) e, com alusão à "administração", sem destacar o corpo executivo, o art. 420.º (relação órgão de administração – conselho

fiscal ou fiscal único) e, no modelo anglo-saxónico, com o art. 407.º, n.º 6 (relação comissão executiva – conselho de administração) e, com idêntica referência à "administração", o art. 423.º-F (relação órgão de administração – comissão de auditoria). Para os modelos clássico e anglo-saxónico, o art. 407.º, n.º 6 estabelece que o presidente da comissão executiva (e não faria sentido, também, o administrador delegado?) deve assegurar que seja prestada aos outros membros do conselho de administração informação relativa às actividades e às deliberações da comissão executiva[1] e que sejam cumpridos os limites da delegação, da estratégia da sociedade e dos deveres de colaboração perante o presidente do conselho de administração. Por outro lado, na relação com o órgão de administração, no modelo clássico, qualquer membro do conselho fiscal ou o fiscal único tem poderes para obter da administração esclarecimentos e documentos.

No que respeita ao modelo germânico, a Recomendação II.3.1. encontra afinidades com os arts. 432.º e 441.º (relação conselho de administração executivo – conselho geral e de supervisão). A primeira disposição legal retrata as relações entre o conselho de administração executivo e o conselho geral e de supervisão, denotando a interferência do conselho geral e de supervisão na gestão, por via informativa[2], enquanto o art. 441.º, ao definir a competência do conselho geral e de supervisão, confia-lhe, entre outros, os poderes de fiscalizar as actividades do conselho de administração executivo e verificar a regularidade dos livros, registos contabilísticos e documentos que lhes servem de suporte, assim como a situação de quaisquer bens ou valores possuídos pela sociedade a qualquer título.

Note-se, contudo, que enquanto os arts. 432.º e 441.º existem desde a entrada em vigor do CdSC (embora antes da Reforma de 2006 o conselho de administração executivo fosse designado direcção[3]), o art. 407.º, n.º 6 foi introduzido pela Reforma de 2006, que desdobrou o art. 407.º do CdSC de cinco para oito números, tendo então sido introduzido o actual n.º 6, que consagra as regras que regem a relação entre o presidente da comissão executiva e os membros do conselho de administração e os deveres de informação daquele[4]. Como é sabido, o modelo anglo-saxónico foi integralmente criado pela Reforma de 2006.

As Recomendações II.3.2. e II.3.3. não têm rigoroso paralelo no CdSC. Em causa está a entrega de convocatórias e actas das reuniões da comissão executiva e do conselho de administração executivo. Ora, a lei comercial não tem um regime unitário nesta matéria. Nada se diz sobre o registo das decisões do administrador delegado nem sobre a convocação e o registo das deliberações da comissão executiva. Para a comissão executiva, será relevante o que constar da deliberação de delegação, na medida em que se pronuncie acerca do respectivo funcionamento. Sobre o administrador delegado, nada se diz expressamente. Diferente é o regime aplicável ao conselho de administração executivo, que vê o seu modo de funciona-

---

[1] Como bem salientam ALEXANDRE DE SOVERAL MARTINS, Comissão Executiva, Comissão de Auditoria e outras Comissões na Administração, *Reformas do Código das Sociedades*, Almedina, Coimbra 2007, p. 254, e JOÃO CALVÃO DA SILVA, "Corporate Governance" – Responsabilidade civil de administradores não executivos, *Revista de Legislação e de Jurisprudência*, Ano 136, Setembro-Outubro de 2006, n.º 3940, pág. 37, não é preciso que seja o próprio presidente da Comissão Executiva a prestar a informação; mas, seja como for, deverá ser ele a assegurar que a informação é prestada, ainda que por outro administrador executivo.
[2] Neste sentido, PAULO CÂMARA, Os Modelos de Governo das Sociedades Anónimas, *Reformas do Código das Sociedades*, Almedina, Coimbra 2007, p. 230.
[3] Veja-se a propósito, CMVM, *Governo das Sociedades Anónimas: Propostas de Alteração ao Código das Sociedades Comerciais – Processo de Consulta Pública n.º 1/2006*, CMVM, Janeiro de 2006, disponível em www.cmvm.pt, p. 39.
[4] A partir da Reforma de 2006, a Comissão Executiva passou a ter um presidente que até então não era exigido. Nesse sentido, e sobre este tema, veja-se ALEXANDRE DE SOVERAL MARTINS, Comissão Executiva..., cit., p. 253.

mento seguir, por remissão, as regras previstas para o conselho de administração nos modelos clássico e anglo-saxónico no que se refere à convocação de reuniões e respectivas actas.

9 **Fontes legais comunitárias.** Não existem, no direito comunitário, disposições vigentes que possam ser directamente convocadas. Porém, podem ser colhidas algumas referências na Proposta de 5.ª Directiva, que embora não tenha chegado a ser aprovada, é conhecida como a directiva relativa à estrutura das sociedades anónimas[5]. Esta proposta de directiva assume a existência de dois sistemas distintos (dualista e monista) e consagra regras relevantes para a análise em curso.

10 No sistema dualista, o art. 11.º, que estabelece vários deveres de informação, entre os quais se destacam os deveres de a direcção dirigir ao órgão de vigilância, trimestralmente, um relatório escrito sobre a condução dos negócios da sociedade (n.º 1) e, a pedido do órgão de vigilância, um relatório especial sobre os negócios da sociedade em geral ou algum em concreto (n.º 3); pode ainda ser realçado o direito de o órgão de vigilância, a pedido de pelo menos um terço dos seus membros, obter do órgão de direcção todas as informações e documentos que entenda necessários à vigilância (n.º 4). No sistema monista, o art. 21.º r), sob a epígrafe "informações", previa regras similares, sendo o papel dos membros da direcção *mutatis mutandis* assumido pelos membros executivos do órgão de administração e o papel dos membros do órgão de vigilância desempenhado pelos membros não executivos do órgão de administração.

III – Análise

1. Enquadramento.

11 As Recomendações II.3.1., II.3.2. e II.3.3. podem ser organizadas em dois grupos: um, que inclui a primeira recomendação, e outro, que abrange as restantes duas. A divisão considera os sujeitos envolvidos e a finalidade subjacente a cada Recomendação. Enquanto a primeira Recomendação tem como destinatários passivos "os administradores que exercem funções executivas" e como destinatários activos "outros membros de órgãos sociais", as demais têm como destinatário passivo o presidente do órgão de administração delegatário (presidente da comissão executiva ou presidente do conselho de administração executivo) e como destinatários activos os presidentes do órgão de administração (conselho de administração ou conselho geral e de supervisão) e do órgão de fiscalização (conselho fiscal ou comissão de auditoria ou comissão para as matérias financeiras).

12 As distinções agudizam-se caso se atenha à finalidade destas Recomendações: a primeira, que consagra um dever de prestar, em tempo útil e de forma adequada, as informações solicitadas; as demais, que afirmam o dever de entregar, aos referidos destinatários, as convocatórias e as actas das respectivas reuniões. Assim, a organização divisada não resulta de um distinto propósito recomendatório, mas sim da circunstância de as Recomendações II.3.2. e II.3.3. serem aplicáveis aos modelos clássico e anglo-saxónico (a segunda) e germânico (a terceira).

---

[5] Esta Directiva foi apresentada pela Comissão Europeia em 9 de Outubro de 1972 (JOCE N.º C-131, de 13 de Dezembro de 1972), e posteriormente em 19 de Agosto de 1983 (JOCE N.º C-240, de 9 de Setembro de 1983) e 20 de Novembro de 1991 (JOCE N.º C-321, de 12 de Dezembro de 1991). Sobre esta Directiva, veja-se ANTÓNIO MENEZES CORDEIRO, *Direito Europeu das Sociedades*, Almedina, Coimbra 2005, p. 679 e segs.

2. A partilha de informação por administradores executivos.

Estas Recomendações confirmam a comissão executiva, o administrador delegado ou o conselho de administração executivo como *epicentros informativos da sociedade*. Uma vez que os membros executivos da administração estão encarregues da "gestão corrente da sociedade", é normal que se encontrem numa posição especialmente apta para aceder à mais ampla e actual informação sobre a sociedade e as suas actividades. Daí que sejam a melhor fonte de informação. Por isso, é crucial implementar mecanismos adequados para evitar que possa ser criado um fosso informativo entre aqueles membros executivos e os membros de outros órgãos sociais. Dentro do círculo societário, a partilha de informação permitirá o melhor acompanhamento das actividades do corpo executivo e a mais rigorosa monitorização e vigilância das mesmas por parte dos órgãos competentes. E note-se que não estão em causa apenas os membros da administração, mas sim os membros de quaisquer órgãos sociais. Procura-se, deste modo, estreitar a ligação entre o restrito grupo de executivos que, quotidianamente, gere a sociedade e os membros dos outros órgãos da sociedade, independentemente das suas atribuições e poderes.

A tomada de decisão informada é um corolário evidente do dever de cuidado que deve nortear a actuação dos administradores (cfr. art. 64.º, n.º 1, al. (a) do CdSC)[6], assumindo decisiva importância no art. 72.º, n.º 2, que acolhe a *business judgment rule*[7] – numa formulação sintética: a responsabilidade dos administradores é excluída contanto que estes tenham agido informados, livres de interesses pessoais e segundo parâmetros de racionalidade económica.

Nesta linha, o princípio VI (*Responsabilidades do órgão de administração*) dos *Princípios de Governo das Sociedades da OCDE* prevê que cada membro do órgão de administração deve estar devidamente informado antes de participar na tomada de decisões e, para o efeito, deve ter acesso a informação precisa, relevante e actualizada (cfr. parágrafos A e F). Um membro do órgão de administração só pode dar um contributo útil e adequado à discussão dos assuntos sujeitos à sua apreciação caso tenha recolhido e analisado toda a informação relevante. A tomada de decisão apenas será esclarecida se o administrador estiver na posse de informação em quantidade e com a qualidade necessária. De outro modo, a existência de assimetrias informativas (por incompletude, incorrecção ou desactualização) podem gerar consequências funestas.

A verdade é que nenhum dos órgãos sociais estabelece com a comissão executiva ou o administrador delegado a relação genética que é assegurada pelo órgão de administração

---

[6] Sobre o dever de cuidado e seu aparecimento na lei portuguesa por ocasião da reforma empreendida ao CdSC pelo Decreto-lei n.º 76-A/2006, de 29 de Março, veja-se António Menezes Cordeiro, Os deveres fundamentais dos administradores das sociedades (artigo 64.º, n.º 1 do CSC), *Jornadas em Homenagem ao Professor Doutor Raúl Ventura – A Reforma do Código das Sociedades Comerciais*, Almedina, Coimbra 2007, p. 49 e segs., J.M. Coutinho de Abreu, Deveres de Cuidado e de Lealdade dos Administradores e Interesse Social, *Reformas do Código das Sociedades*, Almedina, Coimbra 2007, p. 19 e segs., que coloca especial ênfase no acesso dos administradores à informação, desdobrando o dever de cuidado em três: (a) dever de controlo ou vigilância organizativo-funcional; (b) o dever de actuação procedimentalmente correcta (para a tomada de decisões) e (c) o dever de tomar decisões (substancialmente) razoáveis.

[7] Sobre a *business judgment rule* no direito nacional, veja-se Manuel A. Carneiro da Frada, A *Business Judgement Rule* no quadro dos deveres gerais dos administradores, *Revista da Ordem dos Advogados*, Lisboa, ano 67, n.º 1 (Janeiro de 2007), p.159e segs., Orlando Vogler Guiné, *Da Conduta (Defensiva) da Administração "Opada"*, Almedina, Coimbra 2009, p. 123 e segs., Ricardo Costa, Responsabilidade dos Administradores e *Business Judgment Rule*, *Reformas do Código das Sociedades*, Almedina, Coimbra 2007, p. 51 e segs.

nos modelos clássico e anglo-saxónico[8]. A comissão executiva ou o administrador delegado emergem do conselho de administração, pelo que os membros da comissão executiva ou o administrador delegado são também membros do conselho de administração, órgão social propriamente dito, agregador dos vários tipos de administradores (executivos, não executivos e independentes). Daí que embora exista, e deva existir, uma distribuição funcional de tarefas dentro do órgão de administração, este (enquanto órgão colegial) tem importantes poderes *vis-a-vis* a comissão executiva e o admistrador delegado. Desde logo, exerce uma competência concorrencial, pelo que pode avocar assuntos (art. 407.º, n.º 8, 1.ª parte do CdSC); por outro lado, os administradores não executivos têm o dever de vigiar os executivos (art. 407.º, n.º 8, 2.ª parte do CdSC). Semelhante vigilância deve ser exercida pelo conselho geral e de supervisão sobre as actividades do conselho de administração executivo (art. 441.º do CdSC).

3. A Recomendação II.3.1.

17 *Introdução*. Numa primeira leitura, esta recomendação parece revestir-se de contornos amplos: qualquer administrador executivo pode ser questionado, qualquer membro de órgão social pode questionar, qualquer informação pode ser requerida, todas as informações solicitadas devem ser prestadas em tempo e forma adequados.

18 Naturalmente, esta recomendação não pode ser considerada com tão ampla latitude, em especial no que diz respeito à forma e ao conteúdo. É inegável que todos os administradores executivos estão sujeitos ao dever de prestar informação. Basta que sejam executivos para que se lhes seja exigível o cumprimento daquele dever, que, aliás, tem a sua origem e alicerce legal nas disposições do CdSC antes citadas. Por outro lado, é suficiente que alguém seja membro de outro órgão social para poder, em abstracto, exigir informação. A inexistência de restrições do lado dos destinatários passivos da recomendação de prestar informação não suscita reservas: todos são executivos, pelo que é possível presumir que todos têm acesso à informação que, em virtude das suas competências próprias, está ao dispor dos membros executivos. Já no que diz respeito a quem pode solicitar a prestação de informação e é também destinatário da mesma poderia haver maiores dúvidas, uma vez que o universo de pessoas abrangido é bastante heterogéneo. Mas esta aparente diversidade é uniformizada por dois parâmetros: de um lado, a circunstância de estarem em causa membros de órgãos sociais da *mesma sociedade* e que, embora dotados de diferentes atribuições e poderes, devem convergir a sua actuação para benefício último dessa sociedade; de outro, o inegável hiato que existe entre os membros executivos e os membros dos demais órgãos sociais. Evidência da preocupação em mitigar esta distância são os poderes de monitorização conferidos aos órgãos de administração e fiscalização.

19 Todavia, é quanto ao âmbito da informação e à forma de a prestar que se suscitam maiores dúvidas. Não parece que possa ser exigida qualquer informação, pois se assim for os administradores executidos poderão ver-se enredados em teias informativas em vez de estarem concentrados na boa gestão da sociedade. O *UK Corporate Governance Code* (sec. A.4) e o *Code Belge de Gouvernance d'Entreprise* (sec. 3.3) prevêem expressamente que os administradores não executivos devem escrutinar a performance dos administradores executivos. Este princípio, sendo desejável, não poderá ser levado a um extremo que transforme a actividade

---

[8] Administrador Delegado, Comissão Executiva e Conselho de Administração Executivo não qualificam como órgãos sociais. Nas palavras de J.M. COUTINHO DE ABREU, *Governação das Socieades Comerciais*, Almedina, Coimbra 2005/2006, p. 97-97, são "centros institucionalizados de poderes funcionais (...) com o objectivo de formar (...) a vontade juridicamente imputável à sociedade. Mas *não são verdadeiros órgãos autónomos*".

dos administradores executivos numa irracional prestação de contas aos demais administradores. Se tal acontecer, estará em risco a boa gestão da sociedade e, claro, a própria sociedade. Mas é saudável que exista, por iniciativa dos próprios administradores executivos ou dos membros dos demais órgãos, um regular diálogo intrasocietário em torno das actividades do administrador delegado, da comissão executiva ou do conselho de administração executivo.
Critérios. Começando pela delimitação positiva: qualquer administrador executivo deverá prestar informação acerca de matérias sujeitas a deliberação de outro órgão social ou com impacto nessa deliberação. Neste caso, a associação directa entre a informação em causa e a sua necessidade dispensam mais comentários. Naturalmente, só pode ser exigida aquela informação que os administradores executivos tenham, ou à qual pudessem ter tido, acesso, devendo a mesma ser tornada disponível com a maior brevidade, a tempo de permitir o amadurecimento do sentido de voto na referida deliberação. Continuando numa delimitação positiva: qualquer administrador executivo deverá prestar informação acerca de uma matéria que, mesmo não estando sujeita a deliberação de outro órgão social ou ainda que não tenha impacto nessa deliberação, seja relevante para a vida da sociedade. Aqui começam a surgir zonas nebulosas: um membro do órgão de fiscalização não pode exigir, semana sim, semana não, informação desmedida sobre quaisquer matérias, mesmo que relativas à vida da sociedade. É difícil encontrar um critério objectivo. Em todo o caso, tal critério deverá amparar-se em coordenadas tais como a proporcionalidade e a fundamentação. A primeira para garantir o cumprimento de parâmetros essenciais ilustrados pelos conceitos de justa medida, razoabilidade e necessidade; esta para evidenciar esses vectores face ao destinatário do pedido em causa.
Prazo. O critério para determinar o prazo de prestação de informação é vago: "em tempo útil". Não é fácil definir o prazo mais ajustado sem conhecer o concreto pedido de informação. Poderá tratar-se de informação imediatamente disponível ou de elementos informativos que exigem pesquisa ou organização. Daí que apenas numa base casuística é possível determinar qual o "tempo útil". E aqui deverá existir razoabilidade da parte de quem solicita a informação. Não é razoável pedir um vasto conjunto de informação com uma hora de antecedência face à celebração de um contrato ou à conclusão de um negócio com base no argumento "tempo útil" caso essa informação pudesse ter sido solicitada antes.
Forma. A informação deve ser prestada "de forma adequada". A fórmula permite flexibilidade. Não há uma forma única, padronizada, ideal para todos os casos. A forma adequada tanto pode ser um longo memorando, como uma curta resposta por e-mail ou um telefonema. Relevante é que a "forma" se encontre adequada ao "pedido", ou seja, que satisfaça a necessidade informativa de quem solicitou a prestação da informação.

4. As Recomendações II.3.2. e II.3.3.
Introdução. Estas Recomendações têm as mesmas características e conteúdo, pelo que a respectiva análise será feita em conjunto. Nestas Recomendações, ocupa papel principal o presidente do "órgão" executivo, seja a comissão executiva ou o conselho de administração executivo. Outros códigos de governo (nomeadamente o *UK Corporate Governance Code* – sec. A.2.1 – e o *Code Belge de Gouvernance d'Entreprise* – sec. 1.5) têm regras expressas sobre a não acumulação dos papéis de presidente do conselho de administração e da comissão executiva. Nesta matéria, o CdSC não é completamente esclarecedor[9].

---

[9] António Menezes Cordeiro, Artigo 407.º (Delegação de poderes de administração), *Código das Sociedades Comerciais Anotado*, coord. António Menezes Cordeiro, Almedina, Coimbra 2009, p. 992, pronuncia-se a favor, enquanto Alexandre de Soveral Martins, *Comissão Executiva...*, cit., p. 250, tem dúvidas.

24   Nenhuma referência é feita ao administrador delegado. Se é certo que o administrador delegado não se auto-convoca para uma reunião e não reúne consigo mesmo, não deixa de ser igualmente verdade que toma decisões e que a boa prática determina que as mesmas sejam registadas num livro próprio. Embora o administrador delegado seja uma figura singular, deveria ser-lhe exigido um parâmetro de prestação de informação ao órgão de fiscalização similar ao que é exigido aos seus congéneres da comissão executiva e do conselho de administração executivo.

25   *Razão de ser.* O fundamento destas Recomendações reside na monitorização de informação por parte dos órgãos aos quais competem funções fiscalizadoras. Não quer isto dizer que não existam já na lei mecanismos permitindo o acesso a esta informação. Vimos que há diversas regras nesse sentido. Mas é no que respeita ao impulso que se verifica a mudança: a iniciativa muda de mãos. Sendo a função fiscalizadora essencialmente activa, o acesso a informação deixa de pressupor uma conduta positiva da parte de quem exerce a fiscalização, uma vez que é quem está exposto à actividade fiscalizadora que deve prestar informação.

26   É ao presidente da comissão executiva e do conselho de administração executivo que compete remeter as convocatórias e as actas das respectivas reuniões. Numa formulação mais liberal, mas alinhada, por exemplo, com o art. 407.º, n.º 6, al. (a) do CdSC, o presidente da comissão executiva ou do conselho de administração executivo devem assegurar que aqueles documentos são entregues aos seus destinatários, ainda que não tenham que, pessoalmente, proceder à entrega.

27   *Prazo.* As Recomendações são omissas quanto ao prazo para cumprimento da obrigação de entrega dos documentos acima referidos. A convocação deve ser entregue a tempo de permitir ao respectivo destinatário não só comparecer na reunião, mas também divulgar a sua ocorrência aos demais membros do seu órgão social (veja-se a este respeito, por exemplo, os poderes-deveres dos membros do conselho fiscal consagrados nos arts. 421.º, n.º 1, al. (d) e 422.º, n.º 1, al. (a), ambos do CdSC). No que se refere às actas das reuniões, e atendendo ao fundamento subjacente às Recomendações, é desejável que decorra o menor espaço de tempo possível entre a data da reunião e a entrega da respectiva acta. Na falta de uma medida certa, o critério urgência poderá ser definido, por exemplo, pela data de implementação das deliberações adoptadas, devendo a cópia da acta ser disponibilizada, sempre que possível, antes de as mesmas serem concretizadas.

28   A regulamentação intrasocietária poderá dar um valioso contributo neste domínio. Por exemplo, a especificação do prazo para cumprimento desta obrigação num regulamento da comissão executiva ou do conselho de administração executivo certamente contribuirá para conferir maior concretização e certeza à recomendação formulada.

29   *Forma.* As Recomendações nada dizem acerca da forma. Uma cópia da convocatória e uma cópia certificada das actas, para maior protecção probatória, certamente serão adequadas. No entanto, para minimizar burocracias, na falta de conteúdo recomendatório expresso, não há qualquer razão que impeça que seja acordado o envio de cópias simples.

30   **5. Enquadramento/comparação com recomendações e práticas internacionais.**
O *Deutscher Corporate Governance Kodex* prevê regras sobre esta matéria. O ponto 3.4 estabelece um dever de prestação de informação pelo conselho de administração executivo ao conselho geral e de supervisão. O cumprimento desse dever de informação deve ser assegurado tempestivamente e de forma exaustiva, abrangendo todas as matérias relevantes para a sociedade no que respeita ao planeamento, desenvolvimento comercial, gestão de risco e controlo interno.

31 O *Informe del Grupo Especial de Trabajo sobre Buen Gobierno de las Sociedades Cotizadas (Código Unificado, Apéndices y Recomendaciones a otros Organismos)* é, talvez, o código que mais semelhanças tem com o Código de Governo no que respeita a às Recomendações sob análise. No parágrafo 43. diz-se que o conselho de administração deve tomar conhecimento de todos os assuntos tratados e de todas as decisões tomadas pela comissão executiva (*comission delegada*), devendo ser entregue a todos os membros do conselho de administração uma cópia das actas das sessões da comissão executiva. Na base desta recomendação está a confessa preocupação em evitar que da diferente composição da comissão executiva face ao conselho de administração resulte uma diferente perspectiva acerca da condução dos assuntos sociais.

32 No Reino Unido, o *UK Corporate Governance Code* não prevê deveres semelhantes aos vertidos nestas Recomendações para administradores executivos e para o presidente da comissão executiva ou do conselho de administração executivo. Na verdade, a sec. B.5 contém um princípio abrangente de acordo com o qual o órgão de administração deverá dispor de informação em forma e qualidade adequadas ao cumprimento dos seus deveres. Porém, a fonte dessa informação não são os elementos executivos da administração, mas sim consultores independentes e o próprio secretário da sociedade.

33 O *Code Belge de Gouvernance d'Entreprise* prevê, de forma sumária, que os membros executives da administração coloquem ao dispor do órgão de administração toda a informação relevante, de natureza comercial ou financeira, de forma a permitir uma esclarecida tomada de decisão (sec. 3.3).

2.4. CONSELHO GERAL E DE SUPERVISÃO, COMISSÃO PARA AS MATÉRIAS FINANCEIRAS, COMISSÃO DE AUDITORIA E CONSELHO FISCAL

II.4.1. O conselho geral e de supervisão, além do exercício das competências de fiscalização que lhes estão cometidas, deve desempenhar um papel de aconselhamento, acompanhamento e avaliação contínua da gestão da sociedade por parte do conselho de administração executivo. Entre as matérias sobre as quais o conselho geral e de supervisão deve pronunciar-se incluem-se: *i*) a definição da estratégia e das políticas gerais da sociedade; *ii*) a estrutura empresarial do grupo; e *iii*) decisões que devam ser consideradas estratégicas devido ao seu montante, risco ou às suas características especiais.

II.4.2. Os relatórios anuais sobre a actividade desenvolvida pelo conselho geral e de supervisão, a comissão para as matérias financeiras, a comissão de auditoria e o conselho fiscal devem ser objecto de divulgação no sítio da Internet da sociedade, em conjunto com os documentos de prestação de contas.

II.4.3. Os relatórios anuais sobre a actividade desenvolvida pelo conselho geral e de supervisão, a comissão para as matérias financeiras, a comissão de auditoria e o conselho fiscal devem incluir a descrição sobre a actividade de fiscalização desenvolvida referindo, nomeadamente, eventuais constrangimentos deparados.

II.4.4. O conselho geral e de supervisão, a comissão de auditoria e o conselho fiscal, consoante o modelo aplicável, devem representar a sociedade, para todos os efeitos, junto do auditor externo, competindo-lhe, designadamente, propor o prestador destes serviços, a respectiva remuneração, zelar para que sejam asseguradas, dentro da empresa, as condições adequadas à prestação dos serviços, bem assim como ser o interlocutor da empresa e o primeiro destinatário dos respectivos relatórios.

II.4.5. O conselho geral e de supervisão, a comissão de auditoria e o conselho fiscal, consoante o modelo aplicável, devem anualmente avaliar o auditor externo e propor à assembleia geral a sua destituição sempre que se verifique justa causa para o efeito.

II.4.6. Os serviços de auditoria interna e os que velem pelo cumprimento das normas aplicadas à sociedade (serviços de *compliance*) devem reportar funcionalmente à Comissão de Auditoria, ao Conselho Geral e de Supervisão ou, no caso das sociedades que adoptem o modelo latino, a um administrador independente ou ao Conselho Fiscal, independentemente da relação hierárquica que esses serviços mantenham com a administração executiva da sociedade.

> **Bibliografia:** RUI DE OLIVEIRA NEVES, *Conflitos de interesses no exercício de funções de fiscalização*, Conflito de Interesses no Direito Societário e Financeiro, Coimbra (2010), pp. 293 e ss; Coutinho de Abreu, *Governação das Sociedades Comerciais*, Coimbra (2006); PAULO CÂMARA, *O Governo das Sociedades e a Reforma do Código das Sociedades Comerciais*, Código das Sociedades Comerciais e o Governo das Sociedades, Coimbra (2008), pp. 9 e ss; Menezes Cordeiro, *Manual de Direito das Sociedades*, 2 vols. Coimbra (2007); id., (org.), Código das Sociedades Comerciais Anotado, Coimbra (2011); GABRIELA FIGUEIREDO DIAS (Rel.), *Administração/Fiscalização de sociedades e responsabilidade civil*, Corporate Governance. Reflexões I, Lisboa (2007), págs. 33 segs; id, *A fiscalização societária redesenhada: independência, exclusão de responsabilidade e caução obrigatória dos fiscalizadores*, Reformas do Código das Sociedades, ed. IDET, Almedina (2007), pp. 279 e ss; id, *Fiscalização de sociedades e responsabilidade civil*, Coimbra (2006); ÁNGEL GARCIA-TUÑÓ, *Cuentas anuales, auditoría externa y estructura de gobierno de la sociedad cotizada. En particular, la posición y responsabilidad del auditor externo*, Derecho de Sociedades Anónimas Cotizadas, tomo II, Editorial Aranzadi (2006), pp. 1127 e ss.

Índice

I – Antecedentes próximos 1
II – Fontes legais e comunitárias relacionadas 6
III – Análise 11

I – Antecedentes próximos

Recomendações da CMVM (1999)
1 Em 1999, as recomendações da CMVM sobre o governo das sociedades cotadas não continham qualquer menção ou recomendação destinada a orientar o funcionamento dos órgãos de fiscalização societária.

Recomendações da CMVM (2001)
2 As recomendações da CMVM sobre governo das sociedades cotadas de 2003 continuaram a não incluir qualquer menção específica aos órgãos de fiscalização.

Recomendações da CMVM (2003)
3 À semelhança das anteriores versões, no documento recomendatório de 2003 não era efectuada qualquer referência aos órgãos de fiscalização.

Recomendações da CMVM (2005)
4 As Recomendações da CMVM quanto ao governo das sociedades cotadas, na sua versão de 2005, mantiveram também a omissão aos órgãos de fiscalização.

Código de Governo das Sociedades (2007)

II.4. CONSELHO GERAL E DE SUPERVISÃO, COMISSÃO PARA AS MATÉRIAS FINANCEIRAS, COMISSÃO DE AUDITORIA E CONSELHO FISCAL

II.4.1 O conselho geral e de supervisão, além do cumprimento das competências de fiscalização que lhes estão cometidas, deve desempenhar um papel de aconselhamento, acompanhamento e avaliação contínua da gestão da sociedade por parte do conselho de administração executivo. Entre as matérias sobre as quais o conselho geral e de supervisão deve pronunciar-se incluem-se: *i*) o definir a estratégia e as políticas gerais da sociedade; *ii*) a estrutura empresarial do grupo; e *iii*) decisões que devam ser consideradas estratégicas devido ao seu montante, risco ou às suas características especiais.

II.4.2 Os relatórios anuais sobre a actividade desenvolvida pelo conselho geral e de supervisão, a comissão para as matérias financeiras, a comissão de auditoria e o conselho fiscal devem ser objecto de divulgação no sítio da Internet da sociedade, em conjunto com os documentos de prestação de contas.

II.4.3 Os relatórios anuais sobre a actividade desenvolvida pelo conselho geral e de supervisão, a comissão para as matérias financeiras, a comissão de auditoria e o conselho fiscal devem incluir a descrição sobre a actividade de fiscalização desenvolvida referindo, nomeadamente, eventuais constrangimentos deparados.

II.4.4 A comissão para as matérias financeiras, a comissão de auditoria e o conselho fiscal, consoante o modelo aplicável, devem representar a sociedade, para todos os efeitos, junto do auditor externo, competindo-lhe, designadamente, propor o prestador destes serviços, a respectiva remuneração, zelar para que sejam asseguradas, dentro da empresa, as condições adequadas à prestação dos serviços, bem assim como ser o interlocutor da empresa e o primeiro destinatário dos respectivos relatórios.

II.4.5 A comissão para as matérias financeiras, comissão de auditoria e o conselho fiscal, consoante o modelo aplicável, devem anualmente avaliar o auditor externo e propor à assembleia geral a sua destituição sempre que se verifique justa causa para o efeito.

II – Fontes legais e comunitárias relacionadas

Fontes comunitárias:
- Recomendação da Comissão Europeia n.º 2005/162/CE, de 15 de Fevereiro de 2005, relativa ao papel dos administradores não executivos ou membros do conselho de supervisão das sociedades cotadas e aos comités do conselho de administração ou de supervisão.
- Directiva 2006/43/CE do Parlamento Europeu e do Conselho, de 17 de Maio de 2006, relativa à revisão legal das contas anuais e consolidadas, que altera as Directivas 78/660/CEE e 83/349/CEE do Conselho e que revoga a Directiva 84/253/CEE do Conselho.

Antecedentes:
- Communication from the Commission to the Council and the European Parliament, Modernising Company Law and Enhancing Corporate Governance in the European Union – A Plan to Move Forward, COM (2003) 284, de 21 de Maio de 2003.
- Recommendation on the role of (independent) non-executive or supervisory directors. Consultation document of the Services of the Internal Market Directorate General, Maio de 2004.

8   *Trabalhos posteriores:*
    – Report on the application by the Member States of the EU of the Commission Recommendation on the role of non-executive or supervisory directors of listed companies and on the committees of the (supervisory) board, SEC (2007), de 13 de Julho de 2007.

9   *Fontes normativas (além do Regulamento 1/2010, da CMVM):*
    Conselho fiscal:
    Código das Sociedades Comerciais – artigos 413.º a 423.º-H

    Comissão de auditoria:
    Código das Sociedades Comerciais – artigos 278.º e 423.º-B a 423.º-H
    Decretos-Lei n.º 224/2008 e n.º 225/2008, de 20 de Novembro que procedem à transposição parcial da Directiva nº 2006/43/CE, do Parlamento Europeu e do Conselho, de 17 de Maio, relativa à revisão legal das contas anuais e consolidadas.

    Conselho Geral e de Supervisão:
    Código das Sociedades Comerciais –artigos 278.º e 434.º a 445.º

    Comissão para as matérias financeiras:
    Código das Sociedades Comerciais – artigos 278.º, n.º 4 e 444.º, n.ºs 2 a 6.

10 *Principais Recomendações relacionadas*
    II.2. Conselho de Administração
    II.5. Comissões especializadas

11 **III – Análise**
    1. As recomendações da CMVM sobre a actuação dos órgãos de fiscalização dos modelos de governo societário elegíveis no ordenamento jus-societário nacional surgiram só em 2007,
12 na sequência da Reforma do Código das Sociedades Comerciais de 2006.
    Até essa ocasião, as versões precedentes das recomendações limitavam-se a prever a constituição de comissões especializadas no órgão de administração, compostas por administradores não executivos, encarregues de acompanhar a actuação dos administradores executivos. Nessa medida, era unicamente tratado o dever de vigilância que recai, de forma geral, sobre os administradores não executivos, sem que se estabelecessem recomendações
13 a respeito da actuação do órgão de fiscalização.
    2. Com a introdução das Recomendações do Ponto II.4 passou a regular-se, através de *soft law*, três dos aspectos mais relevantes da actividade do órgão de fiscalização:
    a) o âmbito da sua competência;
    b) as obrigações de reporte e divulgação de informação;
14 *c)* as relações com os auditores externos e internos.
    Quanto ao primeiro aspecto, as Recomendações em apreço apenas se dedicam a estabelecer orientações quanto ao âmbito da competência no que concerne o conselho geral e de supervisão. Em relação às obrigações informativas e às relações com os auditores externos e internos, as Recomendações são de aplicação aos órgãos de fiscalização das socieda-

des emitentes de valores mobiliários admitidos à negociação em mercado regulamentado, independentemente do concreto modelo de governo societário adoptado pela sociedade.

3. A especial incidência sobre a matéria do âmbito da competência do conselho geral e de supervisão sem alusão às demais modalidades de órgão de fiscalização poder-se-ia justificar com base na sua dupla natureza de órgão com competências de fiscalização e de apreciação estratégica de determinadas categorias de actos.

Sucede, contudo, que a apreciação estratégica de determinadas categorias de actos do conselho de administração executivo constitui uma competência eventual, dependente de consagração legal ou estatutária para que possa ser exercida. Por conseguinte, na ausência de norma legal ou negocial atributiva da referida competência, o conselho geral e de supervisão mantém a esfera de actuação que se encontra reconhecida à generalidade dos órgãos de fiscalização, ou seja, o exercício de quatro categorias principais de funções de fiscalização, a saber:

i) supervisão da actividade social,
ii) controlo da informação financeira,
iii) fiscalização dos sistemas internos de gestão de riscos, controlo e auditoria interna, e
iv) recepção e tratamento de denúncias de irregularidades.

Em face deste contexto normativo, a recomendação constante do item II.4.1 permite essencialmente assegurar que o órgão de fiscalização de influência germânica exerça influência sobre o processo de decisão do conselho de administração executivo relativamente às matérias respeitantes à definição da estratégia e das políticas gerais da sociedade, à estrutura empresarial do grupo e a decisões que devam ser consideradas estratégicas devido ao seu montante, risco ou às suas características especiais. Porém, essa influência não se traduzirá na necessidade de consentimento do órgão de fiscalização em causa para a tomada de decisões do órgão de administração sobre as aludidas matérias. Tal só sucederá se os estatutos da sociedade cotada dispuserem nesse sentido.

4. O papel de aconselhamento e acompanhamento da administração executiva que a recomendação II.4.1 atribui ao conselho geral e de supervisão ancora-se essencialmente nos deveres informativos reforçados que se encontram estabelecidos no artigo 432.º do CSC. Com efeito, os n.os 1 a 3 do referido preceito legal fazem impender sobre o conselho de administração executivo o cumprimento de obrigações informativas a respeito da política de gestão, de negócios que possam ter influência significativa na rentabilidade ou liquidez da sociedade cotada e de quaisquer situações anormais ou motivo importante para a sociedade.

Ora, apesar de um maior grau de detalhe na identificação dos deveres informativos e da inerente finalidade de promoção de uma maior proximidade do órgão de fiscalização em relação à tomada de decisões pelo órgão de administração, estas competências acabam por ser materialmente reconduzíveis à supervisão da actividade da sociedade, sendo, nessa medida, semelhantes ou próximas das funções conferidas aos órgãos de fiscalização dos restantes modelos de fiscalização societária.

Parece-nos, por isso, que a consagração expressa desta matéria nas recomendações da CMVM, em particular atento o limitado número de sociedades cotadas que o utiliza, justifica ser revista em próxima oportunidade.

5. As Recomendações do ponto II.4 contêm, por outro lado, duas regras de *soft law* em matéria de disponibilização de informação: a recomendação II.4.2 que sugere a divulgação no sítio da internet do relatório sobre a acção fiscalizadora e a recomendação II.4.3 que especifica, em certa medida, o conteúdo do aludido relatório.

A simplificação recomendatória aconselharia à eliminação da segunda destas recomendações por razões que se prendem com o seu acolhimento em normas legais.

De facto, a alínea g) do n.º 1 do artigo 420.º, a alínea g) do n.º 1 do artigo 423.º-F e a alínea q) do n.º 1 do artigo 441.º, todos do CSC, já determinam a elaboração anual de um relatório descritivo da actividade efectuada pelo órgão de fiscalização. A única especificação que a recomendação II.4.3 contém a este respeito circunscreve-se à alusão a eventuais constrangimentos no exercício das funções de fiscalização. Porém, a identificação pelo órgão de fiscalização de constrangimentos ao exercício das suas funções constitui um conteúdo que, pela sua natureza, não poderia deixar de surgir reflectido num relatório de actividade, porquanto cabendo ao órgão fiscalizador exercer determinadas funções, a ausência desse exercício poder-lhe-ia ser imputável, salvo se identificasse as razões impeditivas ou obstaculizantes surgidas. Existem, por isso, os incentivos adequados para que o reporte sobre a actividade fiscalizadora identifique os constrangimentos havidos.

A recomendação II.4.2, por seu turno, clarifica ou complementa o regime de divulgação pública de informação societária surgido em 2009, através do Decreto-lei n.º 185/2009, de 12 de Agosto, que prevê a disponibilização no sítio da internet das sociedades comerciais, quando exista, do relatório de gestão, do relatório sobre a estrutura e as práticas de governo societário, da certificação legal de contas e do parecer do órgão de fiscalização (artigo 70.º, n.º 2 do CSC).

6. As recomendações II.4.4 e II.4.5 estabelece orientações importantes a respeito de uma matéria que, do ponto de vista societário, não dispõe ainda de adequado tratamento jurídico. A prática societária nacional quanto à revisão oficial de contas consiste na indicação de um revisor oficial de contas que se encontra, de uma forma mais ou menos próxima, associado a uma sociedade prestadora de serviços de auditoria.

Todavia e diversamente do que sucede, por exemplo, em Espanha, as normas societárias regulam a eleição do revisor oficial de contas e o seu relacionamento com o órgão de fiscalização, não obstante o relevo concreto que os auditores externos assumem em relação à apreciação da informação financeira da sociedade.

O direito nacional trata efectivamente a auditoria e a certificação legal de contas como actividades distintas, conferindo à auditoria uma função mais ampla que inclui a certificação legal de contas, bem como a auditoria às contas e os serviços relacionados com ambas (artigo 41.º do EOROC).

Ora, correspondendo a auditoria à actividade que desempenha uma função de verificação e inspecção independente da conformidade do relato financeiro societário com as normas e práticas prevalecentes, a sua importância manifesta-se no valor que o mercado atribui à confirmação da conformidade das contas produzidas pela sociedade e, consequentemente, sobre o grau da sua robustez financeira.

7. As recomendações sob análise concentram-se no papel do órgão de fiscalização na selecção do auditor externo e na interacção da sociedade com este prestador de serviços. Estas recomendações recolhem inspiração em normas de direito estrangeiro que, desde, pelo menos, 2002, preconizam uma maior subordinação dos auditores ao órgão de fiscalização, com vista a prevenir situações de conflito de interesses que podem surgir associadas à escolha e relacionamento entre os auditores e a gestão da sociedade.

Na verdade, a função desempenhada pela auditoria no contexto dos mercados financeiros tende a colocar os auditores numa situação de sujeição a pressões para emitir opiniões sem reservas (*unqualified opinions*) sobre as demonstrações financeiras das sociedades cotadas. Esta tendência resulta, na generalidade dos casos, da diversidade de serviços que os auditores ou as respectivas redes prestam às empresas, introduzindo uma lógica comercial que é susceptível de perturbar o rigor das auditorias realizadas.

Em sentido oposto, existem igualmente incentivos para o auditor adoptar um cumprimento rigoroso das normas técnicas e das regras deontológicas aplicáveis, designadamente: (i) a manutenção do respectivo capital reputacional, com a inerente capacidade de atracção de clientes e de obtenção de ganhos futuros e (ii) o potencial de responsabilidade, civil e criminal, associado à violação daquelas regras.

Não obstante, o interesse capital que deve orientar a conduta do auditor consiste inequivocamente no interesse da qualidade e fiabilidade da informação financeira, por corresponder à função da auditoria e ao pressuposto da obrigatoriedade legal da revisão e certificação de contas. Como ao auditor se encontram cometidas funções de interesse público, só os interesses alinhados com a função social e económica da auditoria devem ser por si atendidos.

8. A recomendação tem igualmente subjacente à sua previsão uma clara preocupação com a salvaguarda da independência do auditor, na medida em que o grau dessa independência pode ser influenciado por diversos factores, em particular, pelo modelo de escolha do auditor, pela respectiva remuneração, pela respectiva permanência prolongada no cliente ou pela prestação simultânea de serviços de auditoria e de consultoria.

Em face destes factores, a independência do auditor só consegue ser assegurada quando este permaneça neutro em relação a um conjunto de incentivos alheios ao principal interesse que deve ser prosseguido, de produção de um relatório de auditoria neutro, objectivo e rigoroso.

Ora, a atribuição a um órgão constituído maioritariamente por membros independentes e encarregue da fiscalização societária das funções de selecção do auditor, de fixação da sua remuneração, de relacionamento corrente com o auditor e de avaliação do seu desempenho prossegue precisamente o objectivo de mitigar a influência que os referidos factores podem exercer sobre a independência dos auditores.

9. O resultado concreto das finalidades legais de prevenção de conflito de interesses e de manutenção da independência do auditor materializa-se na credibilidade de que beneficia perante os diversos agentes económicos a informação financeira societária que seja objecto de revisão por uma entidade externa e independente da gestão.

O valor essencial que se procura preservar através desta recomendação é precisamente o interesse público associado à divulgação e acesso a informação de sociedades cotadas que observe os requisitos legais de completude, veracidade, actualidade, clareza, objectividade e licitude.

10. Finalmente, a recomendação II.4.6 dedica-se a estabelecer orientações em matéria de relacionamento do órgão de fiscalização com a auditoria interna e com os serviços de *compliance* da sociedade cotada. Segundo esta recomendação, as sociedades cotadas devem instituir um sistema de reporte funcional da auditoria interna e dos serviços de *compliance* perante o órgão de fiscalização.

O estabelecimento desta recomendação serve essencialmente os propósitos de reforçar a capacidade de acesso a informação societária pelo órgão de fiscalização e um efectivo exercício das funções de auditoria interna e de apreciação da conformidade jurídica pelas unidades internas da sociedade cotada, mediante a sua subordinação funcional a um órgão com competências de fiscalização e uma composição maioritariamente independente.

2.5. COMISSÕES ESPECIALIZADAS

II.5.1. Salvo por força da reduzida dimensão da sociedade, o conselho de administração e o conselho geral e de supervisão, consoante o modelo adoptado, devem criar as comissões que se mostrem necessárias para: *i)* assegurar uma competente e independente avaliação do desempenho dos administradores executivos e para a avaliação do seu próprio desempenho global, bem assim como das diversas comissões existentes; *ii)* reflectir sobre o sistema de governo adoptado, verificar a sua eficácia e propor aos órgãos competentes as medidas a executar tendo em vista a sua melhoria; *iii)* identificar atempadamente potenciais candidatos com o elevado perfil necessário ao desempenho de funções de administrador.

Bibliografia: PAULO CÂMARA, *El* Say on Pay Português, Revista de Derecho de Mercado de Valores n.º 6 (2010), 83-96; Id., *Say on Pay: O dever de apreciação da política remuneratória pela assembleia geral*, Revista de Concorrência e Regulação n.º 2 (2010), 321-344; Id., *Crise Financeira e Regulação*, Revista da Ordem dos Advogados (2009), 720-721; Id., *A Comissão de Remunerações*, RDS n.º 1 (2011); Id. *O Governo das Sociedades em Portugal: Uma Introduçao,* CadMVM n.º12, (2001), 49; JOÃO SOUSA GIÃO, *Conflitos de Interesses entre Administradores e Accionistas na Sociedade Anónima: os Negócios com a Sociedade e a Remuneração dos Administradores*, Conflito de Interesses no Direito Societário e Financeiro, Almedina (2010); PAULO CÂMARA, GABRIELA FIGUEIREDO DIAS, RUI OLIVEIRA NEVES, *O Governo das Sociedades Anónimas*, O Governo das Organizações. A vocação expansiva do Corporate Governance; ALEXANDRE SOVERAL MARTINS, Comissão Executiva, Comissão de Auditoria e outras Comissões na Administração, 270ss; NYSE, *Final NYSE (New York Stock Exchange) Corporate Governance Rules* (2003), pontos 4, 5, 7; GUIDO FERRARINI, NIAMH MOLONEY, MARIA CRISTINA UNGUREAUNU, *Understanding Directors' Pay in Europe: A Comparative and Empirical Analysis*, Law Working Paper N.º126/2009, August 2009; INSTITUTO PORTUGUÊS DE CORPORATE GOVERNANCE, *Livro Branco Sobre o Corporate Governance em Portugal*, disponível em ihttp://www.ecgi.org/codes/documentos/libro_bianco_cgov_pt.pdf, (2006); RICHARD GREENBURY, *Directors's Remuneration (Greenbury Report)* (1995), ponto 4; DEREK HIGGS, *Review of the role and efectivness of non-executive directors* (Higgs Report) (January 2003), ponto 13 e Anexos E e F; JORGE COUTINHO DE ABREU, *Governação de Sociedade*, 97ss; MENEZES CORDEIRO, *Código das Sociedades Comerciais Anotado*, Coimbra (2009).

Índice

1. Antecedentes 1
2. Fontes legais e comunitárias relacionadas 10
3. Análise 19
4. Grau de adesão da recomendação pelos destinatários 33

1. Antecedentes

1 As recomendações da CMVM em matéria de comissões especializadas nem sempre foram uniformes.

2 Em 2009[1] *Encoraja-se a criação pelo órgão de administração de comissões de controlo internas com atribuição de competências em matérias em que existam potenciais situações de conflito de interesses, tais como a nomeação de directores e gestores, a análise da política de remunerações e a avaliação da estrutura e governo societários.*

3 Nesta formulação aparecem exemplificadas as matérias que devem ser objecto das competências das comissões especializadas, verificando-se, na evolução desta recomendação, que a alusão à *análise da política de remunerações* não se iria repetir nas suas subsequentes redacções.

4 Ainda na recomendação de 2009 sobre as comissões especializadas, e também sem repetição nas Recomendações seguintes, salienta-se que *regra geral, a função destas comissões deve ser basicamente informativa e consultiva uma vez que não é suposto que as mesmas substituam o órgão de administração nas tomadas de decisão mas sim que lhe forneçam a informação, conselhos e propostas que o ajudem a desenvolver eficientemente a sua função de supervisão e a incrementar a qualidade do seu desempenho nestas matérias.*

5 A composição das comissões especializadas é, pela primeira vez, abordada na recomendação de 2001[2], no âmbito da qual é encorajada a *criação pelo órgão de administração de comissões de controlo internas, constituídas por administradores não executivos, com atribuição de competências em matérias em que existam potenciais situações de conflito de interesses, tal como a avaliação da estrutura e governo societários.*

6 Reforçando o papel dos administradores não executivos nestas comissões, é ainda recomendado em 2001 que *tendo presente que a probabilidade de potenciais situações de conflito de interesses é maior relativamente a membros do órgão de administração que desempenhem funções de gestão, procurando maximizar a eficiência das comissões de controlo internas, recomenda-se que estas sejam constituídas por membros que não estejam directamente encarregues da gestão corrente da sociedade.*

7 De notar que, tanto as Recomendações de 1999, como as de 2001, salientam não ser *necessária a criação de uma comissão diferente com atribuições em cada uma das matérias referidas nem que os membros que compõem cada uma das comissões sejam diferentes; não sendo contudo recomendável a unificação de todas as responsabilidades numa única comissão, sob pena da eventual redução da sua eficiência por excesso de trabalho e de concentração de poder.*

8 Nas Recomendações de 2003 e 2005[3], a atenção do regulador centra-se nas funções de fiscalização das comissões especializadas e, consequentemente, no dever do órgão de administração de *criar comissões de controlo internas com atribuição de competências na avaliação da estrutura e governo societários.* De fora passam a ficar as funções relacionadas com a política de remunerações e com a nomeação dos administradores.

9 Finalmente, é em 2007[4] – e já no âmbito de um Código de Governo das Sociedades – que a recomendação em causa quase assume a sua numeração e redacção actuais, contemplando já os actuais pontos i) e ii), mas não ainda o ponto iii) relativo às competências da comissão de nomeações.

---

[1] Recomendações da CMVM sobre o Governo das Sociedades Cotadas (1999), Recomendação 17.
[2] Recomendações da CMVM sobre o Governo das Sociedades Cotadas (2001), Recomendação 11.
[3] Recomendações da CMVM sobre o Governo das Sociedades Cotadas (2003 e 2005), Recomendação 7.
[4] Código de Governo de Sociedades (2007), Recomendação II.5.1.

2. Fontes legais e comunitárias relacionadas

Fontes nacionais

O artigo 407.º n.º 1 do CSC prevê a possibilidade de, salvo quando o contrato de sociedade disponha diferentemente, o conselho de administração poder *encarregar especialmente algum ou alguns administradores de se ocuparem de certas matérias da administração,* sem prejuízo de o encargo referido não poder abranger as matérias previstas nas alíneas a) a m) do artigo 406.º do CSC[5] nem excluir a competência normal nem a responsabilidade dos outros administradores ou do conselho (artigo 407.º n.º2)[6].

Tendo em conta a existência de administradores executivos e administradores não--executivos, este dispositivo possibilita a criação de comissões especializadas em que os administradores não executivos assumam funções em comissões consultivas, nomeadamente, comissões de nomeações, remunerações e fiscalização[7].

Para as sociedades com estrutura orgânica de tipo germânico, o CSC contempla, no artigo 444.º, o dever de, quando conveniente, *o conselho geral e de supervisão nomear de entre os seus membros, uma ou mais comissões para o exercício de determinadas funções, designadamente para fiscalização do conselho de administração executivo*[8] *e para fixação da remuneração dos administradores*[9].

Às funções referidas acresce ainda a competência de designar os administradores executivos[10], para o exercício da qual nada impede o conselho geral e de supervisão de criar uma comissão de nomeações específica.

A nível regulatório, o Regulamento da CMVM n.º 1/2010 sobre o Governo das Sociedades Cotadas prevê, no Capítulo II, Secção V do seu Anexo I, a obrigatoriedade de estas sociedades identificarem e divulgarem no seu relatório sobre o governo da sociedade dados e informações sobre as comissões especializadas que tenham sido constituídas no seio do conselho de administração, como sejam a identificação dos seus membros, o número de reuniões das comissões constituídas durante o exercício em causa, bem como referência à realização das actas dessas reuniões (II.36. e II.37.)

---

[5] *a)* Escolha do seu presidente, sem prejuízo do disposto no artigo 395.º;
b) Cooptação de administradores;
c) Pedido de convocação de assembleias gerais;
d) Relatórios e contas anuais;
e) Aquisição, alienação e oneração de bens imóveis;
f) Prestação de cauções e garantias pessoais ou reais pela sociedade;
g) Abertura ou encerramento de estabelecimentos ou de partes importantes destes;
h) Extensões ou reduções importantes da actividade da sociedade;
i) Modificações importantes na organização da empresa;
j) Estabelecimento ou cessação de cooperação duradoura e importante com outras empresas;
l) Mudança de sede e aumentos de capital, nos termos previstos no contrato de sociedade;
m) Projectos de fusão, de cisão e de transformação da sociedade.

[6] Sobre a admissibilidade, à luz do quadro normativo português, da criação de comissões especializadas, Paulo Câmara, *O Governo das Sociedades em Portugal,* CadMVM n.º 12, (2001), 49.

[7] Sobre a competência decisório-executiva dos administradores delegados *vs* competência consultiva das comissões especializadas, Jorge Coutinho de Abreu, Governação de Sociedade, 97ss.

[8] As funções de fiscalização-auditoria do conselho geral e de supervisão estão contempladas no artigo 441.º do CSC.

[9] As funções de fixação de remuneração pelo conselho geral e de supervisão estão contempladas no artigo 429.º do CSC.

[10] A competência do conselho geral e de supervisão para a designação de administradores está contemplada no artigo 425.º n.º 1 do CSC.

Fontes comunitárias

15   Recomendação da Comissão 2005/162/CE, relativa ao papel dos administradores não executivos ou membros do conselho de supervisão de sociedades cotadas e aos comités do conselho de administração ou de supervisão[11].

16   Neste documento a Comissão Europeia recomenda a criação de comités especializados de nomeação, remuneração e auditoria no seio do conselho de administração, sempre que este órgão desempenhe um papel naqueles domínios por força da legislação nacional, bem como a adopção de regras relativas à sua criação, composição, funções e funcionamento, esclarecendo que estes comités não têm competência executiva, mas sim meramente consultiva, cabendo-lhes *apresentar recomendações destinadas a preparar as decisões a tomar pelo próprio conselho de administração ou de supervisão*[12].

17   O principal objectivo destes comités constituidos na esfera do órgão de administração é, nos termos previstos na Recomendação 2005/162/CE, o de reforçar a eficiência deste órgão, assegurando que as suas decisões se baseiam nos elementos relevantes e ajudando a organizar o seu trabalho tendo em vista uma tomada de decisões isenta de quaisquer conflitos de interesses relevantes[13].

18   A Recomendação da Comissão prevê uma certa flexibilidade nas maneiras através das quais os Estados Membros podem implementar os seus princípios. Neste contexto, ela adopta uma abordagem de auto regulação, baseada em recomendações não vinculativas, evitando-se, uma solução 'one-size-fits-all'. Foi, assim, dada ampla liberdade aos Estados Membros para adoptar as recomendações constantes do documento, quer através de legislação, quer através de recomendações, utilizando a técnica "cumpra ou explique" (comply or explain)[14].

3. Análise

19   I – O teor desta recomendação demonstra que as preocupações de governação societária, vão mais além do que a actividade e fiscalização dos órgão sociais, contemplando igualmente outros aspectos que podem influenciar e determinar o funcionamento da vida das sociedades, como é o caso das comissões especializadas de constituição voluntária aqui previstas.

20   Subjacente a esta recomendação está a necessidade de transparência, competente avaliação e controlo da actuação dos administradores executivos, nomeadamente em matérias em que existam potênciais conflitos de interesses, promovendo-se, assim, um reforço das responsabilidades do órgão de administração e o bom desempenho das suas funções.

21   Ao exposto acresce a notória e crescente relevância que tem sido dada às comissões especializadas no âmbito do governo das sociedades anónimas, facto que justifica a intensidade legislativa, regulatória e recomendatória sobre a matéria e que se intensificou a partir de 2007, como reacção à crise financeira internacional.

---

[11] Recomendação da Comissão 2005/162/CE, de 15 de Fevereiro, relativa ao papel dos administradores não executivos ou membros do conselho de supervisão de sociedades cotadas e aos comités do conselho de administração ou de supervisão, complementada pela Recomendação da Comissão (2007/385/CE), de 30 de Abril de 2009.
[12] Ponto 6.1.
[13] Ponto 6.1.

[14] A investigação levada a cabo no âmbito do trabalho de Guido Ferrarini, Niamh Moloney, Maria Cristina Ungureanu, Understanding Directors' Pay in Europe: A Comparative and Empirical Analysis, Law Working Paper N.º126/2009, August 2009, revela que as recomendações têm sido essencialmente transpostas através de soft law adoptadas através da técnica "cumpra ou explique" (comply or explain).

A constituição deste tipo de comissões revela igualmente o reconhecimento, por parte dos agentes económicos, da sua utilidade prática e de que o tratamento especializado de determinadas matérias da vida societária, contribuem para que a respectiva abordagem seja efectuada de modo mais eficiente, profissional e esclarecido.

II – Esta recomendação incide sobre os aspectos funcionais das comissões em causa, lamentando-se que não faça referência à respectiva designação, quando daqueles aspectos se retira que estão em causa as comissões de (i) avaliação de desempenho; (ii) acompanhamento do governo societário; e (ii) nomeações. Por outro lado, também não é feita na recomendação qualquer alusão aos requisitos a que deve obedecer a sua composição, nomeadamente à condição de executivos ou não executivos, idependentes ou não independentes dos seus membros, embora, na linha do preconizado pela Recomendação da Comissão 2005/162/CE, de 15 de Fevereiro, para os comités de nomeações e de auditoria[15] as funções especificadas nos pontos i), ii) e iii), porquanto lidando com domínios onde o risco de conflito de interesses é especialmente elevado, devam ser preferencialmente desempenhadas, em exclusivo ou maioritáriamente, por administradores não executivos e independentes.

Verifica-se ainda que a recomendação, ao contrário do que acontece na Recomendação da Comissão 2005/162/CE, não contempla uma comissão de auditoria, facto que se atribui à circunstância de as funções de fiscalização do governo societário serem atribuídas pelo legislador português ao órgão de fiscalização das sociedades[16].

III – No que se refere especificamente às comissões de nomeações cumpre questionar se haverá espaço no direito português para acolher esta recomendação[17].

Com efeito, e uma vez que só excepcionalmente – nos casos de substituição por cooptação[18] – compete ao conselho de administração designar administradores[19], às comissões de nomeações acaba por ser atribuída a exclusiva função de dotar os processos de substituição em causa de uma maior objectividade e transparência.

Esta realidade, não impede – embora entre nós, e ao contrário do que acontece nos países anglo-saxónicos, esta não seja uma prática muito comum – que o conselho de administração designe uma comissão de administradores que colabore com o orgão competente para a designação de administradores, ou que apresente sugestões ao conselho de administração, para que este as faça chegar àquele órgão[20], numa intervenção que seria prévia à deliberação de nomeação pelo órgão competente. Neste caso, porém, deverá atender-se à recomendação II.1.3.2 segundo a qual, *o processo de selecção de candidatos a administradores não executivos deve ser concebido de forma a evitar a interferência dos administradores executivos*[21].

---

[15] O n.º 2.2. da Recomendação preconiza que *o comité de nomeação deve ser composto por pelo menos uma maioria de administradores não executivos ou membros do conselho de supervisão independentes* e o n.º 4.1. que *o comité de auditoria deve ser exclusivamente composto por administradores não executivos ou membros do conselho de supervisão* e que *pelo menos a maioria dos seus membros deve ser independente*.
[16] Conselho Fiscal (artigo 420.º do CSC), Fiscal Único (artigo 420.º-A do CSC), Conselho Geral e de Supervisão (artigo 441.º do CSC) e Comissão de Auditoria (artigo 423.º-F do CSC).
[17] Coutinho de Abreu, *Governação de Sociedade*, 97ss.
[18] Artigo 393.º, 3, b) do CSC.

[19] No direito português a nomeação de administradores constitui uma competência da assembleia geral não delegável numa comissão de nomeações (artigo 391.º do CSC).
[20] Alexandre Soveral Martins, Comissão Executiva, pag 270ss. Id. sobre as contribuições que uma eventual comissão de nomeações, criada no seio da administração, pode dar ao órgão competente para a designação dos administradores.
[21] Para uma mais detalhada análise da recomendação II.1.3.2., cfr. nesta obra o comentário de Sofia Leite Borges.

28 Neste contexto, aceita-se o pressuposto, subjacente a esta recomendação, que o processo de nomeação de administradores pode ser valorizado através da intervenção de actores societários estranhos à gestão executiva, de modo a tornar o processo mais profissional e estruturado[22].

29 IV – O acolhimento desta recomendação deve, à partida, ser maior nos comités criados no âmbito das sociedades que adoptam a estrutura governativa de tipo germânico já que, neste caso, o CSC, no artigo 444.º, a acolhe expressamente ao contemplar o dever de, quando conveniente, *o conselho geral e de supervisão nomear de entre os seus membros, uma ou mais comissões para o exercício de determinadas funções, designadamente para fiscalização do conselho de administração executivo*[23] *e para fixação da remuneração dos administradores*[24]. Adicionalmente, este órgão tem igualmente a competência de designar os administradores executivos[25], no exercício da qual nada impede o conselho geral e de supervisão de criar uma comissão de nomeações para o efeito.

30 V – Pelo motivo apontado no parágrafo predecente, torna-se difícil entender porque razão esta recomendação deixou de contemplar a comissão de remunerações. Com efeito, se esta opção do regulador pode fazer sentido no que respeita aos modelos de governação de tipo clássico e anglo saxónico, nos quais a fixação de remunerações não compete ao conselho de administração, mas à assembleia geral ou a comissão por esta nomeada[26], o mesmo já não acontece relativamente ao modelo de governação de tipo germânico no qual, como se referiu acima, a possível existência de uma comissão de remunerações está expressamente contemplada na lei e pode continuar a fazer sentido já que, a menos que o contrato de sociedade determine a competência da assembleia geral ou de uma comissão por esta nomeada para a fixação das remunerações dos administradores executivos, esta cabe ao conselho geral e de supervisão[27].

31 Por outro lado, não podemos também deixar de questionar até que ponto não fará sentido reintroduzir nesta recomendação a comissão de remunerações, mesmo com referência aos modelos clássico e anglo saxónico de governação. Na realidade, Julgamos que este tema merece uma reflexão especial à luz da Lei n.º 28/2009, de 19 de Junho, que atribui ao órgão de administração ou à comissão de remunerações das entidades de interesse público[28], caso exista, a competência de submeter anualmente à assembleia geral uma declaração sobre a política de remuneração dos membros dos órgão de administração e fiscalização[29]. Sem entrar na análise da articulação entre a previsão da Lei 28/2009 e as competências estabelecidas no CSC para a fixação de remunerações[30], neste contexto poderá fazer sentido, a nível

---

[22] Paulo Câmara, Gabriela Figueiredo Dias/Rui de Oliveira Neves, *O Governo das Sociedades Anónimas*, O Governo das Organizações. A vocação expansiva do Corporate Governance.

[23] As funções de fiscalização-auditoria do conselho geral e de supervisão estão contempladas no artigo 441.º do CSC.

[24] As funções de fixação de remuneração pelo conselho geral e de supervisão estão contempladas no artigo 429.º do CSC.

[25] A competência do conselho geral e de supervisão para a designação de administradores está contemplada no artigo 425.º n.º 1 do CSC.

[26] Artigos 399.º e 423.º-D do CSC.

[27] Artigo 429º do CSC.

[28] As entidades de interesse público encontram-se elencadas no artigo 4.º da Lei n.º 28/2009, de 19 de Junho.

[29] Para uma análise detalhada das recomendações relativas às declaração sobre a política de remuneração dos membros dos órgão de administração e fiscalização, cfr. nesta obra os comentários de PAULO CÂMARA às Recomendações II.1.5.2. e II.1.5.3..

[30] Paulo Câmara, *El Say on Pay Portugués*, Revista de Derecho de Mercado de Valores n.º 6 (2010), 83-96; Id., *Say on Pay: O dever de apreciação da política remuneratória pela assembleia geral*, Revista de Concorrência e Regulação n.º 2 (2010), 321-344; Id., *Crise Financeira e Regulação*, Revista da Ordem dos Advogados (2009), 720-721.

recomendatório, não descurar a hipótese da existência de comissões de remuneração no seio do órgão de administração nas quais seja confiado um papel importante aos administradores executivos, sobretudo se forem independentes[31].

A hipótese referida, estaria alinhada com a Recomendação 2005/162/CE da Comissão, a qual preconiza a criação, no âmbito do conselho de administração ou de supervisão, de um comité de remuneração *sempre que, por força da legislação nacional, esse comité desempenhar um papel no processo de fixação da remuneração dos administradores, quer tome ele próprio as decisões quer apresente propostas nesse sentido a um outro órgão da sociedade*[32].

4. Grau de adesão da recomendação pelos destinatários

Da leitura dos relatórios sobre a estrutura e as práticas de governo societário divulgado pelas sociedades emitentes de acções à negociação no mercado regulamentado português em 2010 (nomeadamente as que integram actualmente o PSI-20) resulta uma adesão generalizada a esta recomendação, verificando-se a existência de comissões especializadas, que, na sua maioria, são comissões de acompanhamento do governo societário, comissões de auditoria, comissões de avaliação de desempenho e comissões de remunerações.

Segundo informação constante do Relatório de Avaliação do Cumprimento do Código de Governo das Sociedades da CMVM relativo a 2009, em 11 das situações avaliadas a CMVM entendeu que esta recomendação não estava a ser cumprida, não devido à inexistência de comissões, mas *em virtude da insuficiência, da inexistência ou da falta de independência das comissões criadas no seio das empresas para avaliar o desempenho dos administradores executivos, da própria empresa e do modelo de governo societário implementado.*

---

[31] PAULO CÂMARA, *Crise Financeira e Regulação,* Revista da Ordem dos Advogados (2009), 720-721.

[32] Anexo I, 3.1., 1.

II.5.2. Os membros da comissão de remunerações ou equivalente devem ser independentes relativamente aos membros do órgão de administração e incluir, pelo menos um membro com conhecimentos e experiência em matérias de política de remuneração.

II.5.3. Não deve ser contratada para apoiar a Comissão de Remunerações no desempenho das suas funções qualquer pessoa singular ou colectiva que preste ou tenha prestado, nos últimos três anos, serviços a qualquer estrutura na dependência do Conselho de Administração, ao próprio Conselho de Administração da sociedade ou que tenha relação actual com consultora da empresa. Esta recomendação é aplicável igualmente a qualquer pessoa singular ou colectiva que com aquelas se encontre relacionada por contrato de trabalho ou prestação de serviços.

Bibliografia: PAULO CÂMARA, *El Say on Pay Portugués*, Revista de Derecho de Mercado de Valores n.º 6 (2010), 83-96; Id., *Say on Pay: O dever de apreciação da política remuneratória pela assembleia geral*, Revista de Concorrência e Regulação n.º 2 (2010), 321-344; Id., *Crise Financeira e Regulação*, Revista da Ordem dos Advogados (2009), 720-721; Id., *A Comissão de Remunerações*, RDS n.º 1 (2011); Id. *O Governo das Sociedades em Portugal: Uma Introduçao*, CadMVM n.º12, (2001), 49; JOÃO SOUSA GIÃO, *Conflitos de Interesses entre Administradores e Accionistas na Sociedade Anónima: os Negócios com a Sociedade e a Remuneração dos Administradores*, Conflito de Interesses no Direito Societário e Financeiro, Almedina (2010); PAULO CÂMARA, GABRIELA FIGUEIREDO DIAS, RUI OLIVEIRA NEVES, *O Governo das Sociedades Anónimas*, O Governo das Organizações. A vocação expansiva do Corporate Governance; ALEXANDRE SOVERAL MARTINS, Comissão Executiva, Comissão de Auditoria e outras Comissões na Administração, 270ss; NYSE, *Final NYSE (New York Stock Exchange) Corporate Governance Rules* (2003), pontos 4, 5, 7; GUIDO FERRARINI, NIAMH MOLONEY, MARIA CRISTINA UNGUREAUNU, *Understanding Directors' Pay in Europe: A Comparative and Empirical Analysis*, Law Working Paper N.º126/2009, August 2009; INSTITUTO PORTUGUÊS DE CORPORATE GOVERNANCE, *Livro Branco Sobre o Corporate Governance em Portugal*, disponível em ihttp://www.ecgi.org/codes/documentos/libro_bianco_cgov_pt.pdf, (2006); RICHARD GREENBURY, *Directors's Remuneration (Greenbury Report)* (1995), ponto 4; DEREK HIGGS, *Review of the role and efectivness of non-executive directors* (Higgs Report) (January 2003), ponto 13 e Anexos E e F; JORGE COUTINHO DE ABREU, *Governação de Sociedade*, 97ss; MENEZES CORDEIRO, *Código das Sociedades Comerciais Anotado*, Coimbra (2009).

Índice

1. Antecedentes próximos 1
2. Fontes legais e comunitárias relacionadas 7
3. Análise 16
4. Grau de adesão da recomendação pelos destinatários..................................... 31

1. Antecedentes próximos

1 De entre as recomendações da CMVM anteriores ao Código de Governo das Sociedades, as de 2009 são as únicas que aludem a uma comissão para análise da política de remunerações, não fazendo, contudo, qualquer alusão à independência dos seus membros relativamente aos membros do conselho de administração, o que se compreende, na medida em que recomendada a criação de uma comissão de administradores não faria sentido recomendar também que esses fossem independentes do órgão que integram.

2 Julgamos que a eliminação da alusão à comissão de remunerações nas redacções subsequentes desta recomendação terá ficado a dever-se à preocupação de harmonizar o respectivo conteúdo com o estabelecido na lei, que não prevê a criação destas comissões no âmbito do conselho de administração[1-2].

3 Nas recomendações da CMVM de 2001 sobre o governo societário, o tema da independência dos membros da comissão de remunerações não é abordado, passando apenas sê-lo nas recomendações da CMVM de 2003[3], 2005[4] e 2007[5].

4 As recomendações da CMVM de 2003 e 2005 já referem que os membros da comissão de remunerações ou equivalente devem ser independentes relativamente aos membros do órgão de administração e, pela primeira vez, aludem ao orgão competente para a eleição da comissão de remunerações – a assembleia geral – concluindo que o desiderato legal de prevenção de problemas de conflito de interesses, subjacente a tal normativo, será atingido se a composição desta comissão incluir apenas pessoas independentes em relação à administração e que não possam ser influenciadas por esta[6].

5 Finalmente, é nas recomendações da CMVM de 2007 que a redacção desta recomendação se apróxima da sua formulação actual ao estabelecer que *os membros da comissão de remunerações ou equivalente devem ser independentes relativamente aos membros do órgão de administração*.

6 Sobre os requisitos de independência das pessoas susceptíveis de assessorar a comissão de remunerações no desempenho das respectivas funções, a primeira recomendação é a actual, introduzida em 2010 nas recomendações da CMVM.

2. Fontes legais e comunitárias relacionadas

Fontes nacionais

7 Nos termos dos artigos 399.º n.º 1 e 429.º do CSC a fixação das remunerações dos administradores compete à assembleia geral ou a uma comissão por esta nomeada e, nas sociedades com estrutura orgânica de tipo germânico, ao conselho geral e de supervisão ou, no caso em que o contrato de sociedade assim o determine, à assembleia geral ou uma comissão por esta nomeada.

---

[1] Cfr. A lei prevê a criação de comissões de remunerações pela assembleia geral (no artigo 399.º n.º1 do CSC) e pelo Conselho Geral e de Supervisão (artigo 444.º n.º 1 do CSC).

[2] Sobre a reintrodução da previsão de uma comissão de remunerações no seio do conselho de administração, cfr. nosso comentário à recomendação II.5.1.

[3] Recomendações da CMVM sobre o Governo das Sociedades Cotadas (2003), Recomendação 9.

[4] Recomendações da CMVM sobre o Governo das Sociedades Cotadas (2005), Recomendação 9.

[5] Recomendações da CMVM sobre o Governo das Sociedades Cotadas (2007), Recomendação II.5.2.

[6] As Recomendações em causa esclareciam ainda que o conceito de independência utilizado neste contexto se encontrava estabelecido no n.º 9 do Capítulo I do Anexo ao Regulamento da CMVM n.º 7/2001 (revogado pelo Regulamento da CMVM n.º 1/2007), da leitura *a contrario* do qual se retira a independência das pessoas que não integrem o conselho de administração, nem que sejam cônjuges, parentes e afins em linha recta até ao terceiro grau, inclusive de qualquer membro do conselho de administração.

A nível regulatório, o Regulamento da CMVM n.º 1/2010 sobre o Governo das Sociedades Cotadas prevê no Capítulo II, Secção V do seu Anexo I a obrigatoriedade de estas sociedades deverem, no seu relatório sobre o governo da sociedade fazer *referência ao facto de um membro da comissão de remunerações possuir conhecimentos e experiência em matéria de política de remuneração* (II.38.) *e à independência das pessoas singulares ou colectivas contratadas para a comissão de remunerações por contrato de trabalho ou de prestação de serviço relativamente ao conselho de administração bem como, quando aplicável, ao facto de essas pessoas terem relação actual com consultora da empresa* (II.39.).

Ainda no plano recomendatório, verificam-se recomendações equivalentes na Carta Circular n.º 2/10/DSBDR do Banco de Portugal[7] e na Circular n.º 6/2010 do Instituto de Seguros de Portugal[8] – dirigidas respectivamente às instituições de crédito e sociedades financeiras e às empresas de seguros e de resseguros e sociedades gestoras de fundos de pensões.

Fontes comunitárias
Recomendação da Comissão 2005/162/CE, relativa ao papel dos administradores não executivos ou membros do conselho de supervisão de sociedades cotadas e aos comités do conselho de administração ou de supervisão[9].

No que respeita ao comité de remuneração, a Comissão recomenda a criação, no âmbito do conselho de administração ou de supervisão, de um comité de remuneração *sempre que, por força da legislação nacional, esse comité desempenhar um papel no processo de fixação da remuneração dos administradores, quer tome ele próprio as decisões quer apresente propostas nesse sentido a um outro órgão da sociedade*[10].

O principal objectivo destes comités constituidos na esfera do órgão de administração é, nos termos previstos na Recomendação 2005/162/CE, o de reforçar a eficiência deste órgão, assegurando que as suas decisões se baseiam nos elementos relevantes e ajudando a organizar o seu trabalho tendo em vista uma tomada de decisões isenta de quaisquer conflitos de interesses relevantes[11].

O comité de remuneração em causa deve ser exclusivamente composto por administradores não executivos ou membros do conselho de supervisão, pelo menos um dos seus membros dever ser independente e pelo menos um dos seus membros possuir conhecimentos e experiência no domínio da política de remuneração[12].

Quanto ao seu funcionamento, a recomendação europeia vai no sentido de o comité de remuneração dever exercer as suas funções com independência e integridade e prevê ainda a possibilidade de utilização dos serviços de um consultor com vista à obtenção de informação sobre normas do mercado para sistemas de remuneração, cabendo ao comité de remuneração *assegurar que o consultor em causa não aconselhe, simultaneamente, o departamento de recursos humanos ou os administradores executivos ou membros da comissão executiva da sociedade em causa*[13].

---

[7] Cfr. Ponto III.2.
[8] Cfr. Ponto III.2.
[9] Recomendação da Comissão 2005/162/CE, de 15 de Fevereiro, relativa ao papel dos administradores não executivos ou membros do conselho de supervisão de sociedades cotadas e aos comités do conselho de administração ou de supervisão, complementada pela Recomendação da Comissão (2007/385/CE), de 30 de Abril de 2009.
[10] Anexo I, 3.1. n.º 1.
[11] Ponto 6.1.
[12] Anexo I, 3.1. n.º 2.
[13] Ponto 9, da Recomendação da Comissão de 30 de Abril de 2009 (alterou o Anexo I.3. da Recomendação da Comissão 2005/162/CE).

15   A Recomendação da Comissão prevê uma certa flexibilidade nas maneiras através das quais os Estados Membros podem implementar os seus princípios. Neste contexto, ela adopta uma abordagem de auto regulação baseada em recomendações não vinculativas, evitando-se, uma solução 'one-size-fits-all'. Foi, assim, dada liberdade aos Estados Membros para adoptar as recomendações constantes do documento, quer através de legislação, quer através de soft law, utilizando a técnica "cumpra ou explique" (comply or explain)[14].

3. Análise

16   I – É notória e crescente a relevância que tem sido dada às comissões de remunerações em sede de governo das sociedades anónimas, facto que justifica a intensidade legislativa, regulatória e recomendatória sobre a matéria e que se intensificou a partir de 2007, como reacção à crise financeira internacional.

17   Com efeito, no âmbito da avaliação realizada a nível internacional, sobre os fundamentos da referida crise financeira, as práticas remuneratórias adoptadas pelas sociedades, em geral, e pelas instituições financeiras, em particular, têm sido apontadas como um dos factores que terão contribuído para a persistência e extensão dos efeitos da crise, nomeadamente pelo facto de terem incentivado a assunção de níveis excessivos de risco em virtude de estratégias excessivamente centradas em resultados de curto prazo.

18   A constituição deste tipo de comissões revela também o reconhecimento, por parte dos agentes económicos, da sua utilidade prática e de que o tratamento especializado de determinadas matérias da vida societária, contribuem para que a respectiva abordagem seja efectuada de modo mais transparente, eficiente, profissional e esclarecido, pressupondo a separação das funções de gestão da função de fixação de remuneração e possibilitando, assim, uma resolução adequada de conflitos de interesses[15].

19   II – A recomendação II.5.1., embora não identificando as comissões especializadas a que se refere, faz referência às respectivas funções, de um modo que permite facilmente descortinar as comissões especializadas de avaliação de desempenho, de acompanhamento do governo societário e de nomeações. Contrastando com esta técnica, a recomendação II.5.2. surge algo perdida e desgarrada, já que se limita a fazer referência aos requisitos a que devem obedecer os membros da comissão de remunerações, sem antes, porém, introduzir o assunto, nomeadamente, sem precisar a que comissão de remunerações se refere exactamente.

20   Pelo exposto, consideramos que seria importante e clarificador alterar esta recomendação no sentido de especificar quais as comissões de remuneração que podem estar em causa. Nos termos da lei, actualmente estas seriam a comissão de remunerações nomeada pela assembleia geral ou, nas sociedades que adoptem o modelo dualista, pelo conselho geral e de supervisão[16-17]. A alteração sugerida teria ainda o mérito de esclarecer eventuais dúvidas que se coloquem relativamente à articulação desta recomendação com a recomendação anterior.

---

[14] A investigação levada a cabo no âmbito do trabalho de Guido Ferrarini, Niamh Moloney, Maria Cristina Ungureanu, Understanding Directors' Pay in Europe: *A Comparative and Empirical Analysis, Law Working Paper N.º126/2009*, August 2009 revela que as recomendações têm sido essencialmente transpostas através de soft law adoptadas através da técnica "cumpra ou explique" (comply or explain).

[15] RICHARD GREENBURY (coord.), *Directors' Remuneration (Greenbury Report)* (1995), 4.3.
[16] Artigos 399.º e 444.º 1 do CSC.
[17] Sobre a susceptibilidade e eventual utilidade da existência de comités de remuneração no seio do orgão de administração cfr. nossos comentários à Recomendação II.5.1.

III – Esta recomendação versando sobre a composição da comissão de remunerações abrange essencialmente dois aspectos: a sua composição qualitativa e a competência técnica dos seus membros.

No que respeita à composição qualitativa, recomenda-se que todos os membros da comissão de remunerações sejam independentes e a este respeito é importante notar que o conceito de independência aqui utilizado se distingue do previsto actualmente no CSC[18], bastando, no caso da comissão de remunerações, que os respectivos titulares sejam *independentes relativamente aos membros do órgão de administração*.

Na análise deste requisito de independência deve ter-se presente a composição da comissão de vencimentos que actualmente pode incluir, total ou parcialmente, não accionistas. Esta possibilidade, embora abra a porta a titulares conhecedores da matéria, coloca também o risco de a comissão ser constituída por pessoas sem o conhecimento indispensável da actividade da sociedade, contexto que suscita dificuldades exponencialmente ampliadas em sociedades com estruturas accionistas difusas, precisamente aquelas nas quais o modelo de fixação da remuneração por designação accionista pode implicar maiores adversidades funcionais[19-20].

Neste contexto, e porque as competências da comissão de remunerações implicam, necessariamente, uma dependência funcional relativamente a outras estruturas – desde logo, relativamente aos administradores, na medida em que cabe a estes estabelecer os critérios que estão na base da fixação da remuneração, sendo também os mais capazes de auxiliar a comissão quanto ao modo de afectação das componentes remuneratórias variáveis – seria desejável o estabelecimento de uma articulação funcional e eficiente entre aquela comissão e estas estruturas, sem nunca comprometer a independência nem a diminuição das competências da primeira.

Sem prejuízo da referida necessária articulação, uma solução para a questão apontada seria alterar esta recomendação, de modo a possibilitar que a comissão de remunerações passe a acolher um membro não independente do conselho de administração, o qual, acautelando--se uma suficiente, mas não excessiva, ligação à gestão executiva, deveria, idealmente, ser um administrador não executivo[21].

IV – No que respeita ao requisito de competência técnica dos membros da comissão sob análise, esta recomendação prevê, na senda da Recomendação da Comissão 2005/162/CE, que ela inclua pelo menos um membro com conhecimentos e experiência em matérias de política de remuneração, sem, todavia, facultar critérios objectivos que permitam aferir com acuidade a verificação desses requisitos. Nesta perspectiva, os conceitos em causa têm de ser delimitados pela negativa, conduzindo à eliminação daqueles candidatos que não apresentem qualquer tipo de conhecimento ou experiência em matérias remuneratórias[22].

Tendo em conta a crescente importância atribuída a estas comissões e a especificidade do seu objecto, cremos que a tendência é a crescente profissionalização e especialização dos seus membros.

---

[18] Artigo 414.º n.º 5 do CSC.
[19] PAULO CÂMARA, *A Comissão de Remunerações*, RDS n.º 1 (2011).
[20] Contra a inclusão na comissão de remunerações de membros independentes do órgão de administração, cfr. Richard Greenbury, Greenbury Report (1995), ponto 4.10.

[21] PAULO CÂMARA, *A Comissão de Remunerações*, RDS n.º 1 (2011).
[22] JOÃO SOUSA GIÃO, *Conflitos de Interesses entre Administradores e Accionistas na Sociedade Anónima: os Negócios com a Sociedade e a Remuneração dos Administradores*, Conflito de Interesses no Direito Societário e Financeiro, Almedina (2010).

28 V – Em termos quantitativos, esta recomendação não estabelece quaisquer requisitos quanto ao número de membros da comissão de remunerações. Porém, não parece que a lei admita a sua unipessoalidade, desde logo porque se refere a "comissão", orgão colegial por natureza. A tendência portuguesa e estrangeira nesta matéria tem sido no sentido de estas comissões operarem com três membros.

29 VI – Confrontada com a crescente sofisticação das regras e estruturas remuneratórias, a comissão de remunerações pode pretender recorrer a pessoas que a assessorem nas suas funções, porquanto melhor habilitadas para assegurar um tratamento mais especializado e adequado destes temas.

30 Ao lançar mão dessa possibilidade, a comissão de remunerações deverá ter em atenção as rigorosas regras sobre conflitos de interesses constantes da recomendação II.5.3. que, indo um pouco mais longe do que o recomendado pela Comissão[23], a impedem de contratar qualquer pessoa: (i) que preste ou tenha prestado, nos últimos três anos, serviços a qualquer estrutura na dependência do Conselho de Administração; (ii) que preste ou tenha prestado, nos últimos três anos, serviços ao próprio Conselho de Administração; ou (iii) que tenha relação actual com consultora da sociedade. Esta recomendação é aplicável, igualmente, a qualquer pessoa singular ou colectiva que se encontre relacionada, por contrato de trabalho ou prestação de serviços, com as pessoas referidas.

4. Grau de adesão da recomendação pelos destinatários

31 I – Da leitura dos relatórios sobre a estrutura e as práticas de governo societário divulgados pelas sociedades emitentes de acções à negociação no mercado regulamentado português em 2010 (nomeadamente as que integram actualmente o PSI-20) resulta, na maioria dos casos, a adesão à recomendação II.5.2.

32 De realçar que, num dos casos pontuais de não cumprimento da recomendação II.5.2., a explicação respectiva baseia-se no facto de a sociedade em causa entender que os membros não executivos do conselho de administração devem ter um papel activo na avaliação e definição da remuneração dos membros da comissão executiva. Neste caso concreto, acrescenta-se ainda que o papel dos membros não executivos do conselho de administração na definição das remunerações dos membros da comissão executiva é assegurado pela existência, no âmbito daquele de uma comissão de remunerações.

33 Segundo informação constante do Relatório de Avaliação do Cumprimento do Código de Governo das Sociedades da CMVM relativo a 2009, em 8 das situações avaliadas a CMVM entendeu que a recomendação II.5.2. não estava a ser cumprida, na medida em que os membros da comissão de remunerações não preenchiam o critério de independência prescrito na recomendação.

34 II – Relativamente à recomendação II.5.3., verifica-se a sua não aplicabilidade à maior parte das sociedades em causa, porquanto estas não recorrem à contratação de quaisquer pessoas para apoio à comissão de remunerações.

---

[23] Parágrafo 9, da Recomendação da Comissão de 30 de Abril de 2009 (alterou o Anexo I.3. da Recomendação da Comissão 2005/162/CE.

II.5.4. Todas as comissões devem elaborar actas das reuniões que realizem.

Bibliografia: MENEZES CORDEIRO, *Código das Sociedades Comerciais Anotado*, Coimbra (2009).

Índice

1. Antecedentes próximos 1
2. Fontes legais relacionadas 2
3. Análise 7
4. Grau de adesão da recomendação pelos destinatários... 12

1. Antecedentes próximos

A primeira vez que surge a alusão à necessidade de elaboração de actas das reuniões das comissões especializadas – já na actual redacção – é nas recomendações CMVM sobre o governo das sociedades cotadas de 2007 (II.5.3.).

2. Fontes legais relacionadas

Fontes nacionais

O artigo 388.º n.º 1 do CSC, prevê que *deve ser lavrada uma acta de cada reunião da assembleia geral*. Esta regra, prevista para as sociedades anónimas é aplicável, por remissão, às reuniões das assembleias gerais das sociedades por quotas (artigo 248.º nº1 do CSC).

O artigo 423.º n.º 3 prevê igualmente que *de cada reunião do conselho fiscal deve ser lavrada uma acta no livro respectivo ou nas folhas soltas, assinada por todos quantos nela tenham participado*.

Na ausência de regras expressas equiparáveis para as reuniões do Conselho de Administração, Comissão de Auditoria, Conselho de Administração Executivo e Conselho Geral e de Supervisão (incluindo as comissões constituídas no seu seio ao abrigo do artigo 444.º do CSC) entendemos que as regras enunciadas supra lhes são aplicáveis por analogia e que, por isso, das reuniões de todos eles deverão ser lavradas actas.

O Código Comercial (1888), na parte respeitante à escrituração mercantil, obrigava as sociedades comerciais a possuir livros de actas e dispõe de regras aplicáveis ao arquivo e conservação obrigatórios de documentos[1].

A nível regulatório, o Regulamento da CMVM n.º 1/2010 sobre o Governo das Sociedades Cotadas prevê no Capítulo II, Secção V do seu Anexo I a obrigatoriedade de estas sociedades deverem, no seu relatório sobre o governo da sociedade, fazer referência *ao número de reuniões das comissões constituídas com competência em matéria de administração e fiscalização durante o exercício em causa, bem como referência à realização das actas dessas reuniões* (II.37.).

---

[1] Cfr. Artigos 31.º n.º 1, 37.º e 41.º do Código Comercial (1888).

3. Análise

7 I – Através da recomendação de elaboração das actas das reuniões das comissões especializadas, o regulador está, no que a documentação respeita, a estender às reuniões destas comissões as regras aplicáveis às reuniões dos órgãos societários[2].

8 O racional subjacente a esta recomendação parece ser o de dotar o trabalho e as deliberações das comissões especializadas de maior organização, sistematização, rigor e transparência, constituindo as actas lavradas um suporte histórico importante de tudo o que tenha sido decidido, para efeitos internos e externos. Estes documentos são também da maior importância sempre que se pretenda avaliar o número de reuniões, o tipo de assuntos e preocupações nelas debatidos e respectivas conclusões e o sentido de voto dos participantes.

9 Neste sentido, estas actas relevam também para efeitos da divulgação anual pelas sociedades visadas do seu relatório sobre o governo da sociedade, já que neste devem fazer referência ao número de reuniões das comissões constituídas durante o exercício em causa, bem como à realização das actas dessas reuniões[3].

10 II – A recomendação não alude ao conteúdo das actas das reuniões das comissões especializadas. Porém, entendemos que os dados elencados no CSC, para as actas das assembleias gerais, podem, com as devidas adaptações, constituir um bom auxiliar nesta matéria, tanto mais que correspondem à prática generalizada na redacção de actas (da assembleia geral e de outros órgãos societários) ao abrigo do direito português[4].

11 III – O arquivo das actas das comissões especializadas e documentação associada (listas de presença, ordens de trabalhos e deliberações tomadas), estão sujeitas às regras gerais obrigatórias sobre o arquivo e conservação de documentos, aplicáveis às sociedades comerciais[5].

4. Grau de adesão da recomendação pelos destinatários

12 Da leitura dos relatórios sobre a estrutura e as práticas de governo societário divulgado pelas sociedades emitentes de acções à negociação no mercado regulamentado português em 2010 (nomeadamente as que integram actualmente o PSI-20) resulta uma adesão generalizada a esta recomendação.

13 Segundo informação constante do Relatório de Avaliação do Cumprimento do Código de Governo das Sociedades da CMVM relativo a 2009, em 4 das situações avaliadas a CMVM considerou a recomendação como não adoptada, uma vez que inexiste informação sobre a elaboração de actas pelas comissões nos respectivos relatórios de governo de empresa.

---

[2] Cfr. n.º 2 deste comentário.
[3] Regulamento da CMVM n.º 1/2010, Anexo I, Capítulo II, Secção V, II.37.
[4] O artigo 63.º n.º2 do CSC, prevê que a acta da assembleia geral deve conter, pelo menos:
 a) A identificação da sociedade, o lugar, o dia e a hora da reunião;
 b) O nome do presidente e, se os houver, dos secretários;
 c) Os nomes dos sócios presentes ou representados e o valor nominal das partes sociais, quotas ou acções de cada um, salvo nos casos em que a lei mande organizar lista de presenças, que deve ser anexada à acta;
 d) A ordem do dia constante da convocatória, salvo quando esta seja anexada à acta;
 e) Referência aos documentos e relatórios submetidos à assembleia;
 f) O teor das deliberações tomadas;
 g) Os resultados das votações;
 h) O sentido das declarações dos sócios, se estes o requererem.
[5] Artigo 40.º do Código Comercial (1888).

3.
INFORMAÇÃO E AUDITORIA

3.1. DEVERES GERAIS DE INFORMAÇÃO

III.1.1. As sociedades devem assegurar a existência de um permanente contacto com o mercado, respeitando o princípio da igualdade dos accionistas e prevenindo as assimetrias no acesso à informação por parte dos investidores. Para tal deve a sociedade manter um gabinete de apoio ao investidor.

Bibliografia: CARLOS OSÓRIO DE CASTRO, *A informação no direito do mercado de valores mobiliários*, in Direito dos valores mobiliários, 1997; CMVM, *Relatório de Avaliação do Cumprimento do Código de Governo das Sociedades da CMVM*, 2010, disponível em http://www.cmvm.pt/CMVM/Estudos/Pages/20100427_inq8_indice.aspx; FRANK H. EASTERBROOK e DANIEL R. FISCHEL, "*Mandatory disclosure and the Protection of investors*", in Virginia Law Review, 70, 1984, 669; JOHN C. COFFEE, JR., "*Market Failure and The Economic Case For a Mandatory Disclosure System*", in Virginia Law Review, 70, 1984, 717; JOSÉ GOMES FERREIRA, *Deveres de Informação sobre negócios com partes relacionadas e os recentes Decretos-Lei n.ᵒˢ 158/2009 e 185/2009*, Revista Direito das Sociedades (2009), 3; PAULO CÂMARA, *Os deveres de informação e a formação dos preços no mercado dos valores mobiliários*, in Cadernos do Mercado de Valores Mobiliários, 2, 1998; PAULO CÂMARA, *Manual de Direito dos valores mobiliários*, 2009; REINEIR KRAAKMAN, "*Disclosure and Corporate Goverance: An Overview Essay*", in Ferrarini, *et al.*, "*Reforming Company and Takeover Law in Europe*", 2004.

Índice

I – Antecedentes próximos 1
1. As recomendações da CMVM sobre o Governo das Sociedades Cotadas de 1999 1
2. As alterações em 2003 e em 2007 4

II – Fontes legais nacionais e comunitárias relacionadas 6
3. O CVM e os Regulamentos da CMVM 6
4. O CSC 10
5. Os Regulamentos Comunitários 11

III – Análise 13
6. Os deveres de informação 13
7. O gabinete de apoio ao investidor 21
8. Grau de adesão 23
9. Comparação com recomendações e práticas Internacionais 25

I – Antecedentes próximos

1. As recomendações da CMVM sobre o Governo das Sociedades Cotadas de 1999
O primeiro conjunto de recomendações sobre o Governo das Sociedades Cotadas, elaborado pela CMVM em 1999, contemplava já esta recomendação, embora com ligeiras diferenças de redacção, no seu capítulo I dedicado exclusivamente à "Divulgação de Informação"[1].
    A redacção inicial do preceito que, aliás, se manteve inalterada na primeira revisão das recomendações levada a cabo em 2001[2], era a seguinte[3]:
    "7. A sociedade deve assegurar a existência de um permanente contacto com o mercado, respeitando o princípio da igualdade dos accionistas e prevenindo as assimetrias no acesso à informação por parte dos investidores. Para tal aconselha-se a criação de um gabinete de apoio ao investidor."

2. As alterações em 2003 e em 2007
Esta recomendação foi objecto de duas pequenas alterações, ambas na sua parte final, referente ao gabinete de apoio ao investidor. A primeira, na revisão de 2003, traduzida no recurso a uma terminologia mais incisiva, que substitui o aconselhar da criação daquele gabinete pelo dever[4] dessa mesma criação. A segunda em 2007, substituindo o dever de criação daquele gabinete pelo dever da sua manutenção[5].
    A revisão realizada em 2007 trouxe ainda alterações em termos de inserção sistemática do capítulo no qual se integra a presente recomendação, com sua passagem do início para o final do texto das recomendações e a alteração da sua epígrafe para "Informação e Auditoria"[6].

II – Fontes legais nacionais e comunitárias relacionadas

3. O CVM e os Regulamentos da CMVM
O artigo 7.º do CVM estabelece os requisitos de qualidade a que deve obedecer a informação divulgada ou a divulgar relativa, entre outros, aos emitentes e aos seus valores mobiliários, impondo que essa informação seja completa, verdadeira, actual, clara, objectiva e lícita.
    A par desta norma, o CVM encerra, nos seus artigos 244.º e seguintes, as normas enformadoras dos diversos deveres de informação a que se encontram sujeitas as sociedades cotadas. O regime constante destes artigos carece, pois, de ser complementado pelo Regulamento CMVM n.º 5/2008 que veio estabelecer outros deveres de informação, concretizar o conteúdo da informação a divulgar e regular os meios e prazos dessa divulgação.

---

[1] Vd. Recomendações da CMVM sobre o Governo das Sociedades Cotadas, 1999, p. 2.
[2] Conforme refere o respectivo preâmbulo, o Regulamento CMVM n.º 7/2001 elevou parte das recomendações relativas a informação a disponibilizar aos investidores, integrantes do texto aprovado pela CMVM em Outubro de 1999, a verdadeiros deveres, provocando em resultado uma redução substancial do número de recomendações no capítulo da divulgação da informação do texto resultante da revisão de 2001.
[3] Vd. Recomendações da CMVM sobre o Governo das Sociedades Cotadas, 1999, p. 3.

[4] Na sequência da revisão de 2003 a redacção da parte final da recomendação era a seguinte: "Para tal deve a sociedade criar um gabinete de apoio ao investidor".
[5] Após a alteração introduzida na revisão de 2007 a parte final da recomendação passou a estipular o seguinte: "Para tal deve a sociedade manter um gabinete de apoio ao investidor".
[6] Na sequência da revisão de 2003, o capítulo I com a epígrafe "Informação" continha apenas a presente recomendação, tendo sido aditado com uma recomendação em 2007 e outras três em 2010 para a sua actual composição.

O dever de informação constante do n.º 1 do artigo 245.º-A do CVM carece, em particular, de ser completado pelo Regulamento CMVM n.º 1/2010 que, dedicado especificamente ao relatório de governo das sociedades cotadas, estabelece no seu Anexo I o modelo a que deve obedecer a estrutura do relatório de governo da sociedade.

Este anexo concretiza no seu ponto III.16., especialmente no que concerne à parte final da presente recomendação, a informação que deve constar do relatório sobre o governo da sociedade relativamente ao gabinete de apoio ao investidor.

4. O CSC

O CSC engloba também algumas disposições relativas a deveres de informação[7], verificando-se contudo que algumas se entrecruzam e sobrepõem com as normas do CVM de forma nem sempre articulada, com recurso a conceitos nem sempre coincidentes, contribuindo para densificar e sobrecarregar esta, já de si complexa, matéria.

5. Regulamentos comunitários

O Regulamento CE n.º 1606/2002[8] veio impor a utilização das normas internacionais de contabilidade (IAS/IFRS)[9] pelas sociedades emitentes de valores mobiliários admitidos à negociação em mercado regulamentado de qualquer Estado Membro. Em cumprimento deste Regulamento, a Comissão Europeia adoptou o Regulamento CE n.º 1725/2003[10] identificando as IAS/IFRS que devem ser utilizadas pelas sociedades cotadas na União Europeia.

As IAS/IFRS que vigoram nos ordenamentos jurídicos comunitário e português impõem às sociedades cotadas diversos deveres de informação que devem ser acautelados, em paralelo com todos os outros.

III – Análise

6. Os deveres de informação

A recomendação em apreço é auto-explicativa não suscitando grandes questões interpretativas. A existência de um permanente contacto com o mercado é hoje em dia fundamental e, face à imensa teia de informações abrangida pelo ditame da divulgação obrigatória, inultrapassável.

A essencialidade da informação para o correcto e eficiente funcionamento do mercado, bem como a necessidade de um sistema de divulgação obrigatória e/ou voluntária que permita ou satisfaça o acesso a essa informação têm sido amplamente estudadas na doutrina, quer nacional[11] quer estrangeira[12], e reconhecidas pelos legisladores nacional e comunitário[13].

---

[7] A título exemplificativo indicam-se os artigos 65.º e seguintes, os artigos 289.º e seguintes e os artigos 447.º e seguintes do CSC.
[8] Regulamento CE n.º 1606/2002, do Parlamento Europeu e do Conselho, de 19 de Julho de 2002, relativo às normas internacionais de contabilidade, JO L 243 de 11.09.2002.
[9] Nos termos do artigo 2.º do Regulamento CE n.º 1606/2002, a definição de normas internacionais de contabilidade para efeitos do dito regulamento comunitário abrange "as International Accounting Standards" – IAS (normas internacionais de contabilidade – NIC), as International Financial Reporting Standards, IFRS (normas internacionais de informação financeira – NIIF) e interpretações conexas (interpretações do SIC-IFRIC), as alterações subsequentes a essas normas e interpretações conexas e as futuras normas e interpretações conexas emitidas ou adoptadas pelo International Accounting Standards Board (IASB)".
[10] Regulamento da CE n.º 1725/2003 da Comissão, de 29 de Setembro de 2003, que adopta certas normas internacionais de contabilidade nos termos do Regulamento CE n.º 1606/2002 do Parlamento Europeu e do Conselho, JO L261 de 13.10.2003.
[11] Vd. PAULO CÂMARA, *Os deveres de informação e a formação dos preços no mercado dos valores mobiliários*, in Cadernos do Mercado de Valores Mobiliários, 2, 1998; CARLOS OSÓRIO DE CASTRO, *A informação no direito do mercado de valores*

15 A divulgação de informação permite, por um lado, que os investidores tomem as suas decisões de investimento de forma esclarecida e em igualdade de oportunidades e, por outro, que o preço dos valores mobiliários, reflectindo em cada momento a informação divulgada, seja o resultado de um processo de formação adequado, desta forma, se alcançando uma eficiente alocação do capital.

16 Adicionalmente, a divulgação de informação, quer obrigatória quer voluntária (ainda que sujeita ao mecanismo do *comply or explain*), desempenha ainda uma importante função no (bom) governo das sociedades[14], na medida em que contribui para a redução e/ou eliminação dos problemas de agência, na sua dupla vertente, accionista/administrador e accionista minoritário/accionista de controlo[15].

17 Para que o sistema de divulgação cumpra a sua função é fundamental que a informação divulgada, seja esta de carácter obrigatório ou de carácter voluntário, cumpra os requisitos de qualidade referidos no artigo 7.º do CVM[16].

18 Para além da sua qualidade revela-se ainda essencial, nos termos desta recomendação, que a informação seja divulgada de forma a garantir o acesso igualitário dos investidores e/ou accionistas.

19 O princípio da igualdade deve nortear o contacto das sociedades com os seus accionistas, assegurando um tratamento uniforme entre eles, sem privilegiar ou prejudicar um ou uns em detrimento de outros.

20 A densidade regulatória que caracteriza actualmente a matéria dos deveres de informação teve e tem por objectivo prevenir (e, nalguns casos, remediar) a assimetria de informação entre quem dirige os negócios sociais e os accionistas ou investidores. Assim, o permanente contacto com o mercado assinalado pela recomendação em análise deve, a par do princípio da igualdade, assegurar que são eliminadas as assimetrias existentes no acesso à informação pelos diversos investidores e simultaneamente que não são criadas novas assimetrias.

---

mobiliários, in Direito dos valores mobiliários, 1997; José Gomes Ferreira, *Deveres de Informação sobre negócios com partes relacionadas e os recentes Decretos-Lei n.ᵒˢ 158/2009 e 185/2009*, Revista Direito das Sociedades (2009), 3, 587-633.

[12] Vd. John C. Coffee, Jr., "*Market Failure and The Economic Case For a Mandatory Disclosure System*", in Virginia Law Review, 70, 1984, 717; Frank H. Easterbrook e Daniel R. Fischel, *Mandatory disclosure and the Protection of investors*, in Virginia Law Review, 70, 1984, 669.

[13] A este respeito a Directiva da Transparência refere no considerando (1) que "[a] publicação de informações exactas, completas e oportunas sobre os emitentes de valores mobiliários reforça a confiança dos investidores e permite-lhes formarem um juízo fundamentado sobre o seu desempenho empresarial e o seu património, promovendo assim tanto a protecção dos investidores como a eficiência do mercado" e no considerando (2) que "[p]ara esse fim, os emitentes de valores mobiliários devem assegurar aos investidores a transparência adequada, através de um fluxo regular de informações".

Vd. Directiva 2004/109/CE do Parlamento Europeu e do Conselho, de 15 de Dezembro de 2004, relativa à harmonização dos requisitos da transparência no que se refere às informações respeitantes aos emitentes cujos valores mobiliários estão admitidos à negociação num mercado regulamentado e que altera a Directiva 2001/34/CE, JO L 390 de 31.12.2004.

[14] Sobre a função dos deveres de informação no governo das sociedades vd. José Gomes Ferreira, ob. cit. supra, nota 11, Paulo Câmara, *Manual de Direito dos valores mobiliários*, 2009; Reineir Kraakman, *Disclosure and Corporate Goverance: An Overview Essay*, in Ferrarini, et al., *Reforming Company and Takeover Law in Europe*, 2004.

[15] Conforme refere José Gomes Ferreira, ob. cit. supra, nota 11, p. 596, "a divulgação de informação constitui, *só por si*, tanto para a administração como para os accionistas controladores, um incentivo ao cumprimento dos seus deveres para com a sociedade e, reflexamente, para com os demais *stakeholders*".

[16] Vd. parágrafo 7 da presente anotação.

7. O gabinete de apoio ao investidor

A forma adequada para se conseguir um permanente contacto com o mercado, como se indica na primeira parte da recomendação, é através de um serviço que funcione como um canal de comunicação acessível de forma igual e uniforme a todos investidores, o gabinete de apoio ao investidor.

Este gabinete de apoio ao investidor deverá ter como principal objectivo a comunicação com o mercado, apresentando-se como interlocutor privilegiado com investidores e analistas financeiros no esclarecimento das diversas questões por estes suscitadas.

8. Grau de Adesão

O relatório de avaliação do cumprimento das recomendações publicado em 2009 contém a apreciação da aplicação das recomendações incluídas no Código de Governo das Sociedades da CMVM de 2007, durante o exercício económico de 2008[17].

A recomendação em apreço evidenciou, então, um grau de adesão de 100%, referindo o regulador que "a prática de estabelecer um gabinete de apoio ao investidor está generalizada, sendo cumprida por todas as sociedades"[18].

9. Comparação com recomendações e práticas internacionais

A análise efectuada aos códigos de governo societário vigentes noutros países incidiu essencialmente sobre os ordenamentos jurídicos considerados de referência na matéria em apreço. Procurou-se, deste modo, uma amostra que permita ter uma perspectiva muito geral dos códigos vigentes em sistemas jurídicos de *common law* e de *civil law*. Neste ponto alerta-se para o facto de que a não existência, nos códigos analisados, de recomendações respeitantes à matéria tratada nesta recomendação, não permite concluir que a mesma não existe ou seja tratada nesse país por imposição legal.

As *Final NYSE Corporate Governance Rules*[19], dos Estados Unidos, o *UK Corporate Governance Code*[20], do Reino Unido e o *Code de Gouvernement d'Entreprise des Sociétés Cotées*[21] francês não abordam o tema da recomendação em análise.

O *Codice di Autodisciplina* italiano[22] contém uma recomendação semelhante à nossa embora menos ambiciosa. O *Codice* recomenda que o conselho de administração identifique uma pessoa responsável pelas relações com os investidores e que avalie periodicamente a necessidade de criar uma estrutura ou um departamento responsável por essa mesma função[23].

Na Alemanha, o *Deutscher Corporate Governance Kodex*[24] não inclui uma recomendação relativa à existência de um gabinete de apoio ao investidor, no entanto dispõe de um conjunto

---

[17] CMVM, *Relatório de Avaliação do Cumprimento do Código de Governo das Sociedades da CMVM*, 2010, disponível em http://www.cmvm.pt/CMVM/Estudos/Pages/20100427_inq8_indice.aspx, p. 4.
[18] Vd. CMVM, ob. cit. nota anterior, p. 12.
[19] Emitidas pela *New York Stock Exchange* e aprovadas pela *Securities Exchange Committee* em 2003. Disponíveis em http://www.nyse.com/pdfs/finalcorpgovrules.pdf.
[20] Emitido pelo *Financial Reporting Council* em 2010. Disponível em http://www.frc.org.uk/corporate/ukcgcode.cfm.
[21] Emitido conjuntamente pela *Association Française des Entreprises Privées* (AFEP) e pelo *Mouvement des Entreprises de France* (MEDEF) em 2008. Disponível http://www.code-afep-medef.com/.
[22] Emitido pelo *Comitato per la corporate governance* da *Borsa Italiana* em 2006. Disponível em http://www.borsaitaliana.it/borsaitaliana/regolamenti/corporategovernance/corporategovernance.htm.
[23] Cfr. Recomendação 11.C.2. do *Codice di Autodisciplina*.
[24] Emitido pela *Regierungskommission Deutscher Corporate Governance Kodex* em 2010, disponível em http://www.corporate-governance-code.de/eng/kodex/index.html.

de recomendações sobre o princípio da igualdade no acesso à informação por parte dos accionistas. O *Kodex* recomenda que i) os factos novos divulgados a analistas financeiros e outros destinatários equivalentes sejam também imediatamente divulgados pela sociedade aos seus accionistas[25]; ii) a sociedade utilize meios de comunicação, tal como a internet, que permitam uma divulgação atempada e uniforme da informação aos accionistas[26]; e iii) a informação divulgada no estrangeiro seja também imediatamente divulgada internamente[27].

---

[25] Vd. Recomendação 6.3. do *Deutscher Corporate Governance Kodex*.
[26] Vd. Recomendação 6.4. do *Deutscher Corporate Governance Kodex*.
[27] Vd. Recomendação 6.5. do *Deutscher Corporate Governance Kodex*.

III.1.2. A seguinte informação disponível no sítio da internet da sociedade deve ser divulgada em inglês:

   a) A firma, a qualidade de sociedade aberta, a sede e os demais elementos mencionados no artigo 171.º do Código das Sociedades Comerciais;
   b) Estatutos;
   c) Identidade dos titulares dos órgãos sociais e do representante para as relações com o mercado;
   d) Gabinete de Apoio ao Investidor, respectivas funções e meios de acesso;
   e) Documentos de prestação de contas;
   f) Calendário semestral de eventos societários;
   g) Propostas apresentadas para discussão e votação em assembleia geral;
   h) Convocatórias para a realização de assembleia geral.

Bibliografia: CMVM, *Relatório de Avaliação do Cumprimento do Código de Governo das Sociedades da CMVM*, 2010, disponível em http://www.cmvm.pt/CMVM/Estudos/Pages/20100427_inq8_indice.aspx.

Índice

I – Antecedentes próximos 1	III – Análise 7
1. O Código de Governo das Sociedades CMVM de 2007 1	6. A adopção da língua inglesa 7
	7. A limitação à informação mínima 12
	8. Grau de adesão 17
II – Fontes legais nacionais e comunitárias relacionadas 2	9. Comparação com recomendações e práticas internacionais 19
2. O CVM 2	
3. O CSC 4	
4. O regulamento da CMVM n.º 1/2010 5	
5. O regulamento da CMVM n.º 5/2008 6	

I – Antecedentes próximos

1. O Código do Governo das Sociedades CMVM de 2007

Esta recomendação surgiu pela primeira vez no texto das recomendações em 2007, mantendo-se sem alterações na versão de 2010 do Código do Governo das Sociedades da CMVM. A recomendação cinge-se à exigência da divulgação também em língua inglesa da informação mínima que, desde as alterações introduzidas em 2003[1] ao Regulamento da CMVM n.º 7/2001, cada sociedade cotada era obrigada a divulgar em português no seu sítio da internet.

---

[1] Através do Regulamento da CMVM n.º 11/2003.

II – Fontes legais nacionais e comunitárias relacionadas

2. O CVM

As sociedades cotadas devem, nos termos do artigo 244.º, n.º 7 do CVM[2], colocar e manter no seu sítio da Internet durante um ano, se outro prazo não estiver especialmente previsto, todas as informações que sejam obrigadas a tornar públicas ao abrigo do CVM, dos respectivos regulamentos e demais legislação conexa.

Para além da regra geral prevista neste artigo, o CVM contém várias disposições que prevêem expressamente a divulgação de informação no sítio da Internet das sociedades. Entre outras, com relevância para a recomendação em apreço, o n.º 5 do artigo 244.º no que respeita ao relatório e contas anuais, à informação semestral e à informação trimestral e intercalar, o artigo 21.º-C relativo à informação prévia à assembleia geral e o artigo 23.º -D, respeitante à acta da assembleia.

3. O CSC

Ao longo do CSC existem também diversas disposições referentes à informação que deve ser disponibilizada no sítio da internet das sociedades comerciais, algumas em complementaridade e outras em sobreposição com as normas constantes do CVM. Relacionadas com a recomendação em apreço, identificam-se o artigo 70.º, n.º 2 do CSC que exige a disponibilização dos documentos de prestação de contas no sítio da Internet da sociedade sempre que este exista, incluindo o relatório sobre a estrutura e práticas de governo societário[3], quando este não faça parte integrante do relatório de gestão; o artigo 171.º do CSC que estabelece a obrigatoriedade da sociedade indicar no seu sítio da internet os elementos identificativos aí mencionados; o artigo 288.º do CSC que indica os documentos, que integram o direito mínimo à informação dos accionistas com, pelo menos, 1% do capital social, a disponibilizar no sítio da internet; e o 289.º do CSC com a indicação da informação preparatória da assembleia geral que deverá ser divulgada no sítio da internet.

4. O Regulamento da CMVM n.º 1/2010

O artigo 5.º do Regulamento da CMVM n.º 1/2010 elenca a informação que considera imprescindível constar no sítio da internet das sociedades cotadas, identificando-a expressamente como "informação mínima".

5. O Regulamento da CMVM n.º 5/2008.

A alínea c) do n.º 1 do artigo 5.º deste Regulamento estabelece a par de outros meios de divulgação de informação previstos para as sociedades cotadas, em linha com o disposto no

---

[2] O artigo 244.º, n.º 7 CVM não se restringe às sociedades cotadas, sendo aplicável a emitentes de valores mobiliários admitidos à negociação em mercado regulamentado.

[3] A obrigação de disponibilizar o relatório sobre a estrutura e práticas de governo da sociedade na sede da sociedade e no sítio da Internet, quando exista, foi introduzida pelo Decreto-lei n.º 185/2009, de 12 de Agosto, vigorando para os exercícios com início em, ou após, 1 de Janeiro de 2010. Este decreto-lei transpôs para o ordenamento jurídico interno a Directiva 2006/46/CE do Parlamento Europeu e do Conselho, de 14 de Junho; no entanto, a aplicação desta obrigação indistintamente a todas as sociedades comerciais foi uma opção do legislador português, já que a cit. directiva distingue expressamente, no considerando 10 e no artigo 1.º, n.º 7, a situação das sociedades com valores admitidos à negociação, das restantes. Parece-nos, assim, excessiva esta obrigação para as sociedades de menor dimensão, a maioria de cariz familiar, o que nos leva a concluir que teria sido preferível que o legislador tivesse estabelecido um patamar de exclusão do cumprimento desta obrigação para estas sociedades, designadamente por referência aos limites estabelecidos nos artigos 262.º, n.º 2 e 413.º, n.º 2 do CSC.

artigo 244.º, n.º 7 do CVM, a obrigatoriedade da colocação e manutenção da informação nos respectivos sítios da internet.

III – Análise

6. A adopção da língua inglesa
A informação a divulgar em inglês no sítio da Internet da sociedade de acordo com esta recomendação tem o seu espelho na informação mínima cuja divulgação é exigida pelo artigo 5.º do Regulamento da CMVM n.º 1/2010, embora em português.

Pretende esta recomendação que a informação, incluída no elenco da informação mínima a constar do sítio da internet, seja divulgada também numa língua que se entende "quase" universal, pelo menos ao nível dos mercados financeiros, facilitando o acesso à mesma ao maior número possível de investidores, independentemente da língua dos respectivos países de origem.

O inglês é, como se referiu, a língua comummente aceite nos mercados financeiros, constituindo uma boa prática que qualquer sociedade cotada – que procurou a admissão das suas acções em mercado regulamentado, extraindo daí o financiamento suficiente para o seu empreendimento – disponibilize também em inglês a informação que está obrigada a disponibilizar em português.

A inexistência dessa informação numa língua comummente utilizada nos mercados internacionais e facilmente assimilável por investidores estrangeiros contribui certamente para a menor transparência da sociedade em causa para estes últimos e, consequentemente, para a sua pouca atractividade relativamente a um grande leque de investidores, facto que se mostraria prejudicial à sua capacidade de financiamento no mercado e, logo, à sobrevivência da sociedade no mesmo.

A adopção de um segundo idioma, que o mercado se encarregou de estabelecer como o eleito nesta recomendação, é algo que, segundo cremos, não careceria de estatuto recomendatório[4] por ser uma prática que inevitavelmente será adoptada pelas sociedades cotadas que, de facto, pretendem um leque mais amplo de investidores.

7. A limitação à informação mínima
A informação a divulgar em inglês no sítio da internet da sociedade ao abrigo desta recomendação não abrange a totalidade da informação que uma sociedade deve, em cumprimento de outros preceitos, incluindo outras recomendações[5], divulgar em português, pelo que parte dessa informação fica de fora desta exigência linguística.

Se a informação é considerada suficientemente relevante para ter de constar do sítio da internet das sociedades e se o objectivo é assegurar que informação alcança em pé de igualdade o maior número de investidores, não se descortina qual o motivo para se realizar esta diferenciação.

---

[4] Ainda que por motivos de ordem pública, como seja o desenvolvimento do mercado de capitais português tornando-o atractivo para um maior número possível de investidores estrangeiros.

[5] A título de exemplo refere-se a recomendação I.5. que estabelece o dever de disponibilização dos extractos das actas ou documentos de conteúdo equivalente no sítio da internet da sociedade (vd. supra a correspondente anotação por António Fernandes Oliveira), bem como, a recomendação II.1.1.5. que determina a divulgação dos regulamentos de funcionamento dos órgãos de administração e fiscalização no sítio da Internet da sociedade (vd. supra a correspondente anotação por Duarte Schmidt Lino).

14   Desta forma, se uma sociedade se limitar a divulgar em inglês a informação enumerada na recomendação em apreço, haverá certa informação relevante para o conhecimento da sociedade pelos seus investidores que ficará, face à barreira linguística, acessível apenas para alguns deles.

15   O conteúdo da informação mínima referida na recomendação carece assim de ser compatibilizado com outro tipo de informação cuja divulgação no sítio da internet em português é exigida[6].

16   A manter-se a recomendação deveria a mesma estabelecer que as sociedades disponibilizassem em língua inglesa, as informações que estivessem obrigadas a disponibilizar em português no sítio da internet.

17 **8. Grau de adesão**
O regulador publicou em 2009, o relatório relativo à avaliação do cumprimento das recomendações do Código de Governo das Sociedades da CMVM de 2007 durante o exercício económico de 2008[7], ano em que a recomendação em apreço teve a sua primeira aplicação.

18   De acordo com os dados constantes do referido relatório, a presente recomendação, cuja redacção não sofreu alterações face à actual versão do Código de Governo das Sociedades, registou um grau de adesão de 64%. Este valor, segundo o regulador, "subvaloriza o cumprimento parcial da maioria das alíneas em que se desdobra"[8], tendo em consideração que o cumprimento parcial, segundo o disposto no ponto 0.2. do Anexo ao, então, Regulamento CMVM n.º 1/2007[9], se traduz sempre em incumprimento[10].

19 **9. Comparação com recomendações e práticas internacionais**
A análise efectuada aos códigos de governo societário vigentes noutros ordenamentos jurídicos tomou por referência os mais relevantes na matéria em apreço. Procurou-se, dessa forma, um conjunto de códigos que permita um enquadramento geral do tratamento dado à matéria constante desta recomendação em países de *common law* e em outros países de *civil law*. Deve ter-se em particular atenção que a não existência, nesses mesmos códigos, de recomendações que versem sobre a matéria objecto da recomendação em anotação, não permite concluir, sem mais, que essa matéria não seja regulada nesse país, por imposição legal ou por outros instrumentos recomendatórios.

20   As *Final NYSE Corporate Governance Rules*[11], dos Estados Unidos, e o *UK Corporate Governance Code*[12], do Reino Unido, por motivos óbvios, não fazem referência à disponibilização de informação em língua inglesa. As *Final NYSE Corporate Governance Rules* incluem, contudo, uma recomendação relativa à disponibilização de *corporate governance guidelines* no sítio da

---

[6] Refira-se a título de exemplo a obrigação, prevista na alínea c) do n.º 1 do artigo 21.º-C do CVM, de disponibilizar no sítio da internet da sociedade os formulários de documento de representação e de voto por correspondência. Estes formulários não são obrigatoriamente disponibilizados em inglês, o que poderá determinar um tratamento desigual para os accionistas estrangeiros que, já de si têm menos contacto com a realidade e as exigências do ordenamento jurídico português.

[7] Vd. CMVM, *Relatório de Avaliação do Cumprimento do Código de Governo das Sociedades da CMVM*, 2009,

disponível em http://www.cmvm.pt/CMVM/Estudos/Pages/20100427_inq8_indice.aspx, p. 4.

[8] Vd. CMVM, ob. cit. nota anterior, p. 12.

[9] O actual Regulamento CMVM n.º 1/2010 contém disposição idêntica no ponto 0.2. do seu Anexo I.

[10] Vd. CMVM, ob. cit. nota anterior, p. 37.

[11] Disponíveis em http://www.nyse.com/pdfs/finalcorpgovrules.pdf. Consultadas em 2011-02-25.

[12] Emitido pelo *Financial Reporting Council* em 2010. Disponível em http://www.frc.org.uk/corporate/ukcgcode.cfm.

internet da sociedade, elencando a informação que deverá ser contemplada nessas *guidelines*[13]. Em França, o *Code de Gouvernement d'Entreprise des Sociétés Cotées*[14] também não aborda o tema da disponibilização da informação em inglês.

O *Codice di Autodisciplina* italiano[15] não contém uma recomendação relativa à divulgação de informação em inglês, limita-se a recomendar a criação de uma secção no sítio da internet da sociedade que seja facilmente acessível e na qual seja divulgada informação relevante para os accionistas, permitindo-lhes, desse modo, que exerçam os seus direitos de forma esclarecida[16].

Na Alemanha, o *Deutscher Corporate Governance Kodex*[17] recomenda que a informação divulgada pelas sociedades se encontre também acessível nos respectivos sítios da internet, que deverão estar estruturados de forma clara. No que respeita à divulgação da informação numa segunda língua, o *Kodex* é menos ambicioso do que a nossa recomendação, apresentando como mera sugestão, por isso não sujeita ao mecanismo do *comply or explain*[18], que as publicações se encontrem também disponíveis em inglês[19].

21

22

---

[13] Vd. *Section* 303A.09 das *Final NYSE Corporate Governance Rules*.

[14] Emitido conjuntamente pela *Association Française des Entreprises Privées* (AFEP) e pelo *Mouvement des Entreprises de France* (MEDEF) em 2008. Disponível http://www.code-afep-medef.com/.

[15] Emitido pelo *Comitato per la corporate governance* da *Borsa Italiana* em 2006. Disponível em http://www.borsaitaliana.it/borsaitaliana/regolamenti/corporategovernance/corporategovernance.htm.

[16] Cfr. Recomendação 11.C.1. do *Codice di Autodisciplina*.

[17] Emitido pela *Regierungskommission Deutscher Corporate Governance Kodex* em 2010, disponível em http://www.corporate-governance-code.de/eng/kodex/index.html.

[18] O *Deutscher Corporate Governance Kodex* distingue entre recomendações e sugestões, as primeiras sujeitas ao mecanismo do *comply or explain*, as segundas não. As sociedades podem, assim, optar por não seguir a sugestão, sem necessidade de o justificar ou divulgar. Vd. Parte 1 do *Deutscher Corporate Governance Kodex*.

[19] Cfr. Recomendação 6.8. do *Deutscher Corporate Governance Kodex*.

III.1.3. As sociedades devem promover a rotação do auditor ao fim de dois ou três mandatos conforme sejam respectivamente de quatro ou três anos. A sua manutenção além deste período deverá ser fundamentada num parecer específico do órgão de fiscalização que pondere expressamente as condições de independência do auditor e as vantagens e os custos da sua substituição.

Bibliografia: André Figueiredo, *"Auditor Independence and the joint provision of audit and non-audit services"* in Código das Sociedades Comerciais e Governo das Sociedades, Almedina, 2008; Benito Arruñada e Cándido Paz-Ares, *"Mandatory Rotation of Company Auditors:A Critical Examination"*, International Review of Law and Economics. 17:1, Março 2007; CMVM, *Relatório da Consulta Pública n.º 2/2009*, disponível em http://www.cmvm.pt/CMVM/Consultas%20Publicas/Cmvm/Documents/Rel atorioCP2_2009GovernodasSociedades2.pdf; Comissão Europeia, Livro Verde, *Política de auditoria: as lições da crise*, COM(2010) 561 Final, de 13.10.2010, disponível em http://ec.europa.eu/internal_market/consultations/docs/2010/audit/green_paper_audit_pt.pdf; FEE, *"FEE Study: Mandatory Rotation of Audit Firms"*, October 2004, disponível em http://www.fee.be/fileupload/upload/FEE%20Study%20on%20Mandatory%20 Rotation%20of%20Audit%20Firms%2004102112005561253.pdf; Gabriela Figueiredo Dias, *Conflito de Interesses em Auditoria*, in Paulo Câmara (ed.), *Conflito de Interesses no Direito Societário e Financeiro. Um balanço a partir da crise financeira*, Almedina 2010; John C. Coffee, Jr. *"Understanding Enron: It's about Gatekeepers, Stupid"*, Julho 2002, disponível em http://ssrn.com/abstract_id=325240; José Ferreira Gomes, *A Fiscalização Externa das Sociedades Comerciais e a Independência dos Auditores*, in Cadernos do Mercado de Valores Mobiliários, 24, Novembro 2006; Michael Gravidis e Nicola Ficarella *"Enron and Parmalat, Two twins parables"*, 2004, disponível em http://ssrn.com/abstract=886921; NYSSCPA, *"Audit firm rotation and audit quality"*, The CPA Journal, Janeiro 2005; Paulo Bandeira, *O governo dos auditores*, in Paulo Câmara (ed.), *O Governo das Organizações. A vocação expansiva do Corporate Governance*, Almedina 2011; Paulo Câmara, *A Actividade de Auditoria e a Fiscalização das Sociedades Cotadas*, Cadernos do Mercado de Valores Mobiliários, 16, (2006); Sean M. O'Connor, *"The inevitability of Enron and the impossibility of «Auditor Independence» under the current audit system"*, Março 2002, disponível em http://ssrn.com/abstract=303181; Walter Doralt, Andreas M. Fleckner, Klaus J. Hopt, Christoph Kumpan, Felix Steffek, Reinhard Zimmermann, Alexander Hellgardt, Susanne Augenhofer, Max Planck Institute, Working Group on Auditor Independence *"Comments on the European Commission Green Paper: Audit Policy – Lessons from the crisis"*, Max Planck Private Law Research Paper N.º 10/24, December 2010, disponível em http://ssrn.com/abstract=1723039.

Índice

I – Antecedentes próximos 1
1. A Recomendação da Comissão de 2002 sobre a independência dos auditores 1
2. A Comunicação da Comissão de 2003 sobre o reforço da revisão legal de contas na EU 2
3. A Directiva da Auditoria 5
4. A revisão do Código de Governo das Sociedades de 2007 9

II – Fontes legais nacionais e comunitárias
relacionadas 12
5. EOROC... 12
6. Regulamento CMVM n.º 1/2010 15

III – Análise 16
7. A independência de facto e a independência
aparente 16

8. As ameaças ou riscos específicos à independência... 21
9. As salvaguardas: *a)* O limite temporal para a
rotação do auditor................................. 26
10. *b)* A intervenção do órgão de fiscalização.... 35
11. Grau de adesão................................... 39
12. Comparação com recomendações e práticas
internacionais..................................... 40

I – Antecedentes próximos

1 **1. A Recomendação da Comissão de 2002 sobre a independência dos auditores**[1]
Numa primeira resposta aos escândalos financeiros verificados nos EUA em 2001, com o colapso da Enron[2], seguido da Worldcom e de outros de menor impacto, a Comissão Europeia apresentou ao Conselho Informal Ecofin um conjunto de medidas que deveriam ser prosseguidas para prevenir que situações idênticas pudessem vir a ocorrer no seio da UE[3]. Destas evidencia-se, em particular no que respeita à revisão legal de contas, a necessidade de acelerar a adopção de uma recomendação sobre a independência dos auditores[4], com indicações claras aos Estados Membros sobre as medidas a implementar nesta área[5].

2 Em Maio de 2002, a Comissão adopta, então, a Recomendação 2002/590/CE, com um conjunto de princípios relativos à independência dos revisores oficiais de contas, com uma extensa exemplificação das situações que apresentam ameaças e riscos específicos à independência dos auditores, bem como de diversos mecanismos de salvaguarda destinados à atenuação dos mesmos. Apesar dessa extensa exemplificação, a rotação obrigatória das sociedades responsáveis pelo compromisso de revisão ou auditoria, medida de salvaguarda prevista pela recomendação III.1.3., não foi expressamente abordada, cingindo-se a Recomendação da Comissão de 2002 a determinar a substituição dos sócios revisores principais da equipa de compromisso de revisão ao fim de 7 anos a contar da sua nomeação para a referida equipa, com vista à atenuação dos riscos de confiança ou familiaridade[6].

---

[1] Recomendação da Comissão 2002/590/CE, de 16 de Maio de 2002, sobre "A independência dos revisores oficiais de contas na EU: um conjunto de princípios fundamentais", JO L 191, de 19.07.2002.

[2] Relativamente ao caso Enron, indica-se a título exemplificativo, SEAN M. O'CONNOR "*The inevitability of Enron and the impossibility of «Auditor Independence» under the current audit system*", Março 2002, disponível em http://ssrn.com/abstract=303181, JOHN C. COFFE, JR. "*Understanding Enron: It's about Gatekeepers, Stupid*", Julho 2002, disponível em http://ssrn.com/abstract_id=325240 e MICHAEL GRAVIDIS e NICOLA FICARELLA, "*Enron and Parmalat, Two twins parables*", 2004, disponível em http://ssrn.com/abstract=886921.

[3] Na sua nota dirigida ao Conselho Informal Ecofin de 12 e 13 de Abril de 2002, intitulada "Uma primeira resposta da UE às questões relacionadas com a Enron", a Comissão enumera cinco áreas chave, nomeadamente, a informação financeira, a revisão legal de contas, o governo das sociedades, a transparência do sistema financeiro internacional e a avaliação dos analistas financeiros e papel das agências de notação, que apresentavam medidas já tomadas, mas relativamente às quais identifica e propõe acções complementares. Vd. Nota dirigida ao Conselho Informal Ecofin a realizar em 12 e 13 de Abril, intitulada "Uma primeira resposta da UE às questões relacionadas com a Enron", p. 1, disponível em http://ec.europa.eu/internal_market/auditing/otherdocs/index_en.htm.

[4] A Recomendação encontrava-se já em preparação pelo Comité Europeu de Auditoria, tendo sido objecto de revisão à luz do caso Enron, vd. *idem* p. 4.

[5] Sobre a influência do direito da UE no regime de fiscalização societária previsto no direito nacional, vd. JOSÉ FERREIRA GOMES, *A Fiscalização Externa das Sociedades Comerciais e a Independência dos Auditores*, Cadernos do Mercado de Valores Mobiliários, 24, Novembro 2006, p. 187.

[6] Vd. ponto 10, Parte B, da Recomendação da Comissão de 2002.

2. A Comunicação da Comissão de 2003 sobre o reforço da revisão legal de contas na UE[7]

Em 2003 com o alastrar dos escândalos financeiros à Europa, com os casos Parmalat[8] e Ahold, a Comissão Europeia acentuou a necessidade de redefinir "as prioridades europeias no que diz respeito à revisão oficial de contas"[9] nas iniciativas em curso relativas ao reforço do governo das sociedades e de desencadear "novas iniciativas para reforçar a confiança dos investidores nos mercados de capitais e para fomentar a confiança do público na função dos revisores na UE"[10].

Entre outras medidas apontadas, a Comunicação da Comissão de 2003 refere a necessidade modernizar a Oitava Directiva[11], omissa relativamente à utilização de normas de auditoria, aos requisitos de independência dos auditores e aos códigos deontológicos, "transformando-a num texto legislativo europeu mais sucinto e abrangente, com princípios suficientemente claros, nos quais assentem todas as revisões oficiais de contas efectuadas no território da UE"[12]. A Comunicação da Comissão de 2003 refere-se à independência dos auditores como requisito essencial da função que estes desempenham e como aspecto a ser reforçado com vista a relançar a confiança dos investidores na actividade de auditoria, sem contudo fazer menção expressa à questão da rotação das sociedades de revisores oficiais de contas responsáveis pelo compromisso de revisão ou auditoria.

3. A Directiva da Auditoria[13]

No seguimento das acções levadas a cabo na sequência da Comunicação da Comissão de 2003, tendo em vista a modernização da Oitava Directiva, foi adoptada a Directiva da Auditoria. No que respeita à independência dos auditores, a Directiva da Auditoria incorpora os princípios base integrantes da Recomendação da Comissão de 2002, em linha com o que havia sido proposto pela Comissão na sua Comunicação de 2003, com o objectivo de alcançar "uma base jurídica mais forte para a independência dos revisores oficiais de contas na UE"[14].

A Directiva da Auditoria opta pela solução já ensaiada na Recomendação da Comissão de 2002, ao determinar, relativamente às entidades de interesse publico, a necessidade de rotação dos sócios principais responsáveis pelas funções de revisão ou auditoria que trabalhem com a entidade examinada, permitindo que a sociedade de revisores oficiais de contas a que os mesmos pertencem continue a proceder à revisão ou auditoria. No entanto, dá um passo mais longe ao prever que um Estado Membro, quando o considere necessário para a realização dos objectivos prosseguidos, possa, em alternativa, exigir a mudança da sociedade de revisores oficiais de contas, contando que tal situação salvaguarde também a mudança do sócio principal responsável pelo compromisso de revisão ou auditoria[15].

Esta directiva foi transposta para o direito português através de dois diplomas[16], o Decreto-lei n.º 224/2008, que altera o Estatuto da Ordem dos Revisores Oficiais de Contas

---

[7] Comunicação da Comissão ao Conselho e ao Parlamento Europeu "Reforçar a revisão oficial de contas na UE", COM/2003/0286, JO C 236, de 2.10.2003.
[8] A respeito do caso Parmalat vd. MICHAEL GRAVIDIS e NICOLA FICARELLA, *ob. cit.* nota 2 supra.
[9] Vd. Comunicação da Comissão de 2003, *ob. cit.* nota 2, p. 3.
[10] Idem, p. 4.
[11] Directiva 84/253/CEE do Conselho, de 10 de Abril de 1984, relativa à aprovação das pessoas encarregadas da fiscalização legal dos documentos contabilísticos.
[12] Vd. Comunicação da Comissão de 2003, *ob. cit.* nota 2, p. 5.

[13] Directiva 2006/43/CE do Parlamento Europeu e do Conselho, de 17 de Maio de 2006, relativa à revisão legal das contas individuais e consolidadas, que altera as Directivas 78/660/CEE e 83/349/CEE do Conselho e que revoga a Directiva 84/253/CEE do Conselho.
[14] Vd. Comunicação da Comissão de 2003, *ob. cit.* nota 2, p. 12.
[15] Vd. Considerando (26) e artigo 42.º, n.º 2 da Directiva da Auditoria.
[16] Ambos de 20 de Novembro de 2008.

(EOROC), e o Decreto-lei n.º 225/2008, que procede à criação do Conselho Nacional de Supervisão de Auditoria.

No que toca à rotação do auditor, o Decreto-lei n.º 224/2008 seguiu de perto a solução adoptada na Directiva da Auditoria, impondo a rotação obrigatória do sócio responsável pelo compromisso de revisão ou auditoria (rotação interna)[17], sem prever a rotação da sociedade prestadora de serviços de revisão ou auditoria (rotação externa)[18].

4. A revisão do Código de Governo das Sociedades de 2007

A questão da rotação da sociedade responsável pelo compromisso de auditoria surge tratada pela primeira vez, no contexto nacional, no documento com a proposta de revisão do Código de Governo das Sociedades Cotadas de 2007[19] objecto de consulta pública em Setembro de 2009[20].

O texto do documento objecto de consulta pública, optando claramente por um sistema de rotação obrigatória, previa, então, o seguinte:

"III.1.3. As sociedades devem promover a rotação do auditor externo pelo menos de 7 em 7 anos".

A solução proposta mereceu diversos comentários dos respondentes da consulta pública[21], alguns deles acolhidos pelo regulador, que acabou por aligeirar a solução inicial, em nossa opinião sensatamente, culminando na actual recomendação[22].

II – Fontes legais nacionais e comunitárias relacionadas

5. EOROC

O artigo 54.º, n.º 2 do EOROC, no que respeita às entidades de interesse público[23], estabelece um limite temporal máximo de 7 anos para o exercício das funções de auditoria pelo sócio responsável pela orientação ou execução directa da revisão legal de contas, bem como um período de impedimento de 2 anos antes de nova designação para as mesmas funções (*cooling off period*).

---

[17] A utilização da expressão "rotação interna" para designar a rotação do auditor, sócio responsável pelo compromisso de auditoria, e da expressão "rotação externa" para identificar a rotação própria sociedade prestadora dos serviços de auditoria, à qual o primeiro pertence, corresponde a uma adaptação da terminologia "*internal rotation*" e "*external rotation*" utilizada pelo Working Group on Auditor Independence do Max Planck Institute na resposta ao Livro Verde sobre política de auditoria da Comissão Europeia. Vd. WALTER DORALT, ANDREAS M. FLECKNER, KLAUS J. HOPT, CHRISTOPH KUMPAN, FELIX STEFFEK, REINHARD ZIMMERMANN, ALEXANDER HELLGARDT, SUSANNE AUGENHOFER, Max Planck Institute, Working Group on Auditor Independence "*Comments on the European Commission Green Paper: Audit Policy – Lessons from the crisis*", Max Planck Private Law Research Paper N.º 10/24, December 2010, disponível em http://ssrn.com/abstract=1723039, p. 6.
[18] *Idem.*
[19] Documento disponível em http://www.cmvm.pt/CMVM/Consultas%20Publicas/Cmvm/Documents/Recomendacoes.pdf

[20] Para uma descrição do enquadramento normativo português a respeito da questão da rotação da sociedade responsável pelo compromisso de auditoria vd. PAULO BANDEIRA, *O governo dos auditores*, in Paulo Câmara (ed.), *O Governo das Organizações. A vocação expansiva do Corporate Governance*, Almedina 2011, no prelo.
[21] Para análise dos diversos comentários apresentados a este respeito no âmbito da consulta pública n.º 2/2009 vd. CMVM, *Relatório da Consulta Pública n.º 2/2009*, disponível em http://www.cmvm.pt/CMVM/Consultas%20Publicas/Cmvm/Documents/RelatorioCP2_2009GovernodasSociedades2.pdf, p. 23-25.
[22] Sobre a solução adoptada vd. parágrafos 26 e seguintes da presente anotação.
[23] O artigo 2.º do Decreto-lei n.º 225/2008, de 20 de Novembro, enumera as diversas entidades consideradas de interesse público, entre elas os emitentes de valores mobiliários admitidos à negociação num mercado regulamentado, as instituições de crédito obrigadas à revisão legal de contas, as empresas de seguros e de resseguros.

Para as entidades de interesse público, como sejam as sociedades cotadas, impõe-se então a rotação obrigatória do sócio responsável pelo compromisso de revisão ou auditoria, ficando em aberto a questão da rotação da própria sociedade de revisores oficiais de contas à qual o sócio responsável pertence.

Não existindo norma específica, a necessidade de rotação externa, ou da própria sociedade prestadora dos serviços de auditoria, deverá ser analisada casuisticamente em face do teste da independência estabelecido no artigo 68.º-A do EOROC e concretizada se este último falhar, ou seja se a manutenção da sociedade prestadora de serviços de auditoria for susceptível de comprometer a sua independência, integridade e objectividade e/ou se um terceiro objectivo, razoável e informado, concluir que a sua independência está comprometida.

6. Regulamento CMVM n.º 1/2010
As sociedades cotadas devem fazer referência ao período de rotatividade do auditor externo no seu relatório sobre o governo da sociedade, tal como previsto no ponto III.18 do Anexo I ao Regulamento CMVM n.º 1/2010.

III – Análise

7. A independência de facto e a independência aparente[24]
Os auditores, encarregues de proceder à revisão ou auditoria, têm como missão apresentar a sua opinião sobre a adequação das demonstrações financeiras para reflectir de forma verdadeira e apropriada a situação financeira da sociedade auditada[25], sendo esse parecer uma garantia de veracidade da informação auditada para os investidores e demais interessados ou *stakeholders*[26-27].

A manutenção da credibilidade pública nos serviços de auditoria é, assim, fundamental para a confiança dos investidores e do público em geral nos mercados de capitais, pois são os auditores que, através da emissão do seu parecer sobre a informação financeira das entidades auditadas, garantem a credibilidade da informação de que os investidores carecem para tomar as suas decisões de investimento de forma livre e esclarecida[28-29].

A objectividade e a integridade são os dois princípios fundamentais que devem enformar a análise das demonstrações financeiras efectuada por um auditor, de forma a garantir a fiabilidade da sua opinião perante os investidores e o público em geral, sendo a independência

---

[24] Para uma análise comparativa entre o conceito de independência utilizado nos EUA e na UE, ANDRÉ FIGUEIREDO, *"Auditor Independence and the joint provision of audit and non-audit services"* in Código das Sociedades Comerciais e Governo das Sociedades, Almedina 2008, p. 198-206.

[25] Artigo 44.º, n.º 2 do EOROC.

[26] Conforme refere PAULO BANDEIRA, os auditores "desempenham uma verdadeira função de interesse público, actuando como garantes dos interesses dos investidores, dos credores da sociedade dos trabalhadores, do Estado, enfim, do mercado na sua plenitude", vd. PAULO BANDEIRA, ob. cit. supra nota 20.

[27] GABRIELA FIGUEIREDO DIAS realça a importância da actividade do auditor ao referir que "a revisão legal de contas, enquanto actividade que se concretiza numa declaração pública sobre a conformidade das contas da empresa e consequentemente sobre o grau da respectiva robustez financeira, constitui hoje uma pedra angular do equilíbrio e da transparência do mercado, onde confluem e assentam, em última análise, a confiança dos investidores e o pressuposto das respectivas decisões de investimento". Vd. GABRIELA FIGUEIREDO DIAS, *Conflito de Interesses em Auditoria*, in Paulo Câmara (ed.), *Conflito de Interesses no Direito Societário e Financeiro. Um balanço a partir da crise financeira*, Almedina 2010, p. 563-564.

[28] PAULO CÂMARA, *A Actividade de Auditoria e a Fiscalização das Sociedades Cotadas*, Cadernos do Mercado de Valores Mobiliários, 16, (2006), p. 94.

[29] Vd. GABRIELA FIGUEIREDO DIAS, ob. cit. supra, nota 27, p. 555-557.

o meio através do qual se pode demonstrar a estes últimos que aqueles princípios nortearam a revisão legal de contas efectuada[30].

19   Para o cabal exercício das suas funções, os auditores devem ser independentes, livres de interesses que possam comprometer a objectividade e integridade da sua análise. Esta independência na sua vertente subjectiva ou interna, comummente apelidada de "independência de facto", corresponde ao estado de espírito que permite ao auditor expressar a sua opinião livre de qualquer pressão, influência ou interesse[31]. Na sua vertente objectiva ou externa, a designada "independência aparente", traduz-se em evitar factos e/ou circunstâncias que, pelas suas características, pudessem levar um terceiro objectivo, razoável e informado a concluir que a independência do auditor havia sido comprometida[32].

20   A independência aparente, enquanto vertente externa e visível, traduz-se naquela que será objecto de escrutínio pelo mercado e que, por esse motivo, estará mais apta a condicionar a conduta do auditor no momento da decisão sobre a cedência a certas ameaças ou riscos específicos à sua independência[33].

21 **8. As ameaças ou riscos específicos à independência**
A manutenção do auditor durante um período de tempo mais ou menos longo pode apresentar ameaças à sua independência[34], sendo a mais frequente, a familiaridade ou confiança[35].

22   O risco associado à familiaridade surge quando, em virtude de uma relação duradoura e dos laços profissionais e pessoais criados entre os elementos da equipa de auditores e os elementos da equipa da sociedade auditada, a objectividade e a integridade na análise das demonstrações financeiras da sociedade auditada sejam refreadas, em consequência de um excesso de confiança nas declarações e informações prestadas pelos elementos da sociedade auditada.

23   Apesar deste risco, é frequente a existência de relações de longa duração derivadas em grande medida das vantagens que a manutenção da mesma sociedade de auditores importa para ambas as partes[36], designadamente em ganhos de eficiência na realização da auditoria e em redução de custos implícitos e explícitos, resultantes do conhecimento e informação sobre a sociedade auditada que uma relação duradoura traz à sociedade prestadora de serviços de auditoria.

24   Em paralelo surge também um risco associado à repetição do trabalho efectuado, na medida em que o auditor terá tendência para se basear no trabalho já efectuado nos anos anteriores, por um lado, descurando o cepticismo necessário relativamente a alterações subtis, mas importantes na informação analisada, em regra naturalmente presente nas análises realizadas inicialmente e, por outro, repetindo erros provenientes de auditorias anteriores[37].

---

[30] Vd. Ponto 1, n.º 1 da Recomendação da Comissão de 2002.
[31] Vd. Artigo 68.º-A, n.º 1 do EOROC e definição constante da regra 291.5 do "*Code of Ethics for Professional Accountants*" da International Federation of Accountants (IFAC).
[32] Idem.
[33] Vd. no mesmo sentido PAULO BANDEIRA, ob. cit. nota 20.
[34] Tipicamente são identificadas como ameaças à independência do revisor oficial de contas a auto-revisão, o interesse pessoal, a representação, a familiaridade ou confiança e a intimidação, vd. artigo 68.º-A, n.º 3 do EOROC, ponto 3, n.º 1 da Recomendação da Comissão de 2002 e artigo 22.º, n.º 2 da Directiva da Auditoria.

[35] GABRIELA FIGUEIREDO DIAS identifica ainda como ameaça à independência, ocasionada por uma relação de longa duração entre auditor e entidade auditada, os laços de dependência económica que o auditor possa criar. Vd. GABRIELA FIGUEIREDO DIAS, ob. cit. supra, nota 27, 588-589.
[36] Sobre as vantagens e desvantagens da rotação obrigatória do revisor oficial de contas vd. FEE, "*FEE Study: Mandatory Rotation of Audit Firms*", October 2004 e NYSSCPA, "*Audit firm rotation and audit quality*", The CPA Journal, Janeiro 2005.
[37] No mesmo sentido GABRIELA FIGUEIREDO DIAS, ob. cit. supra, nota 27, p. 589-590.

Este risco de repetição apresenta consequências semelhantes ao risco de auto-revisão, tendo em consideração que o auditor não observará com a mesma objectividade o seu trabalho proveniente de análises efectuadas nos anos anteriores.

9. As salvaguardas: *a)* o limite temporal para a rotação do auditor

A imposição da rotação externa ou da sociedade responsável pelos serviços de auditoria decorridos dois ou três mandatos, correspondentes respectivamente a 8 ou 9 anos, apresenta-se como uma medida de salvaguarda para garantir a independência do auditor perante a ameaça da familiaridade.

Embora este limite temporal possa ser prolongado, através do mecanismo de "válvula de escape" previsto na segunda parte da recomendação, cremos que poderia ser mais alargado[38], permitindo uma melhor articulação com o limite estabelecido para obrigatoriedade de rotação do sócio responsável pelo compromisso de auditoria a cada 7 anos, previsto no artigo 54.º, n.º 2 do EOROC.

Seguindo a regra da recomendação e a do EOROC, as sociedades ficam sujeitas a uma dupla rotação, por um lado, uma rotação externa, com alteração da sociedade prestadora dos serviços de auditoria e, por outro, uma rotação interna, com a substituição do sócio responsável pela auditoria, de acordo com prazos que embora muito semelhantes não coincidem[39] e que, por serem tão próximos, chegam a perder utilidade.

Tendo em consideração a polémica em torno das vantagens e desvantagens associadas à rotação obrigatória do auditor, bem como do prazo máximo em que tal deve ocorrer, teria sido preferível estabelecer um prazo mais alargado nesta recomendação, permitindo, por um lado, que o prazo de 7 anos estabelecido para a rotação do sócio responsável funcionasse como salvaguarda nesse interregno e obstando, por outro, a que as desvantagens derivadas do aumento dos custos iniciais, quer implícitos quer explícitos[40], da rotação do auditor fossem mais espaçadas, com a inerente diminuição da recorrência desses custos[41].

A rotação quer da sociedade de revisores oficiais de contas (rotação externa) quer do sócio responsável pelo compromisso da revisão o revisor (rotação interna) foi também abordada pelo *Working Group on Auditor Independence* do Max Planck Institute[42] na sua resposta ao Livro Verde sobre política de auditoria da Comissão Europeia[43].

O *Working Group on Auditor Independence* sugere que os auditores sejam nomeados por um período inicial de quatro anos, sem possibilidade de renúncia ou destituição sem justa causa, renovável uma única vez, por igual período, desde que a rotação do sócio responsável pelo compromisso de auditoria seja assegurada[44].

---

[38] PAULO BANDEIRA sugere a adopção de um período máximo de 12 anos para a rotação, com um período *cooling-off* de um mandato, evidenciando as diversas vantagens que esse período de rotação encerra. Vd. PAULO BANDEIRA, ob. cit. supra, nota 20.

[39] A recomendação determina a rotação da sociedade prestadora dos serviços de auditoria a cada 8 ou 9 anos, consoante os mandatos sejam de 4 ou 3 anos, respectivamente, e o artigo 54.º, n.º 2 do EOROC determina a rotação do sócio responsável pelo compromisso de auditoria a cada 7 anos.

[40] Sobre o aumento dos custos de auditoria explícitos e implícitos em virtude da rotação obrigatória dos auditores, vd. BENITO ARRUÑADA e CÁNDIDO PAZ-ARES, *"Mandatory Rotation of Company Auditors: A Critical Examination"*, International Review of Law and Economics. 17:1, Março 2007, p.32-44.

[41] No mesmo sentido PAULO BANDEIRA, ob. cit. supra, nota 20.

[42] Vd. WALTER DORALT, ANDREAS M. FLECKNER, KLAUS J. HOPT, CHRISTOPH KUMPAN, FELIX STEFFEK, REINHARD ZIMMERMANN, ALEXANDER HELLGARDT, SUSANNE AUGENHOFER, ob. Cit. supra, nota 17, p. 6-10.

[43] Comissão Europeia, Livro Verde, *Política de auditoria: as lições da crise*, COM (2010) 561 Final, de 13.10.2010, disponível em http://ec.europa.eu/internal_market/consultations/docs/2010/audit/green_paper_audit_pt.pdf.

[44] Idem, p.7.

32 Apesar dos argumentos avançados em termos de benefícios para a independência dos revisores, a solução propugnada parece-nos demasiado severa para ser adoptada no imediato, não se justificando uma passagem tão drástica de um regime de não rotação externa para um regime de rotação com prazos tão rigorosos. Cremos que a solução de estabelecer um prazo mais alargado do que os 8 ou 9 anos previstos na recomendação em apreço, através da uniformização do número de anos para ambos os mandatos, fixando-o, tal como sugere PAULO BANDEIRA[45], nos 12 anos, bem como a possibilidade de recorrer à "válvula de escape", é para já a solução mais equilibrada.

33 Relativamente à polémica dos custos adicionais o referido *Working Group on Auditor Independence* sugere que seja efectuado um estudo detalhado para aferir a sua efectiva dimensão e que os resultados sejam ponderados face aos custos da quebra de confiança na objectividade da análise dos auditores resultantes da não rotação[46].

34 A necessidade de realização de um estudo com o teor sugerido evidencia para já a necessidade de cautela e ponderação no tratamento desta matéria até que se obtenha uma noção concreta dos custos que estão a ser impostos às sociedades e dos benefícios que, de facto, podem ser retirados de um regime de rotação externa obrigatória. Somente dessa forma, se poderá aferir a relação custo/benefício de uma tal medida e, consequentemente, da sua adequação.

35 **10. *b*) A intervenção do órgão de fiscalização**
A recomendação, seguindo uma posição moderada a respeito da rotação do auditor, prevê a possibilidade da sua manutenção para além do limite temporal estabelecido, desde que seja accionada uma segunda medida de salvaguarda da independência: a intervenção do órgão de fiscalização.

36 De acordo com o disposto no artigo 62.º-B, n.º 1 do EOROC, os auditores devem, por um lado, confirmar a sua independência ao órgão de fiscalização da sociedade auditada[47] e, por outro, examinar com este último as ameaças à sua independência e as salvaguardas aplicadas para as atenuar. Ao órgão de fiscalização incumbe, desse modo, garantir a independência do auditor[48-49], competindo-lhe, no exercício dessa função garantística, avaliar se a manutenção do auditor para além do período estipulado permite a exercício das suas funções com independência.

37 O parecer específico previsto deverá, por isso, debruçar-se sobre as condições específicas de independência do auditor, as vantagens e desvantagens que sua manutenção acarreta para a sociedade auditada e para o trabalho de auditoria e, sendo o caso, sobre eventuais medidas de salvaguarda adicionais que se mostrem necessárias para assegurar a percepção de independência do auditor por terceiros.

38 Apesar de a recomendação não o mencionar expressamente, a ameaça à independência do auditor decorrente da sua manutenção para além do termo do prazo indicado poderá necessitar de outras salvaguardas que permitam a um terceiro razoável, objectivo e informado concluir que a independência do auditor não foi afectada. Razão pela qual se entende que o órgão de fiscalização deverá ponderar essa necessidade no parecer específico que emitir.

---

[45] Vd. PAULO BANDEIRA, ob. cit. supra, nota 20.
[46] Idem p. 6.
[47] O conselho fiscal, a comissão de auditoria ou o conselho geral e de supervisão, consoante o modelo de governo adoptado pela sociedade auditada seja, respectivamente, o modelo latino ou monista, o modelo anglo-saxónico ou monista reforçado, ou o modelo germânico ou dualista.
[48] Nas situações em que o auditor cumula o cargo de ROC da sociedade auditada, a função de garante da independência sai reforçada e evidenciada pela competência atribuída nos artigos 420.º, n.º 2, al. d), 423.º-F, n.º 1 al. o) e artigo 441.º, n.º 1 al. o) do CSC ao órgão de fiscalização das sociedades, respectivamente, conselho fiscal, comissão de auditoria e conselho geral e de supervisão.
[49] Sobre a importância do papel do órgão de fiscalização relativamente ao auditor vd. supra anotação à recomendação II.4.4 por RUI OLIVEIRA NEVES.

11. Grau de adesão

A recomendação III.1.3., bem como as recomendações III.1.4. e III.1.5., foram incluídas no conjunto de recomendações da CMVM, pela primeira vez, na actual versão do Código de Governo das Sociedades, publicada em Janeiro de 2010. Por esse motivo, os relatórios de governo da sociedade referentes a 2010, contém a primeira divulgação de informação sobre o grau de adesão das sociedades cotadas a esta recomendação.

Tendo em consideração da data da divulgação dos diversos relatórios de governo da sociedade e data de fecho do presente texto, não foi possível em tempo útil aferir o grau de adesão que a presente recomendação mereceu por parte das diversas sociedades cotadas.

12. Comparação com recomendações e práticas internacionais

A análise efectuada aos códigos de governo societário vigentes noutros ordenamentos jurídicos recaiu principalmente sobre aqueles que são considerados de referência na matéria em apreço. Procurou-se, deste modo, uma amostra que permita ter uma perspectiva muito geral dos códigos vigentes em sistemas jurídicos de *common law* e de *civil law*, alertando-se para o facto de que a não existência nos códigos analisados de recomendações respeitantes à matéria tratada nesta recomendação, não permite concluir que a mesma não exista ou seja tratada, nesse país, por imposição legal.

Nos Estados Unidos as *Final NYSE Corporate Governance Rules*[50] não tomam posição sobre o tema da rotação do auditor externo. Abordam, contudo, a questão a propósito das atribuições da comissão de auditoria, referindo que este órgão no decurso do processo de avaliação anual do auditor externo, para além de assegurar a rotação periódica do sócio responsável pelo compromisso de auditoria, deve ponderar a rotação periódica da própria sociedade prestadora dos serviços de auditoria, tendo em vista a manutenção da independência do auditor externo[51]. A comissão de auditoria deverá posteriormente submeter ao conselho de administração as suas conclusões sobre a questão da independência do auditor externo[52].

O *Codice di Autodisciplina* italiano[53] não contém uma recomendação idêntica à prevista na nossa Recomendação III.3., uma vez que a rotação obrigatória do auditor externo, designadamente a rotação da sociedade prestadora dos serviços de auditoria, decorre de imposição legal.

O *UK Corporate Governance Code*[54] do Reino Unido, o *Code de Gouvernement d'Entreprise des Sociétés Cotées*[55] francês e o *Deutscher Corporate Governance Kodex*[56] alemão não incluem nenhuma recomendação relativa à rotação do auditor externo.

---

[50] Emitidas pela *New York Stock Exchange* e aprovadas pela *Securities Exchange Committee* em 2003. Disponíveis em http://www.nyse.com/pdfs/finalcorpgovrules.pdf.
[51] A parte final do comentário à *Section* 303A.07(iii) (A) das *Final NYSE Corporate Governance Rules* dispõe: "*In addition to assuring the regular rotation of the lead audit partner as required by law, the audit committee should further consider whether, in order to assure continuing auditor independence, there should be regular rotation of the audit firm itself. The audit committee should present its conclusions with respect to the independent auditor to the full board.*".
[52] *Idem*.
[53] Emitido pelo *Comitato per la corporate governance* da *Borsa Italiana* em 2006. Disponível em http://www.borsaitaliana.it/borsaitaliana/regolamenti/corporategovernance/corporategovernance.htm.
[54] Emitido pelo *Financial Reporting Council* em 2010. Disponível em http://www.frc.org.uk/corporate/ukcgcode.cfm.
[55] Emitido conjuntamente pela *Association Française des Entreprises Privées* (AFEP) e pelo *Mouvement des Entreprises de France* (MEDEF) em 2008. Disponível http://www.code-afep-medef.com/.
[56] Emitido pela *Regierungskommission Deutscher Corporate Governance Kodex* em 2010, disponível em http://www.corporate-governance-code.de/eng/kodex/index.html.

III.1.4. O auditor externo deve, no âmbito das suas competências, verificar a aplicação das políticas e sistemas de remunerações, a eficácia e o funcionamento dos mecanismos de controlo interno e reportar quaisquer deficiências ao órgão de fiscalização da sociedade.

Bibliografia: CMVM, *Relatório da Consulta Pública n.º 2/2009*, disponível em http://www.cmvm.pt/CMVM/Consultas%20Publicas/Cmvm/Documents/RelatorioCP2_2009GovernodasSociedades2.pdf

Índice

I – Antecedentes próximos 1	III – Análise 7
1. A revisão do Código de Governo das Sociedades de 2007 1	5. A verificação adicional 8
	6. A competência do órgão de fiscalização 10
	7. Grau de Adesão 14
II – Fontes legais nacionais e comunitárias relacionadas 3	8. Comparação com recomendações e práticas internacionais 16
2. CVM e Regulamento CMVM n.º 6/2000 3	
3. CSC 4	
4. EOROC e DRA 701 5	

I – Antecedentes próximos

A revisão do Código de Governo das Sociedades de 2007 1

A recomendação em análise surge pela primeira vez na actual redacção do Código de Governo das Sociedades da CMVM.

O texto constante da recomendação mantém, sem alterações, a redacção inicialmente 2
proposta no projecto de alteração ao código de governo das sociedades[1] disponibilizado no âmbito da consulta pública relativa à revisão do Código de Governo das Sociedades de 2007[2], apesar dos comentários então recebidos pelo regulador[3].

---

[1] O projecto de alteração ao código de governo das sociedades encontra-se disponível em http://www.cmvm.pt/CMVM/Consultas%20Publicas/Cmvm/Documents/Recomendacoes.pdf.
[2] Consulta Pública n.º 2/2009.
[3] Para um resumo dos comentários apresentados pelos participantes na consulta, bem como a resposta da CMVM aos mesmos vd. Relatório da Consulta Pública n.º 2/2009, p. 25 e 26, disponível em http://www.cmvm.pt/CMVM/Consultas%20Publicas/Cmvm/Documents/RelatorioCP2_2009GovernodasSociedades2.pdf.

II – Fontes legais nacionais e comunitárias relacionadas

2. CVM e Regulamento CMVM n.º 6/2000
A informação financeira anual contida em documento de prestação de contas que deva ser submetido à CMVM deve, nos termos do artigo 8.º, n.º 1 do CVM, ser objecto de relatório elaborado por auditor. O artigo 1.º do Regulamento da CMVM n.º 6/2000, relativo aos auditores, identifica como documentos de prestação de contas cuja informação financeira fica sujeita exame e relatório do auditor: i) o relatório de gestão; ii) o balanço, demonstrações de resultados e respectivos anexos; iii) as demonstrações de fluxos de caixa e respectivos anexos.

3. CSC
Ao órgão de fiscalização das sociedades cotadas compete fiscalizar a eficácia do sistema de gestão de riscos e do sistema de controlo interno, bem como o processo de preparação e divulgação de informação financeira, conforme resulta do artigo 420.º, n.º 1, alínea i) e n.º 2, alínea a) do CSC para as sociedades com conselho fiscal, do artigo 423.º-F, n.º 1 alínea i) e alínea l) do CSC para as sociedades com comissão de auditoria e do artigo 441.º, n.º 1, alínea i) e alínea l) do CSC para as sociedades com conselho geral e de supervisão.

4. EOROC e DRA 701
Na sequência da realização da auditoria às contas o auditor deve emitir relatório de auditoria sobre as demonstrações financeiras examinadas (artigo 45.º do EOROC), sendo aplicável a este relatório, nos termos do artigo 44.º, n.º 10 do EOROC, o regime da certificação legal de contas, sem prejuízo do disposto no CVM.

No relatório de auditoria, de acordo com a DRA (Directriz de Revisão/Auditoria) 701, o auditor externo deve mencionar a verificação da concordância da informação financeira constante do relatório de gestão com os restantes documentos de prestação de contas.

III – Análise

5. A verificação adicional
A recomendação em apreço incumbe o auditor de verificar, em acréscimo ao exame e às verificações que já lhe competem em consequência das diversas disposições legais aplicáveis, duas matérias que têm sido alvo de intensa atenção e constante preocupação em sede de *governance* nos últimos anos, designadamente, as políticas de remuneração e os sistemas de controlo interno.

Entendeu o regulador ser fundamental referir expressamente a necessidade de uma verificação adicional destas matérias pelo auditor, apesar deste proceder já à sua avaliação em sede do exame aos diversos documentos de prestação de contas incluídos na informação financeira auditada, principalmente no que respeita à política e ao sistema de remunerações e aos sistemas de controlo interno e de gestão de risco mencionados.

6. Competência do órgão de fiscalização
Conforme referido na parte II da presente anotação, o legislador atribuiu ao órgão de fiscalização da sociedade a competência para fiscalizar os sistemas de gestão de riscos e de controlo interno implementados. O regulador, por seu lado, tendo em vista o reforço desta competência, veio esclarecer na recomendação II.1.1.3. do Código de Governo das Sociedades que o

órgão de fiscalização é também responsável pela avaliação do funcionamento desses sistemas e por propor o respectivo ajustamento às necessidades da sociedade[4].

Apesar deste reforço ao nível da competência do órgão de fiscalização, o regulador entendeu ainda necessária a introdução da recomendação em anotação, verificando-se, deste modo, que através desta última o regulador pretendeu tornar clara e evidente a sobreposição de competências/deveres do auditor externo e do órgão de fiscalização relativamente a estas matérias, visando, por essa via e tal como referido no relatório final relativo à consulta pública n.º 2/2009, alcançar um duplo controlo[5].

Refira-se também que os n.os 4 e 5 do artigo 451.º do CSC, aditados pelo Decreto-Lei n.º 185/2009, de 12 de Agosto, determinam que os ROCs das sociedades com conselho fiscal e comissão de auditoria atestem que o relatório sobre governo e práticas societárias compreende os elementos constantes do artigo 245.º-A do CVM e ainda que se pronunciem sobre os sistemas de controlo interno e de gestão de riscos no seu parecer sobre o relatório de gestão[6]. Deste artigo decorre, agora igualmente de forma expressa, uma vez que tal verificação resultava já do processo de revisão legal das contas, que o ROC tem o dever de verificar e pronunciar-se sobre as matérias abrangidas por esta recomendação.

Encontrando-se o exame da conformidade destas matérias atribuído ao ROC da sociedade, nos termos do referido artigo 451.º do CSC, verifica-se que, cumulando o auditor externo a função de ROC, os seus deveres estavam já expressamente consagrados[7]. Por outro lado, não existindo essa simultaneidade de funções funcionam aqui, agora de forma expressa, três instâncias de controlo: órgão de fiscalização, ROC e auditor.

7. Grau de adesão

A recomendação III.1.4., em conjunto com as recomendações III.1.3. e III.1.5., foi integrada pela primeira vez no Código de Governo das Sociedades da CMVM, publicada em Janeiro de 2010, significando que a primeira divulgação de informação relativa ao grau de adesão das sociedades cotadas a esta recomendação ocorreu com os relatórios de governo da sociedade relativos a 2010.

Assim, face à escassa informação de que dispomos à data de fecho da presente edição, não foi possível em tempo útil aferir o grau de adesão que a presente recomendação mereceu por parte das sociedades destinatárias.

8. Comparação com recomendações e práticas internacionais

A análise efectuada aos códigos de governo societário vigentes noutros ordenamentos jurídicos tomou por referência aqueles que são considerados de maior relevo nesta matéria. Procurou-se, assim, um conjunto de códigos que permita delinear em traços gerais o tratamento conferido a este tema em países de *common law* e em outros países de *civil law*. Neste ponto, deve ter-se em consideração que a não existência, nesses mesmos códigos, de recomendações respeitantes à matéria objecto da recomendação em apreço, não permite concluir,

---

[4] Vd. supra a correspondente anotação por DUARTE SCHMIDT LINO.
[5] Vd. *ob. cit.* nota 3 supra, p. 26.
[6] Lamentavelmente, o artigo 453.º do CSC que estipula regime idêntico ao do artigo 451.º do mesmo código para as sociedades de modelo germânico ou dualista, não foi objecto de qualquer alteração ou aditamento pelo supra citado Decreto-lei n.º 185/2009, criando-se assim uma dualidade de regimes sem justificação prática e uma distinção incompreensível, que apenas se poderá ter ficado a dever a esquecimento do legislador.
[7] Pelo menos no que se refere às sociedades organizadas segundo o modelo anglo-saxónico ou segundo o modelo latino ou monista, já que, conforme se refere na nota anterior, o artigo 453.º CSC não contempla deveres equivalentes aos previstos nos n.º 4 e n.º 5 do artigo 451.º do CSC para os ROCs das sociedades que adoptem o modelo germânico.

sem mais, que essa matéria não seja regulada nesse país, por imposição legal ou por outros instrumentos recomendatórios.

17 As *Final NYSE Corporate Governance Rules*[8], o *UK Corporate Governance Code*[9], o *Codice di Autodisciplina* italiano[10], o *Code de Gouvernement d'Entreprise des Sociétés Cotées*[11] e o *Deutscher Corporate Governance Kodex*[12] são omissos relativamente às matérias que devem ser verificadas pelo auditor externo no exercício da sua função. Resulta, porém, das recomendações destes códigos que as matérias relativas à fiscalização ou avaliação dos sistemas de controlo interno e de gestão de risco são competência de uma comissão de auditoria ou de um órgão de características semelhantes em conjunto com o conselho de administração[13].

---

[8] Emitidas pela *New York Stock Exchange* e aprovadas pela *Securities Exchange Committee* em 2003. Disponíveis em http://www.nyse.com/pdfs/finalcorpgovrules.pdf.
[9] Emitido pelo *Financial Reporting Council* em 2010. Disponível em http://www.frc.org.uk/corporate/ukcgcode.cfm.
[10] Emitido pelo *Comitato per la corporate governance* da *Borsa Italiana* em 2006. Disponível em http://www.borsaitaliana.it/borsaitaliana/regolamenti/corporategovernance/corporategovernance.htm.
[11] Emitido conjuntamente pela *Association Française des Entreprises Privées* (AFEP) e pelo *Mouvement des Entreprises de France* (MEDEF) em 2008. Disponível http://www.code-afep-medef.com/.
[12] Emitido pela *Regierungskommission Deutscher Corporate Governance Kodex* em 2010, disponível em http://www.corporate-governance-code.de/eng/kodex/index.html.
[13] As *Final NYSE Corporate Governance Rules*, dos Estados Unidos, recomendam que a avaliação dos processos e sistemas de gestão de risco e de controlo interno implementados seja competência da comissão de auditoria [cfr. *Section* 303A.07(c)(iii)(D) e *Section* 3030A.07(d)]; o *UK Corporate Governance Code*, do Reino Unido, recomenda igualmente que seja atribuída à comissão de auditoria a competência para verificar os sistemas de controlo interno e de gestão de risco (*code provision* C.3.2.). O *Codice di Autodisciplina* italiano, recomenda que o conselho de administração, com o apoio da comissão de controlo interno, avalie a adequação e a eficácia dos sistemas de controlo interno. O *Code de Gouvernement d'Entreprise des Sociétés Cotées* francês recomenda que a fiscalização da eficácia dos sistemas de controlo interno e de gestão de risco seja atribuída à comissão de auditoria (Recomendação 14.2.1.). O *Deutscher Governance Kodex* alemão recomenda que o conselho de supervisão constitua uma comissão de auditoria com competência nas áreas de gestão de risco e de *compliance* (Recomendação 5.3.2.).

III.1.5. A sociedade não deve contratar ao auditor externo, nem a quaisquer entidades que com eles se encontrem em relação de participação ou que integrem a mesma rede, serviços diversos dos serviços de auditoria. Havendo razões para a contratação de tais serviços – que devem ser aprovados pelo órgão de fiscalização e explicitadas no seu relatório anual sobre o Governo da Sociedade – eles não devem assumir um relevo superior a 30% do valor total dos serviços prestados à sociedade.

Bibliografia: ANDRÉ FIGUEIREDO, *"Auditor Independence and the joint provision of audit and non-audit services"* in Código das Sociedades Comerciais e Governo das Sociedades, Almedina, 2008; BENITO ARRUÑADA, *"The Provision of Non-Audit Services by Auditors: Let the Market Evolve and Decide",* International Review of Law and Economics, Vol. 19(4), 1999, 513-31; COMISSÃO EUROPEIA, Livro Verde, *Política de auditoria: as lições da crise,* COM(2010) 561 Final, de 13.10.2010, disponível em http://ec.europa.eu/internal_market/consultations/docs/2010/audit/green_paper_audit_pt.pdf; GABRIELA FIGUEIREDO DIAS, *Conflito de Interesses em Auditoria,* in Paulo Câmara (ed.), *Conflito de Interesses no Direito Societário e Financeiro. Um balanço a partir da crise financeira,* Almedina 2010; JOHN C. COFFEE, JR., *"What Caused Enron?: A Capsule Social and Economic History of the 1990's",* Janeiro 2003, disponível em http://ssrn.com/abstract_id=373581; JOSÉ FERREIRA GOMES, *A Fiscalização Externa das Sociedades Comerciais e a Independência dos Auditores,* in Cadernos do Mercado de Valores Mobiliários, 24, Novembro 2006; WALTER DORALT, ANDREAS M. FLECKNER, KLAUS J. HOPT, CHRISTOPH KUMPAN, FELIX STEFFEK, REINHARD ZIMMERMANN, ALEXANDER HELLGARDT, SUSANNE AUGENHOFER, Max Planck Institute, Working Group on Auditor Independence *"Comments on the European Commission Green Paper: Audit Policy – Lessons from the crisis",* Max Planck Private Law Research Paper N.º 10/24, December 2010, disponível em http://ssrn.com/abstract=1723039.

Índice

I – Antecedentes próximos 1	8. O conceito de rede... 17
1. Remissão.. 1	9. Os serviços distintos dos de auditoria 19
2. A Recomendação da Comissão de 2002 sobre a independência dos auditores 3	10. Ameaças ou riscos específicos à independência.. 21
3. A Comunicação da Comissão de 2003 4	11. Salvaguardas: *a)* A regra da não contratação 25
4. A Directiva da Auditoria 5	12. *b)* O limite de 30% dos honorários totais..... 30
	13. *c)* A sujeição à apreciação do órgão de fiscalização 37
II – Fontes legais nacionais e comunitárias relacionadas 7	14. *d)* A explicitação das razões da contratação 43
5. EOROC 7	15. Grau de adesão 46
6. Regulamento CMVM n.º 1/2010 10	16. Comparação com recomendações e práticas internacionais 48
III – Análise 12	
7. A independência. Remissão 12	

I – Antecedentes próximos

1. Remissão

À semelhança das duas recomendações anteriores esta recomendação surge pela primeira vez na actual versão do Código de Governo das Sociedades da CMVM de 2010. Os seus antecedentes próximos são comuns aos mencionados na anotação à recomendação III.1.3, apresentando contudo pequenas particularidades.

De facto, ao contrário do verificado a respeito da exigência de rotação da sociedade de auditoria cuja problemática não teve assento directo na Recomendação da Comissão de 2002[1] e na Comunicação da Comissão de 2003[2], tendo sido suscitada apenas no texto da Directiva da Auditoria[3], a questão dos serviços distintos da revisão de contas objecto da presente recomendação mereceu atenção e tratamento expresso nos referidos instrumentos.

2. A Recomendação da Comissão de 2002 sobre a independência dos auditores

A Recomendação da Comissão de 2002 estabeleceu os princípios gerais destinados a orientar os revisores oficiais de contas nos casos em que são prestados serviços adicionais ao cliente dos serviços de auditoria e/ou da revisão legal de contas, exemplificando extensivamente diversas situações específicas e respectivas medidas de salvaguarda destinadas a reduzir as ameaças à independência que cada uma dessas situações suscita[4].

3. A Comunicação da Comissão de 2003

Por sua vez a Comunicação da Comissão de 2003, no rescaldo dos escândalos financeiros e do relevo que foi atribuído à prestação de serviços adicionais pelos auditores às entidades auditadas como causa dos mesmos[5], referiu-se em particular à questão, sugerindo a realização de um "estudo sobre os efeitos de uma abordagem mais rigorosa no que diz respeito à prestação de serviços adicionais relativamente à independência dos revisores de contas e da profissão em geral, com vista a evitar o risco de conflitos de interesses"[6].

4. Directiva da Auditoria

Posteriormente, a Directiva da Auditoria[7] veio adoptar uma abordagem mais rigorosa relativamente à questão dos serviços distintos da revisão de contas, em virtude das ameaças à independência que certos serviços representam. A prestação de serviços adicionais é, assim,

---

[1] Recomendação da Comissão 2002/590/CE, de 16 de Maio de 2002, sobre "A independência dos revisores oficiais de contas na EU: um conjunto de princípios fundamentais", JO L 191, de 19.07.2002.

[2] Comunicação da Comissão ao Conselho e ao Parlamento Europeu "Reforçar a revisão oficial de contas na UE", COM/2003/0286, JO C 236, de 2.10.2003..

[3] Directiva 2006/43/CE do Parlamento Europeu e do Conselho, de 17 de Maio de 2006, relativa à revisão legal das contas individuais e consolidadas, que altera as Directivas 78/660/CEE e 83/349/CEE do Conselho e que revoga a Directiva 84/253/CEE do Conselho.

[4] Vd. Ponto 7.2. da Recomendação da Comissão de 2002.

[5] JOHN C. COFFEE, Jr., analisa as causas dos escândalos financeiros verificados nos EUA no início do sec. XXI, apontando o aumento exponencial dos *fees* pagos aos auditores por serviços de consultoria, verificado a partir de meados da década de 90, como um argumento apetecível, embora sujeito a críticas, para justificar o incentivo à permissividade dos auditores a práticas contabilísticas duvidosas. Vd. JOHN C. COFFEE, Jr. "*What Caused Enron?: A Capsule Social and Economic History of the 1990's*", Janeiro 2003, disponível em http://ssrn.com/abstract_id=373581, p.27-30.

[6] Vd. Comunicação da Comissão de 2003, ponto 3.5, p. 12.

[7] Para uma análise do impacto da Directiva da Auditoria na questão dos serviços distintos da revisão, bem como as diferenças de abordagem entre esta e o *Sarbane-Oxley Act* dos EUA, ANDRÉ FIGUEIREDO, "*Auditor Independence and the joint provision of audit and non-audit services*" in Código das Sociedades Comerciais e Governo das Sociedades, Almedina, 2008, p. 210-213.

expressamente identificada, a par das relações financeiras, empresariais e de trabalho, como um tipo de relação entre auditor e entidade examinada que pode comprometer seriamente a independência daquele[8], devendo, por isso, ser alvo de especial atenção.

Para além deste enfoque na prestação de serviços distintos da revisão ou auditoria e na insistência da criação de salvaguardas apropriadas à manutenção da independência em níveis adequados, não foi avançada uma proibição específica de determinados tipos de serviços. Antes se enunciou, especificamente a respeito das entidades de interesse público, mas genericamente para os diversos tipos de situações referentes às mesmas, a não permissão da realização da revisão legal de contas em caso de interesse pessoal ou de auto-revisão, sempre que tal fosse necessário para salvaguardar a independência do auditor[9].

II – Fontes legais nacionais e comunitárias relacionadas

5. EOROC

O artigo 68.º-A, n.º 2 do EOROC identifica, na esteira da Directiva da Auditoria, a prestação de serviços complementares que não sejam de revisão ou auditoria como uma das relações existentes entre auditor e entidade examinada passíveis de obstar à independência do primeiro, designadamente, a aparente. No seu n.º 4, proíbe a realização de auditoria a entidades de interesse público em caso de auto-revisão e de interesse pessoal, assumindo que tais ameaças são de tal forma graves para a independência que, estando presentes, a realização da auditoria não deve ser permitida.

Seguidamente, no seu n.º 7[10], este artigo elenca uma lista de serviços que, nas entidades de interesse público, não podem ser prestados pelo auditor simultaneamente com os serviços de auditoria. Os serviços descritos na referida lista correspondem àqueles que, já na Recomendação da Comissão de 2002[11], tinham sido identificados como apresentando um nível de risco inaceitavelmente elevado para a independência, justificando a sua proibição no caso de entidades de interesse público.

O EOROC prevê ainda, no artigo 62.º-B, n.º 1, alínea b) o dever dos auditores de entidades de interesse público comunicarem ao órgão de fiscalização destas últimas, consoante o modelo de governo adoptado, o conselho fiscal, a comissão de auditoria ou o conselho geral e de supervisão, todos os serviços adicionais aos de auditoria prestados.

6. Regulamento CMVM n.º 1/2010.

O Regulamento CMVM n.º 1/2010 prevê, a respeito dos serviços distintos da revisão legal de contas, o dever de informação relativo à remuneração anual paga ao auditor, a discriminação das percentagens dos serviços prestados, incluindo os de revisão legal de contas, outros de garantia de fiabilidade, os de consultadoria fiscal e outros que não de revisão legal de contas, bem como a indicação das medidas de salvaguarda da independência do auditor adoptadas, no caso de terem sido prestados serviços de consultadoria fiscal e outros serviços que não de revisão legal de contas.

---

[8] Vd. Artigo 22.º, n.º 2, 1.º § da Directiva da Auditoria.
[9] Vd. Artigo 22.º, n.º 2, 2.º § da Directiva da Auditoria.
[10] No n.º 5 do artigo 68.º EOROC são exemplificadas as situações que apresentam risco de auto-revisão e no n.º 6 as que apresentam risco de interesse pessoal.
[11] Vd. Ponto 7.2. da Recomendação da Comissão de 2002.

11   A divulgação desta informação constitui em si um meio de salvaguarda da independência do auditor na medida em que, por um lado, permite a um terceiro tomar conhecimento dos serviços em causa, do seu peso relativo face aos serviços de revisão ou auditoria, bem como ajuizar da adequação das medidas de salvaguarda adoptadas com vista à manutenção da independência do auditor num nível aceitável. E, por outro, desincentiva a prática de abusos que, ao serem divulgados, implicariam um juízo negativo por parte de terceiros, quer investidores quer o público em geral, acarretando as inerentes consequências reputacionais para auditor e entidade auditada.

III – Análise

12 **7. A independência. Remissão**
O conceito de independência de facto e aparente foi já abordado e delimitado na anotação à recomendação III.1.3. supra para a qual se remete.

13   No entanto, a este respeito, carece realçar o intenso debate gerado em torno do impacto que a prestação simultânea de serviços de auditoria e de não auditoria tem ou possa ter na independência de facto e aparente dos auditores, em virtude do potencial de conflitos de interesse que a situação encerra[12].

14   Tendo em vista, em especial, a análise deste impacto na independência de facto e aparente dos auditores, diversos estudos têm sido realizados. Os resultados empíricos de alguns destes estudos foram analisados por ANDRÉ FIGUEIREDO[13].

15   Este autor conclui, com base nos resultados dos estudos relativos à independência de facto[14], que não existe uma relação decisiva entre a prestação simultânea de serviços de auditoria e outros serviços e a falta de independência do auditor. Antes resultando dos mesmos, que a independência de facto parece não ser significativamente afectada por essa simultaneidade[15].

16   Por sua vez, no que respeita ao impacto deste tipo de serviços na independência aparente, o mesmo autor conclui, por um lado, que a prestação simultânea de serviços de auditoria e de outros serviços tem um impacto negativo na percepção da independência do auditor pelo público, quando não é acompanhada de divulgação de informação relativa aos honorários. E, por outro, que os destinatários da informação financeira e os investidores são sensíveis a uma divulgação de informação completa sobre a relação entre auditor e cliente, contribuindo esta para um reforço da percepção pública da independência do auditor[16].

---

[12] Sobre os conflitos de interesse gerados pela prestação simultânea de serviços de auditoria e de serviços de outra natureza, vd. GABRIELA FIGUEIREDO DIAS, "Conflito de Interesses em Auditoria" in PAULO CÂMARA (ed.), "Conflito de Interesses no Direito Societário e Financeiro. Um balanço a partir da crise financeira", Almedina 2010, p. 598-601.

[13] Vd. ob. cit. supra nota 7, p. 213 e seguintes.

[14] O autor subdivide estes estudos em duas categorias distintas: a primeira onde inclui os que estudos que se focam na independência de facto, ao analisarem a possível relação directa entre a prestação de serviços distintos dos de auditoria e comprometimento da independência do auditor. E, a segunda, na qual integra os estudos que avaliam o impacto dos serviços distintos da auditoria na independência aparente, ao focarem a sua atenção na percepção pública da independência dos auditores quando estes simultaneamente prestam serviços de revisão legal de contas e outros serviços. Vd. ob. cit. supra nota 7, p. 214.

[15] O autor refere *"that available empirical evidence shows no decisive and continuous link between the simultaneous provision of audit and non-audit services and the impairment of auditor independence. Rather, based on the referenced studies, independence in fact seems not to be significantly affected by the joint provisions of audit and non-audit services"*, ob. cit. supra nota 7, p. 219.

[16] Relativamente à independência aparente o autor refere que *"the findings of other studies do show that, in particular where information to the public is poor, notably as*

8. O conceito de rede

Para efeitos de delimitação do dever de não contratação de serviços distintos dos de auditoria previsto nesta recomendação é necessário ter em consideração o conceito de rede, na medida em que o impedimento à contratação é extensível a quaisquer entidades pertencentes à mesma rede do auditor.

Para o efeito e seguindo a definição constante do n.º 11 do artigo 68.º-A do EOROC[17], devem ser consideradas entidades pertencentes à mesma rede aquelas que se integram na mesma estrutura destinada à cooperação e que tem como objectivo a partilha de lucros ou de custos ou a partilha em comum da propriedade, controlo ou gestão, das políticas e procedimentos comuns de controlo de qualidade, da estratégia comum, da utilização de uma denominação comum ou de um parte significativa de recursos profissionais.

9. Os serviços distintos dos de auditoria

Os serviços abrangidos por esta recomendação são necessariamente aqueles que não configuram casos de auto-revisão ou de interesse pessoal, abrangidos pela proibição genérica prevista no artigo 68.º-A, n.º 4 do EOROC, bem como os que não se enquadram na lista dos serviços proibidos plasmada no artigo 68.º-A, n.º 7 do mesmo diploma.

No que respeita aos diversos tipos de serviços prestados pelos auditores, atendendo ao disposto no ponto III.16. do Anexo I do Regulamento n.º 1/2010, no ponto 4.1.2 e no n.º 3 do ponto 5 da Parte A da Recomendação da Comissão de 2002, estes repartem-se em 4 grandes categorias: serviços de revisão legal de contas; outros serviços de garantia e fiabilidade; serviços de consultoria fiscal e outros serviços que não de revisão legal de contas. Estes últimos, tendo em consideração a proibição do artigo 68.º-A do EOROC, apenas podem incluir serviços de tecnologia de informação financeira, serviços de auditoria interna e serviços de avaliação, dentro das respectivas limitações.

10. Ameaças ou riscos específicos à independência

Consoante o tipo de serviços distintos dos de auditoria prestados variam também as ameaças à independência dos auditores. Entre estas, as consideradas mais graves, nomeadamente o interesse pessoal e a auto-revisão, são expressamente proibidas pelo artigo 68.º-A, n.º 4 do EOROC.

As restantes ameaças à independência do auditor, a familiaridade ou confiança, a representação e a intimidação, não são proibidas directamente, mas por via da proibição de alguns tipos de serviços, constante do artigo 68.º-A, n.º 7 do EOROC, em que a presença de algumas destas ameaças foi identificada como um risco de tal forma grave para a independência percepcionada pelo público, que não pode ser afastado pela adopção de medidas de salvaguarda.

Encontrando-se fora das situações de proibição, o auditor deverá identificar as ameaças à sua independência, analisar as possíveis medidas de salvaguarda a adoptar de forma a reduzir a ameaça para um nível aceitável e implementar aquela ou aquelas que permitam ao público concluir pela objectividade e integridade do auditor no exercício da sua função de interesse público, a auditoria.

---

to the amount of non-audit services provided and the associated fees, the provision of non-audit services seems to hinder public confidence in auditor independence" e ainda que "users of financial statements and, in general, investors seem to be sensitive to extended disclosure. In fact, public perception of auditor independence seems to be reinforced as the flow of credible and complete information regarding the auditor-client engagement increases.", ob. cit. supra nota 7, p. 222.

[17] Esta definição corresponde essencialmente à definição constante do artigo 2.º, n.º 7 da Directiva da Auditoria.

24   Os princípios plasmados na Recomendação da Comissão de 2002 continuam a ser a melhor orientação dos auditores na análise das diversas situações.

25   **11. Salvaguardas: *a)* A regra da não contratação**
A recomendação em apreço optou por não prever uma proibição cega da prestação de serviços distintos dos de auditoria, permitindo assim que entidades auditadas e auditores possam continuar a beneficiar das vantagens que a prestação simultânea de serviços de auditoria e de não auditoria apresenta.

26   Uma das principais vantagens que tem sido identificada é o aumento da eficiência na prestação de ambos os tipos de serviços[18]. De facto ao prestar outro tipo de serviços para além dos de auditoria, o auditor adquire conhecimento e informação sobre o cliente, designadamente sobre o seu negócio e a forma como este se organiza, que lhe permite a prestação de um serviço de auditoria ou de revisão com mais qualidade e de forma mais eficiente. Esta constatação é igualmente verdadeira para a situação inversa, na medida em que os auditores, devido à função que desempenham, têm conhecimento sobre o cliente e acesso a informação que lhes permite prestar outros serviços distintos da revisão ou da auditoria de forma, também, mais eficiente[19].

27   As sinergias resultantes desta simultaneidade são evidentes e acabam por beneficiar indirectamente os investidores. A melhor qualidade da auditoria realizada, em resultado do acréscimo de informação a que os revisores acedem, apresenta benefícios para os investidores e demais destinatários da informação financeira que, assim, podem suportar as suas decisões em informação de melhor qualidade.

28   Do ponto de vista da entidade auditada, também os benefícios se fazem sentir na medida em que esta usufrui de serviços optimizados, prestados com base num melhor entendimento e conhecimento do seu negócio, susceptíveis de permitir medidas correctivas adequadas e talhadas à sua medida.

29   Adicionalmente, os ganhos de eficiência conduzem em grande parte a uma redução dos custos totais e, consequentemente, a uma redução dos honorários, por comparação àqueles que seriam pagos se os serviços fossem prestados por entidades distintas. Assim, para além de informação financeira de melhor qualidade, derivada do aumento do conhecimento e competência técnica sobre o cliente, esta é também obtida a custos mais reduzidos.

30   **12. *b)* O limite de 30% dos honorários totais**
A fixação de um limite máximo para o valor dos serviços distintos dos de revisão ou de auditoria constitui uma medida de salvaguarda da independência, adicional às já previstas no EOROC.

31   A imposição deste limite visa, assim, impedir que os serviços distintos da revisão ou da auditoria assumam uma relevância significativa no total dos honorários pagos anualmente pela entidade auditada ao seu auditor, já que um peso excessivo dos serviços distintos dos de revisão ou de auditoria pode ser percepcionado como um factor de dependência do auditor face à sociedade auditada.

---

[18] No mesmo sentido J. J. FERREIRA GOMES *A Fiscalização Externa das Sociedades Comerciais e a Independência dos Auditores*, in Cadernos do Mercado de Valores Mobiliários, 24, Novembro 2006, p. 208.

[19] BENITO ARRUÑADA, "*The Provision of Non-Audit Services by Auditors: Let the Market Evolve and Decide*", International Review of Law and Economics, Vol. 19(4), 1999, 513-31, p. 514-515.

O limite destina-se assim a evitar a ameaça de interesse pessoal, definida no artigo 68.º-A, 32
n.º 6 *in fine* do EOROC, mantendo os honorários relativos a outro tipo de serviços abaixo de um limiar, neste caso 30%, que segundo um critério objectivo o regulador considerou aceitável.

Entende-se, então, que por muito insignificantes que sejam os serviços prestados, em 33
termos de risco específico ou ameaça para a independência do auditor, uma vez atingido o referido limiar esses mesmos serviços pelo seu valor conjunto passam a representar uma ameaça que deverá ser evitada.

No que respeita à percentagem em si, questiona-se se outro valor (35%, 40% ou 45%) 34
não seria igualmente bom de um ponto de vista objectivo, tendo em consideração as restantes medidas que são e podem ser simultaneamente implementadas.

A este respeito e em resposta às questões suscitadas pela Comissão Europeia no Livro 35
Verde sobre política de auditoria[20], o *Working Group on Auditor Independence* do Max Planck Institute defende a limitação dos serviços distintos dos de auditoria, através da imposição de um limite máximo ao seu valor[21], sugerindo como regra geral que este fique limitado ao valor dos serviços de revisão ou de auditoria e como regra aplicável às entidades de interesse público que fique compreendido numa percentagem inferior, determinada para o efeito[22].

O referido *Working Group on Auditor Independence* abastem-se, contudo, de avançar uma 36
percentagem definida para as entidades de interesse público.

13. c) A sujeição à apreciação do órgão de fiscalização 37

A contratação de serviços distintos dos da revisão ou auditoria deverá ser sujeita a aprovação prévia do órgão de fiscalização da sociedade auditada.

Nos termos do artigo 62.º-B, n.º 1 do EOROC os auditores devem comunicar anual- 38
mente ao órgão de fiscalização da sociedade auditada[23] os serviços distintos dos de auditoria que hajam prestado, bem como analisar com o referido órgão de fiscalização as ameaças à sua independência e as medidas de salvaguarda adoptadas para as atenuar.

O órgão de fiscalização é, assim, o principal garante da independência do auditor[24-25], 39
devendo ser auscultado nas situações em que existam dúvidas ou das quais possam resultar dúvidas quanto à sua independência. Verifica-se, por isso, ser plenamente justificada a intervenção do órgão de fiscalização no caso particular dos serviços distintos dos de revisão ou de auditoria.

---

[20] Livro Verde da Comissão Europeia, *Política de auditoria: as lições da crise*, COM(2010) 561 Final, de 13.10.2010, disponível em http://ec.europa.eu/internal_market/consultations/docs/2010/audit/green_paper_audit_pt.pdf.
[21] Vd. WALTER DORALT, ANDREAS M. FLECKNER, KLAUS J. HOPT, CHRISTOPH KUMPAN, FELIX STEFFEK, REINHARD ZIMMERMANN, ALEXANDER HELLGARDT, SUSANNE AUGENHOFER, Max Planck Institute, Working Group on Auditor Independence "Comments on the European Commission Green Paper: Audit Policy – Lessons from the crisis", Max Planck Private Law Research Paper N.º 10/24, December 2010, disponível em http://ssrn.com/abstract=1723039, p. 1, 4 e 5.
[22] "*In our view, non-audit fees paid by a company should not exceed the level of its auditing fees. For public interest entities (as defined by Article 2 No. 13 of the Audit Directive 2006) a lower threshold should be considered*". Idem p. 5.

[23] O conselho fiscal, a comissão de auditoria ou o conselho geral e de supervisão, consoante o modelo de governo adoptado pela sociedade auditada seja, respectivamente, o modelo latino ou monista, o modelo anglo-saxónico ou monista reforçado, ou o modelo germânico ou dualista.
[24] Nas situações em que o auditor cumula o cargo de ROC da sociedade auditada, a função de garante da independência sai reforçada e evidenciada pela competência atribuída nos artigos 420.º, n.º 2, al. d), 423.º-F, n.º 1 al. o) e artigo 441.º, n.º 1 al. o) do CSC ao órgão de fiscalização das sociedades, respectivamente, conselho fiscal, comissão de auditoria e conselho geral e de supervisão.
[25] Sobre a importância do papel do órgão de fiscalização relativamente ao auditor vd. RUI OLIVEIRA NEVES, anotação à recomendação II.4.4.

40   A intervenção do órgão de fiscalização empresta à aplicação da regra da não contratação a flexibilização que, uma norma fechada que se quedasse pela primeira parte da recomendação, não permitiria alcançar. Deste modo, permite-se que, após uma análise casuística, se afira a justeza da aplicação da regra à realidade de cada sociedade.

41   O órgão de fiscalização, ponderados os sistemas de salvaguarda de independência em prática, quer na sociedade auditada quer na sociedade de auditoria, determina se a prestação de serviços distintos dos de revisão ou de auditoria terá ou não um impacto na independência do auditor e, consequentemente, se existem condições para a sua prestação.

42   Ponderadas as diversas razões que, em concreto, justificam a contratação de serviços adicionais e analisados os sistemas de salvaguarda em prática, o órgão de fiscalização poderá adoptar uma política na qual defina, segundo critérios preestabelecidos, o tipo de serviços permitidos, os que carecem de autorização específica, bem como, as medidas adicionais de salvaguarda que devem ser implementadas em cada situação.

43 **14. d) A explicitação das razões da contratação**
A recomendação, numa redacção algo confusa, parece ainda exigir como medida de salvaguarda da independência do auditor que no relatório anual sobre o governo da sociedade sejam divulgadas as razões para a contratação dos serviços distintos dos de revisão ou de auditoria.

44   A divulgação de informação relativa aos serviços adicionais prestados pelo auditor, neste caso o enquadramento que justifica essa prestação, terá duas finalidades distintas. Por um lado, conforme supra referido[26], os investidores e o público reagem positivamente à divulgação de informação no caso particular dos serviços distintos dos de auditoria, registando-se um reforço da confiança na independência do auditor. E, por outro, as sociedades sabendo antecipadamente da necessidade de divulgação das razões da contratação dos serviços adicionais, estarão menos dispostas a recorrer aos mesmos se souberem que as razões que serão apresentadas aos investidores não o justificam devidamente.

45   Deste modo, funciona para os investidores como um incentivo na confiança da independência do auditor e para as sociedades como um desincentivo à contratação menos justificada deste tipo de serviços.

46 **15. Grau de adesão**
À semelhança das duas anteriores recomendações, a recomendação III.1.5. foi incluída pela primeira vez na actual versão do Código de Governo das Sociedades da CMVM, publicada em Janeiro de 2010, coincidindo a sua primeira aplicação com o início do exercício económico de 2010.

47   Em virtude da novidade da recomendação em anotação e da ainda parca informação relativamente ao grau de cumprimento ou incumprimento por parte das diversas sociedades cotadas não foi possível aferir o grau de adesão que a mesma mereceu.

48 **16. Comparação com recomendações e práticas internacionais**
A análise efectuada aos códigos de governo societário vigentes noutros países incidiu essencialmente sobre os ordenamentos jurídicos considerados de referência na matéria em apreço. Procurou-se, deste modo, uma amostra que permita ter uma perspectiva muito geral dos códigos vigentes em sistemas jurídicos de *common law* e de *civil law*, alertando-se para o facto de que a não existência, nos códigos analisados, de recomendações respeitantes à matéria

---

[26] Vd. parágrafo 16 da presente anotação.

tratada nesta recomendação, não permite concluir que a mesma não existe ou seja tratada nesse país por imposição legal.

Nos Estados Unidos as *Final NYSE Corporate Governance Rules*[27] não abordam o tema da prestação de serviços adicionais pelo auditor externo, o qual é extensamente regulado pela *Sarbanes-Oxley Act of 2002*.

No Reino Unido, o *UK Corporate Governance Code*[28] não inclui uma recomendação de teor semelhante à nossa. Recomenda apenas que, sendo prestados serviços distintos dos de auditoria, sejam explicados aos accionistas os mecanismos de salvaguarda da objectividade e da independência do auditor implementados[29]. O *UK Corporate Governance Code* aborda o tema dos serviços distintos dos de auditoria a respeito da competência da comissão de auditoria, recomendando que esta desenvolva e implemente uma política relativa à contratação de serviços distintos dos de auditoria ao auditor externo, elaborada segundo os padrões éticos relevantes nesta matéria[30].

O *Codice di Autodisciplina* italiano[31] não contém uma recomendação idêntica à prevista na recomendação em análise. A prestação de serviços distintos dos de auditoria é focada na recomendação relativa à competência do órgão de fiscalização, ao incumbir este órgão de fiscalizar a independência do auditor externo, verificando a natureza e a extensão dos serviços adicionais prestados pelo auditor externo ou entidades pertencentes à mesma rede[32].

Em França, o *Code de Gouvernement d'Entreprise des Sociétés Cotées*[33] contém uma recomendação idêntica à nossa, estabelecendo como regra a não contratação de serviços adicionais ao auditor externo ou a entidades pertencentes à mesma rede e permitindo alguma flexibilização através do mecanismo da aprovação prévia pelo órgão de fiscalização[34]. Embora o *Code* não estabeleça uma percentagem máxima como limite para a contratação de serviços adicionais, restringe o tipo de serviços que podem ser prestados, limitando-os àqueles que sejam considerados acessórios ou directamente complementares dos serviços de auditoria.

Na Alemanha, o *Deutscher Corporate Governance Kodex*[35], não contém recomendações sobre esta temática. O *Kodex* faz referência aos serviços distintos dos de auditoria apenas indirectamente quando recomenda que a declaração do auditor externo, emitida previamente à sua eleição e na qual este deve identificar qualquer relação empresarial, financeira, pessoal ou outra com a sociedade que possa comprometer a sua independência, mencione quais os serviços de consultoria já prestados ou a prestar à sociedade auditada[36].

---

[27] Disponíveis em http://www.nyse.com/pdfs/finalcorpgovrules.pdf. Consultadas em 2011-02-25.
[28] Emitido pelo *Financial Reporting Council* em 2010. Disponível em http://www.frc.org.uk/corporate/ukcgcode.cfm.
[29] Recomendação C.3.7. do *UK Corporate Governance Code*.
[30] Recomendação C.3.2. do *UK Corporate Governance Code*.
[31] Emitido pelo *Comitato per la corporate governance* da *Borsa Italiana* em 2006. Disponível em http://www.borsaitaliana.it/borsaitaliana/regolamenti/corporategovernance/corporategovernance.htm

[32] Recomendação 10.C.5. do *Codice di Autodisciplina*.
[33] Emitido conjuntamente pela *Association Française des Entreprises Privées* (AFEP) e pelo *Mouvement des Entreprises de France* (MEDEF) em 2008. Disponível http://www.code-afep-medef.com/. Consultado em 2011-02-25.
[34] Cfr. Recomendação 14.2.2. do *Code de Gouvernement d'Entreprise des Sociétés Cotées*.
[35] Emitido pela *Regierungskommission Deutscher Corporate Governance Kodex* em 2010, disponível em http://www.corporate-governance-code.de/eng/kodex/index.html.
[36] Cfr. recomendação 7.2.1. do *Deutscher Corporate Governance Kodex*.

4.

CONFLITOS DE INTERESSES

4.1. RELAÇÕES COM ACCIONISTAS

IV.1.1. Os negócios da sociedade com accionistas titulares de participação qualificada, ou com entidades que com eles estejam em qualquer relação, nos termos do art. 20.º do Código dos Valores Mobiliários, devem ser realizados em condições normais de mercado.

IV.1.2. Os negócios de relevância significativa com accionistas titulares de participação qualificada, ou com entidades que com eles estejam em qualquer relação, nos termos do art. 20.º do Código dos Valores Mobiliários, devem ser submetidos a parecer prévio do órgão de fiscalização. Este órgão deve estabelecer os procedimentos e critérios necessários para a definição do nível relevante de significância destes negócios e os demais termos da sua intervenção.

Bibliografia: CANARIS, CLAUS-WILHELM – Funktion, Struktur und Falsifikation juristischer Theorien, *Juristenzeitung*, 1993; CASTRO, CARLOS OSÓRIO DE – A Imputação de Direitos de Voto no Código dos Valores Mobiliários, *Cadernos do Mercado dos Valores Mobiliários*, 7, 2000; CONAC, PIERRE-HENRI, LUCA ENRIQUES e MARTIN GELTER – *Constraining Dominant Shareholders' Self-Dealing: The Legal Framework in France, Germany, and Italy*, 2007, disponível em http://ssrn.com/paper=1023890; CORDEIRO, ANTÓNIO MENEZES – *Manual de Direito das Sociedades*, Vol. 1, 2.ª ed., Coimbra: Almedina, 2007; CORDEIRO, ANTÓNIO MENEZES – *Tratado de Direito Civil Português*, Vol. 1 (Parte Geral), Tomo 1, 3.ª ed., Coimbra: Almedina, 2007; DAVIES, PAUL L. – *Gower and Davies' Principles of Modern Company Law*, 8.ª ed., London: Sweet & Maxwell, 2008; DIAS, RUI MANUEL PINTO SOARES PEREIRA – *Responsabilidade por Exercício de Influência sobre a Administração de Sociedades Anónimas*, Coimbra: Almedina, 2007; ENRIQUES, LUCA – *Il conflitto d'interessi degli amministratori di società per azioni*, Torino: Dott. A. Giuffrè Editore, 2000; FERRARA JR., FRANCESCO e FRANCESCO CORSI – *Gli Imprenditori e le Società*, 13.ª ed., Milano: Dott. A. Giuffrè Editore, 2006; GIÃO, JOÃO SOUSA – "Conflitos de Interesse entre Administradores e os Accionistas na Sociedade Anónima: Os Negócios com a Sociedade e a Renumeração dos Administradores", in CÂMARA, PAULO (ed.) – *Conflito de Interesses no Direito Societário e Financeiro*, Coimbra: Almedina, 2010; GOMES, JOSÉ FERREIRA – "Conflitos de interesses entre accionistas nos negócios celebrados entre a sociedade anónima e o seu accionista controlador", in CÂMARA, PAULO (ed.) – *Conflito de Interesses no Direito Societário e Financeiro*, Coimbra: Almedina, 2010; GUINÉ, ORLANDO VOGLER – "Do contrato de gestão de carteiras e do exercício do direito de voto – OPA obrigatória, comunicação de participação qualificada e imputação de direitos de voto", – *Direito dos Valores Mobiliários*, Vol. 8, Coimbra: Coimbra Editora, 2008; SÁ, FERNANDO OLIVEIRA E – "A transformação de créditos em capital e o problema das entradas em espécie ocultas", – *Nos 20 anos do Código das Sociedades Comerciais : Homenagem aos Profs. Doutores A. Ferrer Correia, Orlando de Carvalho e Vasco Lobo Xavier*, Vol. 2, Coimbra: Coimbra Editora, 2007; SCHOUTEN, MICHAEL C. – The Case for Mandatory Ownership Disclosure in Europe: Empty Voting, Hidden Ownership and the Failures of the Transparency Directive (versão de 8/12/2008), *Stanford Journal of Law, Business & Finance*, 15, 2010; SERRA, ADRIANO VAZ – Contrato consigo mesmo, *Revista de Legislação e Jurisprudência*, 91, 1958; SERRA, ADRIANO VAZ – Contrato consigo mesmo e negociação de directores ou gerentes de sociedades anónimas ou por quotas com as respectivas sociedades, *Revista de Legislação e Jurisprudência*, 100, 1967; TELES, INOCÊNCIO GALVÃO – Contrato entre sociedades anónimas e o seu director, *O direito*, 87, 1955; VENTURA, RAÚL – *Sociedades por Quotas (Comentário ao Código das Sociedades Comerciais)*, Vol. 2, 1.ª ed., 2 reimp., Coimbra: Almedina, 1999.

Índice

I – Antecedentes próximos 1

II – Fontes legais 2

III – Análise 3
1. Enquadramento: O conflito de interesses entre accionistas.. 3
2. Os negócios entre a sociedade e accionistas controladores.. 5
3. As Recomendações IV.1.1. e IV.1.2. 7
4. Relação com o regime legal............................. 10

5. Em particular: Os artigos 397.º, n.ºs 2 a 5 CSC, nos modelos latino e anglo-saxónico, e 428.º e 433.º CSC no modelo germânico................... 12
6. Em particular: O enquadramento no abuso de poderes de representação................................... 14
7. Em particular: O enquadramento nos termos gerais do artigo 280.º, n.º 2 CC......................... 15
8. A *ratio* das recomendações 19
9. Comparação com recomendações e práticas internacionais 21

I – Antecedentes próximos

1   As Recomendações IV.1.1. e IV.1.2. não tinham paralelo no Código de Governo das Sociedades de 2007. As recomendações da CMVM de 1999 e de 2001 abordavam os conflitos de interesses entre os membros do órgão de administração e a sociedade[1], sem referir contudo os conflitos de interesses nas relações com accionistas. A única referência a este problema era feita a propósito da composição do conselho de administração, o qual deveria incluir membros independentes que permitissem assegurar a consideração de outros interesses para além dos interesses dos accionistas dominantes (cfr. Recomendações n.º 15 de 1999 e n.º 9 de 2001). Na formulação da Recomendação n.º 6 de 2003, recomendava-se a inclusão de pelo menos um membro não associado a grupos de interesses específicos, por forma a maximizar a prossecução dos interesses da sociedade. A ideia subjacente a esta recomendação foi mantida, no seu essencial, na Recomendação n.º 6 de 2005, referindo-se contudo não a prossecução dos interesses da sociedade, mas «que na actividade na sociedade sejam considerados os interesses de todas as pessoas envolvidas, e que sejam adequadamente prevenidos e geridos os conflitos de interesses nesta área».

II – Fontes legais

2   Estas recomendações estão intimamente relacionadas com a concretização e densificação da obrigação de administração com cuidado (os comumente denominados "deveres de cuidado" previstos no artigo 64.º CSC) que impende sobre cada administrador e do dever de lealdade dos accionistas para com a sociedade e para com os demais accionistas (que não tem previsão legal). Na construção apresentada na análise que se segue relevam diversas

---

[1] Tanto na Recomendação n.º 12 de 1999 como na Recomendação n.º 5 de 2001 podia ler-se: «É recomendável o estabelecimento, ao nível da organização interna da sociedade, de regras específicas vocacionadas para regularem situações de conflito de interesses entre os membros do órgão de administração e a sociedade, bem como as principais obrigações resultantes dos deveres de diligência, lealdade e confidencialidade dos membros do órgão de administração, nomeadamente no que toca à prevenção da utilização indevida de oportunidades negociais e de bens societários».

disposições do CSC dirigidas – directa ou indirectamente – à gestão de conflitos de interesses entre accionistas e a sociedade que, em última análise, redundam em conflitos de interesses entre accionistas (artigos 27.º, n.º 5, 29.º; 397.º, n.ᵒˢ 2 a 5, 428.º, 433.º CSC, entre outros). Releva ainda a cláusula dos bons costumes que, tal como prevista no artigo 280.º, n.º 2 CC, permite uma sindicância de todos os negócios jurídicos.

III – Análise

1. Enquadramento: O conflito de interesses entre accionistas

Como afirmámos noutro local[2], conflito de interesses entre sócios de uma sociedade comercial – ou, numa outra formulação, entre determinados sócios e a sociedade comercial – é provavelmente o mais relevante problema do Direito das sociedades comerciais em mercados caracterizados por concentração accionista, dos quais Portugal é um exemplo paradigmático. Enquanto nos mercados caracterizados por dispersão accionista o principal desafio reside no alinhamento dos interesses dos administradores e gestores com os interesses da sociedade, a existência de um sócio controlador (ou dominante) altera os dados da equação. Pela posição assumida, desde logo em virtude do seu peso na decisão sobre a composição e remuneração dos órgãos sociais, este sócio está em condições práticas de fiscalizar directamente a administração da sociedade, reduzindo a margem da mesma para prosseguir os seus próprios interesses pessoais. Contudo, essa mesma posição permite-lhe frequentemente influenciar a conduta da administração no sentido de privilegiar os interesses particulares (ou privados) deste sócio, em prejuízo do interesse da sociedade. Este fenómeno é comummente referido como "extração de benefícios privados de controlo"[3].

A participação qualificada constitui uma presunção de influência sobre a sociedade (como aliás denuncia o artigo 83.º, n.º 4 relativo à responsabilidade dos sócios pelo exercício de influência[4]), sendo por isso imposta a sua comunicação ao mercado, permitindo que este avalie e reflicta a concreta medida dessa influência (presumida)[5]. Da mesma forma, presumindo-se o domínio mais ou menos intenso sobre a sociedade, devem implementar-se adequados mecanismos de fiscalização com vista à protecção do interesse social face ao potencial de extracção de benefícios privados de controlo.

2. Os negócios entre a sociedade e accionistas controladores

A extracção de benefícios privados de controlo ocorre mais frequentemente através de negócios celebrados entre a sociedade e um accionista com (maior ou menor) controlo sobre a sociedade[6]. Estes contratos podem servir legítimos objectivos empresariais, mas constituem

---

[2] Cfr. José Ferreira Gomes – "Conflitos de interesses entre accionistas nos negócios celebrados entre a sociedade anónima e o seu accionista controlador", in Paulo Câmara (ed.) – *Conflito de Interesses no Direito Societário e Financeiro*, Coimbra: Almedina, 2010.
[3] Para mais desenvolvimentos, cfr. Ibidem, p. 78 segs.
[4] Sobre este ponto, cfr., *e.g.*, Rui Manuel Pinto Soares Pereira Dias – *Responsabilidade por Exercício de Influência sobre a Administração de Sociedades Anónimas*, Coimbra: Almedina, 2007.
[5] Cfr., entre nós, Carlos Osório de Castro – A Imputação de Direitos de Voto no Código dos Valores Mobiliários, *Cadernos do Mercado dos Valores Mobiliários*, 7, 2000, p. 164; Orlando Vogler Guiné – "Do contrato de gestão de carteiras e do exercício do direito de voto – OPA obrigatória, comunicação de participação qualificada e imputação de direitos de voto" – *Direito dos Valores Mobiliários*, Vol. 8, Coimbra: Coimbra Editora, 2008, p. 173. Para uma análise exaustiva e com inúmeras indicações bibliográficas, cfr. Michael C. Schouten – The Case for Mandatory Ownership Disclosure in Europe: Empty Voting, Hidden Ownership and the Failures of the Transparency Directive (versão de 8/12/2008), *Stanford Journal of Law, Business & Finance*, 15, 2010.
[6] Cfr. Ferreira Gomes – *Conflitos de interesses...* p. 81-83, 86-89.

oportunidades para benefício desse accionista em prejuízo da sociedade. Assim sendo, porque nem todos os negócios onde se verifica um conflito de interesses são ineficientes, importa implementar mecanismos que permitam distinguir os negócios eficientes dos ineficientes[7].

6 Entre tais mecanismos destacam-se os seguintes: (i) mecanismos de legitimação, nos termos do qual o mérito do negócio a celebrar é avaliado *ex ante* pelos demais accionistas, pelos administradores desinteressados ou por um órgão de fiscalização; (ii) mecanismos de avaliação *ex post* por um tribunal, com base num determinado padrão de conduta imposto à administração da sociedade ou directamente ao acionista controlador; (iii) mecanismos informativos, ou seja, deveres de informação destinados a reduzir a assimetria informativa entre *insiders* e *outsiders*, potenciando o adequado funcionamento de mecanismos de mercado e de outros mecanismos legais (como os referidos supra)[8].

7 **3. As Recomendações IV.1.1. e IV.1.2.**
As recomendações ora em análise enquadram-se nos mecanismos de legitimação. Pretende-se com as mesmas assegurar que os negócios celebrados com titulares de participações qualificadas – as quais constituem presunção de influência sobre a sociedade – são eficientes, ou seja, que prosseguem os melhores interesses da sociedade no quadro das condições normais de mercado.

8 Para o efeito, a recomendação IV.1.1. explicita um critério geral que decorre dos deveres fundamentais dos administradores de qualquer sociedade comercial (artigo 64.º CSC): em cada negócio, a administração deve procurar maximizar o interesse da sociedade, obtendo as melhores condições possíveis no mercado. Se o parceiro eleito é um accionista influente, a administração deve assegurar-se de que as condições negociais são pelo menos idênticas às que poderia obter em normais condições de mercado, garantindo assim que não beneficia tal acionista em prejuízo da sociedade (e, logo, dos demais accionistas).

9 Nos termos da recomendação IV.1.2, o cumprimento deste critério deve ser verificado pelo órgão de fiscalização antes da celebração do contrato (tal como sucede nos contratos celebrados com administradores nos termos do artigo 397.º, n.º 2, ainda que, nos termos dessa norma se exija ainda a aprovação do conselho de administração[9]). Trata-se portanto de um mecanismo de controlo *ex ante*.

10 **4. Relação com o regime legal**
Estas recomendações preenchem um espaço deixado em aberto pelo nosso legislador, contrariamente ao verificado noutras ordens jurídicas. Com efeito, aparentemente, os negócios celebrados entre a sociedade e os seus accionistas (só por si) não estão sujeitos a qualquer requisito de aprovação ou ratificação, seja pelo conselho de administração, pela assembleia geral ou por qualquer órgão de fiscalização, salvo no caso específico das "quase entradas" previstas no artigo 29.º CSC (aquisição de bens por uma sociedade anónima a um seu fundador ou sócio antes da celebração do contrato de sociedade, simultaneamente com este ou nos dois anos seguintes ao registo do contrato de sociedade ou do aumento do capital).

11 Uma análise mais atenta do nosso Direito permite contudo identificar outras regras aplicáveis aos negócios com accionistas influentes como veremos em seguida.

---

[7] Cfr. Ibidem, p. 88.
[8] Cfr. Ibidem, p. 90-92.
[9] Para uma análise desenvolvida deste regime jurídico, cfr. Ibidem, p. 101-121. Cfr. também João SOUSA GIÃO – "Conflitos de Interesse entre Administradores e os Accionistas na Sociedade Anónima: Os Negócios com a Sociedade e a Renumeração dos Administradores", in PAULO CÂMARA (ed.) – *Conflito de Interesses no Direito Societário e Financeiro*, Coimbra: Almedina, 2010, p. 247-267. *Vide* ainda as considerações que se seguem nesta anotação.

5. Em particular: Os artigos 397.º, n.ºs 2 a 5 CSC, nos modelos latino e anglo-saxónico, e 428.º e 433.º CSC no modelo germânico

Relativamente aos modelos latino e anglo-saxónico, dispõe o n.º 2 do artigo 397.º CSC que «são nulos os contratos celebrados entre a sociedade e os seus administradores, directamente ou por pessoa interposta, se não tiverem sido previamente autorizados por deliberação do conselho de administração, na qual o interessado não pode votar, e com o parecer favorável do conselho fiscal». Não basta por isso que estes contratos sejam aprovados por um ou mais mandatários da sociedade, um ou mais administradores-delegados, ou pela comissão executiva (quando existam)[10]. Como defendemos antes, este regime estabelece um mecanismo de legitimação que se estende (i) por *interpretação extensiva* aos contratos celebrados entre a sociedade e terceiros representados pelo mesmo administrador (dupla representação)[11] e (ii) por *analogia* aos contratos celebrados entre a sociedade e terceiros com administradores comuns que não representam a sociedade no contrato em causa[12]. Só assim se assegura uma adequada discussão do conflito de interesses, tanto no órgão de fiscalização, como no órgão colegial de administração, reduzindo o risco de prossecução de interesses particulares em prejuízo do interesse da sociedade. Contudo, como referimos também, «[m]esmo admitindo todas as soluções sugeridas, ficamos aquém de uma solução global adequada para os problemas em causa»[13].

Quanto ao modelo germânico, dispõe o artigo 428.º CSC que se aplicam aos administradores destas sociedades (os membros do conselho de administração executivo) o disposto nos artigos 397.º e 398.º CSC, competindo ao conselho geral e de supervisão as autorizações aí referidas. Por outro lado, dispõe o artigo 443.º CSC que, nas relações da sociedade com os seus administradores, a sociedade é obrigada pelos dois membros do conselho geral e de supervisão por este designados. Noutro estudo concluímos que a solução mais adequada face à letra e à *ratio* dos preceitos – garantia da prossecução dos melhores interesses da sociedade em casos de conflito de interesses da administração – tais negócios devem ser autorizados pelo conselho geral e de supervisão, permitindo a discussão aberta do negócio e do conflito de interesses do administrador, bem como o debate das diferentes opiniões e perspectivas, permitindo ultrapassar a nebulosidade inerente a qualquer negócio "infectado" por um conflito de interesses. Não basta por isso a designação de dois membros do conselho geral e de supervisão para decidir e representar a sociedade no negócio. Estes membros poderão negociar o contrato, mas a celebração do mesmo – ou pelo menos as suas condições essenciais, com base em informação adequada sobre o negócio em si e sobre os inerentes conflitos de interesses – deve ser precedida de autorização do conselho[14].

---

[10] Para uma análise detalhada deste regime, remetemos uma vez mais para José Ferreira Gomes – "Conflitos de interesses entre accionistas nos negócios celebrados entre a sociedade anónima e o seu accionista controlador"idem, p. 101-121

[11] Ibidem, p. 104-106.

[12] Ibidem, p. 106-108.

[13] Ibidem, p. 109-110. Como afirmámos então: «Face ao nosso direito constituído não nos parece possível, porém, ir mais longe, de forma a impor (...) a aprovação do conselho de administração em todos os negócios nos quais um administrador tenha um "interesse próprio ou de terceiro", abrangendo assim os negócios nos quais tenha interesse um accionista que, pelos direitos de voto que detém, determina a nomeação de um ou mais administradores. Parece-nos que tal interpretação não tem apoio na letra da lei, nem é sustentável com base na extensão da norma ou na integração de lacunas. Neste caso, o grau de insegurança jurídica sobrepõe-se às razões justificativas de uma solução idêntica às sugeridas em cima para outros casos. Não parece sequer viável explorar uma interpretação criativa da lei ou um desenvolvimento do Direito superador da lei, porquanto a consideração das consequências (a referida insegurança jurídica), que se impõe, nos afasta desse caminho».

[14] Ibidem, p. 115-120.

6. Em particular: O enquadramento no abuso de poderes de representação

Para além dos regimes analisados poderia ainda discutir-se se um contrato celebrado entre a sociedade e um accionista – não abrangido formalmente pelo artigo 397.º CSC – pode ser considerado *não vinculativo* para a sociedade quando o administrador (ou administradores) em causa e a contraparte (por exemplo, o accionista) sabiam que prejudicavam a sociedade de modo contrário aos bons costumes ou à boa fé. Vaz Serra afirma que este é um caso de *abuso de poderes de representação*, na medida em que o representante pratica o acto dentro dos limites formais dos poderes conferidos, mas contrariamente aos fins da representação. Ora, nos termos do artigo 269.º CC, caso a outra parte conhecesse ou devesse conhecer o abuso de poderes, são aplicáveis as regras do excesso de representação (cfr. artigo 268.º CC), logo, o negócio seria ineficaz[15]. Esta solução é discutível face à actual construção dogmática da representação orgânica, a qual, de acordo com a doutrina dominante, não constitui verdadeira representação[16].

7. Em particular: O enquadramento nos termos gerais do artigo 280.º, n.º 2 CC

Mais correcto é o enquadramento da questão nos termos gerais do artigo 280.º, n.º 2 CC, sendo nulo o contrato celebrado entre a sociedade e um accionista que seja ofensivo dos bons costumes. Efectivamente, deve reconhecer-se a aplicação dos bons costumes no domínio das sociedades comerciais, dando corpo ao que Menezes Cordeiro apelida de "deontologia societária"[17]. Esta tem sido aplicada por via do artigo 56.º, n.º 1, d) CSC, nos termos do qual «[s]ão nulas as deliberações dos sócios cujo conteúdo, directamente ou por actos de outros órgãos que determine ou permita, seja ofensivo dos bons costumes ou de preceitos legais que não possam ser derrogados, nem sequer por vontade unânime dos sócios». Neste sentido, pronunciou-se a jurisprudência[18]: o TRPt considerou nula a deliberação unânime de vender a uma irmã de um sócio o único imóvel da sociedade por um valor muito inferior ao valor real[19]; o STJ considerou nula a deliberação de vender por 210.000 contos o estabelecimento e sede da sociedade, quando o sócio minoritário presente ofereceu 518.000 contos, equivalentes ao valor real[20]; e novamente o STJ considerou nula a deliberação de trespassar um estabelecimento e vender terrenos por menos de metade do seu valor real[21]. Segundo Menezes Cordeiro, «[e]ssa deontologia impõe-se quando estejam em jogo violações grosseiras, em termos a determinar *in concreto*»[22]. Se bem compreendemos o Professor, a violação grosseira da ética societária constitui ofensa aos bons costumes. Parece-nos que idêntica solução vale necessariamente para os negócios jurídicos celebrados pela sociedade sem prévia deliberação

---

[15] Ibidem, p. 110-111.

[16] Historicamente, a questão do negócio consigo mesmo foi tratada no âmbito da representação em sentido lato, incluindo a chamada representação orgânica. Vide, e.g., Adriano Vaz Serra – Contrato consigo mesmo, Revista de Legislação e Jurisprudência, 91, 1958; Adriano Vaz Serra – Contrato consigo mesmo e negociação de directores ou gerentes de sociedades anónimas ou por quotas com as respectivas sociedades, Revista de Legislação e Jurisprudência, 100, 1967; Inocêncio Galvão Teles – Contrato entre sociedades anónimas e o seu director, O direito, 87, 1955.

[17] Cfr. António Menezes Cordeiro – Manual de Direito das Sociedades, Vol. 1, 2.ª ed., Coimbra: Almedina, 2007, p. 726-727; António Menezes Cordeiro – Tratado de Direito Civil Português, Vol. 1 (Parte Geral), Tomo 1, 3.ª ed., Coimbra: Almedina, 2007, p. 709-710.

[18] Seguimos aqui as indicações de Menezes Cordeiro – Manual..., vol. 1, p. 727.

[19] RPt 13-Abr.-1999 (Afonso Correia), CJ XXIV (1999) 2, 196-202 (200-201).

[20] STJ 3-Fev.-2000 (Miranda Gusmão), CJ/Supremo VIII (2000) 1, 59-63 (62).

[21] STJ 15-Dez.-2005 (Oliveira Barros), Proc. 05B332/ ITIJ.

[22] Menezes Cordeiro – Manual..., vol. 1, p. 727. Acrescenta o Autor que a indeterminação daqui resultante não é grave, porquanto a experiência demonstra que, na prática, os juristas se põem facilmente de acordo quanto àquilo que está fora da ética dos negócios.

social (que permita aplicar o artigo 56.º, n.º 1, d) CSC). Serão portanto nulos, por aplicação directa do artigo 280.º, n.º 2 CC, os negócios celebrados com um accionista em prejuízo da sociedade, em termos tais que constituam uma ofensa aos bons costumes, densificados numa deontologia societária.

Mas podemos ainda ir mais longe, afirmando que dos princípios de deontologia societária decorrem não apenas critérios de correcção *substancial* – traduzidos no princípio de que o accionista não pode extrair *benefícios privados de controlo* em prejuízo da sociedade –, mas também *procedimental*. Senão vejamos: É comum a construção do conceito de bons costumes por referência à moral social, donde a afirmação de que os comandos normativos que dos bons costumes decorrem têm uma existência própria caracterizada pela não positividade. A sua fonte é portanto exterior ao Direito, ou seja, não é reconduzível a factos normativos próprios do Direito[23]. Sendo a moral social, pela sua própria natureza, um «ordenamento social não-jurídico», não se pode pretender, a partir do disposto no artigo 280.º, n.º 2 CC, juridificá-la em bloco, sob pena de se lhe retirar o seu particular valor[24]. Como ensina MENEZES CORDEIRO, para efeitos desta norma releva então apenas uma área bem circunscrita da moral social[25], na qual se destacam, para o que ora interessa, as regras de deontologia societária. Estas, sem prejuízo da sua fonte não-jurídica, foram merecendo concretizações positivadas ao longo dos tempos, de tal forma que podemos encontrar várias manifestações das mesmas em normas dispersas pelo CSC. A partir da análise destas normas na periferia podemos identificar vectores comuns próprios de um sistema interno, a partir do qual se podem construir princípios no centro do sistema, com um propósito não apenas *explicativo*, mas também *heurístico*[26]: tais princípios permitem solucionar casos não expressamente previstos na lei, através da sua concretização e densificação face a problemas concretos não adequadamente solucionados pelo legislador. Para o caso em análise relevam as já referidas normas previstas nos artigos 29.º e 397.º (por aplicação directa ou por remissão do artigo 428.º), relativos aos negócios da sociedade com accionistas e administradores, nos artigos 251.º e 384.º, n.º 6, relativos aos impedimentos de voto em caso de conflito de interesses [cuja violação determina a nulidade das deliberações nos termos do artigo 56.º, n.º 1, d)], no artigo 410.º, n.º 6, relativo ao impedimento de voto dos administradores (aplicável directamente ou por remissão do artigo 433.º, n.º 1), ou ainda no artigo 27.º, n.º 5, relativo à proibição de extinção da obrigação de entrada por compensação[27]. E destas normas resulta um princípio comum: são *nulos* os negócios cuja aprovação ou celebração foi *infectada* por um conflito de interesses. Esta conclusão, embora severa em vários casos concretos[28], impõe-se por estarem em causa

---

[23] MENEZES CORDEIRO – *Tratado... Vol. 1, Tomo 1*, p. 708.
[24] Ibidem.
[25] Ibidem.
[26] Sobre as funções das teorias jurídicas, como conjunto de conhecimentos ordenados sistematicamente conforme a princípios, entre as quais se destacam as funções explicativa – *i.e.*, de integração das normas jurídicas numa ordem geral –, e *heurística* – *i.e.*, de descoberta de soluções para outros problemas –, cfr., por todos, CLAUS-WILHELM CANARIS – Funktion, Struktur und Falsifikation juristischer Theorien, *Juristenzeitung*, 1993.
[27] Como bem refere FERNANDO OLIVEIRA E SÁ, «Esta proibição de compensação tem como função a protecção da *efectiva realização do capital*. Pretende-se que as entradas sejam reais, isto é, que (...) na sociedade entrem bens que efectivamente cubram a cifra de capital». De outra forma, a compensação assim operada consubstanciaria uma *entrada em espécie oculta*, sem cumprimento da obrigação de avaliação dos bens nos termos do artigo 28.º CSC. FERNANDO OLIVEIRA E SÁ - "A transformação de créditos em capital e o problema das entradas em espécie ocultas" – *Nos 20 anos do Código das Sociedades Comerciais: Homenagem aos Profs. Doutores A. Ferrer Correia, Orlando de Carvalho e Vasco Lobo Xavier*, Vol. 2, Coimbra: Coimbra Editora, 2007, p. 678-680, 671-674. Contudo, esta norma protege não apenas os credores sociais pela defesa da efectividade do capital social, mas, obviamente, também a própria sociedade e, logo, os demais accionistas. O mesmo vale para o disposto no artigo 29.º CSC que analisámos noutro local. Cfr. GOMES – *Conflitos de interesses...* p. 96-101.
[28] Nos quais se poderia considerar ser mais adequada a sanção da anulabilidade.

principios éticos fundamentais no trato societário, orientado por um escopo colectivo que se sobrepõe aos escopos egoístas, nos termos do qual devem ser adequadamente geridos os conflitos de interesses.

17 Sistematizando, tal *infecção* pode resultar tanto (i) da ausência de uma adequada (informada, independente e ponderada[29]) discussão do conflito de interesses a nível colegial (caso dos artigos 29.º e 397.º CSC); (ii) da participação de alguém com um interesse conflituante, por conta própria ou de terceiro, na discussão e votação da proposta de celebração do negócio (caso dos artigos 251.º, 384.º, n.º 6, e 410.º, n.º 6 CSC)[30]; (iii) como da preterição de uma qualquer formalidade tendente a assegurar os interesses da sociedade e, reflexamente, dos seus credores (caso dos artigos 29.º (novamente) e 27.º, n.º 5 que, como afirmámos, visam assegurar o efeito prático do artigo 28.º CSC).

18 Concluindo, a cláusula dos bons costumes, tal como prevista no artigo 280.º, n.º 2 CC, permite uma sindicância de todos os negócios jurídicos. Contudo, tratando-se de um conceito indeterminado que, nessa medida, não faculta uma imediata apreensão do seu conteúdo normativo, impõe-se um esforço de cautela e de precisão, como bem ensina MENEZES CORDEIRO. Parece-nos que, por um lado, a evolução jurisprudencial e, por outro, a dispersão de normas nas quais se identifica, num esforço de ordenação sistemática, um princípio comum, permitem fundamentar adequadamente a conclusão alcançada: são nulos, por contrariedade aos bons costumes (deontologia societária), os negócios pelos quais um accionista extrai *benefícios privados de controlo* em prejuízo da sociedade (critério de correcção substancial), bem como aqueles cuja aprovação ou celebração foi *infectada* por um conflito de interesses (critério de correcção procedimental).

19 **7. *Ratio* das Recomendações**

Estas recomendações visam assim assegurar a validade e regularidade dos negócios celebrados com accionistas titulares de participações qualificadas, promovendo a transparência sobre o tratamento paritário dos accionistas e a prossecução dos melhores interesses da sociedade. Paralelamente, opera como um mecanismo dissuasor de negócios prejudiciais para a sociedade. Em palavras próximas às de RAÚL VENTURA[31]: previne-se a tentação, eliminando (ou pelo menos contrariando) a oportunidade de atender a outros interesses que não os da sociedade.

20 Para tanto adopta uma solução flexível de concessão de discricionariedade ao órgão de fiscalização para estabelecer os procedimentos e critérios necessários para a definição do nível relevante de significância destes negócios e os demais termos da sua intervenção. Esta solução admite-se como adequada atentos os destinatários desta Recomendação, mas não é susceptível de aplicação a outras sociedades sobre as quais não recai o escrutínio do mercado.

---

[29] Esta concretização dos parâmetros de discussão dos conflitos de interesses apresenta um manifesto paralelo com aqueloutros da *business judgment rule*, não porque esta regra releve para esta construção (não releva), mas porque as deliberações por aquela protegidas, tal como as deliberações aqui em causa, estão vinculadas a padrões comuns de correcta apreciação do seu objecto.

[30] Recordamos que o Direito assume que a concretização e prossecução do interesse social (por deliberação de um órgão social) em cada caso concreto pressupõe uma contraposição de juízos independentes dos titulares dos direitos de voto. Neste sentido, cfr. a análise exposta em GOMES – *Conflitos de interesses...*, p. 93-96, em especial p. 95, sobre o contributo da Teoria Económica para a compreensão da votação como o melhor método para alcançar um consenso num grupo a partir de diferentes avaliações subjectivas dos indivíduos que compõem um grupo.

[31] Proferidas a propósito do artigo 251.º do CSC. Cfr. RAÚL VENTURA – *Sociedades por Quotas (Comentário ao Código das Sociedades Comerciais)*, Vol. 2, 1.ª ed., 2 reimp., Coimbra: Almedina, 1999, p. 298.

8. Comparação com recomendações e práticas internacionais

Nem o *Deutscher Corporate Governance Kodex* nem o *Code de Gouvernement d'Entreprise des Sociétés Cotées* regulam esta matéria, contrariamente ao *Codice di Autodisciplina* italiano que impõe uma solução ligeiramente diferente à das nossas Recomendações: Sugere que o conselho adopte as medidas necessárias para assegurar que as operações nas quais um administrador tenha um interesse, por conta própria ou de terceiro, bem como as operações com partes relacionadas sejam concluídas de forma transparente e respeitando critérios de correcção substancial e procedimental[32]. Concede assim uma (maior) margem de discricionariedade ao conselho, nomeadamente quanto à definição das operações que devem ser sujeitas a aprovação do conselho, com prévio parecer da comissão de controlo interno e com assistência de peritos independentes[33]. Estas recomendações devem contudo ser conjugadas com o disposto nos artigos 2391 e 2391-bis do *Codice civile*, relativos aos negócios nos quais um administrador tenha um interesse próprio ou de terceiro[34].

Em Espanha, o *Informe del Grupo Especial de Trabajo sobre Buen Gobierno de las Sociedades Cotizadas (Código Unificado, Apéndices y Recomendaciones a otros Organismos)*[35] é menos flexível, recomendando a reserva de competência do conselho de administração para aprovação dos negócios que a sociedade celebre com administradores, com accionistas significativos ou representados no conselho, ou com pessoas com eles relacionadas. Esta autorização será dispensada quando se verifiquem cumulativamente as seguintes três condições: (i) Que o negócio se realize de acordo com condições padronizadas e que se apliquem em massa a um conjunto de clientes; (ii) Que se realizem a preços ou tarifas estabelecidos em geral por quem actue como prestador do bem ou serviço em causa; (iii) Que a quantia em causa não supere 1% dos proveitos anuais da sociedade. Recomenda-se ainda que a aprovação dos negócios com entidades relacionadas seja precedida de um parecer favorável da comissão de auditoria ou outra que tenha sido incumbida dessa função; e que os administradores afectados, para além de não exercerem nem delegarem o exercício do seu direito de voto, se ausentem da sala de reuniões enquanto o conselho delibera sobre a mesma.

No Reino Unido, o *UK Corporate Governance Code* não aborda este tema, mas o mesmo é extensamente regulado no Direito britânico. Destaca-se a *Part 30 do Companies Act 2006*, relativa a *Protection of Members Against Unfair Prejudice*, cuja primeira norma, a *Section* 994(1), regula o direito de acção de qualquer accionista face a actos que importem prejuízos para todos ou parte dos accionistas ou para a sociedade[36].

Nos Estados Unidos as *NYSE Corporate Governance Rules*[37] não abordam este tema, mas os *ALI Principles of Corporate Governance* dedicam-lhe vários parágrafos. Entre estes destaca-se o § 5.10, o qual concretiza o *duty of fair dealing to the corporation* do accionista nos negócios com a sociedade, em termos muito mais exigentes do que aqueles que resultam do código

---

[32] Cfr. princípio 9.P.1.
[33] Cfr. critério de aplicação 9.C.1.
[34] Em particular, o artigo 2391 impõe um específico dever de informação e a necessária aprovação colegial de tais negócios. Para maiores desenvolvimentos, cfr., e.g., PIERRE-HENRI CONAC, LUCA ENRIQUES e MARTIN GELTER – *Constraining Dominant Shareholders' Self-Dealing: The Legal Framework in France, Germany, and Italy*, 2007, disponível em http://ssrn.com/paper=1023890, p. 11-12; LUCA ENRIQUES – *Il conflitto d'interessi degli amministratori di società per azioni*, Torino: Dott. A. Giuffrè Editore,

2000, p. 156-157; FRANCESCO FERRARA JR. e FRANCESCO CORSI – *Gli Imprenditori e le Società*, 13.ª ed., Milano: Dott. A. Giuffrè Editore, 2006, p. 590.
[35] Disponível em http://www.cnmv.es/portal/legislacion/COBG/COBG.aspx. Consultado em 2011-02-25.
[36] Desenvolvidamente sobre a *Part 30 – Protection of Members Against Unfair Prejudice*, cfr., e.g., PAUL L. DAVIES – *Gower and Davies' Principles of Modern Company Law*, 8.ª ed., London: Sweet & Maxwell, 2008, p. 681-708.
[37] Disponíveis em http://www.nyse.com/pdfs/finalcorpgovrules.pdf. Consultadas em 2011-02-25.

da CMVM: impõe tanto critérios de correcção substancial como critérios de correcção procedimental relativos à gestão do conflito de interesses[38].

25 É de aplaudir o tratamento dado no espaço anglo-saxónico a esta questão, especialmente considerando que os conflitos de interesses entre accionistas assumem uma menor relevância dada a dispersão accionista. Importa considerar tais soluções nos mercados caracterizados por uma concentração accionista (como o português) onde tais conflitos se manifestam com maior acuidade.

---

[38] Dispõe o § 5.10: «*(a) General Rule. A controlling shareholder [§ 1.10] who enters into a transaction with the corporation fulfills the duty of fair dealing to the corporation with respect to the transaction if: (1) The transaction is fair to the corporation when entered into; or (2) The transaction is authorized in advance or ratified by disinterested shareholders [§ 1.16], following disclosure concerning the conflict of interest [§ 1.14(a)] and the transaction [§ 1.14(b)], and does not constitute a waste of corporate assets [§ 1.42] at the time of the shareholder action. (b) Burden of Proof. If the transaction was authorized in advance by disinterested directors [§ 1.15], or authorized in advance or ratified by disinterested shareholders, following such disclosure, the party challenging the transaction has the burden of proof. The party challenging the transaction also has the burden of proof if the transaction was ratified by disinterested directors and the failure to obtain advance authorization did not adversely affect the interests of the corporation in a significant way. If the transaction was not so authorized or ratified, the controlling shareholder has the burden of proof, except to the extent otherwise provided in Subsection (c). (c) Transactions in the Ordinary Course of Business. In the case of a transaction between a controlling shareholder and the corporation that was in the ordinary course of the corporation's business, a party who challenges the transaction has the burden of coming forward with evidence that the transaction was unfair, whether or not the transaction was authorized in advance or ratified by disinterested directors or disinterested shareholders*».

APRESENTAÇÃO DOS AUTORES

Paulo Câmara

Mestre em Direito (FDUL, 1996) e advogado (Sérvulo & Associados, desde 2008). Vice-Presidente do *Public Company Practice and Regulation Subcommittee* da International Bar Association. Lecciona em diversos cursos de mestrado e LLM (na Faculdade de Direito da Universidade Católica Portuguesa) e de pós-graduação (Instituto dos Valores Mobiliários, Instituto de Direito Europeu Financeiro e Fiscal, Faculdade de Direito da Universidade Agostinho Neto (Luanda) e Universidade Nova de Lisboa) e publica regularmente na área do Direito dos valores mobiliários, do Direito das sociedades e do governo das sociedades, sendo nomeadamente autor do *Manual de Direito dos Valores Mobiliários* (2.ª edição, 2011). Membro do Conselho Orientador (desde 2008) e Associado fundador do Instituto dos Valores Mobiliários. No passado desempenhou funções como: Director do Departamento de Emitentes (1998-2006) e Director do Departamento Internacional e de Política Regulatória (2006-2008) da CMVM. Membro do Comité de Coordenação do Conselho Nacional de Supervisores Financeiros (2006-2008). Membro do *European Securities Committee* (2007-2008). Membro do *Steering Group on Corporate Governance* da OCDE (1998-2008). Membro do Grupo de Trabalho constituído para a elaboração do Código dos Valores Mobiliários (1998-1999). Membro do grupo de trabalho constituído para a elaboração do Código de Governo das Sociedades do IPCG (2011).

Paulo Bandeira

Licenciado em Direito e pós-graduado em Direito dos Valores Mobiliários (FDUL). Associado-fundador do Instituto Português de Corporate Governance e membro da sua Comissão Jurídica. Membro do *European Corporate Governance Institute*. Advogado (SRS Advogados).

Diogo Costa Gonçalves

Licenciado e Mestre em Direito (Faculdade de Direito de Lisboa) e Assistente da Faculdade de Direito de Lisboa.

José Ferreira Gomes

Licenciado em Direito pela Faculdade de Direito da Universidade Católica Portuguesa em Lisboa (2001), pós-graduado em contencioso administrativo pela mesma faculdade (2003), LL.M. pela *Columbia University School of Law*, em Nova Iorque (2004), onde também foi *visiting scholar* (2007-2008). Advogado e jurisconsulto, assistente convidado e doutorando da Faculdade de Direito da Universidade de Lisboa. Membro do *European Corporate Governance Institute* e docente convidado do Curso de Pós-Graduação do Instituto de Valores Mobiliários em Direito dos valores mobiliários. Autor de diversas publicações na área do Direito das sociedades comerciais e valores mobiliários.

João Gomes da Silva
Advogado e Mestre em Direito (Faculdade de Direito da Universidade Católica Portuguesa).

André Figueiredo
Licenciado em Direito pela Faculdade de Direito de Lisboa (2001), pós-graduado em Direito dos valores mobiliários pela mesma faculdade (2003). LL.M. pela *New York University School of Law*, em Nova Iorque (2004), onde foi *visiting scholar* em 2009. Advogado e doutorando da Faculdade de Direito da Universidade Nova de Lisboa. É autor de diversas publicações na área do Direito civil e Direito dos valores mobiliários; é docente convidado no ISEG.

Orlando Vogler Guiné
Licenciado e Mestre em Direito (FDUC, 2009) e advogado (Vieira de Almeida e Associados). Autor de diversas publicações na área do Direito dos valores mobiliários e do Direito das sociedades.

Sofia Leite Borges
Licenciada em Direito pela Faculdade de Direito da Universidade de Lisboa (1997), jurista na Comissão do Mercado de Valores Mobiliários entre 1998 e 2002, advogada desde 1999, sócia responsável pela área de direito financeiro e mercado de capitais na sociedade de advogados Abranches Namora, Lopes dos Santos.

Hugo Moredo Santos
Licenciado e Mestre em Direito (FDUL, 2009) e advogado (Vieira de Almeida e Associados). Docente convidado em vários Cursos de Pós-Graduação do Instituto de Valores Mobiliários em Direito dos Valores Mobiliários. Autor de diversas publicações na área do Direito dos Valores Mobiliários.

Francisco Mendes Correia
Licenciado e Mestre em Direito (Faculdade de Direito de Lisboa, 2008). Assistente e doutorando da Faculdade de Direito de Lisboa.

Duarte Schmidt Lino
Licenciado em Direito (Faculdade de Direito da Universidade Católica de Lisboa, 2000) e advogado (PLMJ).

António Fernandes de Oliveira
Licenciado (Faculdade de Direito, Universidade Católica, 1995), LLM (*University of Cambridge School of Law*, 2003) e advogado (Cardigos e Associados). Autor de diversas publicações na área do Direito fiscal e do governo das sociedades.

Rui de Oliveira Neves
Mestre em Direito (Faculdade de Direito de Lisboa, 2009) e advogado (Morais Leitão, Galvão Teles, Soares da Silva e Associados). Docente convidado do Curso de Pós-Graduação do Instituto de Valores Mobiliários em Direito dos valores mobiliários. Autor de diversas publicações na área do Direito das sociedades comerciais e valores mobiliários.

Ana Rita Almeida Campos
Licenciada em Direito (FDUL), LL.M. pela Universidade Católica Portuguesa (2007/2008). Advogada (Vieira de Almeida e Associados).

Helena R. Morais
Licenciada em Direito pela Faculdade de Direito de Lisboa (2001), LL.M. pela Universidade Católica Portuguesa (2008/2009) e advogada (*in house counsel* em sociedade cotada portuguesa).

BIBLIOGRAFIA

ABREU, J. M. COUTINHO DE, *Governação das Sociedades Comerciais*, Coimbra, (2006);
ABREU, J. M. COUTINHO DE, *Deveres de Cuidado e de Lealdade dos Administradores e Interesse Social, Reformas do Código das Sociedades*, Coimbra, Almedina, (2007);
ABREU, J. M. COUTINHO DE, *Curso de Direito Comercial, volume II, Das Sociedades*, Almedina, 3.ª edição, (2009);
ABREU, J. M. COUTINHO DE, *Código das Sociedades Comerciais em Comentário*, Almedina, (2010);
ABREU, J. M. COUTINHO DE, *Corporate Governance em Portugal*, Miscelâneas n.6, Instituto de Direito das Empresas e do Trabalho, Almedina, (2010);
ADAMS, RENÉE/FERREIRA, DANIEL, *One Share, One Vote: The Empirical Evidence*, Review of Finance, 12, (2008), p. 51 ss.;
ADAMS, RENÉE B./HERMALIN, BENJAMIN E./WEISBACH, MICHAEL S., *The Role of Boards of Directors in Corporate Governance: A Conceptual Framework & Survey*, Journal Of Economic Literature, 48:1, (2010);
ALMEIDA, ANTÓNIO PEREIRA DE, *Os administradores independentes*, A reforma do Código das Sociedades Comerciais. Jornadas em Homenagem ao Professor Doutor Raúl Ventura, Coimbra, (2007), pp. 153 e ss.;
ALMEIDA, ANTÓNIO PEREIRA DE, *Sociedades Comerciais, Valores Mobiliários e Mercados*, Coimbra, Coimbra Editora, 6.ª ed., (2011);
ALMEIDA, CARLOS FERREIRA DE, *Registo de Valores Mobiliários*, Direito dos Valores Mobiliários, Coimbra Editora, Coimbra, vol. VI, (2006), p. 51 ss.;
ALONSO UREBA, ALBERTO, *El Gobierno de las Grandes Empresas (Reforma legal versus Códigos de Conducta)*, El Gobierno de las Sociedades Cotizadas, G. E. VELASCO (ed.), Madrid, (1999), 95-133;
ALVES, CARLOS/MENDES, VITOR, *As Recomendações da CMVM Relativas ao Corporate Governance e a Performance das Sociedades*, Cadernos MVM, n.º 12, (2001);
ALVES, CARLOS/MENDES, VITOR, *Corporate Governance Policy and Company Performance: The Portuguese Case*, Trabalhos em curso (Working Papers) n.º 112, Faculdade de Economia da Universidade do Porto, (2001);
ALVES, CARLOS/MENDES, VITOR, *O Governo das Sociedades e a Reforma do Código das Sociedades Comerciais*, Código das Sociedades Comerciais e o Governo das Sociedades, Coimbra, (2008);
ALVES, CARLOS/MENDES, VITOR, *The Portuguese Corporate Governance Codes as a Factor of Changes in Rules and Practices*, Codes of Good Governance around the Word, F. J. L. Iturriaga (ed.), (2009), 317-251;
ALVES, CARLOS FRANCISCO/CUNHA, JORGE ARRIAGA DA/MONTEIRO, MANUEL ALVES/SILVA, ARTUR SANTOS, *Livro Branco sobre Corporate Governance em Portugal*, Instituto Português de Corporate Governance, (2006);

ANTUNES, JOSÉ ENGRÁCIA, *O Regimento do Órgão de Administração*, DSR, I, 2, 81-95;
ARRUÑADA, BENITO, *The Provision of Non-Audit Services by Auditors: Let the Market Evolve and Decide*, International Review of Law and Economics, 19, 4, (1999), 513-531;
ARRUÑADA, BENITO/PAZ-ARES, CÁNDIDO, *Mandatory Rotation of Company Auditors:A Critical Examination*, International Review of Law and Economics, 17, 1, (2007);
ASSOCIATION, COMMITTEE ON CORPORATE LAWS OF THE AMERICAN BAR, *Changes in the Model Business Corporation Act: Amendments pertaining to electronic filings/standards of conduct and standards of liability for directors*, Business Lawyer, 53, (1997);
BAINBRIDGE, STEPHEN, *The Corporate Governance Provisions of Dodd-Frank*, UCLA School of Law, Research Paper n.º 10-12 , Research Paper n. 10-14 disponível em http://ssrn.com/abstract=1698898, (2010);
BAINBRIDGE, STEPHEN, *Dodd-Frank: Quack Federal Corporate Governance Round II*, UCLA School of Law, Research Paper n.º 10-12, disponível em http://ssrn.com/abstract=1673575, (2010);
BAINBRIDGE, STEPHEN, *The New Corporate Governance in Theory and Practice*, Oxford, (2008)
BALOTTI, FRANKLIN, et al., *Equity Ownership and the Duty of Care: Convergence, Revolution, or Evolution?*, Business Lawyer 55 (2000), 661-677
BANDEIRA, PAULO, *O governo dos auditores*, O Governo das Organizações. A vocação expansiva do Corporate Governance, P. Câmara (ed.), Almedina, (2011);
BAUMS, THEODOR, *Aktienrecht für globalisierte Kapitalmärkte – Generalbericht*, Corporate Governance. Gemeinschaftssymposion der Zeitschriften, H. L. S. S. ULMER (ed.), ZHR/ZGR (2002), 17-25 (18-19, 22-23);
BEBCHUK, LUCIAN A./COHEN, ALMA/FERRELL, ALLEN, *What Matters in Corporate Governance?*, The Review of Financial Studies, disponível em http:://ssrn.com/abstract=1331874, Vol. 22, Issue 2, (2009), 783-827;
BEBCHUK, LUCIAN A./COHEN, ALMA/WANG, CHARLES C.Y., *Golden Parachutes and the Wealth of Shareholders*, Harvard Law and Economics Discussion Paper n.º 683 (2010), disponível em http://ssrn.com/abstract=1718488;
BEBCHUK, LUCIAN A./HOLGER SPAMANN, *Regulating Bankers' Pay*, Georgetown Law Journal, Vol. 98, No. 2, pp. 247-287, (2010);
BECHT, MARCO/BOLTON, PATRICK/RÖELL, AILSA A., *Corporate Governance and Control* (2002), ECGI – Finance Working Paper n.º 02/2002;
BERLE, ADOLF A., *Modern Functions of the Corporate System*, Columbia Law Review, (1962);
BERLINER INITIATIVKREISES, *German Code of Corporate Governance*, (2000);
BHAGAT, S./BLACK, BERNARD, *The Non-Correlation between Board Independence and Long-term Firm Performance*, 27 Journal of Corporation Law 231 (2002);
BHAGAT, S./BLACK; BERNARD, *The Uncertain Relationship Between Board Composition and Firm Performance*, 54 Business Lawyer 921 (1999);
CADBURY, ADRIAN, *Report of the Committee on the Financial Aspects of Corporate Governance. Compliance with the Code of Best Practice*, London (1995);
CADBURY, ADRIAN, *The Responses to the Report of the Committee on the Financial Aspects of Corporate Governance*, Perspectives on Company Law: 1, F. M. PATFIELD (ed.), London et al., (1995), 23-33;
CADBURY, ADRIAN, *Corporate Governance and Chairmanship*, A personal View, Oxford, (2002);
CÂMARA, PAULO, *A Actividade de Auditoria e a Fiscalização das Sociedades Cotadas*, Cadernos do Mercado de Valores Mobiliários, 16, (2006);
CÂMARA, PAULO, *Deveres de informação e formação de preços no Direito dos valores mobiliários*, Cadernos MVM, n.º 2, (1998), 79-94;

CÂMARA, PAULO, *Os deveres de informação e a formação de preços no mercado dos valores mobiliários*, Cadernos do Mercado de Valores Mobiliários, 2, (1998);
CÂMARA, PAULO, *O Governo das Sociedades em Portugal: Uma introdução*, Cadernos MVM, n.º 12 (2001);
CÂMARA, PAULO, *Códigos de Governo das Sociedades*, Cadernos do Mercado de Valores Mobiliários, 15, (2002);
CÂMARA, PAULO, *The end of the "Golden" Age of Privatisations" – The recent ECJ decisions on Golden-shares*, European Business Organization Law Review, n.º 3, (2002), p. 503 ss.;
CÂMARA, PAULO, *Os Modelos de Governo das Sociedades Anónimas*, Jornadas em Homenagem ao Professor Doutor Raul Ventura. A Reforma do Código das Sociedades Comerciais, (2007), 197-258;
CÂMARA, PAULO, et al., *O Código das Sociedades Comerciais e o Governo das Sociedades*, Coimbra (2008);
CÂMARA, PAULO, *O Governo das Sociedades e a Reforma do Código das Sociedades Comerciais*, em *Código das Sociedades Comerciais e o Governo das Sociedades*, Coimbra, (2008), 9-141;
CÂMARA, PAULO, *Crise Financeira e Regulação*, Revista da Ordem dos Advogados, (2009), 697-728;
CÂMARA, PAULO, *Manual de Direito dos Valores Mobiliários*, Coimbra, Almedina, (2009);
CÂMARA, PAULO, *Conflito de Interesses no Direito Societário e Financeiro: um retrato anatómico*, Conflito de Interesses no Direito Societário e Financeiro. Um Balanço a partir da Crise Financeira, Coimbra (2010), 9-74;
CÂMARA, PAULO, *El Say on Pay Portugués*, Revista de Derecho de Mercado de Valores, n.º 6, (2010), 83-96;
CÂMARA, PAULO, *Say on Pay: O dever de apreciação da política remuneratória pela assembleia geral*, Revista de Concorrência e Regulação, n.º 2, (2010), 321-344;
CÂMARA, PAULO, *A Comissão de Remunerações*, Revista de Direito das Sociedades, nº3, (2011), 9-51;
CÂMARA, PAULO/DIAS, GABRIELA FIGUEIREDO, *O Governo das Sociedades Anónimas*, O Governo das Organizações : A vocação universal do corporate governance, P. CÂMARA (ed.), Coimbra, Almedina, (2011);
CÂMARA, PAULO/MIGUEL ATHAYDE MARQUES/LEONOR MODESTO, *O Governo das Sociedades em Portugal: Relatório sobre o Grau de Acolhimento de Recomendações, Índice e Rating de Governo Societário*, UCP, Lisboa, (2011);
CANARIS, CLAUS-WILHELM, *Funktion, Struktur und Falsifikation juristischer Theorien*, Juristenzeitung, (1993);
CARNEY, WILLIAM, *The ALI's Corporate Governance Project: The Death of Property Rights?*, George Washington Law Review, 61, (1993), 898-953 (898);
CARRIGY, CELINA, *Denúncia de Irregularidades no seio das Empresas (Corporate Whistle Blowing)*, Cadernos MVM, disponível em http://www.cmvm.pt/CMVM/Recomendacao/Recomendacoes/Documents/ConsFontesGS022010.pdf, n.º 21, (2005), 38-47;
CASTRO, CARLOS OSÓRIO DE, *A informação no direito do mercado de valores mobiliários*, Direito dos Valores Mobiliários, Lisboa, Lex, (1997);
CASTRO, CARLOS OSÓRIO DE, *A Imputação de Direitos de Voto no Código dos Valores Mobiliários*, Cadernos do Mercado dos Valores Mobiliários, 7, (2000);
CHARTERED INSTITUTE OF MANAGEMENT ACCOUNTANTS, *A Framework on Internal Control*, (1992);
CHEFFINS, BRIAN, *Company Law – Theory, Structure and Operation*, Oxford (1997);

CLARKE, DONALD, *Setting the Record Straight: Three Concepts of the Independent Director*, The George Washington University Law School (2006);
CLARKE, DONALD, *The Independent Director in Chinese Corporate Governance*, 36 Delaware Journal of Corporate Law, 1 (2006), 125-228;
CMVM, *Relatório da Consulta Pública n.º 2/2009*, disponível em http://www.cmvm.pt/CMVM/Consultas%20Publicas/Cmvm/Documents/RelatorioCP2_2009GovernodasSociedades2.pdf;
CMVM, *Governo das Sociedades Anónimas: Propostas de Alteração ao Código das Sociedades Comerciais – Processo de Consulta Pública n.º 1/2006*, disponível em www.cmvm.pt, (2006);
CMVM, *Relatório Anual sobre o Governo das Sociedades Cotadas em Portugal*, disponível em http://www.cmvm.pt/CMVM/Estudos/Em%20Arquivo/Pages/20091516a.aspx, (2009);
CMVM, *Recomendações sobre Incentivo à Participação em Assembleia Geral e Exercício do Direito de Voto dos Organismos de Investimento Colectivo*, disponível em http://www.cmvm.pt/CMVM/Recomendacao/Recomendacoes/Pages/RecomendaçõesdaCMVMsobreIncentivoà Participação emAssembleiaGeraleExercíciodoDireitodeVotodosOrganismosdeInvestimento Colectiv. aspx, (2010);
CMVM, *Relatório de Avaliação do Cumprimento do Código de Governo das Sociedades da CMVM*, disponível em http://www.cmvm.pt/CMVM/Estudos/Pages/20100427_inq8_indice.aspx, (2010);
CMVM, *Relatório de Avaliação do Cumprimento do Código de Governo das Sociedades da CMVM*, disponível em http://www.cmvm.pt/CMVM/Estudos/Pages/20110519a.aspx#237 (2011);
COELHO, EDUARDO LUCAS, *Direito ao voto dos acionistas nas assembleias gerais das sociedades anónimas*, Lisboa, Rei dos Livros, (1987);
COFFEE JR., JOHN, *Market Failure and The Economic Case For a Mandatory Disclosure System*, Virginia Law Review, 70, (1984), 717;
COFFEE JR., JOHN, *Understanding Enron: It's about Gatekeepers, Stupid*, disponível em http://ssrn.com/abstract_id=325240, (2002);
COFFEE JR., JOHN, *What Caused Enron?: A Capsule Social and Economic History of the 1990's*, disponível em http://ssrn.com/abstract_id=373581, (2003);
COMISSÃO EUROPEIA, *Green Paper. Corporate Governance in financial institutions and remuneration policies*, (2010);
COMISSÃO EUROPEIA, *Política de auditoria: as lições da crise*, Livro Verde, disponível em http://ec.europa.eu/internal_market/consultations/docs/2010/audit/green_paper_audit_pt.pdf, (2010);
COMISSÃO EUROPEIA, *Green Paper. The EU corporate governance framework*, (2011);
COMISSÃO EUROPEIA, *Green Paper. Promoting a European framework for Corporate Social Responsibility, COM(2011), 366 final (18.07.2001)*, 6;
COMISSÃO EUROPEIA, *Modernising Company Law and Enhancing Corporate Governance in the European Union – A Plan to Move Forward (com/2003/284)*, (2003);
COMISSÃO EUROPEIA, *Impact Assessment on the Proportionality between Capital and Control in Listed Companies (SEC 1705)*, disponível em http://ec.europa.eu/internal_market/company/shareholders/indexb_en.htm, (2007);
COMITATO PER LA CORPORATE GOVERNANCE DELLE SOCIETÀ QUOTATE, *Codice di Autodisciplina (1999, revisto em 2002) (usualmente designado por Código Preda)*, (2002);
COMMITTEE ON CORPORATE GOVERNANCE, *Final Report*, GEE, London, (Janeiro 1998);
COMMITTEE ON CORPORATE LAWS OF THE AMERICAN BAR ASSOCIATION, *Changes in the Model Business Corporation Act: Amendments pertaining to electronic filings/standards of conduct and standards of liability for directors*, Business Lawyer, 53, (1997);

CONAC, PIERRE-HENRI, ENRIQUES, LUCA, GELTER, MARTIN, *Constraining Dominant Shareholders' Self-Dealing: The Legal Framework in France, Germany, and Italy*, disponível em http://ssrn.com/paper=1023890, (2007);
CORDEIRO, ANTÓNIO MENEZES, *Da responsabilidade civil dos administradores das sociedades comerciais*, Lisboa, Lex, (1997);
CORDEIRO, ANTÓNIO MENEZES, *Direito Europeu das Sociedades*, Coimbra, Almedina, (2005);
CORDEIRO, ANTÓNIO MENEZES, *Manual de Direito das Sociedades – II – Das Sociedades em Especial*, Almedina, (2006);
CORDEIRO, ANTÓNIO MENEZES, *SA: Assembleia Geral e Deliberações Sociais*, Coimbra, Almedina, (2006);
CORDEIRO, ANTÓNIO MENEZES, *Manual de Direito das Sociedades*, Coimbra, Almedina, (2007);
CORDEIRO, ANTÓNIO MENEZES, *Manual de Direito das Sociedades, I – Das sociedades em geral*, 2.ª ed., Coimbra, (2007);
CORDEIRO, ANTÓNIO MENEZES, *O presidente da mesa da assembleia geral e as grandes assembleias mediáticas de 2007 (PT e BCP)*, O Direito, IV, ano 139.º, (2007), 697-735;
CORDEIRO, ANTÓNIO MENEZES, *Os deveres fundamentais dos administradores das sociedades (artigo 64.º, n.º 1 do CSC)*, Jornadas em Homenagem ao Professor Doutor Raúl Ventura – A Reforma do Código das Sociedades Comerciais, Coimbra, Almedina, (2007);
CORDEIRO, ANTÓNIO MENEZES, *Tratado de Direito Civil Português*, Coimbra, Almedina, 3, (2007);
CORDEIRO, ANTÓNIO MENEZES, *A directriz 2007/36, de 11 de Julho (accionistas de sociedades cotadas): comentários à proposta de transposição*, ROA, (2008);
CORDEIRO, ANTÓNIO MENEZES, *Novas regras sobre assembleias gerais: a reforma de 2010*, RDS, II, 1/2, (2010);
CORDEIRO, ANTÓNIO MENEZES (coord.), *Código das Sociedades Comerciais Anotado*, Coimbra, Almedina, 2.ª ed., (2011);
COSTA, RICARDO, *Responsabilidade dos Administradores e Business Judgment Rule*, Reformas do Código das Sociedades, Coimbra, Almedina, (2007);
CUNHA, PAULO OLAVO, *Direito das Sociedades Comerciais*, 4.ª ed., Coimbra, Almedina, (2010);
CUNHA, PAULO OLAVO, *Independência e inexistência de incompatibilidades para o desempenho de cargos sociais*, I Congresso Direito das Sociedades em Revista, Coimbra (2010), pp. 259 e ss.;
CURZAN, MYRON P./PELESH, MARK L., *Revitalizing Corporate Democracy: Control of Investment Managers' Voting on Social Responsability Proxy Issues*, Harvard Law Review, 93, (1980);
DAVIES, PAUL, *Board Structures in the UK and Germany: Convergence or Continuing Divergence?*, disponível em http://papers.ssrn.com/sol3/papers.cfm?abstract_id=262959;
DAVIES, PAUL, *Struktur der Unternehmensführung in Großbritannien und Deutschland: Konvergenz oder fortbestehende Divergenz?*, ZGR (2001), 270-282;
DAVIES, PAUL L., *Gower and Davies' Principles of Modern Company Law*, London, Sweet & Maxwell, 8, (2008);
DEMSETZ, HAROLD, VILLALONGA, BELÉN, *Ownership structure and corporate performance*, Journal of Corporate Finance, 7, 3, (2001);
DEPARTMENT OF TRADE AND INDUSTRY, *Mirror Group Newspapers plc. Investigations under Sections 432(2) and 442 of the Companies Act 1985*, Report by The Honourable Sir Roger John Laugharne Thomas and Raymond Thomas Turner FCA, 2 Vols, (2001);
DEUTSCHE BANK, *Verhaltens- und Ethikkodex*, disponível em http://www.deutsche-bank.de/ir/de/download/Verhaltens_Ethikkodex_DB_April_2010.pdf (2010);
DIAS, GABRIELA FIGUEIREDO, *Fiscalização de sociedades e responsabilidade civil*, (2006);

DIAS, GABRIELA FIGUEIREDO, *Administração/Fiscalização de sociedades e responsabilidade civil*, Corporate Governance. Reflexões I, Lisboa (2007), págs.33 segs;

DIAS, GABRIELA FIGUEIREDO, *A fiscalização societária redesenhada: independência, exclusão de responsabilidade e caução obrigatória dos fiscalizadores*, Reformas do Código das Sociedades, Almedina ed. IDET, (2007), págs. 279 segs;

DIAS, GABRIELA FIGUEIREDO, *Conflito de Interesses em Auditoria*, Conflito de Interesses no Direito Societário e Financeiro. Um balanço a partir da crise financeira, P. Câmara (ed.), Almedina, (2010);

DIAS, RUI MANUEL PINTO SOARES PEREIRA, *Responsabilidade por Exercício de Influência sobre a Administração de Sociedades Anónimas*, Coimbra, Almedina, (2007);

DOANE, DEBORAH, *Mandatory Reporting*, Governance, n.º 104 (June 2002), 12-13;

DORALT, WALTER, FLECKNER, ANDREAS M., HOPT, KLAUS J., KUMPAN, CHRISTOPH, STEFFEK, FELIX, ZIMMERMANN, REINHARD, HELLGARDT, ALEXANDER, AUGENHOFER, SUSANNE, INSTITUTE, MAX PLANCK, INDEPENDENCE, WORKING GROUP ON AUDITOR, *Comments on the European Commission Green Paper: Audit Policy – Lessons from the crisis*, Max Planck Private Law Research Paper N.º 10/24, disponível em http://ssrn.com/abstract=1723039, (2010);

DUARTE, J. M., *OPA – A Sociedade Visada e os seus Accionistas*, Dissertação de Mestrado (não publicada), Universidade Católica, (1998);

EASTERBROOK, FRANK H./FISCHEL, DANIEL R., *Voting in Corporate Law*, Journal of Law & Economics, 26, (1983);

EASTERBROOK, FRANK H./FISCHEL, DANIEL R., *Mandatory disclosure and the Protection of investors*, Virginia Law Review, 70, (1984), 669;

EASTERBROOK, FRANK H./FISCHEL, DANIEL R., *The Economic Structure Corporate Law*, Cambridge, Harvard University Press, (1991);

EDP, *Manual de Governo Societário*, (2010);

EISENBERG, MELVIN ARON, *Obblighi e responsabilità degli amministratori e dei funzionari delle società nel diritto americano*, Giurisprudenza commerciale, (1992), 617-ss;

EISENBERG, MELVIN ARON, *An Overview of the Principles of Corporate Governance*, Business Lawyer, 48 (1993), 1271-1296;

EISENBERG, MELVIN ARON, *Corporate Law and Social Norms*, Columbia Law Review, Vol. 99, (1999), 1255-1261, 1268, 1291-1292;

EISENBERG, MELVIN ARON, *The Legal Role of Shareholders and Management in Modern Corporate Decisionmaking*, California LR 57, 1-181, (1969);

EISENBERG, MELVIN ARON, *Legal models of management structure in the modern corporation: officers, directors, and accountants*, California LR 63, 375-439, (1975);

EISENBERG, MELVIN ARON, *The Structure of the Corporation: A Legal Analysis*, (reprint 2006), Washington DC, Beard Books, (1976);

EISENBERG, MELVIN ARON, *The divergence of standards of conduct and standards of review in corporate law*, Fordham Law Review, 62, (1993);

ENRIQUES, LUCA, *Il conflitto d'interessi degli amministratori di società per azioni*, Torino, Dott. A. Giuffrè Editore, (2000);

ENRIQUES, LUCA/HANSMANN, HENRY/KRAAKMAN, REINIER, *The Basic Governance Structure: The Interests of Shareholders as a Class* The Anatomy of Corporate Law. A comparative and Functional Approach, Oxford, Oxford University Press, 2ª ed., (2009) 55 ss;

ENTERRÍA, J. GARCÍA DE, *Mercado de Control, Medidas Defensivas Y Ofertas Competidoras. Estúdios Sobre OPA*, Estúdios de Derecho Mercantil, Civitas, (1999);

ERHARD, OLAF, *Die Duchsetzung von Corporate-Governance-Regeln*, AG n.º 2/2002, (2002), 336--345;
EUROPEAN COMMISSION, *Green Paper. Corporate governance in financial institutions and remuneration policies*, disponível em http://eur-lex.europa.eu/LexUriServ/LexUriServ.do?uri=COM:2010:0284:FIN:EN:PDF, (2010);
EUROPEAN COMMISSION, *Green Paper. The EU corporate governance Framework*, disponível em http://ec.europa.eu/internal_market/company/docs/modern/com2011-164_en.pdf, (2011);
EUROPEAN CORPORATE GOVERNANCE FORUM, *Paper of the European Corporate Governance Forum – Working Group on Proportionality*, disponível em http://ec.europa.eu/internal_market/company/docs/ecgforum/workinggroup_proportionality_en.pdf, (2007);
EUROPEAN CORPORATE GOVERNANCE FORUM, *Statement of the European Corporate Governance Forum on Proportionality*, disponível em http://ec.europa.eu/internal_market/company/docs/ecgforum/statement_proportionality_en.pdf, (2007);
EXPERTS, HIGH LEVEL GROUP OF COMPANY LAW, *A Modern Regulatory Framework for Company Law in Europe*, disponível em http://ec.europa.eu/internal_market/company/docs/modern/report_en.pdf, (2002);
FARRAR, J. H., HANNIGAN, B. M., *Farrar's Company Law*, London (1998);
FEE, *FEE Study: Mandatory Rotation of Audit Firms*, disponível em http://www.fee.be/fileupload/upload/FEE%20Study%20on%20Mandatory%20Rotation%20of%20Audit%20Firms%2004102112005561253.pdf, (2004);
FERNANDES, NUNO, *Board Compensation and Firm performance: The Role of "Independent" Board Members*, European Corporate Governance Institute Working Paper Series in Finance 104/2005 (2005)
FERNÁNDEZ DE LA GÁNDARA, LUIS, *El Debate Actual sobre el Gobierno Corporativo: Aspectos Metodológicos y de Contenido*, cit., 71-75, 78-82;
FERRAN, EILÍS, *Corporate Law, Codes and Social Norms – Finding the Right Regulatory Combination and Institutional Structure*, (2001);
FERRAN, EILÍS/ALEXANDER, KERN K., *Can Soft Law Bodies be Effective? Soft Systemic Risk Oversight Bodies and the Special Case of the European Systemic Risk Board*, disponível em http://ssrn.com/abstract=1676140, (Nov.-2010);
FERRARA JR., FRANCESCO/CORSI, FRANCESCO, *Gli Imprenditori e le Società*, Milano, Dott. A. Giuffrè Editore, 13, (2006);
FERRARINI, GUIDO, *One Share – One Vote – A European Rule?*, ECGI, Working paper n.º 58/2006, (2006);
FERRARINI, GUIDO/MOLONEY, NIAMH/UNGUREAUNU, MARIA CRISTINA, *Understanding Directors' Pay in Europe: A Comparative and Empirical Analysis*, Law Working Paper N.º 126/2009, 126/2009, (2009);
FERREIRA, AMADEU JOSÉ, *Direito dos valores mobiliários*, Lisboa, AAFDL, (1997);
FERREIRA, EDUARDO PAZ, *A informação no mercado de valores mobiliários*, Direito dos Valores Mobiliários, Coimbra, Coimbra Editora, 3, (2001);
FIGUEIREDO, ANDRÉ, *Auditor Independence and the joint provision of audit and non-audit services*, Código das Sociedades Comerciais e Governo das Sociedades, Almedina, (2008);
FIGUEIREDO, ISABEL MOUSINHO DE, *O administrador delegado (A delegação de poderes de gestão no Direito das Sociedades)*, O direito, 137:3, (2005);
FINANCIAL REPORTING COUNCIL, *The UK Stewardship Code*, disponível em http://www.ecgi.org/codes/documents/frc_stewardship_code_2july2010.pdf (2010);

FISCHEL, DANIEL R., *The Corporate Governance Movement*, Vanderbilt Law Review, 35, (1982);
FOX, MERRITT B., *Required disclosure and corporate governance*, em *Comparative corporate governance: The state of the art and the emerging research*, K. J. HOPT, HIDEKI KANDA, MARK J. ROE, E. WYMEERSCH e S. PRIGGE (ed.), New York: Clarendon Press, Oxford:Oxford University Press, (1998);
FRADA, MANUEL A. CARNEIRO DA, *A Business Judgement Rule no quadro dos deveres gerais dos administradores*, Revista da Ordem dos Advogados, n.º 1, Lisboa, (2007);
FRANCO, JOÃO MELLO/VIÇOSO, MAGDA, *Boas Práticas dos Órgãos de Administração das Sociedades Cotadas*, Cadernos do IPCG sobre Corporate Governance, n.º 1 (2011)
FURTADO, JORGE PINTO, *Deliberações dos Sócios*, Coimbra, Almedina, (1993);
FURTADO, JORGE PINTO, *Código das Sociedades Comerciais Anotado*, Lisboa, 5.ª ed, (2007);
GARCIA-TUÑÓ, ÁNGEL, *Cuentas anuales, auditoría externa y estructura de gobierno de la sociedad cotizada. En particular, la posición y responsabilidad del auditor externo*, Derecho de Sociedades Anónimas Cotizadas, tomo II, Editorial Aranzadi (2006), pp. 1127 e ss;
GELHAUSEN, HANS FRIEDERICH/HÖNSCH, HENNING, *Deutscher Corporate Governance Kodex und Abschlussprüfung*, AG 10/2002, (2002), 529-535;
GENERAL MOTORS, *Guidelines on Significant Corporate Governance Issues*, Washington (1995);
GERHARDT, OLA/NOWAK, ERIC, *Die Durchsetzung von Corporate-Governance Regeln*, AG (2002), 336-345;
GIÃO, JOÃO SOUSA, *Notas sobre o Anunciado Fim do Bloqueio de Acções como Requisito do Exercício do Direito de Voto em Sociedades Cotadas*, Cadernos do Mercado de Valores Mobiliários, 21, (2005);
GIÃO, JOÃO SOUSA, *Conflitos de Interesses entre Administradores e Accionistas na Sociedade Anónima: os Negócios com a Sociedade e a Remuneração dos Administradores*, Conflito de Interesses no Direito Societário e Financeiro, Almedina, (2010);
GOFFERJE, MARTIN VICIANO, *Unabhängigkeit als persönliche Voraussetzung für Aufsichtsratmitglieder*, Baden-Baden (2007);
GOMES, JOSÉ FERREIRA, *A Fiscalização Externa das Sociedades Comerciais e a Independência dos Auditores*, Cadernos do Mercado de Valores Mobiliários, (2006);
GOMES, JOSÉ FERREIRA, *Conflitos de interesses entre accionistas nos negócios celebrados entre a sociedade anónima e o seu accionista controlador*, P. CÂMARA (ed.), Conflito de Interesses no Direito Societário e Financeiro, Coimbra, Almedina, (2009);
GOMES, JOSÉ FERREIRA, *Os deveres de informação sobre negócios com partes relacionadas e os recentes Decretos-Lei n.º 158/2009 e 185/2009*, Revista de Direito das Sociedades, 1:3, (2009);
GOMES, JOSÉ FERREIRA, *Conflitos de interesses entre accionistas nos negócios celebrados entre a sociedade anónima e o seu accionista controlador* Conflito de Interesses no Direito Societário e Financeiro: Um Balanço a partir da Crise (org. Paulo Câmara), Coimbra, (2010);
GOMES, JOSÉ FERREIRA, *O Governo dos Grupos de Sociedades*, O Governo das Organizações: A vocação universal do corporate governance, P. CÂMARA (ed.), Coimbra, Almedina, (2011);
GONÇALVES, LUIZ DA CUNHA, *Comentário ao Código Comercial Português*, Lisboa, Empreza Editora J.B, (1914);
GORDON, J.N., *Independent directors and stock market prices: The new corporate governance paradigm*, Stanford Law Review, 59, (2006), 1465—1568;
GORDON, JEFFREY N., *The Rise of Independent Directors in Italy: A Comparative Perspective*, in *La società per azioni oggi*, Milão, (2007), 161-231;
GORDON, J.N., *The Rise of Independent Directors in the United States, 1950-2005: Of Shareholder Value and Stock Market Prices*, Stanford Law Review, 59, (2007), 1465;

GRAVIDIS, MICHAEL, FICARELLA, NICOLA, *Enron and Parmalat, Two twins parables*, disponível em http://ssrn.com/abstract=886921 (2004);

GREENBURY, RICHARD, *Directors's Remuneration (Greenbury Report)*, (1995), ponto 4;

GRUNDSATZKOMMISSION CORPORATE GOVERNANCE, *Corporate Governance-Grundsätze für borsennotierte Gesellschaften*, (2000);

GUINÉ, ORLANDO VOGLER, *Do contrato de gestão de carteiras e do exercício do direito de voto – OPA obrigatória, comunicação de participação qualificada e imputação de direitos de voto*, Direito dos Valores Mobiliários, Coimbra, Coimbra Editora, (2008);

GUINÉ, ORLANDO VOGLER, *Da Conduta (Defensiva) da Administração "Opada"*, Almedina, (2009);

HARVEY, NEIL, *Corporate Governance: The British Experience*, RDAI n.º 8, (1995), 947-ss;

HAYES, RACHEL, MEHRAN, HAMID, SCHAEFER, SCOTT, *Board Committee Structures, Ownership, and Firm Performance*, disponível em www.docin.com/p-93726535.html;

HERTIG, GERARD E HIDEKI KANDA, *Related Party Transactions – The Anatomy of Corporate Law: A Comparative and Functional Approach*, Oxford, New York, Oxford University Press, (2006);

HIGGS, DEREK, *The Higgs Report: Review of the role and effectiveness of non-executive directors*, Department of Trade and Industry, (2003);

HIGH LEVEL GROUP OF COMPANY LAW EXPERTS, *Report on a Modern Regulatory Framework for Company Law in Europe*, disponível em http://ec.europa.eu/internal_market/company/docs/modern/report_en.pdf, (2002), cit., 31, 33-34;

HOLDEN, RICHARD, *Supermajority Voting Rules*, disponível em http://ssrn.com/abstract=625122, (June 2004);

HOMMELHOFF, PETER, *Die OECD-Principles of Corporate Governance – ihre Chancen und Risiken aus dem Blickwinkel der deutschen corporate governance-Bewegung*, ZGR (2001), 244-247;

HOPT, KLAUS, *Unternehmensführung, Unternehmenskontrolle, Modernisierung des Aktienrechts – Zum Bericht der Regierungskommission Corporate Governance*, Corporate Governance. Gemeinschaftssymposion der Zeitschriften, HOMMELHOFF, LUTTER, SCHMIDT, SCHÖN e ULMER (ed.), ZHR/ZGR (2002), 27-67;

HOPT, KLAUS/EDDY WYMEERSCH (Ed.), *Comparative Corporate Governance. Essays and Materials*, Berlin/New York (1997);

HOPT, KLAUS/WOHLMANNSTETTER, GOTTFRIED, *Handbuch Corporate Governance Von Banken*, München (2011);

HU, HENRY T., BLACK, BERNARD S., *The New Vote Buying: Empty Voting and Hidden (Morphable) Ownership*, Southern California Law Review, 79, (2006);

INSTITUTO PORTUGUÊS DE CORPORATE GOVERNANCE, *Livro Branco Sobre o Corporate Governance em Portugal*, disponível em ihttp://www.ecgi.org/codes/documentos/libro_bianco_cgov_pt.pdf, (2006);

ISS, SHEARMAN&STERLING, ECGI, *Report on the Proportionality Principle in the European Union*, disponível em http://ec.europa.eu/internal_market/company/docs/shareholders/study/final_report_en.pdf, (2007);

KARMEL, ROBERTA, *Self-regulation and the future of Securities Law*, Direito dos Valores Mobiliários, VI, Vol. X, (2011), 567-592;

KATZ, JONATHAN J., *Barbarians at the ballot box: the use of hedging to acquire low cost corporate influence and its effect on shareholder apathy*, Cardozo Law Review, n.º 28, (2006), p. 1483 ss.;

KIRCHMAIER, THOMAS, GRANT, JEREMY, *Corporate Ownership Structure and Performance in Europe*, CEP Discussion Paper, 631, (2006);

KLEIN, APRIL, *Firm Performance and Board Committee Structure*, Journal of Law & Economics, 41, 1, 275-303, (1998);

KORT, M., *"Change of Control"-Klauseln nach dem "Mannesmann"-Urteil des BHG: zulässig oder unzulässig?*, Die Aktiengesellschaft, 4, (2006), p. 106ss;

KRAAKMAN, REINIER, *Disclosure and Corporate Governance: An Overview Essay*, Reforming Company and Takeover Law in Europe, G. FERRARINI, K. J. HOPT, Z. WINTER e E. WYMEERSCH (ed.), Oxford, New York, Oxford University Press, (2004);

LA PORTA, RAFAEL, LOPEZ-DE-SILANES, FLORENCIO, SHLEIFER, ANDREI, VISHNY, ROBERT, *Law and Finance*, Journal of Political Economy, 6, (2008), 1113-1155;

LEITÃO, LUIS MENEZES, *Voto por correspondência e realização telemática de reuniões de órgãos sociais*, CadMVM, n.º 24, (2006), p. 256 ss.;

LITCHT, AMIR, *Corporate Governance, Encyclopedia of Financial Globalization*, Oxford, (2011);

LÜCKERATH-ROVERS, MINTJE, BOS, AUKE DE, *Code of Conduct for Non-Executive and Supervisory Directors*, (2010);

LUTTER, MARCUS, *Vergleichende Corporate Governance – Die deutsche Sicht*, ZGR (2001), 225, 227;

LUTTER, MARCUS, *Corporate Governance in Germania* Governo dell'Impresa e Mercato delle Regole – Scritti Giuridici per Guido Rossi, Milano I, (2002), 113;

LUTTER, MARCUS, KRIEGER, GERD, *Rechte und Pflichten des Aufsichtsrats*, (2002), 17-20;

MAHONEY, PAUL G., *Mandatory disclosure as a solution to agency problems*, University of Chicago Law Review, 62, (1995);

MAIA, PEDRO, *Função e Funcionamento do Conselho de Administração da Sociedade Anónima*, Studia Iuridica , n.º 62, Coimbra, Coimbra Editora, (2002);

MAIA, PEDRO, *O presidente das assembleias de sócios*, IDET/Problemas do Direito das Sociedades, (2002);

MANN, *Corporate Governance Systeme. Funktion umd Entwicklung am Beispiel von Deutschland und Grobbritannien*, Berlin, Duncker & Humblot, (2003)

MARCELO, P. LOPES, *A Blindagem da Empresa Plurissocietária*, Almedina, (2002);

MARTINS, ALEXANDRE DE SOVERAL, *Os Poderes de Representação dos Administradores de Sociedades Anónimas*, Studia Iuridica, N.º 34, Coimbra, Coimbra Editora, (1998);

MARTINS, ALEXANDRE DE SOVERAL, *Comissão Executiva, Comissão de Auditoria e outras Comissões na Administração, Reformas do Código das Sociedades*, Coimbra, Almedina, (2007);

MARTINS, ALEXANDRE SOVERAL, *A responsabilidade dos membros do conselho de administração por actos ou omissões dos administradores delegados o dos membros da comissão executiva*, Boletim da Faculdade de Direito (Universidade de Coimbra), 78, (2002);

McCAHERY, J. A., RENNEBOOG, L., TITTER, P., HALLER, S., *The Economics of the Proposed European Takeover Directive*, CEPS Research Report in Finance and Banking, 32, (April 2003);

MOËLLERS, THOMAS M. J., *Sources of Law in European Securities Regulation – Effective Regulation, Soft Law and Legal Taxonomy from* Lamfalussy to Larosière, European Business Organization Law Review, Vol. 11, (2010), 379;

MONTALENTI, PAOLO, *Corporate governance: spunti per una riflessione*, Le Nuove Funzioni degli Organi Societari: verso la Corporate Governance?, Milano (2002), 203-204;

NETO, ABÍLIO, *Código das Sociedades Comerciais – jurisprudência e doutrina*, Coimbra Editora, (2007);

NEVES, RUI DE OLIVEIRA, *O Administrador Independente*, Código das Sociedades Comerciais e o Governo das Sociedades, Coimbra, (2008), pp. 143 ss;

NEVES, RUI DE OLIVEIRA, *Conflitos de interesses no exercício de funções de fiscalização*, em Conflito de Interesses no Direito Societário e Financeiro. Um Balanço a partir da Crise Financeira, Coimbra (2010);

NOACK, ULRICH, *Shareholders' Meeting and the Internet: Information, Communication and Decision*, Working Papers on German and International Civil and Business Law, AZW, (2004);
NUNES, PEDRO CAETANO, *Responsabilidade Civil dos Administradores Perante os Accionistas*, Coimbra (2001), 113-173;
NYSE, *Final NYSE (New York Stock Exchange)*, Corporate Governance Rules, (2003), pontos 4, 5, 7;
NYSSCPA, *Audit firm rotation and audit quality*, CPA Journal, (Janeiro 2005);
O'CONNOR, SEAN M., *The inevitability of Enron and the impossibility of «Auditor Independence» under the current audit system*, disponível em http://ssrn.com/abstract=303181, (2002);
PALEPU/KHANNA/KOGAN, *Globalisation and Similarities in Corporate Governance: a cross-country analysis*, Strategy Unit, Harvard University (2002);
PARKINSON, JOHN E., *Corporate Power and Responsibility*, Issues in the Theory of Company Law, Oxford (1993), 193-195;
PELTZER, MARTIN, VON WERDER, AXEL, *Der "German Code of Corporate Governance (GCCG)" des Berliner Initiativkreises*, AG (2001), 1-6;
PENNINGTON, R., *Report on Takeover and other Bids*, (1974);
PEREIRA, JOSÉ NUNES, *Introdução*, Cadernos de Auditoria Interna, ano 4, n.º 1, (Nov.- 2001), 8-9;
PINHEIRO, RITA GOMES, *A Política de Remuneração dos Administradores nas Sociedades Anónimas*, dissertação de mestrado, Lisboa, UCP, (2010);
RAMOS, MARIA ELISABETE GOMES, *Responsabilidade civil dos administradores e directores das sociedades anónimas perante os credores sociais*, Studia Iuridica n.º 67, Coimbra, Coimbra Editora, (2002);
RINGLEB, KREMER, LUTTER, WERDER, V., *Deustscher Corporate Governance Kodex – Kommenta*, (4. Auflage, 2010);
RODRIGUES, NUNO CUNHA, *As 'golden shares' no direito português*, Direito dos Valores Mobiliários, VII, Coimbra, Almedina, (2007), p. 191 ss.;
ROMANO, ROBERTA, *Less is More: Making Shareholder Activism a Valuable Mechanism of Corporate Governance*, Yale Law School and National Bureau of Economic Research, Yale International Center for Finance, Working Paper no. 241;
ROSSI, GUIDO, *Il mito della corporate governance*, Le Nuove Funzioni degli Organi Societari: verso la Corporate Governance?, (2002), cit., 16-18;
SÁ, FERNANDO OLIVEIRA E, *A transformação de créditos em capital e o problema das entradas em espécie ocultas*, Nos 20 anos do Código das Sociedades Comerciais : Homenagem aos Profs. Doutores A. Ferrer Correia, Orlando de Carvalho e Vasco Lobo Xavier, Coimbra, Coimbra Editora, (2007);
SALE, HILLARY A., *Independent Directors as Securities Monitors*, (2006);
SANTOS, GONÇALO CASTILHO DOS, *O Voto por Correspondência nas Sociedades Abertas*, CadMVM, n.º 7, (2000), p. 131 ss.;
SCHIESSL, MAXIMILIAN, *Deutsche Corporate Governance post Enron*, AG 11/2002, (2002), 593-594;
SCHMIDT, KARSTEN, *Gesellschaftsrecht* K. e. al. (ed.), (2002), 766-768;
SCHMIDT, KARSTEN, LUTTER, MARCUS, *Aktiengesetz Kommentar*, Köln, Otto Schmidt, (2010);
SCHNEIDER, UWE, STRENGER, CHRISTIAN, *Die "Corporate Governance-Grundsätze" der Grundsatzkommission Corporate Governance (German Panel on Corporate Governance)*, AG, (2000), 106-87;
SCHOUTEN, MICHAEL C., *The Case for Mandatory Ownership Disclosure in Europe: Empty Voting, Hidden Ownership and the Failures of the Transparency Directive (versão de 8/12/2008)*, Stanford Journal of Law, Business & Finance, 15, (2010);

SEALY, LEN/WORTHINGTON, SARAH, *Cases and Materials in Company Law*, Oxford, New York, Oxford University Press, 8.ª ed., (2008);
SEIBERT, ULRICH, *OECD Principles of Corporate Governance – Grundsätze der Unternehmensführung und -kontrolle für die Welt*, AG 8/99, 337;
SEIBT, CHRISTOPH, § 77, Aktiengesetz Kommentar, Schmidt e Lutter (ed.), (2008);
SEMLER, JOHANNES/MARTIN PELTZER, *Arbeitshandbuch für Vorstandsmitglieder*, C. H. Beck (ed.), München, (2005);
SERENS, MANUEL NOGUEIRA, *Notas sobre a sociedade anónima*, C. Editora (ed.), Studia Iuridica, Coimbra, 2.ª ed., (1997);
SERRA, ADRIANO VAZ, *Contrato consigo mesmo*, Revista de Legislação e Jurisprudência, 91, (1958);
SERRA, ADRIANO VAZ, *Contrato consigo mesmo e negociação de directores ou gerentes de sociedades anónimas ou por quotas com as respectivas sociedades*, Revista de Legislação e Jurisprudência, 100, (1967);
SHEARMAN&STERLING, *Proportionality between Ownership and Control in EU Listed Companies. Comparative Legal Study*, disponível em http://ec.europa.eu/internal_market/company/shareholders/indexb_en.htm, (2007);
SHELTON, JOANNA R., *Introduction, in OCDE, Corporate Governance in Asia – A Comparative Perspective*, Paris (2001), 11-15;
SHORT, HELEN, *Corporate Governance: Cadbury, Greenbury and Hampel – A Review*, Journal of Financial Regulation and Compliance, Vol. 7, n.º 1, (1999), cit., 57-58, 63;
SIEMS, MATHIAS M., *Convergence in Shareholder Law*, Cambrige, Cambridge University Press, (2008);
SILVA, A. SANTOS/VITORINO, A./ALVES, C. FRANCISCO/CUNHA, J. ARRIAGA DA/MONTEIRO, M. ALVES, *Livro Branco sobre Corporate Governance em Portugal*, IPCG, (2006);
SILVA, JOÃO CALVÃO DA, *Corporate Governance – Responsabilidade civil de administradores não executivos*, Revista de Legislação e de Jurisprudência, Ano 136.º, n.º 3940, Setembro-Outubro, (2006);
SILVA, JOÃO CALVÃO DA, *Responsabilidade civil dos administradores não executivos, da comissão de auditoria e do conselho geral e de supervisão*, em MENEZES CORDEIRO/PAULO CÂMARA (coord.), *Jornadas em Homanagem ao Professor Doutor Raul Ventura. A Reforma do Código das Sociedades Comerciais*, (2007) 103-151;
SILVA, JOÃO GOMES DA, *Os administradores independentes das sociedades cotadas portuguesas*, Corporate Governance. Reflexões I, Lisboa, (2007), 7 segs;
SILVA, PAULA COSTA E, *O administrador independente*, Direito dos Valores Mobiliários, Vol. VI, Coimbra (2006), 417-segs;
SILVA, PAULA COSTA E, *O Conceito de Accionista e o Sistema de Record Date*, Direito dos Valores Mobiliários, Coimbra, Coimbra Editora (2008);
SMITH, ROBERT, *Guidance on Audit Committees*, (2003);
SOLOMON, LEWIS D., SHWARTZ, DONALD E., BAUMAN, JEFFREY D., WEISS, ELLIOT J., *Corporations. Law and Policy. Materials and Problems*, St. Paul, (1998), 185-186;
SOMMER JR., A. A., *A Guide to the American Law Institute Corporate Governance Project by Charles Hansen, in* Business Lawyer vol. 51 (), 1331-ss, (1996);
STRINE JR., LEO, *Derivative Impact? Some Early Reflections on the Corporation Law Implications of the Enron Debacle*, Business Lawyer, vol. 57, n. 4, (2002), 1386-1393;
TELES, INOCÊNCIO GALVÃO, *Contrato entre sociedades anónimas e o seu director*, O direito, 87, (1955);
THE AMERICAN LAW INSTITUTE, *Principles of Corporate Governance: Analysis and Recommendations*, A. L. I. Publishers (ed.), St. Paul, Minn., (1994);

Bibliografia

TONNELLO, *Corporate Governance e tutela del risparmio*, in *Trattato di diriritto commerciale e di diritto pubblico dell'economia*, 35, Padova (2006);
TRIUNFANTE, ARMANDO MANUEL, *Código das Sociedades Comerciais Anotado*, (2007);
TUNC, ANDRÉ, *Principles of Corporate Governance*, RDAI, n.º 8, (1995), 957-ss;
ULMER, PETER, *Der Deutsche Corporate Governance Kodex – ein neues Regulierungsinstrument für börsennotierte Aktiengesellschaften*, ZHR 166 (2002), 150-181
VASCONCELOS, PEDRO PAIS, *A participação social nas sociedades comerciais*, 2.ª ed., Coimbra, (2006);
VENTURA, RAÚL, *Sociedades por Quotas (Comentário ao Código das Sociedades Comerciais)*, Coimbra, Almedina, (1991);
VENTURA, RAÚL, *Sociedades por Quotas (Comentário ao Código das Sociedades Comerciais)*, Coimbra, Almedina, 1.ª ed., 2 reimp., (1999);
VENTURA, RAÚL/CORREIA, BRITO LUÍS, *Responsabilidade civil dos administradores e directores das sociedades anónimas e dos gerentes das sociedades por quotas: Estudo comparativo dos direitos alemão, francês, italiano e português. Nota explicativa do capítulo II do Decreto-Lei n.º 49381 de 15 de Novembro de 1969*, Separata do Boletim do Ministério da justiça n.ºˢ 192, 193, 194 e 195, (1970);
VITORINO, JOÃO MACEDO/MENDONÇA, HELENA/DIAS, PEDRO, *As Recentes Alterações à Quarta e Sétima Directivas e Respectivos Reflexos No Código Das Sociedades Comerciais*, Cadernos MVM, n.º 25, (2006), 43-59;
WEIL, MANGES, GOTSHAL &, *Comparative Study of Corporate Codes Relevant to the European Union and Its Member States*, (2002);
WILCOX, JOHN, *Comply-and-Explain: Should Directors Have a Duty to Inform?*, Law and Contemporary Problems (Winter 2011), 155;
WINTER, JAAP/CHRISTENSEN, J. SCHANS/GARCIA, J. M. GARRIDO/HOPT, K. J./RICKFORD, J./ROSSI, G./SIMON, J./THIENPONT, D./HULLE, K. VAN, *High Level of Company Law Experts on Issues related to Takeover Bids*, disponível em http://ec.europa.eu/internal_market/company/docs/takeoverbids/2002-01-hlg-report_en.pdf, (2002);
WYMEERSCH, EDDY, *Enforcement of Corporate Governance Codes*, ECGI WP n.º 46/2005 disponível em http://ssrn.com/abstract=759364, (2005);
WYMEERSCH, EDDY, *Ongoing developments in European Corporate Governance*, Financial Law Institute, Gent (2010), cit., 3, 8, 13-14;
ZETZSCHE, DIRK, *Shareholder Interaction Preceding Shareholder Meetings of Public Corporations – A Six Country Comparison*, European Corporate & Finance Law Review, Vol. 2, (2005), p. 1 ss.;
ZETZSCHE, DIRK, *Shareholder Passivity, Cross-Border Voting and the Shareholder Rights Directive*, Journal of Corporate Law Studies, 8, 2, (2008).

ÍNDICE IDEOGRÁFICO

– Accionista
   – determinação da qualidade de accionista – I.2, 22-24
   – direito de voto e bom governo societário – I.2, 29-40
– Acórdão *Gelatine* – I.4., 74
– Acórdão *Holzmüller* – I.4., 74
– Actas – II.5.4
– Administrador executivo – II.2.1. e II.2.2.; II.2.4.
– Administrador independente – II.1.2.1.; II.1.2.2., 4-6, 11-17, 37-54, 57-61, 62-75
   – um quarto de administradores independentes – II.1.2.1.; II.1.2.2., 57-61
   – e concentração de capital – II.1.2.1.; II.1.2.2., 62-75
– Administrador não executivo – II.1.2.1.; II.1.2.2., 2-3, 9-10, 55-56; II.2.1 e II.2.2.; II.2.4.
   – dever de vigilância – *vide* Obrigação de vigilância dos administradores
   – e fiscalização da actividade social – II.1.2.1.; II.1.2.2., 23-36
   – e *monitoring board* – II.1.2.1.; II.1.2.2., 27-30, 33-36, 55-56
   – e processo de selecção – II.1.3.2., 1-67
– *ALI Principles of Corporate Governance* – II.2.1 e II.2.2., 31; IV.1.1 e IV.1.2., 24
– *Anti-takeover provision* – I.4., 69
– Assembleia Geral – I.2
   – Quórum – I.4.
      – noção – I.4., 62
      – constitutivo – I.4., 62
      – deliberativo – I.4., 63
– Bloqueio de acções – I.2
   – e bom governo societário – I.2, 26-28
   – e alienação das acções – I.2, 43-54

– Bons costumes e deontologia societária – IV.1.1 e IV.1.2., 15-18
– Box-ticking – Intr., 87

– Cláusulas de homem-chave (*key man*) – I.6, 37
– Cláusulas de mudança de controlo (*change of control*) – I.6., 36
– Cláusulas de paraquedas dourado (*golden parachute*) – I.6., 38
– *Code de Gouvernement d'Entreprise des Sociétés Cotées* – II.2.1 e II.2.2., 28; III.1.1., 26; III.1.2., 20; III.1.3., 32; III.1.4., 15; III.1.5., 37; IV.1.1 e IV.1.2., 21.
– *Codice di Autodisciplina* – II.2.1 e II.2.2., 27; III.1.1., 27; III.1.2., 21; III.1.3., 31; III.1.4., 15; III.1.5., 36.; IV.1.1 e IV.1.2., 21; I.4., 67
– Código de Corporate Governance dos Países Baixos – I.1.1., 66
– Código Cromme – Intr., 29
– Código das Melhores Práticas da Governação Corporativa – II.1.4.1., 58
– *Código Unificado de Buen Gobierno* – I.4., 68
– Códigos de governo das sociedades – Intr., 1-91; II.5.1,9-34, II.5.2, 35-67, II.5.4, 81
   – concorrência de códigos – Intr., 113-118
   – funções – Intr., 46-57, 88-89
   – técnica redaccional – Intr., 58-64
– Códigos de governo na Alemanha – Intr., 27-29
– Código de Governo das Sociedades português – Intr., 92-115
– Combined Code – Intr., 29
– Comissão
   – de remunerações – II.5.1., II.5.2, II.5.3., II.1.5.6
   – de avaliação de desempenho – II.5.1, 23-33-53

- de acompanhamento do governo societário
  - II.5.1, 23-33-53
- de nomeação – II.3.2., 59-66
- Comissão de auditoria – II.5.1., 16-23-24-33, II.5.1.4., 72
- Comissão executiva
  - convocatórias e actas – II.3.2.; II.3.3– 27-30
  - prazo – II.3.2.; II.3.3. 31-32
  - forma – II.3.2.; II.3.3. 33
- Comissão de nomeações: II. 1.3.2. 20 a 42, 56, 59, 67, II.5.1.
  - criação: II. 1.3.2., 33, 65
  - composição: II. 1.3.2., 21, 26, 27, 34
  - papel: II. 1.3.2., 22-23, 35 -40, 60– 63
  - mandato: II. 1.3.2., 28
  - recursos: II. 1.3.2., 29, 42
  - participação nas reuniões: II.1.3.2., 30, 66
  - transparência: II. 1.3.2., 31, 32
  - funcionamento: II. 1.3.2., 41
- *Comply or explain* – Introdução, 65-81, II.5.1.,18, II.5.2, 41
- Compensações por destituição com base em justa causa -II.1.5.1
- Competência e qualificação
  - do presidente do conselho fiscal, da comissão de auditoria e da comissão para matérias financeiras – II.1.3.1., 1-9, 14-25, 46-50, 88, 91-94
- Comunicação da Comissão de 2003 sobre o reforço da revisão legal de contas na UE – III.1.3., 3-4; III.1.5., 4.
- Comunicação de irregularidades – II.1.4.1.
  - competência para recebimento – II.1.4., 15-28
  - políticas – II.1.4., 29
  - processo – II.1.4., 49-55
- *Concorrência de códigos de governo* – Introdução, 110-114
- Conflitos de interesses entre accionistas – IV.1.1 e IV.1.2.
- Conselho de Administração
  - delegação de poderes, II.2.1. e II.2.2.; II.2.5, 4-6
  - da administração quotidiana ou corrente – II.2.1. e II.2.2.
  - distribuição de competências, II.2.5, 7-9
  - rotação de pelouros, II.2.5, 10-18

- competência reservada – *vide* Reserva de competência do conselho de administração
- Conselho Geral e de Supervisão
  - âmbito de actuação – II.4., 17-19
- *Cotizadas* – II.2.1. e II.2.2., 29; IV.1.1 e IV.1.2., 22

- Data de registo – *vide* Sistema da data de registo
- Decreto-Lei n.º 49/2010 – I.2, 18-21
- *Deutscher Corporate Governance Kodex* – I.6., 18, 38, III.1.1., 28; III.1.2., 22; III.1.3., 32; III.1.4., 15; III.1.5., 38; IV.1.1 e IV.1.2., 21 I.4., 67.
- Directiva da Auditoria – III.1.3., 5-8; III.1.5., 5-6.
- Directiva 2006/46/CE, de 14 de Junho – Introdução, 30-31
- Divulgação de informação no sítio da internet – III.1.2., 3-6.
- Directiva dos Direitos dos Accionistas – I.2, 11-17

- Estrutura empresarial do grupo – II.2.1. e II.2.2., 22-25

- *Final NYSE Corporate Governance Rules* – III.1.1., 26; III.1.2., 20; III.1.3., 30; III.1.4., 15; III.1.5., 34.
- *Fiscalização do acolhimento de códigos de conduta* – Introdução, 104-109

- *Golden parachutes* – I.6., 38, II.1.5.1
- Governo das sociedades – Introdução, 1, 37
- Grupos de sociedades – II.2.1. e II.2.2., 22-25

- Independência
  - no âmbito das comissões especializadas – II.5.1., 23-31-34, II.5.2., II.5.1
  - do auditor – III.1.3., 16-20; III.1.5., 12-16.
  - ameaças/riscos – III.1.3., 21-25 e III.1.5., 7-8; 21-24; 30-33.
  - do presidente do conselho fiscal, da comissão de auditoria ou da comissão para as matérias financeiras: II.1.3.1., 10 a 13, 16, 17, 89-94, 95
  - dos membros não executivos da administração – II.1.2.3., 18-25
  - critérios recomendatórios de apreciação – II.1.2.3., 38-45.

Índice Ideográfico

- Influência dominante sobre a sociedade (exercício de) – IV.1.1 e IV.1.2., 4
- Informação
  - importância e funções da – II.2.4., 2-13
  - e o funcionamento do mercado – III.1.1., 14 -15
  - e o *corporate governance* – III.1.1., 16
  - e a assimetria de informação – III.1.1., 20
  - deveres de – II.2.4., 14-15, III.1.1., 7-12
  - acessível a administradores executivos – II.3.1., 15-16
  - e dever de cuidado – II.3.1., 16
  - e decisão informada – II.3.1., 17
  - qualidade – III.1.1., 6, 17.
- Informação em inglês – III.1.2., 7-11.

- Lei n.º 28/2009 – II.1.5.1., 4; II.1.5.2., 3-10
- Livro Verde da Comissão Europeia sobre as instituições financeiras (2010) – Intr., 34
- Livro Verde da Comissão Europeia sobre Governo das Sociedades (2011) – Intr., 34

- Matérias objecto de verificação adicional pelo auditor externo – III.1.4., 7-11.
- Medidas defensivas – I.6., 7-11
- Model Business Corporation Act – Intr., 11

- Negócios da sociedade com accionistas – IV.1.1 e IV.1.2.
- Negócios da sociedade com administradores – IV.1.1 e IV.1.2., 12-14
- *NYSE Corporate Governance Rules* – II.2.1. e II.2.2., 30; IV.1.1 e IV.1.2., 24

- Obrigação de administração dos administradores – II.2.1. e II.2.2, 12
- Obrigação de vigilância dos administradores – II.2.1. e II.2.2., em especial, 10-13
- Ofertas Públicas – II.1.5.4., 6.
- Oitava Directiva – III.1.3., 4-5.
- Órgão de fiscalização
  - função II.1.3.1, 51-85; II.4., 16
  - como garante da independência do auditor – III.1.3., 35-38; III.1.5., 37-42.
  - relações com o ROC e os auditores externos – II.4., 24-36
  - relações com o auditor interno – II.4., 37-38

- Participação qualificada – IV.1.1 e IV.1.2.
- Planos de *stock options* – II.1.5.4
- Política de remunerações – II.1.5.2
- Presidente da Mesa da Assembleia Geral – I.1.1.
  - convocatória – 27-30
  - lista de presenças – 31-34
  - condução dos trabalhos – 35-42
  - contratação de meios – 44-51
- Presidente da Mesa da Assembleia Geral – I.1.2.
  - remuneração – 16-28
  - independência – 8-15
- Presidente do conselho fiscal, da comissão de auditoria ou da comissão para as matérias financeiras: II.1.3.1., 3-9, 88, 90-94
- Prestação de informação por administradores executivos
  - informação sobre assuntos gerais – II.3.I – 20-22
  - critérios – II.3.I. 23
  - prazo – II.3.I – 24
  - forma – II.3.I – 25
- Princípio da igualdade entre accionistas – III.1.1., 18-19
- Princípios da OCDE sobre *Corporate Governance* – Intr., 26, 39, 85; II.1.4.1., 57
- *Principles of Corporate Governance* – Introdução, 12-14, I.6., 7-8
- Problemas de agência – II.2.4., 11-13; IV.1.1 e IV.1.2.
- Proporcionalidade entre capital e controlo – I.6.,18-21

- Recomendação da Comissão de 2002 sobre a independência dos auditores – III.1.3., 1-2; III.1.5., 3
- Recomendação da Comissão 2005/162/CE, de 15 de Fevereiro – II.1.3.1. 39-50, II.5.1., 15-6-18-23-24-32, II.1.3.2., 17-42, II.5.2, 44-45-49-60-64, II.5.3., 72;
- Rede (conceito de) – III.1.5, 17-18
- Relações com accionistas – IV.1.1 e IV.1.2.
- Relatório *Cadbury* – Intr., 17-24
- Relatório Greenbury – Intr., 21-22
- Relatório de gestão – II.2.4
- Relatório do auditor externo – III.1.4., 2, 5-6

339

– Remuneração – II.1.5.1 a II.1.5.7
  – de administradores não executivos – II.1.5.1., 11
  – de dirigentes – II.1.5.3
  – variável – II.1.5.1
  – divulgação individual de remuneração – II.1.5.7
  – diferimento de remuneração variável – II.1.5.1
  – dos órgaõs de fiscalização – II.1.3.1., 35-50
– Reserva de competência do conselho de administração – II.2.1. e II.2.2.
– *Revlon* (caso) – I.6., 33 e 41
– Rotação do auditor externo – III.1.3., 2-11; 26-34.

– Salvaguardas à independência do auditor – III.1.3., 26-38; III.1.5., 11; 43-45
– *Say on Pay* – II.1.5.2
– Secretário da Mesa – I.1.1., 4-14
– Selecção de administradores: II. 1.3.2. 1,2, 47
  – no CSC: II. 1.3.2., 4-16
  – na Recomendação da Comissão n.º 2005/162/CE, de 15 de Fevereiro: II. 1.3.2., 18. 42
  – no Livro Branco sobre Corporate Governance em Portugal: II – 1.3.2., 43-46
  – não interferência dos administradores executivos: II – 1.3.2., 47-58

– não executivos – II.1.3.2., 1-67
– Serviços distintos dos serviços de auditoria – III.1.5., 8-11; 19-20.
– Sistema da data de registo – I.2, 11-17; 18-21; 41-54
– Stewardship Code – Intr., 37
– *Supermajority requirements* – I.4., 69

– *UK Corporate Governance Code* – Intr., 24; II.2.1. e II.2.2., 30; III.1.1., 26; III.1.2., 20; III.1.3., 32; III.1.4., 15; III.1.5., 35.; IV.1.1 e IV.1.2., 23

– Vigilância pelo conselho de administração – II.2.1– e II.2.2., em especial, 10-13
– Vigilância preventiva – II.2.1. e II.2.2., em especial, 17-18
– *Voting caps* (tectos de voto) – I.6., 22-24.
– Voto (direito de)
  – abstencionismo accionista – I.3., 13-22
  – apatia racional – I.3., 17-19
  – assembleias virtuais – I.3., 35
  – *control enhancing mechanisms* – I.3., 39
  – e assembleia de obrigacionistas – I.3., 33
  – *one Share, one vote* – I.3., 38 ss., I.6., 21
  – unidade de voto – I.3., 36-37
  – por correspondência – I.3., 20 ss.
  – por correspondência electrónico – I.3., 26-27
  – remoto – I.3., 20-21